世界文明史（下）
文明的衝突

劉增泉　著

Contents
目錄

第八編

近代世界

第三十章

西元1871-1914年間的國際關係

第一節　德國的優勢

　　西元1871-1914年西歐地區發展得很快，因而在國際上產生絕對的優勢。他們的船隊征服了海洋，工業及銀行則控制廣大市場，由於科技的進步也增加其勢力，並確保他們的威望與地位於不墜。尤其軍隊與探險家打開了封閉的亞洲、非洲大陸，並開始殖民擴張。

　　在國際的舞臺上，日本和美國所扮演的角色並不起眼。真正的作用是在近代才充分地發揮，西元1905年日本的戰勝已經透露訊息給被殖民的民族，那就是歐洲國家並非所向無敵，而美國的活動也只是暫時地脫離美洲大陸。

　　因此，歐洲的平衡與衝突是國際社會關心的焦點。殖民擴張使外交鬥爭變得更為複雜，但還沒有擴大到戰端的行動。基於這個事實，國際關係大體上還停留在歐洲國家持久或偶發的敵對狀態中。

　　以往歐洲親斯拉夫與日耳曼世界，由此產生的問題，現居於主導地位。

　　新生德國與俄國之間的邊界此時也已明確劃分，土耳其在巴爾幹與多瑙河地區的影響力逐漸地衰退，並造成這地區的真空，俄國則乘虛而入，完全不考慮這地區已建立的平衡關係。奧匈帝國與俄國簽訂協議，此對70%的匈牙利人產生了莫大的影響，正如安德西（Andrassy）指出，這個協議迫使奧匈帝國朝向巴爾幹地區發展。西元1870年普法戰爭後，法國勢力迅速從這個地區撤出，僅留下英國駐守著博斯普魯斯海峽，奧匈帝國的入侵則無疑增加這種緊張局勢。薩多瓦（Sadowa）屈服於俄國政府的壓力，於西元1870年單方面廢除《巴黎條約》中關於維持黑海和平的條款。在歐洲這個動盪地區尋求權力的均衡就這樣成為一個大難題。

　　歐洲內部，法英的對立此時有所緩和。英國不再懼怕法國海軍的野心，英國征服阿爾及利亞之後，就監視法國在地中海的行動，兩國之間對殖民地的任何爭奪不再成為敏感問題。比利時則打算興建鐵路，曾在西元1866年以後引起英國人擔憂。法國在西元1870年中的戰爭失敗中止了法國人從前的奢望，而英國人對大陸的擴張也有所緩和。

　　相反地，普、法的衝突導致德國最後統一。亞爾薩斯與洛林的問題亦阻擋巴黎與柏林的和解，此也造成了敵對聯盟的形成。這個聯盟由俾斯麥所發起，作為孤立法國的一種手段。

　　地中海地區的問題也反映出歐洲問題的複雜。此時法國與義大利在突尼西

亞相互對立。埃及也發生反對法國及英國的問題，但在法紹達（Fachoda）時期，也僅限於軍事的威脅。至於挑起德法矛盾的摩洛哥問題，並不是爲了摩洛哥而衝突，此乃爲了歐洲政治利益而引起的作用。

如果歐洲各國放棄使其快速獲利的地中海武裝衝突，那麼他們又怎能冒險到遠處去征服？並占領殖民地及商業市場呢？由於歐洲各地的經濟及殖民競爭如此激烈，以至歐洲各國政府不得不隨時整軍備戰。

因此，從西元1871-1914年歐洲各國的關係亦制約著國際關係，但也明確地分爲兩個階段。在第一階段，無論是俄國在巴爾幹的政策，或爲了支持法國，歐洲國家干涉德國的發展，但俾斯麥領導的德國卻發揮著絕對的優勢作用。至於義大利，對地中海也只是有意圖而無行動，並沒有產生實質性的影響。

第二階段，西元1890年以後，歐洲發生了變化。此時俾斯麥的辭職，法國與俄國聯盟，義大利與三國同盟接近，英法協約以及英法俄三國協議，局勢顯示有利於法國的歐洲平衡階段，但也導致歐洲分成兩大勢均力敵的陣營。由此產生更爲緊張的狀況：西元1871-1890年產生四次的危機，西元1905-1914年又產生五次的危機，其中一次導致第一次世界大戰爆發。

這一時期的大事件

德國對奧、法的勝利、統一的完成、軍事實力的增強和經濟發展的作用，這一切都構成德國強大的基本因素。俾斯麥對外政策的手腕相當高，在歷史上堪稱首席外交家。

與之相比，法國懾服於德國軍事強大及外交實力，認爲報復是不可能的。而法國因爲建立第三共和也引起國內的衝突對立，並出現了經濟困難，此外布朗熱（Boulanger）事件的打擊，殖民擴張的問題，使得法律領導階層不得不採取謹慎的對外政策。

俄國不忘顯示自己的軍事，然而俄國政府與其國家的實際情況不相稱，爲了擴大其影響力，俄國選擇與德國同盟，這在德國統一過程中有利於普魯士。這時俾斯麥亦精心策劃奧－德聯合，此在與不同國家結盟的同時，德國有失去俄國的危險，而法國卻沒有組成一個後備聯盟。

俄國也打算在柏林、維也納、聖彼得堡三國同盟中實現控制巴爾幹半島的野心，這種態度亦正中俾斯麥下懷，後者防備所有接近法俄或與之結盟者。至少在開始時，三國同盟是柏林監視「奧地利大象」和「俄國躁動大象」（俾斯

麥語），走進巴爾幹瓷罐中求發展（注：走進瓷器店的大象，比喻愚鈍的人過問棘手的事）的最有效手段，同時還孤立法國，對德國而言可謂一舉兩得。俄國政府不想讓法國過分衰弱，俄國與德國結盟也可以對法國施加壓力，不必像從前那樣得罪德國。

所以，歐洲新的權力均衡很快就定位，只有英國還維持原狀，因爲英國強大海軍實力以及經濟的力量足以做其後盾。俾斯麥對殖民地問題則不予重視，他認爲英、德不會因殖民地問題而發生爭執，而只有英、俄的對立才能加速土耳其的衰落，但俾斯麥似乎對俄國充滿憂慮。至於此時的義大利王國，充其量不過是個普通角色而已。

這樣，俾斯麥的道路顯得很暢通，歐洲的外交遊戲從整體上看似乎由柏林主導，並在德國、奧地利和俄國之間周轉。

西元1871-1878年

蒂耶（Thier）政府依法執行西元1871年5月10日《法蘭克福條約》，此也奠定自西元1870-1871年戰爭後法、德新關係的基礎。五十億的戰爭賠款用來償還前德意志邦聯的國家債務、安置退伍軍人，以及修築德國邊境的防禦工事。兩項協議的決定如下，第一項定於西元1871年10月，決定戰爭賠款用來減輕德國占領時期所需費用的負擔，第二項定於西元1873年3月，允許被占領地提前獲得自由。

然而，俾斯麥並不滿足於法國如此高的賠償，此也導致蒂耶政權不能保持下去。因此，俾斯麥採取對法國永久性的報復。西元1872年9月，德皇威廉一世、奧皇弗朗索瓦‧約瑟夫和俄皇亞歷山大二世在柏林會晤，西元1873年簽訂德奧俄協議。西元1873年5月6日，德俄簽署軍事聯盟公約，雙方準備一支20萬人的軍隊以防第三勢力的入侵。西元1873年6月6日，俄奧簽訂政治公約，公約規定當歐洲和平遭到威脅時，兩國有責任共同商議對策。

然而，當西元1874年和西元1875年法、德兩次危機爆發時，協議也出現了裂痕，西元1875-1878年巴爾幹危機出現時，這個協議則解體了。

西元1874年的危機是短暫的，西元1875年危機則日益嚴重，因爲3月法國頒布軍事法令，允許戰爭期間動員15萬人參軍。4月8日德國一份郵報（Die Post）發表一篇文章，提出了戰爭問題。英國和俄國則趁機進行外交的干涉，並願意充當法國方面的和平意願擔保人。危機雖然有所緩和，但對三國協議中的俾斯麥則有所限制。

　　法、德危機過後四個月，西元1875-1878年又出現巴爾幹危機，此也結束俾斯麥的第一體系。

　　巴爾幹的局勢惡劣，首先因為土耳其的無力改革也導致了政府不穩定，雖然英、法、俄陸續給土耳其政府施加壓力，此外，菲亞得帕夏（Fuad Pacha）和阿里帕夏（Ali Pacha）、自由派內閣成員也試圖努力挽救危機，但仍無濟於事。此外，還有巴爾幹半島基督教徒的進步，使西元1856年的巴黎大會對巴爾幹半島均勢問題重交討論。由塞爾維亞採用歐洲的憲法，迫使土耳其人從貝爾格勒撤走，而保加利亞由於俄國的支持，因而也獲得宗教規劃的自由，不但教會獨立，並擁有本國籍主教，此時羅馬尼亞也歸於統一。

　　這種令人憂慮的局勢，加上長期的社會經濟原因——沉重的苛捐雜稅，因而造成西元1875年農業嚴重衰退，導致波士尼亞與赫塞哥維那（Herzegovine）地區的農民暴動。由於宗教及民族原因，保加利亞常有起義事件發生，另一方面土耳其則殘酷地鎮壓起義者，且將戰火擴大到土耳其、塞爾維亞和蒙特內哥羅地區（Montenegro）。土耳其軍隊雖然一路遭到抵抗，但卻長驅直入到貝爾格勒，迫使塞爾維亞不得不求助於歐洲國家的干涉。

　　局勢的緊張也增強俄國在巴爾幹的影響力，特別是在土耳其勢力從這個地區撤出之後，俄國更是一枝獨秀。英國、奧地利介入巴爾幹是很敏感的，高爾查考夫（Gortchakov）首相不想讓俄國單獨行動，但他的建議在歐洲的迴響不大。因此，西元1876年11月11日俄國宣布，如果歐洲不干涉蘇丹（Sultan），那麼它將參戰。西元1877年1月15日，在與奧地利簽署中立協議後，俄國政府即於西元1877年4月24日派軍進駐羅馬尼亞，利用維也納協議的機會，俄國占領了波士尼亞與赫塞哥維那。

　　西元1877年4月11日，俄土戰爭在保加利亞的普列文（Plevna）爆發，俄軍則通過奇普卡（Chipka）之後到達了君士坦丁堡海港。西元1878年1月31日，俄國在奧地利的外交壓力及英國的武力威脅下，被迫放棄君士坦丁堡，並簽署了停戰協定。但雙方的危機也加深，此時英國的艦隊駛入馬爾拉海（Marmara），奧地利宣布軍事總動員。在這種情況下，俄大使伊格那蒂夫（Ignatiev）在君士坦丁堡被迫簽署《聖斯特凡諾（San Stefano）條約》，剝奪了土耳其對卡爾斯（Kars，土耳其境內）、巴統（Batoum）、巴亞茲（Bayazid）、多布羅加（Dobroudja）地區和摩拉瓦（Morava）河谷的占領，迫使土耳其承認羅馬尼亞獨立，接受將多瑙河到愛琴海一帶領土劃歸新成立的保加利亞（實際處於俄控制之下）。

　　歐洲的衝突似乎不可避免，英、奧要求修訂條約，並針對此問題建議召開

國際會議。3月6日俄國接受這樣的建議，俄軍雖為勝利的一方，但損失嚴重，也無力與歐洲聯盟為敵。

為了解決歐洲衝突問題，大會於6月15日至7月13日在柏林召開，會議實際上承認以前兩個條約，5月30日與英國簽訂的條約及6月6日與奧地利的條約，兩項條約決定了保加利亞的命運，今後保加利亞一分為二，並且不許進入愛琴海。大會對奧地利而言是成功的，奧地利「臨時」接管波士尼亞與赫塞哥維那，並派軍進駐新帕梨爾（Novi-Bazar）的山德札克（Sandjak），將塞爾維亞從蒙特內哥羅（Montenegro）隔開。英國也成功地限制戰爭的擴大，而土耳其因懼怕全面崩潰，於是不得不撤退。俄國卻給予土耳其新的打擊，儼然就像斯拉夫民族的保護者，但它也不得不放棄大保加利亞。

俄國退出後，不僅要對英國及奧地利負責，同樣還要對俾斯麥負責，後者的表現狡猾而謹慎，直到簽署《聖斯特凡諾（San Stefano）條約》前，一直保持中立。後來俾斯麥認為保加利亞的建立對奧地利來說是難以接受，因為轉而反對俄。但當俄國撤出後，他又立即告誡維也納有所節制。然而這種「誠實的仲介人」政策並沒有遏止俄國的擴張行為，而西元1873年的協定自此成為累贅，俾斯麥又面臨一個新的局面。

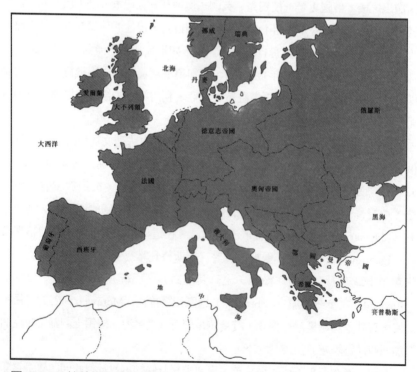

圖8-30-1　柏林會議後的歐洲

西元1879-1890年

在這三年內，德國首相成功地建立德國的外交地位和穩定歐洲安全的均勢，這種成就分三個階段達成，西元1879年10月7日建立奧德聯盟；1881年6月18日三國皇帝簽訂的條約；1882年5月20日的三國同盟。

然而西元1886-1887年的歐洲危機，迫使俾斯麥簽署一項地中海公約及在俄、奧之間活動的協議，以求得更柔和的平衡完善外交整體，並建立俾斯麥的第三體系。俾斯麥個人影響力及才幹在西元1879年奧、德聯盟的締結過程中也充分地表現出來。

俾斯麥認為，有必要避免法、奧，或者奧、俄之間的靠攏，甚至是聯盟。西元1879年8月，他向安德西（Andrassy）建議成立防禦性聯盟來對付俄國，儘管這項建議遭到威廉一世周圍的人反對，但他的建議最後獲得認可。西元1879年10月7日，俾斯麥果斷地簽署明確反對俄國的公約，公約規定德、奧遭到俄國入侵時，兩國應團結一致，共同對付俄國，當俄國與其他國家發生衝突時，德、奧則保持中立的態度。

俾斯麥的企圖獲得實現後，俄國害怕被孤立，因而千方百計地想使奧、德聯盟保持中立，並懇求加入。實際上俄國政府是揣測10月7日的協議，並擔心俾斯麥與英國結盟，俄國迫切希望重新制定三國協議。此外，俄國期待奧、德兩國在英、俄衝突中能夠保持中立，以便俄國在土耳其的擴張行動，特別是奪取伊朗邊界的綠洲。西元1881年2月，俄國通知了英國它被迫占領麥爾伍（Merv），而這個行動也是四年危機的開始，西元1885年12月10日，經過外交的議定書雙方才能解除緊張的局勢。

儘管奧地利反對與俄國簽訂新的協議，但俾斯麥於西元1881年6月18日還是成功地獲得三國皇帝的簽字。確切地說，這不是一個聯盟，它不過在三國一旦捲入戰爭時，也確實獲得這些安全保證。事實上，即使德國首先發起對法或俄戰爭及對英衝突，其他兩國也要保持中立。

為了持續三國協約的效果，協議要求將巴爾幹的難題擱置，而俾斯麥則透過這個協議迫使奧地利處理俄國的問題，憑著仲裁和干涉的才能，俾斯麥亦成功地達到了目的，並緩解了俾斯麥在西元1879年對奧地利捐助行為所帶來的影響。總之，第二次三國協約比第一次更精確更穩固。從西元1882年開始，協議依賴與義大利的聯盟關係。

力單勢薄的義大利並沒有向法國靠攏。但另一方面，義大利與德、奧的靠攏，會對其要求恢復領土主權處於不利態勢，義大利的特朗（Trentin）與蒂羅

爾（Tyrol）兩人遭到奧地利的仇視與俾斯麥的蔑視。這時期的歐洲局勢可謂是利益戰勝了情感，德國不能忽視法國在戰時維持阿爾卑斯山防線的好處，因爲奧地利不必花更多精力對付俄國，擔心像西元1866年那樣背後遭擊的下場。至於義大利，可以因與法國的衝突而獲得安全保障，且也不必冒著教皇離開梵蒂岡的危險。西元1882年5月20日，三國聯盟最後決定，聯盟爲防禦性，但擔保支援義大利以對付法國的任何的入侵，並向德國保證，在義法衝突中，給予義大利援助。

第二節　新的歐洲均勢

　　近四分之一世紀，俾斯麥的外交使命只限於三國聯盟，事實上僅是奧、德的單一聯盟。此時俾斯麥在德國周圍所編織的外交網絡已經喪失殆盡，法國也結束孤立與俄國成聯盟，並且與英國成為朋友，此外法國也與義大利重歸於好。法國依靠強大的殖民地勢力與軍隊，法國足以重振旗鼓，並發揮重大作用，因此，國際危機也增多。

　　這時的法國不再尋求報復戰爭，其盟友也不會鼓勵。西元1914年的歐洲戰爭不是起因於法－德對立，而是巴爾幹危機，聯盟賭注的擴大，政府對防禦和安全保障的憂慮及國家所扮演的角色。

三國協約的形成

　　西元1891-1901年時期，可謂漫長而艱難的三國協約。

　　首先是法、俄結成聯盟，但兩國由互不信任而疏遠，俄國政府擔心法國的共和體制，俄國的吉埃爾（Giers）稱其為「愚蠢而惡劣的制度」，並害怕法國進行報復戰爭。法國政府對俄國在巴爾幹和亞洲的野心亦表示憂慮，且害怕捲入戰爭。所以，在俾斯麥辭職後，兩國的首次靠攏是謹慎的。西元1891年5月，三國聯盟條約繼續生效，6月義大利政府公布自西元1887年以來一直存在的《地中海條約》，這個局勢的變化也迫使俄國政府著手與法國談判，但它又不想進行得太快。西元1891年8月27日雙方的政治協議規定，兩國就「有關全面和平的所有本質問題」進行商議，並在受到衝突威脅時，「兩國政府應同時立即」「通過」有關措施的協議，為明確建立聯盟作準備，法國外交部長里博（Ribot）形容為「樹苗已種下」。

　　西元1892年7月，俄政府準備進行軍事談判，由於法國讓步，談判於8月18日獲致成果。協議規定：鑑於三國同盟中的一國或多國進行軍事動員，法、俄應立即並同時進行軍事動員。另一方面，如果德國發動對俄戰爭或者支持奧地利反對俄國，法將加入對德作戰。同樣地，如果德對法宣戰或支持義對法的戰爭，俄將宣布與德開戰。

　　從西元1893年12月27日開始，法國在經歷西元1870-1871年的失敗後，第一次成功地與強國結成聯盟，擺脫了孤立，在戰爭中法國也有了保障，因而也不再畏懼德國的強大軍力。

西元1893-1898年，整個局勢仍是動盪不安。因受到土耳其問題的干擾，德國對巴黎與聖彼得堡的開放政策（最終還是沒有明確的結果）和對英國的靠攏政策始終猶豫不決。西元1898年標誌著國際關係淨化的開始，首先，法、英在埃及的衝突被西元1898年9-11月突然發生的法紹達（Fachada）危機所解除。法國沿著尼羅河山谷遠征，既沒考慮其意義，又沒預見其後果，面對戰爭威脅卻不得不後退。法國這個外交敗舉被認為是一項恥辱。事實上，這次法國失敗使以前英、法在埃及的對立就此結束，日後兩國簽署的協約再無阻礙。

整體上看，英國對其工業首次所出現的緩慢發展仍不以為意，而且也沒有意識到德國的競爭。相反地，德國統治者在政治經濟上的野心，及其對海軍裝備上的意圖則非常關注。西元1896年威廉二世斷言：「德國的未來是在海上」。西元1898年，海軍司令梯爾皮茨（Tirpitz）開始實踐他的使命，因而從西元1898年4月到1900年6月，德國決定建造28艘戰艦，使德國現存戰艦數量提高了兩倍。此外，法紹達（Fachoda）事件後，英國禁止向法國靠攏，但卻尋求與德國進行協商。西元1898年8月30日，英與柏林簽署一項條約，打算由英德兩國分享葡萄牙殖民地。接著西元1901年3月，在尚布蘭（Chamberlain）的影響下，倫敦建議與柏林建立聯盟。這時德國想讓英國加入三國盟約，但遭到了拒絕，因為英國不想承擔巴爾幹義務。德國已意識到，如果與英聯盟，它征服世界的野心將受到很大的限制。

英國的這次失敗使它轉向另一面，既然與德不能達成協議，就有必要牽制它，與法協議是唯一的策略。法國方面，外交部長德爾卡塞（Delcasse）也同樣有意拉攏倫敦。法國政府感覺到法－俄聯盟運作的困難，及自西元1902年以來俄國在遠東問題上獲得的利益，與俄聯盟並不是萬無一失，與英國靠攏也是應付萬一的保證。德爾卡塞明白，這種政策只是先暫時解決兩國間懸而未決的殖民地難題。西元1903年4月開始談判，5月愛德華七世訪問巴黎，成功地使對方的意見於己方有利，7月倫敦熱烈歡迎法總統盧貝（Loubet）的來訪，兩國首腦的互訪造成輕鬆的氣氛。西元1904年4月8日，法、英兩國簽署協議，結束兩國在殖民地問題上的對立，包括很久以前如西元1713年的《烏特勒支（Utrecht）條約》沒有解決的紐芬蘭海岸捕魚的問題。

協約因此而產生，俾斯麥的歐洲局勢也變得越來越模糊，三國同盟由於法義的靠攏也逐漸失去影響力。

西元1896年3月，義大利克利斯庇（Crispi）的辭職，表明了義大利對法國的敵對政策有所轉變。既然阿杜阿（Adoua）的失敗使義大利極度地殖民擴張受到譴責，義大利無法繼續反對法國的海關戰爭。這種政策不僅損害自己，而

且必須依靠德國的貸款。義大利新任外交部長維諾斯塔（Visconti-Venosta），及法國駐羅馬新任大使巴雷爾（Barrere）的合作，使兩國關係也開始轉變。西元1896年9月，雙方簽署一項殖民協議，協議通過了一項允許義大利人在突尼西亞居住的特別條款。西元1898年11月，義、法又簽署一項商業協議，解決了稅率衝突問題。從此，兩國關係也越來越密切。西元1900年12月，通過一項祕密協議，羅馬只要承諾不阻礙法國在摩洛哥的行動，法國就會同意義大利在的黎波里的擴張。但最重要的還是西元1902年6月簽署的極機密協議，義大利表示如爆發法、德戰爭，就需保持中立，且不管責任在哪方。確實，義大利還是使三國同盟改變。然而義大利對法國表示中立的允諾與盟約背道而馳，難說羅馬對柏林和維也納的承諾還有什麼意義。

這樣，法國從西元1890年的孤立，到後來與俄結成聯盟、與英達成協約、拉攏義大利。自西元1904年，這個體系曾經受到日俄戰爭的嚴峻考驗。從西元1895年開始，俄國利用中國在中日甲午戰爭中的失敗，將政治及財政力量安插到中國。西元1898年，俄國獲得遼東半島大部分和旅順港。俄的占領引起日本不快，迫於俄、法、德的壓力，日本於西元1895年被迫放棄這些地方。俄國人還利用自西元1899年以來義和團的排外行爲及歐洲的干預，在東北滿洲（Mandchourie）建立據點。爲了反對俄國的擴張，英日聯合起來並於西元1902年1月簽署一項防禦聯盟條約，引起歐洲的震動。

遠東問題沒能打亂歐洲的外交牌局嗎？俄政府已開始從滿洲步步撤軍，最後宣布將其關閉，但日本倚仗其強大的軍隊及海上作戰能力，又有英國支援，因而不打算退讓。西元1904年1月13日，日本威脅俄國承認滿洲的領土完整。面對俄國的沉默，2月8日，日本海軍未經宣戰就對俄國在旅順港的艦隊發動攻擊。日俄戰爭使俄出現一片混亂，西元1904年8月俄國海參崴艦隊被擊垮，西元1905年3月俄軍在奉天被殲滅，波羅的海艦隊的最後頑抗，也在長途航行之後，於西元1905年5月在對馬島以失敗告終。

這場戰爭的後果很嚴重。俄國軍隊組織鬆散，國內局勢嚴重混亂，因此不得不將庫頁島南部、遼東半島及旅順港讓給日本。對法、俄聯盟來說，俄國放棄遠東計畫，令法國滿意，很長一段期間內，俄國在歐洲不再發揮有效的作用。

在此情況下，德國由首相庇樓（Biilovo）開始著手策劃動搖對法國協議的根基。摩洛哥問題爲德國提供了第一個機會，自從法與義、英簽署協議以來，法國在摩洛哥的擴張，除了德國的反對外，從來沒有遇到任何國際的障礙。德爾卡塞（Delcasse）的外交行動觸怒德國，它決定於西元1904年春反擊，但到

西元1905年初，德國才打算與法國在摩洛哥進行一場實力的較量。德推行各種改革措施，將財政、海關特別是軍事安插進來，它不允許摩洛哥問題的解決沒有它的插手。然而，在德國的棋局中，摩洛哥只不過是次要棋子，德國多變的政策經常是圍繞經濟利益，更何況摩洛哥僅是脆弱的經濟區域。西元1904年的德－摩貿易額僅1,300萬法郎，相對於德國150億的對外貿易額，就像大海中的一滴水。如果德國某些商界對摩洛哥感興趣的話，因法國的介入有損他們的利益時，當然與其他樂見到工業、金融界危機勢不兩立，這不是戰爭，而是德爾卡塞的對外政策，更誇張地說，是民族主義者的危機，因此，摩洛哥只不過是有可能離間法英關係的一個藉口。

威廉二世在地中海巡航過程時短暫逗留丹吉爾（Tanger，摩洛哥），像是給法國一記警告，並且鼓動蘇丹宣布召開國際會議。德國的手段立刻獲得兩項不可忽視的結果，首先是德爾卡塞與魯維埃（Rouvier）的政策前後矛盾，德爾卡塞主張堅定，參議院院長則主張和解，德爾卡塞不得不於西元1905年5月30日辭去職務。7月，魯維埃同意在摩洛哥召開國際會議。會議於西元1906年1月在西班牙南部阿爾傑西拉斯（Algesiras）召開，德在此次會議中失敗，最後承認法在摩洛哥利益上的優勢，同意法國與西班牙共用港口的政策。這樣，法國在摩洛哥的滲透不僅未受阻止，而且在會議過程中不斷地得到英國支持，換言之，德國破壞協約的企圖沒有得逞。

德國破壞法、俄聯盟所使用的手段並沒有更多使力，威廉二世利用英、俄在亞洲的矛盾，於西元1905年7月摩洛哥危機之時，在邊雅閣（Bjouko）與沙皇古拉二世會晤，兩人還保持著私人友好關係，趁此簽訂俄、德防禦聯盟條約。威廉二世也想吸收法國加入，從而孤立英國。但俄外長拉姆斯道夫（Lamsdorff）不知邊雅閣公約已簽訂，向沙皇表示有責任使俄解除這一協約。這一事件確實使法國政府感到擔憂並流露出來，然而德國並沒有改變和破壞法、俄聯盟。

德國政策的失敗產生意想不到的後果。事實上，柏林西元1905年的外交行動令英國感到擔憂，另外，俄國軍事力量的衰弱也令英國擔心，因為一旦戰爭爆發，法國會因盟友的虛弱而不堪一擊，德國則會加強其霸主地位。英國對局勢的分析，使英政府第一次考慮以武力干涉歐洲大陸的可能性，但它又拒絕簽訂使法國對德國堅決不妥協的軍事聯盟。倫敦的新態度給予法國在遇德國入侵時以軍事支持的保證，協約從險些遭到破壞的危機中擺脫並得以加強。

英國同樣對德國建立大陸大聯盟的企圖感到威脅，有巴黎協助英、俄靠攏，可能是中止德國企圖的最好辦法。倫敦首先表示這方面的意圖，俄國鑒於

實力的衰弱，無法繼續履行在亞洲的擴張政策而欣然接受。西元1907年8月31日，經過艱難談判之後，英、俄簽訂一項和約，俄放棄阿富汗，英放棄西藏；波斯地區分成三部分，北部在俄勢力範圍，南部在英控制之下，中部保持中立。

　　因此，西元1907年產生三國協議（Triple Entente），雖然它還缺乏內聚力，而且確切地說不能認為是建立一個聯盟，但它比義、法合跳的「華爾滋」而處於劣勢的三國聯盟更顯美好的未來和牢固性。

第三節　三國協約及三國同盟的歐洲

　　從西元1907年到1914年，歐洲受到四種危機的困擾，政府和人民面臨的局勢嚴峻而緊張，兩大集團間的相互懷疑與對立，加速雙方軍備競賽。

　　到了西元1908年，昏暗籠罩著歐洲地平線。雙元帝國（La Double-Monarchie，奧匈帝國）的新外長阿昂達爾（Aehernthal），打算利用俄軍事上的衰弱加強奧地利在巴爾幹的擴張，並減少塞爾維亞國王皮埃爾一世（Pierre I）自西元1903年所設置的障礙，因為他毫不掩飾想統一半島南部斯拉夫人的雄心。奧地利對貝爾格勒採取的第一個要發動海關戰爭的恫嚇並沒有使塞爾維亞屈服。阿昂達爾打算兼併波士尼亞、赫塞哥維納，這個地區自西元1878年柏林大會以來一直由奧地利「臨時」接管。阿昂達爾估計俄國不可能進行軍事冒險，但他認為有必要謹慎對待俄國的敏感。因此，阿昂達爾於西元1908年9月在波希米亞的布克勞（Buchlau）會見依斯沃爾斯基（Isvolsky），並以奧地利在海峽問題上對俄國的支持為誘餌換取俄國同意奧地利兼併波士尼亞、赫塞哥維納。西元1908年10月5日，奧地利政府宣布兼併波士尼亞、赫塞哥維納。

　　依斯沃爾斯基處於要保護塞爾維亞，又無力獲得奧對海峽問題履行承諾的困境之中。不過，英國告誡奧、俄要適度並反對採取軍事措施，然而巴黎卻有意迴避，認為俄國的「根本」利益與此並無關係。阿昂達爾判斷形勢對其極為有利，他要求塞爾維亞承認對波士尼亞的兼併，並放棄一切與奧地利對立的政策。貝爾格勒同意第一個要求，但拒絕接受第二個。因此，西元1909年3月19日維也納向塞爾維亞下最後通牒。3月22日，俄國也接到德國的最後通牒，沙皇感到力不從心，所以他勸塞爾維亞讓步，由於失去俄國的支持，3月31日塞爾維亞在奧地利的要求下妥協。

　　總之，俄國沒有提出抗議，因為法、英拒絕捅巴爾幹這個馬蜂窩，俄軍也正處於重新調整階段，無力支持強硬的政策。西元1908-1909年危機的發展與西元1914年夏天的危機相較，其機制相同，但藉口與結論大相徑庭。至於對這場危機的總結，並非如表面對奧、德有利。三國聯盟經歷了新的困難，義大利不滿於被擱置在危機的一邊，著手與俄靠攏。為了中止義大利的行動，阿昂達爾被迫於西元1909年12月19日對義大利作出許諾，如果奧地利在巴爾幹獲得新的好處，義大利將得到補償。相反地，俄國在巴黎躲避之時開始衡量與法國聯

盟的重要性，並決定在巴爾幹進行報復，法、俄聯盟的問題不再被提出討論。

然而，在西元1911年摩洛哥第二次危機期間，俄國同意與柏林簽訂一項波斯鐵路協議及亞洲礦山協議，這項協議引起法國強烈反應，因爲法國懼怕此時與德國開戰。

事實上，西元1911年的摩洛哥危機〔阿加迪爾（Agadir）危機〕對和平構成嚴重威脅。自從西元1909年法、德就在摩洛哥進行經濟合作，表示友好的意向失敗後，德國恢復其行動自由，並利用法國在西元1911年占領摩洛哥的菲斯（Fez）之事重提摩洛哥問題，認爲侵害阿爾及利亞的利益。西元1911年7月1日，德國炮手龐戴爾（Panther）進入阿加迪爾錨地前讓一小支德國士兵登陸。這一證據是阻止法國在摩洛哥擴張的一擊嗎？這是專門和粗暴地向法國要求補償反對放棄摩洛哥嗎？法國如何反應呢？

這時的追求對改變當時已定的危機發展方案是有可能的。法議會主席約瑟夫・卡約（Joseph Caillaut）避免戰爭的意願表明方案的內容。但他能同意德國的要求嗎？柏林不是還要求法屬剛果的全部讓與嗎？卡約和法國政府拒絕這一過分要求。他們的拒絕受到倫敦的支持，英國要讓柏林知道它不惜以武力支持法國的決心。德國在這種威脅下退讓，經過艱難的談判，但在法國向德國施加財政壓力後，11月4日兩國達成一項協議。柏林同意法國在摩洛哥建立保護國制度，以換取讓與部分剛果。

危機的後果是嚴峻的，柏林的行動方式引起俄國，特別是英國擔心，後者從未如此深入地加強其軍事措施的檢查並使之成爲必要。

德對英的部署已有所警覺，於是在西元1912年極力尋求與英緩和關係，英同意派遣軍事大臣海爾達內（Lord Haldane）至柏林，兩國就海上軍備的限制及德能期待的補償進行談判。關於第一點，兩國加快建造大型戰艦的速度，西元1906-1907年，德國就決定用四年時間建造十二艘裝甲戰艦，針對德國的計畫，英國也予以反擊，西元1909年英國動工建造八艘裝甲戰艦。西元1911年，德國宣布新的計畫法國阻撓英國擴軍，爲了換取放慢實施海上計畫，德國要求英國承諾不侵略和維持中立。這與英、法協約的和諧剛好相反，德國一直明目張膽地想削弱上項協約。西元1912年3月22日，海爾達內的使命受挫，失敗導致重新開始海上軍備競賽。

總之，德國在西元1910-1912年間的威脅及所使用的手段很多是爲鞏固三國協約，柏林不再打算以外交及製造危機的方式摧毀三國協約。這種狀況的結果使新的歐洲衝突更難以解決。西元1912和西元1913年巴爾幹的局勢，使奧、俄的對立加深。

　　西元1911年，土耳其被義大利打敗，且經歷了一場嚴重的政治危機，對巴爾幹國家而言，這也解決了靠土耳其養活馬其頓的問題。此外，俄國決定支持西元1912年3月和6月由塞爾維亞、保加利亞、希臘和蒙特內哥羅所組成的巴爾幹聯盟。法國反對任何導致戰爭危險的行為，但由於巴爾幹談判的拖累，它的異議已為時太晚，西元1912年10月，巴爾幹聯盟向土耳其發動進攻，12月3日土耳其在所有戰場上節節敗退，亦要求停戰。

　　此時塞爾維亞要求進入亞德里亞海，立即引起了奧地利的反對，奧地利開始軍事動員，接著是俄國，戰爭一觸即發。英國極力調解，使沙皇和塞爾維亞放棄過分的野心。土耳其拒絕讓出安德利諾堡（Andrinple），但《倫敦和約》迫使土耳其讓出它在歐洲僅有的全部領土。因此，戰利品分贓在巴爾幹聯盟內部又產生了武裝衝突，其中以保加利亞要求最甚，它要最大、最好的一份。在這場爭奪中，奧地利偏向於保加利亞，俄國則傾向於塞爾維亞，為此進行一個半月的短期戰爭。保加利亞受到有希臘支持的塞爾維亞攻擊，又與羅馬尼亞交戰，與土耳其也有開戰的危機，因此不得不請求停火。奧地利在遭到柏林的壓力，羅馬的斥責之後，不得不放棄有利於保加利亞的軍事干涉。西元1913年8月10日，《布加勒斯特和約》對土耳其放棄的領土進行重新瓜分。奧地利不得已只好妥協，接受塞爾維亞大肆擴張領土，以及有利於俄國的巴爾幹均勢政策。此時德國本身已喪失在土耳其的影響力，德國對局勢的發展也表示擔心。

　　「戰火中的巴爾幹」局勢比以往更加危險。敵對聯盟之間內部的加強，包括西元1912年的法、俄軍事條約，西元1913年的法、英、奧、義海上協議，以及西元1913年10月奧、塞新危機期間，德國對奧地利所提供的無保留援助，這一切越來越排除尋求私解的可能性。西元1914年6月28日，斐迪南（Ferdinand）大公在塞拉耶佛（Sarajevo）的悲劇之所以變成歐洲的悲劇，是因為這次尋求和解的意願明顯不足，或許這是西元1914年夏天危機爆發的根本原因。

　　從西元1890年到1914年，四分之一世紀裡，歐洲經歷從俾斯麥體制、對立聯盟到戰爭的過程。變化的原因確實很複雜，需從各國政府的政治、外交處境、國家首腦的決定、群體心理的影響、民族、經濟、財政利益的衝突諸方面進行分析，然而，各國政府政治藍圖的相互對立只能產生危機。無論對立集團之間的利益怎樣衝突，他們不會接受歐洲大戰的危機來維持衝突的局面。相反地，安全及實力均衡的理由還是主要的關聯，德國強大海軍的存在所代表的威脅，從而決定英尋求同盟及對戰爭危險的思考；而擔心民族運動帶給奧國國力

無可挽救的損害，也導致維也納想用武力解決問題。值得注意是，西元1914年的危機產生於巴爾幹，這是歐洲從西元1871到西元1914年唯一引人注目的領土與政治不穩定地帶。確實，經濟與財政利益加重國際關係的氣候，但同樣也起相反的作用，較之於最後束縛於經濟突飛猛進的國家民族主義政治，他們偏好於建立在國防合作基礎上的經濟發展。

　　目前的歷史認知似乎是，西元1871-1914年國際關係發展中的決定作用應該是政治的對立，特別是大戰發動中的政治對立。

第三十一章

英國工業革命與民主政治的發展

第一節　工業革命

　　經濟的繁榮，是決定維多利亞王朝興衰的關鍵，這時期國內外穀物貿易法的廢止、克里米亞戰爭，以及西元1867年的改革法案，全是戲劇化的事件，但是這些變化並沒有改變英國人的生活方式。從西元1843年到1873年的三十年間，英國的經濟不斷地成長，當時的情況可謂是從富裕到更富裕的階段，例如西元1850年時期，英國生產世界上40%的機器、半數的棉紗與鐵、三分之二的煤。這一紀錄十分驚人，但其後三十年間，製鋼、船運及鐵路也達到這一水準。西元1870年英國生產世界一半的銅，西元1880年代擁有世界商船的三分之一，同年興建了占世界更大百分比的船隻與鐵路。一個美國官員說：「全世界都必須到英國購買製造鐵路的鐵，英國人迅速地製造出完美的鐵路用鐵。」

　　英國在化學藥品、電力、工作母機，以及建造橋梁、高架道、隧道上也有顯著的成績，十九世紀末葉，英國所製造的自行車、縫紉機、照相機又達到了最頂峰時期，而這些產品的不斷成長亦促進了工業的發展。

　　西元1851年時期，英國的國民生產毛額是五億二千三百萬鎊，到西元1870年時為九億一千六百萬鎊，這一經濟的奇蹟也表示出：在十九世紀中葉，英國的個人平均所得已經達到32.6鎊，而同一時期法國的個人平均所得僅為21.1鎊，德國為13.3鎊。由此可見，維多利亞王朝的英國人創造了極度豐饒的景況。

　　而我們所探討的英國的鼎盛時期，即大英帝國統治近代世界的時期。這不僅是英國軍事擴張，也是英國經濟取得顯著發展的時期。同時，也是陳舊的，甚至是中世紀的行政、政治制度轉換為現代觀念的時期。在此期間英國由於科學工業的突飛猛進，也促使國內的政治、經濟、產業等結構有很大的變化。雖然這種變化不會引起政治上的動盪不安，但這種變革對當時的歐洲國家而言是個不同的大改變。

　　英國的工業革命帶動西元1780-1790年間棉紡織工業的發展。雖然英國內部的政治革命及長時間的戰爭導致各地區經濟停頓，但也由於政治運動和戰爭的關係，整體而言還是具有刺激經濟發展的作用。當英國人口在西元1781年達到1,300萬人，西元1831年超過2,400萬人時，紡織業生產指數也由西元1770年的76發展到1800年的100、西元1815年的127、1827年的288和1832年的360。煤礦開採從西元1800年12,000,000噸發展到1830年的22,500,000噸。僅大不列顛地

區，第二產業在西元1831年占就業人口的40%。然而，經濟發展是在西元1830年才開始突飛猛進。政府獎勵發明之下，這項成就非常驚人，從西元1820年到1828年有1,462項發明申請專利，西元1830年到1839年則有2,452項，西元1840年到1849年達到4,581項，可以證明這一點。這一時期，英國比法國早20多年修築鐵路，西元1825年底英國已有450到600公里長的鐵路。西元1830年斯蒂文生所發明的火車頭也標誌著新運輸方式決定性的勝利。西元1850年前後的這段時期是真正的鐵路建設發展時期，也帶動可觀的勞動人口和資金的流動。

西元1850年時，英國煤礦開採達到5,000萬噸，生鐵產量超過200萬噸。由於經濟進步也改變很多人的生活條件。人們湧向城市，城裡的住房和衛生條件通常也比較簡陋。十八世紀時，亞當斯密鼓吹產業分工的好處，他主張把生產過程分成一系列簡單的動作使任何人都能夠勝任，然而他卻沒有預見這些簡便的動作將促使大量的婦女和兒童被僱用，但他們只得到微薄的報酬，他也沒有預見僱用婦女和兒童可能將成為現代工業最明顯的弊端，尤其在紡織業和煤炭業最為嚴重。同時，在這個時期出現國家干預企業活動越少越好的絕對經濟自由主義，這種思想也改變過去長久以來的傳統經濟政策觀點。

西元1848年時，英國的貧窮者和富人之間的矛盾也愈演愈烈，最後導致貧富間的衝突，衝突的引爆者是工業無產階級。馬克思根據他的朋友恩格斯對英國工人階級生活的慘狀描述，開始他的理論研究。然而從西元1850年到1870年，工人階級的生活環境有顯著改善，過去工人零星的、暴烈的騷動也變得有組織、有條理。由於經濟發展沒有減緩，英國也順其自然地吸收整個工業革命的成果。

天主教徒的勝利

十七世紀英國革命的主要目標之一，也是成效之一，不僅保證新教的勝利，而且使英國的教會成為完全意義上的國家教會。事實上，不僅英國國王是教會最高領袖，而且議會規定通過採納祈禱書決定教義，同時，英國教會高級神職人員旁聽上議院。天主教教徒和叛離的新教徒不再是完全相同的公民，對後者有新的和解，這些人不僅在教義上接近官方教堂的教義，而且他們對西元1688年革命後建立的政權機構不構成政治危險。相反地，天主教徒很久以來就被懷疑和斯圖亞特王朝，即專制制度有瓜葛。當然，隨著時間的流轉，斯圖亞特王朝的危險已經消失，加上法國大革命在英國引起相當一部分公眾中長期的恐慌，使拒絕宣誓的法國教士得到好感。但是，反教皇主義情緒在各階層人民

中還是很強烈的。

然而，啓蒙運動的發展無論對異端分子還是對天主教徒，都已經促使英國政府建立一系列信仰和教育自由的措施。另外，政治問題出現新的一面，西元1800年英國和愛爾蘭簽訂《聯合條約》。愛爾蘭都柏林議會的選民，絕大部分是天主教徒，他們仍有選舉權，但是今後他們所選出的議員可進入英國國會。只有新教徒有被選舉的資格，因此天主教的問題和愛爾蘭的問題緊密相連。愛爾蘭的動亂，尤其是農民的騷亂，推遲天主教徒的最後解放。

西元1823年奧康內爾（O. Connell）建立「天主教聯盟」，想在愛爾蘭建立國中之國。西元1825年，天主教聯盟被宣布爲非法。英國下議院已經通過三項草案：解放天主教徒、限制愛爾蘭各郡的選舉權、英國政府支付愛爾蘭天主教神職人員薪水，然而草案因上議院的否決而以失敗告終；但很明顯的，形勢正在成熟。

正是這時，奧康內爾決定對英國政府施加壓力，他使自己在愛爾蘭一次部分選舉中當選。雖然身爲天主教徒，他沒有被選舉的資格，卻無人敢停止這次選舉或宣稱他的對手當選。今後，在愛爾蘭，普選只有在造成難以忍受的局面下才有可能，所以這是整個議會制度的阻礙。

當時的英國首相威靈頓（Wellington），雖然是頑固的保守派不妥協者，也作出讓步。天主教徒解放在西元1829年4月由投票通過，唯一的條件是保留新教的國教地位。

這次的改革從時間順序上來說是第一次，逐階段地進行，持續五年。它滿足一些特殊的需求，不屬於改革的主流。事實上，大多數其他領域改革的積極分子，尤其是福音主義運動者，反對天主教徒解放。這次改革準確地說是那些遭受偏見階級的勝利。

西元1832年選舉制度改革

三言兩語無法描寫產生下議院各議員的不同選舉制度。他們中的五分之四來自衰廢市鎭（注：市鎭，十八、十九世紀英國雖衰落，但仍保留爲選區的市鎭），但各市鎭選舉卻五花八門。它們不依循同一原則，而是沿襲傳統習慣。無論如何，人們很久以來就湊合著使用這一制度。十八世紀末，這種制度逐漸被改革。從政治上看，北方各大工業中心雖然發展很快，卻很少或幾乎沒有議員，南方眾多的市鎭，每個市鎭擁有兩個議席卻幾乎沒有選民。從道德上看，選舉制的貪汙行爲在這些腐朽的市鎭橫行，而且幾乎是公開的。這越來越不被

因福音運動而覺醒的人們所接受。在法國大革命的影響下，一小部分理論家主張澈底改革選舉制，他們沒有引起任何迴響。但是當大陸封鎖進入尖銳時期，商人階層和當權的保守派之間決裂，前者希望有更靈活的貿易制度，後者主要以土地擁有權為支柱，透過嚴厲的「反封鎖」，積極地反對拿破崙。

緊接著西元1815年的和平，在英國發生一場嚴重的經濟危機，主要起源於歐洲重新納入世界貿易軌道。這次危機（不是最後一次）伴隨著有強烈政治目的的騷動。漢普登俱樂部（Hampden Clubs）、科貝特的政治登記（Political Register）再一次提出選舉制度的深度改革，甚至包括普選制。西元1819年騷動達到高峰，沒有議席的大城市組織的非法選舉企圖遭到殘酷的鎮壓。但輝格黨人（自由黨的前身）長期以來居於在野黨地位，從他們自身利益出發，自然而然地傾向於採用這些不滿者的請求。他們開始關注選舉制度的改革，並提出細節性方案，這也是英國人的特性，例如取消有醜聞市鎮的議席，再重新分配給處於劣勢的城市或郡，這些先例的開創觸及傳統的權勢。正因如此，輝格黨的黨魁約翰‧羅素（John Russell）成了改革選舉制度的捍衛者。

西元1830年的選舉深受巴黎剛剛爆發革命的影響，英國人從這次革命中看到法王查理十世極力打擊的制度和他們自己的相近，因而害怕自身的自由受到威脅。瞬間，即使選民接受輝格黨在選舉中獲勝，但在公眾的輿論中，選舉制度的改革已不可抵抗，然而這一次，保守派卻極力反對。第一個草案沒有在下議院取得多數，輝格黨新首相在西元1831年4月解散下議院，接著選舉時改革派取勝，而新成立的下議院接受改革，但這次草案卻被上議院否決（西元1831年10月8日）。國王不理會人民的騷動，拒絕動員貴族議員，迫使上議院讓步，輝格黨首相辭職後（西元1832年5月），他任命威靈頓及一些保守派。當時的變革顯得有些急迫，威靈頓在驚慌之下宣告放棄。西元1832年6月7日改革方案通過。

從社會意義上說，這不是一次真正的革命，當時英國50萬選民（比法國多得多）只增加到80萬。但它包括重要的議席重新分配，從衰廢市鎮取得的議席，在新的大城市和人口最稠密的郡中重新分配。從今以後在市鎮的投票權進行統一的普查，如同所有的郡已採行的方式。但真正的革命是思想上的革命，代替傳統權貴力量的是一個新的原則——金錢權力的原則。這項原則還很脆弱，因為政治上的階級不平等，必會直接導致弱勢階級的反抗。這次改革在不同的廣泛領域中，為其他改革開闢道路。

西元1832年改革以後：憲章運動

西元1832年的改革，代表一種新思想的勝利，必然會很快跟著出現許多重要的新事物。首先是解放奴隸的改革（西元1833年），事實上西元1832、1833年這兩次改革有一個共同點：大莊園主收買衰敗的市鎮；它們同樣都爲新教異端分子所支持；他們支持奴隸解放，尊崇道德倫理；他們大部分屬於中產階級，這個階級是選舉制度改革的受益者。

這次改革另一方面顯示中央集權的開始：首先，改革很大程度上是反對地主貴族的權勢，這一部分人是地方權力的象徵；國家公務人員監製新的選舉名單；激進派中央集權的趨勢同樣體現在司法機構的改革中；人們甚至開始談論將教育歸國家管轄；中央集權化和合理化議論最多的是濟貧法的改革。

濟貧法這項法律已存在兩個多世紀，即給每一個在教區逗留一年以上的窮人一種「存在的權利」。他能得到一點救濟金，這筆錢來自稱爲濟貧稅的地方稅。該法自西元1795年起顯得很慷慨，收入低於被認爲是正常收入以下的人可享有貧民救濟稅。

這項制度受到批評主要是經濟因素。首先從理論看，它違背自由主義。這樣不加思考地增大對公眾的援助，這種制度是不是要批判馬爾薩斯的理論？但是，這些批評有更務實的一面，濟貧法是完全的地方法律，若要在南方農村地區照顧那麼稠密的人口，農民上繳的稅會越來越重，同時北方工業區缺乏勞力，只得求助於愛爾蘭。

西元1834年的濟貧法又回到古老的觀念，救濟金應該給那些生活條件比收入最低的工人還差，即在工廠工作的窮人。這一規定顯然無法在教區範圍內進行，它產生一個新的公務員團體，這是行政上更進一步的中央集權。根據經濟學家的觀點，這一新的行政機構開始組織運送窮人到新的移民地，尤其是北方的工業區。

北方第一次危及就業的經濟危機，亦引發反對新濟貧法的騷動。這些運動由衛理公會教徒領導，很快地，有些托利黨人（保守黨的前身）很認同這種做法，因爲他們從中看到對抗敵手輝格黨人的武器，尤其是激進派的武器。

激進派看到支持他們的民眾反對他們而感到非常焦慮，特別是第一批的公會。他們因爲西元1832年的法律規定富人的權力，再努力推動選舉制度的改革，這次給予窮人發表言論的權力。

也因此，西元1838年5月8日，發表《人民憲章》，其名稱本身表明《英國大憲章》的延續性；它要求普選制、無記名投票、取消民眾代表依據收入上繳

取得選舉權納稅額的制度；各選區平等，議會每年選舉一次。目的是在倫敦集中一個各勞動階層所組成的國民議會。另一個計畫完全合法，是爲《人民憲章》向下議院遞交一份大請願書。

但這一運動很快解散。激進派中的一支把憲章運動看成將公衆的注意力從反對濟貧法的騷動轉移，另一支想讓兩項運動聯繫者起爭執。另外，主張起義和罷工的激進派，及主要由收入最好的大工廠工人（這些運動會損害到他們的利益）組成的溫和派間的分歧也越來越大。請願書只有60萬人簽名，下議院在西元1839年7月12日以擁有的數駁回危機最險惡的時刻已經過去，但是請願書還是幾次出現在下議院，最後一次在西元1848年4月10日。然而其他的運動已經展開好幾年，如歐文的合作主義運動。西元1852年的法律給予合作社合法地位，使憲章運動取得天主教社會主義的勝利。但是之後數年，反對小麥法將取得輿論的關注。

第二節　自由貿易的建立

　　作為統治十七世紀的政治理論，重商主義到十八世紀無論在思想領域還是在實踐中都受到沉重打擊。在革命和英帝國征戰的年代，海關稅不斷上漲，與其說是貿易保護主義還不如說是財政需要，因為直接稅收很難被接受。同時鼓吹貿易自由的人也希望和平，這有助於減輕國家的負擔。西元1815年後，自由主義者加倍努力，西元1820年倫敦商人的大請願書包括整個自由主義理論。然而，掌權的托利黨人比起當時的政治騷亂更傾向於在經濟上讓步，這些讓步很少危及他們的擁護者地主，這就是為什麼赫斯基森（Huskisson）部長在西元1825年到1842年間採用一種稍微緩減的海關稅則。不過，西元1830年的海關稅收入仍占國家收入的43%。

　　大部分英國企業，由於技術進步，都願意實施自由貿易，或至少能很好地適應。大辯論圍繞著農業效益，尤其是針對小麥稅收展開。

　　十八世紀前四分之三的時間內，英國一直是小麥的出口國，後來，人口的增長和工業的發展，促使小麥生產和消費逐漸趨於平衡。革命和帝國時期，由於戰爭時期的通貨膨脹，物價普遍上漲。但是西元1815年價格面對歐洲的進口而暴跌，農業處於全面崩潰的狀態已危在旦夕。一部分輝格黨人和幾乎所有的托利黨人代表地主（其本身也是地主）於西元1815年的法律規定，當小麥價格在國內市場低於80先令（Sh.）一蒲式耳（1/4噸）時，禁止進口小麥（西元1822年則定為70先令）。西元1828年，這項禁令被「浮動等級（l'echelle mobile）」所代替，國內市場價格越往下降，進口稅就越高。但相反地，遇到壞收成時，浮動還未來得及制定以建立平衡，物價即已經飛漲，若正好有工業危機時，形勢更令人難以忍受。

　　西元1836年初次嘗試後，西元1838年建立反穀物法同盟，不屬於任何政黨，發起人理查·科布登（Richard Cobden）是曼徹斯特紡織業廠主，但他是理論派，甚至是幻想家。他捍衛中產階級，反對土地貴族，也鼓吹世界主義，反對國家主義。他在自由貿易主義中看到一種倫理，甚至認為是建立世界和平的方法。

　　自由貿易的運動很有組織，進展通常也很迅速，甚至很暴力。主要圍繞一個社會主題，降低價格是拯救工人苦難的一劑藥方。科布登的反對派則加以反駁，認為協會中工業家那麼熱烈地要求取消小麥稅收法，是因為他們想降低工

資。事實上，這次運動和所引發的情緒，反而有利於最早的社會法規範，特別是西元1847年制定有關婦女和兒童白天工作十小時的法令。

　　奇怪的是，自由貿易協會和它引起的思潮沒有影響到自由黨，卻影響到執政的保守派領袖羅伯特・皮爾（Robert Peal）。他不屬於土地貴族，而是新興製造商階層，在當時是一個例外。他逐漸地構想一次大規模的經濟改革。從西元1842年始，他建議設立所得稅，且在和平時間，無一例外，這是大幅度縮減海關稅的先決條件。西元1845-1846年，嚴重的農業危機在愛爾蘭引起饑荒，是有機會邁出決定性的一步，其反對者說暫時的危機應通過環境措施，而不是通過澈底的政策改變來應對。西元1846年，小麥稅收法被取消，重商主義和貿易保護主義的最後一點痕跡不久也消失。

西元1867年選舉制度改革

　　西元1832年的法律不能滿足激進派的希望，他們只把它看作是走上正確道路的第一步。憲章運動顯現出擴大選舉權的長久期望，但是並沒有成功，這個改革在很久以後才完成。

　　在此期間，一部分自由主義者也支持戶主選舉制原則，即每戶主人擁有選舉權。但只有保守派發生大轉變後才確定。這應歸功於迪斯雷里（Disraeli），一位富有想像力而務實的政治家，沒有許多的原則及顧慮。但是許多保守派也和他一樣意識到，尤其是西元1846年黨內分裂後，他們的黨變成少數派，註定要在野，這是正常的。唯一擺脫這一境遇的方法難道不是吸收一些新類型的選民，這樣他們才有可能得到認同，尤其是，難道不可以利用工人和老闆的對抗嗎？（老闆通常傾向於自由黨，而工人到那時為止沒有選舉權。）

　　今後，黨派之間對於這個問題不是原則性的爭論，而是基於競選的社會學細節和議會統計演算法的競相哄抬。迪斯雷里在西元1859年的第一個方案是根據個人權利法增加新的選民階層，這只引來更多的批評而被否決。自由黨格拉斯東（Russel Gladstone）在西元1865年提出的方案侷限於降低候選資格：納稅額及議席再分配，招致議員的威脅反對而又一次失敗。重新執政的保守黨首相提出新的方案，這和最後被採納的幾乎不同，迪斯雷里在討論過程中對激進派完全讓步。伴隨著重複的議席、選民再分配外，主要是產生戶主選舉制，因為選民首先要登記，不可能立刻知道回應程度而後果未卜，這只能循序漸進。不過從今以後，不僅是資產階級，相當一部分工人階級也擁有選舉權。

在此必須只針對英國改革的幾個問題做結束。因為同期的法國、英國存在著很大的差異，法國被週期性的革命和隨之而來的效應弄得動盪不安，而英國在一系列的改革，統治階級的讓步（這些讓步沒有出現反悔）中一點一點地變化。不可否認這兩個相鄰的民族存在著迥異的特性，但仍然可以從他們的歷史起源中找到答案。因為十七世紀的英國已經像十八世紀的法國一樣，經過一系列的革命和反革命，從而產生一個不容置疑的結果，即權力的限制及輿論的重要性。顯然是這種不可逾越的限制意識，使托利黨人對西元1832年法律做出讓步。

這段時期中，政治行為也發生顯著的變化。西元1832年，支持與反對改革的兩個黨派雖公開對抗，但仍傾向於使用憲法允許的極端手段。西元1846年透過一次簡單的投票，一黨派就和另一黨派達成協議。西元1867年，兩黨沒有絕對的對立，在主要方面達成協議。英國保守派可以說很明智，不堅持沒有結果的抵抗。同時還可以發現他們積極投入瞬息萬變的經濟生活，顯然，還應該更進一步深入。當時英國既沒有不顧一切的反對黨，也沒有一味主張運動的政黨。此外協會不屬於任何政黨，以便進行果斷、不受其他問題的干涉改革，在這一點上，只要聯想到憲章運動和科布登（Cobden）運動，兩者除了一些戰術上的接近，通常是敵對的關係。因此，可以推行一項改革而不觸及整個社會秩序。

社會的共識

馬克斯的激進思想並不能獲得英國工人的擁護，英國的中產階級亦不再揭露貴族政治的缺點，當時英國社會演化出一種共識，即一種階級間的和諧。它雖然不是完全沒有壓力及敵意，卻產生對潛伏於社會表面之下基本價值觀念相當一致的看法。它是一個社會奇蹟，正如維多利亞王朝的豐饒是經濟奇蹟一樣。從西元1851年到1881年英國的國民生產毛額增加了一倍，這時期富人變得更富有，工人也變富有，工人的實際工資增加了35%。

西元1830年代及1840年代英國政府的職權有限，因而在施政上自然不夠完善。但是，其勤勉的官僚及熱誠的改革者還是力求進步，西元1856-1866年政府的發展確乎不大，這十年間它缺乏行動的能力，對童工問題漠不關心，它的教育授款數額不足而軟弱的衛生法律又受人藐視。當時是一個崇拜地方政府、自由放任及繁榮進步的時代，但骯髒、疾病及剝削卻愈演愈烈。西元1866年國會終於通過一項衛生法案，強迫地方當局運用其職權清洗市鎮。西元1871年國

會又設置了一個「地方政府理事會」，它有權監督地方上的保健理事會及濟貧法協會。

頒布第二項「改革法規」是在西元1867年，肇始了十年的改革。西元1866年的「工場法案」規定兒童不得在有五十個工人以上的工場工作。西元1874年及1878年的「工廠法規」規定所有工人每週工作不得超過五十六個半鐘頭，星期六下午放假，並且增加了國定假日，改進了工廠的安全及清潔。

國會並決定國家必須負起教育五歲到十歲兒童的責任，西元1870年的教育法案規定在學校過少的地區，地方當局應設立學校董事會，羅馬天主教徒辦的私立學校仍舊保留。因而，當時有了兩個並行的系統，一是公立學校，二私立的教會學校。

維多利亞時期，英國慈善事業的範圍很廣泛，種類也繁多，它的佈施與贈與超過國家的救濟。不論是接受贈款而由受託人管理的慈善事業，或是志願團體主辦的慈善事業，都深入社會的每一個方面。西元1860年代，慈善事業達到了最高峰，其原因有三，包括英國的都市化、經濟的繁榮，以及對政府極度的不信任。此外，捐款也可以減少因擁有龐大財富而產生的罪惡感。

在都市化以及資本主義的英國社會，樂於捐助的富人其實對人民也有所幫助，例如它為有志氣的人設立了許多社會及教育事業機構，如機械士學院、提倡文學或科學的團體、禁酒的團體、以改進為目的的社會及辯論俱樂部。它也設立了圖書館、閱覽室及書攤，廉價的報紙、雜誌及書籍亦紛紛湧入這些地方。人民的識字率也提高，人們也喜歡閱讀書籍，藉此提高他們的水準。

在擴張的經濟中，學得技能的勞工、學會會計的書記、自我教育的律師、水泥匠出身的建築師、升成工頭的紡織工等，均獲升遷，「自持」也使工人組成了互助會與工會。

第三十二章

法國大革命

第一節　法國的危機

　　路易十六是法國君主統治最後一位具權威的國王，西元1774年他繼承王位，然而在不到二十年的時間，他就被送上斷頭臺。何以路易十六會被送上斷頭臺，這樣的悲劇在其統治的前十五年間，難道沒有絲毫的警訊嗎？

　　從資料顯示，路易十六即位之時是深孚眾望的，尤其他本人也深受人道主義的影響，他宣稱：他愛人民，歷史是沒有理由拒絕他的這個宣告。因此他統治初期，對行政體系的變革即做長期而誠懇的努力，且獲得貴族階層及藝文界的熱烈支持。

　　在這一努力中，人道主義占了很重要的分量。然而，此時的舊制度，無論如何是不能繼續維持的，因為它極不合算也不合理。比起英國的工業成就，法國在這一方面顯然是落後許多。法國的土地肥沃且富生產力，但特權階級，包括貴族、高級教士及王室成員卻擁有大部分土地的所有權，而其在租稅上又享有豁免權力，此也導致政府不能在財政上支援他們的債務。

　　換言之，法國的革命只是遲早的問題，而其導火線即是財政問題。因此為了應付西元十八世紀法國屢屢對外的戰爭軍費，法國的財務體系似乎陷入一種無望的混亂狀態。因而法國此時最優先的需要，是平衡政府的收入與支出，而無論做何調整，這都牽涉到法國必須做澈底的改變與否。

　　十八世紀末，法國王室終於決定召開全國性的三級會議，並希望藉此增加額外的國家稅收，讓債臺高築的王室和瀕於崩潰的國家財政達到平衡。但會議的主題則來自於各方不同的意見，國王已經不能完全控制議會。大多數貴族和高級神職人員都希望利用這次機會爭得一席之地，當然他們也不願放棄任何的特權、榮譽和財產。中產階級和下層神職人員的主要訴求卻是取消貴族和高級神職人員的特權，一部分自由貴族也支持中產階級這一要求。雖然中產階級的代表在數量上得以維持多數，但也只有在不按等級為單位投票表決時才有希望占上風，這也使得享有特權的人一直成為多數。但由於他們極強調自己的作用，也促使少數貴族及教士選擇了改革的道路。

　　同時，法國的各行各業的平民在城市、鄉村等地，不斷地投訴陳情平民的艱困，法國的經濟危機也與日俱增：西元1788年由於農作物收成不佳，使人們憂慮即將發生的饑荒問題；軍隊不得不離開駐防地去維持秩序，此外還須確保糧食的運送，並防止飢餓的農民搶劫。城市居民在經濟的不景氣中夾雜著一些

不安和不滿，不景氣的原因主要是由於農業雇主普遍貧困，以及英國生產質優而價廉的工業產品傾銷所造成。

此時，法國新當選的國民議會代表，在三級會議上力陳國家大政方針並嘗試調整過去的政策，後來三級議會亦合併成為國民議會，並且改稱為制憲議會，這些代表聲稱只有在取得實際的成果後，他們才要散會，否則將持續召開制憲會議。同時，各大城市所出現的動亂也愈演愈烈。在巴黎地區的中產階級整日惶恐不安，他們擔心王室的黨羽反對制憲會議，於是便武裝暴動，並於七月十四日攻占了巴士底監獄。這時外省地區由於盜匪的猖獗，也影響到人們的安寧生活，儘管強盜事件僅發生在林區附近，但也足以引起人們的心裡更加不安，為此，人們組織具有自發性的國民自衛隊，後來又擴充到城市自衛隊，並竭盡全力建立空前的民眾武裝部隊。因此，在王室軍隊之外又出現一支由國民自發性所組成的軍隊，但這支軍隊卻改變了法國的政治生態。

危急的局勢似乎對那些王室的擁護者產生一定的心理影響，他們從西元1789年7月起即迅速地移往國外，並追隨已逃往國外的王室成員，這一切的騷亂後來也都在國民議會裡得到了回響。國民議會在8月4日的深夜召開會議，他們在會上宣布全面改造法國過去的社會階級制度，法國人民在法律之前應該人人平等。所有的階級特權和封建權力應當無償或得到一定補償後立即廢除，諸如取消行會的壟斷、解除領主給予佃農、貧農的奴隸枷鎖，事實上諾曼第地區很早就已經廢除上述提及的不合理情事。因此在這一時期，法國的政治改革超過歐洲任何一個國家的改革成果，並進一步體現孟德斯鳩、伏爾泰和盧梭等政治思想家行政精神體系的理念，以及制憲會議的完成。

立法工作

這時各專門委員會大多由法學界人士組成，第三階級的平民此時也把保護自己利益的任務交給他們負責，而各專門委員會也確實非常努力實現他們的改革措施。西元1791年所頒布的憲法闡明建立君主世襲制度的立憲政體，然而這部憲法是由法國國王所主持。因此被國王直接任命的大臣亦可參與由國王所操控的立法議會，事實上這個議會委員也是由有選舉權的公民所選出，換言之，他們的身分和地位是無庸置疑的，因為他們都以個人的名義向國家納稅。此時這個立法議會也排除貧民和未成年的人，並且禁止各行會人員的選舉活動，而這樣的措施，除了對部分第三階級的平民有損害外，實際上這種新措施對貴族階級的子女而言是項特別沉重的打擊。

　　此外，每一個區實際上也是一個地方政府的行政領域，然而它與各省、各省和各市鎮的權力則高度的分離，每一個區同時也是金融和司法的區域，區內司法機關是由審判階級制度和省刑事法院，以及區內的安全司法部門組成，一個區甚至也是一個宗教勢力的範圍。這些變革措施基本上有利於政府接近民眾，而且司法和行政部門的人員亦經常更替，因為他們也都由選舉產生。

　　由於政府廢除就業的特權，因此司法人員的受賄也和經濟問題有密切的關聯。因為司法或行政人員必須根據任職時間的長短和職務的高低，來償還不同金額的欠債，在這個時期正式任職的行政和司法人員，也都已經發揮很好的吸金作用，因此在經濟上也明顯地好轉。聶凱爾（Necker）樂觀地認為，假設納稅人皆以愛國稅名義繳納他們收入的四分之一，法國的經濟和財政困難便可以迎刃而解，但是聶凱爾這種樂觀想法不可能實現，因為人們納稅時都隱瞞財產數量，也因此享有特權的人和一般平民在財富的隱瞞上沒有多大的差別。此時有人推出解決問題的辦法，即把各地區教士的財產交由國民所有，這個建議由奧頓（Autun）主教提出。然而他的辦法可能過於低估教會的確切收入，奧頓的建議實際上是指取消什一稅和教會的封建特權，他認為以這些財產換取國家付給教會的薪金，還是有利可圖。

　　法國財政的緊急情況，使王室出售大批財產，但買主必須付現金，能夠直接購買的買主也僅是少數，包括貴族、有錢的市民以及不斷增加資產的大地主，更由於中間商的投機，很可能導致這些財產的貶值，然而也因此增加中產階級的人數。

　　人民的經濟生活受過去的政經危機和革命動亂影響，使法國的形勢變得更加不穩定。在這樣的不利環境中，迫使人們不得不取消按自己意願而從事的職業，即所謂的行會制度，導致手工業者的失業人數急劇增加。革命的動亂不安，更使得法國海關的豐厚利益也被影響。

　　王室另一項不利的因素則來自於「教士公民組織法」，這個組織法是由制憲會議委員為天主教神職人員所制定的一項組織法規。由於各區所選舉的主教席位減少到50個，因此也使通向主教職位的教士人數又減少一半，而王室給付教士的薪金也僅能糊口，致使教士的生活日益惡化，因此教士被迫採取收費的方式進行禮拜儀式，這一切都使神職人員從過去所享有的特權生活跌入到谷底。國王見此情況因而也同意批准反映高級教士願望的「教士公民組織法」，國王甚至派遣使節到羅馬請求批准。由於王室不能解決日益嚴重的社會混亂，此亦促使來自各省的國民義勇軍們更加堅定地維護各地區統一的決心，這些地區的新貴與主教也由於戰爭、婚姻和從舊制度下的王公貴族那裡繼承財產，

因而決定聯合起來。例如奧頓（Autun）地區的主教即被認爲是高級的自由教士，並選舉與高層貴族保持聯繫的塔萊朗（Talleyrand）主教主持教務，王室成員也親臨各種宗教慶典活動，法國好似在統一的氣氛中，而大革命所帶來的危機好像也已經結束，因此上述「教士公民組織法」雖然有不同的分歧意見，然而也使各地區的勢力結盟，並嘗試新的政治制度。但這一時期所籌組的新政府在國王逃出期間也遭受到沉重的打擊，法國王室成員所乘坐的車輛在即將到達洛林地區時，竟出人意料地停留在瓦海納（Varna）地區。

法國統治者歷來所遵循的溫和主義政策開始瓦解，此也鼓舞了反對溫和主義的陣營，致使溫和主義更陷入困境。尤其是有些貴族依據自己的理論把國王當作囚犯論處，雅各賓黨人則認爲國王應該有責任批准某些維護新秩序的法案，依據這個時期法國的新憲法，法王還是法國的統治者，因此國王理應還有一定的權力。流亡在外的貴族則企圖摧毀當時的新憲法以恢復舊有的制度，但在異地他鄉的流亡貴族也因國內的政局多變而深感不安，而且他們處處受到奚落。爲此，一些王公大臣首先把注意力放在路易十六和平民之間的衝突上。他們希望利用法國內部的困境，以解除他們的不安全感，他們也擔心國內緊張局勢的擴大對他們日後產生影響。

選舉期間，由於國王突然逃走，因而也給予了選民自由表達意願的條件。此時沒有一名制憲會議的成員自願列入在745名立法議會議員的名單內，因爲這些立法議會議員是一個沒有實權的職位，但他們卻必須處理越來越棘手的政治局勢。同時，羅馬教皇由於擔心法國政府按常規對教士的糾紛進行干預，因此經長時間的考慮後，終於決定禁止「教會公民組織法」，該法過去的確爲不滿現實的人們提供一個無法替代的政治活動場所，此外對教皇所屬的領地是否併入法國也進行全體公民的表決，然而法國顯然沒有補償西元1791年3月10日羅馬教皇敕書中支持法國新憲法之後，他們所造成的損失。

戰爭和君主制的衰落

路易十六與其家人逃出瓦海納失敗之後，法國的政局一片混亂，國王也失去行動自由，形同囚犯。雅各賓黨人所控制的國民議會，雖然主導對普奧戰爭的勝利，但也促使這些專制君主的國家聯合對付法國，尤其普奧二國更爲積極。路易十六任命吉倫特黨人（法國大革命時期代表大商業資產階級利益的政治集團）組織內閣，也僅是爲了承擔由國王身邊的人所造成的損失責任。當然此時國民議會的成員也已經明確地阻止法國對匈牙利和波希米亞宣戰，可能還

有不把整個普魯士都捲入戰爭的希望。這些議員亦屬於具有同情心的溫和派，他們不願意看到法國的革命失去控制，隨後由於國民議會一致決議對普奧干涉法國革命的行為採取強硬政策，因而這溫和的政策也明顯地減弱。

普奧戰爭中，一些逃亡到國外的法國王室貴族追隨普魯士國王的軍隊，在布倫斯維克（Brunswick）公爵指揮下逐漸進逼法國本土，法國在戰爭中明顯處於劣勢。奧地利的軍隊也迅速地擊敗法國北方前線的守軍，軍事失利使得巴黎輿論大譁，並引起極大的騷動。此時由於王后身邊的人毫不掩飾對奧地利的同情，路易十六的猶豫更加失去民心，人民開始相信國王和王后正與法國的敵人祕密勾結，因而埋下他們被處決的命運。

當時通信的落後使國民議會的命令遲遲無法傳達，而且也無法撤銷原來的命令，使命令的執行更處於癱瘓之中。前線作戰的法軍由於組織不良、訓練不精、軍器陋劣等種種因素，也因而屢遭敗北。巴黎市民在這種軍事失利，以及國王是否忠貞的疑團籠罩下，又加上雅各賓黨人的鼓動，於是便發動遊行示威，並辱罵國王與王后。

西元1792年7月25日的「布倫斯維克（Brunswick）宣言」並沒有使法國人民產生恐懼的心理，反而促使法國採取更激烈的行動，這項聲明損害路易十六的聲譽。西元1792年8月10日，城市工人居住的地區藉著來自馬賽和其他地區的新兵支持，起而叛亂，他們攻占杜勒里宮（Tuileries），並瓦解瑞士守備隊的抵抗。此外曾經積極參與起義戰鬥的巴黎公社甚至也被國民議會承認，因此一個革命的市政府在巴黎建立，其政策比國民議會更為激進，不久之後它篡奪國民議會的權利，並廢除憲法，以及監禁國王路易十六及其家人。

歐洲成立聯盟反對法國（西元1792-1795年）

此時期爆發革命的法國與鄰國之間的關係也驟然緊張，例如東北部地區很多居民雖然歸屬法國，但在法律上還沒有被鄰國承認，尤其國民議會命令法軍將領解散所有占領地區的原有政府，沒收政府和教會的財產，廢除什一稅、打獵權、封建稅捐等。突如其來的財政金融改革對鄰國也構成相當大的威脅和不安，歐洲各國專制君主本來就厭惡法國革命，此時法國又以宣傳革命向歐洲各國挑戰，更使各國欲聯合圍攻法國。此時逃亡在外的法國貴族為避免受法國大革命的迫害，紛紛在各國定居下來，並與各國貴族聯繫，反對法國的革命。

然而歐洲的統治者面對法國的局勢一開始似乎也沒有採取積極的態度。例如英國對於有利可圖的貿易協定非常重視，它只想促使與法國所簽協定法規的

內容延長。他們的一些僑民被吸引到法國芒什省（Manche）從事貿易活動，像很多富人一樣，他們用其特有的物品交換土地。另一些專制君主則冷眼地注視路易十六所面臨的困境，當路易十六實施其道德規範時，同時也鼓勵充滿暴力的美洲殖民地反對其宗主國。

奧地利產生不自覺的驚慌，這是由於他們的大使與法國王后瑪莉・安東妮保持非常密切的聯繫。此外列日省部分人士以及一些瑞士被流放的人在巴黎開始不安；尤其是東部的奧地利更是不安地注視著法國局勢的變化。事實也的確如此，幾世紀以來的法國君主政體，亦提供了革命的先決條件，而歐洲各國在這一時期也被其內部問題所困擾。例如俄國的凱薩琳女皇，根本無意和西歐發生瓜葛。波蘭由於長期的動盪不安，正試圖重建國家，而法國的革命正可以作為榜樣，並反抗領土被瓜分的命運。法國王后瑪莉・安東妮要求其兄奧地利國王利奧波德協助，其兄答覆是請她自己調適以順應法蘭西的情勢。至於西班牙和那不勒斯王國透過《家族條約》與凡爾賽的波旁王朝成員結盟，由於這兩個國家和皮埃蒙特（Piémont）國王財政上都很困難。因此也不願意捲入法國的糾紛。西班牙則客觀上非常擔心受到法國革命的影響，自從西元1790年西班牙政府驅逐法國流亡貴族之後，這些法國貴族利用各種破壞的手段，反對國民議會所推行的各種改革，而這些王公貴族的情緒也隨著法國王室成員在瓦海納被扣押而更加不安。西元1791年8月，路易十六逃亡失敗後的兩個月，奧皇利奧波德二世與普魯士國王腓特烈二世在皮爾尼茲（Pillnitz）舉行會議，會後發表一項宣言：法國國王所處的境遇現已成為整個歐洲所有國王共同關切的事情，法王應恢復他的完全自由，普奧兩國在必要時準備以武力達成這項目標。此一宣言激起法國人民對普奧兩國的憤慨。

路易十六也不由自主地投身於險惡的政治裡，後來吉倫特黨人所組成的內閣又與奧地利及波希米亞作戰。當時法國參謀部的人員編制已經過剩，加上組織不良、訓練不精、軍備簡陋，因而最初的幾個星期的前線作戰失敗也接踵而來，事實上法國貴族的逃亡也是導致法國戰場上失敗的主要因素之一。當普奧聯軍攻入法國的領土之後，立即發表一篇措辭嚴厲的檄文，此是造成後來路易十六被送上斷頭臺的導火線。

制憲會議之初始

新議會在敵人入侵造成的混亂之後選出，在一片恐慌中舉行會議，法國人受到無數流血報復事件的威脅，這次會議更加深他們的恐慌。會議並沒有因此

避免爭吵，以及眾多團體成員間的對立，無論是制憲會議，或立法機構中不同派別代表間的紛爭不斷，因為他們都代表選民的支持。布里索派（Brissotins）或吉倫特派則越來越明顯地從山嶽派（Montagnards）中分裂，此乃導因於個人的問題，他們對戰爭之處理方式或對整體政府施政原則，特別是未來的憲法產生歧見；在溫和派眼中，他們應逐漸和以往那些拒絕判國王死刑的人相互對峙，縱使在杜勒里宮（Tuileries）中仍留有大批確鑿的文件，但最後終究無法阻止以些微的多數通過對國王死刑之判決。

多末的挫敗，使以英國為首的同盟國重新結合，英國的財政依靠繁榮的貿易，比其他的工業國家或地區，其進步的速度超過半個世紀之久，這也確保了盟國財源充裕，其結果卻使荷蘭遭受挫敗。尼爾溫登（Neerwinden）一役失利後，法國杜姆利耶將軍（Dumouriez）決定寧可投效敵方的陣營。

被圍困的美因茲（Mayence）在堅守幾個月後決定從德國各地區撤出，撤退到阿爾卑斯山，另外，西班牙迫切需要在庇里牛斯山上再組織兩支新軍隊以進行攻擊。

法國的經濟危機，導因於政府毫無節制地印製紙券所引發的貨幣貶值，敵人和逃亡貴族製造很多偽造紙券也是紙券貶值的原因，此外物價的飛漲，尤其是食品價格的上漲，在食品供應短缺的大城市裡出現的生存危機，亦帶來一系列的難題，由此並加深政治上的爭奪戰。杜姆利耶的反叛連累到吉倫特派，使之無法反對山嶽派提出設立革命法庭（Tribunal Révolutionnaire）的要求，也因而獲得第一次勝利，並在新成立的法庭上宣布馬拉（Marat）無罪，由此預示兩個派系之間短兵相接的開始。吉倫特派的愚蠢行為和日益增多的自我防衛上困難，使兩派陣營間的對立更加的激化。西元1793年5月31日由於巴黎武裝力量的直接干預，並對一些吉倫特派成員不經判決直接處死，才結束這種對立。

第二節　內戰和革命政府

　　由於「教士公民組織法」或者對國王的判決，國家防禦措施引起人們的不滿情緒，其中一群反對國民公會的人正打算利用這種不滿情緒。西元1793年2月，因對新的政府體制的期望愈加增高，王室也不得民心，30萬人揭竿而起。他們由地方的顯貴、地位不高的貴族、有時也有重返的逃亡貴族參與，部分逃兵占領曼恩－羅亞爾省（Le Maine-et-Loire）和旺代省（La Vendée），如果他們在攻打南特的戰鬥中失利，他們會在春末占領許多羅亞爾河兩岸的城市，但是他們無法進攻巴黎。

　　同時，吉倫特派的支持者強烈地反對制憲會議的獨裁專制。制憲會議有時是在逃避被捕的眾議員控制之下，整個諾曼第像波爾多地區一樣騷動不安。東南部地區參加起義的里昂人，在保皇黨人帶領下他們的表現更為反動，並希望得到義大利北部的皮埃蒙特軍人支持。當海軍司令特戈夫（Trgoff）把港口和土倫艦隊出賣給英國、西班牙和那不勒斯艦隊時，另一支保皇黨人的軍隊則聚集在馬賽，他們試圖穿過德洛姆河與皮埃蒙特軍隊會合。重新拿起武器的鮑利（Pascal Paoli）趕走共和黨人，其中包括拿破崙家族，並成立一個曇花一現的英國科西嘉王國（Anglo-Corse Royaume）。

　　山嶽派的處境很悲慘，內部爭鬥已造成嚴重分裂，急劇加深的危險只能抑制住內部的爭吵，平息吉倫特派運動後產生的憂慮促使他們迅速地制定比法國以往更民主、權力更加分散的憲法，這部憲法於6月24日投票通過，但一直延遲到戰爭結束後才實施。

　　在期待和平的時候，革命政府占據重要統治地位，此政府實行集中統一領導，並設置每個月都要重選成員的巴黎委員會（如安全委員會、公安委員會等），政府官員與各地方也保持密切聯繫，政府設置一些在政治上很溫和的部門，每個省或軍隊都選派兩名常駐代表，他們經常為政府官員打氣。

　　客觀形勢對制憲會議所起的作用遠大於政治主張。制憲會議因此被引導鼓吹新的經濟政策，而新政策是以軍需品為其生產導向，政府控制了物價和薪資的發放，並採取打擊不法商人，但不久後，仍造成地下食品市場的物價波動，而紙券劇烈貶值更增添居民強烈的不滿情緒。西元1793年3月28日與12月17日的法令，提供了當時政府與其代表們可排擠不聽指示和反對派的人之法規，但除了貴族和公開的吉倫特派之外，大多數被革命法院判決的犧牲者都是因為經

濟的因素所造成。

　　法國的工業設備和軍事裝備的製造是最具創造性，在軍隊後方地區同時設置一些大炮鑄造廠和炸藥工廠，此外政府動員未被占領地區的男子，也產生許多問題，而各國聯軍控制法國北部重要的小麥產區，由此也發覺法國工業使用的工具不足，且必須到瑞士購買產品，生產方式因而有所改變。

　　產品必須在惡劣的路況下運達各城市和各軍隊手中，而且馬匹或拉車用牲口與車輛的徵調，常常破壞各地傳統的運輸方式。對運輸業的急切需要使投機者的交易活動更加熱絡，也使得大後方的年輕人較不擔心冒險從事軍旅的生涯。

　　這些顯而易見的不平等，在很大程度上使政府的政策更不得人心，此政策的後果在西元1793年春天的悲慘局勢中得到證明。不平等伴隨而來的是國內對立勢力之間激烈的鬥爭，頑固不化的教士公開支持保王黨人，並且在和敵方軍隊聯繫時鼓勵叛逃。同樣地，在革命政府內部的自然神論者和無神論者中間亦出現各種分歧，自然神論者經常得到羅伯斯比支持。常駐代表在執行改革措施的同時，卻成為反基督教信仰政策的代理人。

　　從西元1793年7月13日起，諾曼第信仰聯邦主義的軍隊對巴黎地區食品供應形成威脅之前，就已經被驅趕到布雷固爾（Brécourt），多虧蘭代（Robert Lindet）寬容靈活的政策才迅速恢復平靜。相反地，塔里安（Tallien）在波爾多謹慎地鎮壓騷亂，一部分吉倫特派在波爾多也終於找到避難所。里昂戰鬥從9月29日持續到10月8日，並先後遭遇由顧東（Couthon）和傅樹（Fouché）主導的鎮壓而慘敗。收復馬賽沒有多少困難，只是攻克土倫必須有一套合理的圍攻方案，因為共和代表巴哈斯（Barras）認識一位年輕的炮兵部隊軍官，拿破崙（Napoléon Bonarparte）——一個因家人的不幸而狂熱支持共和主義者。

鞏固勝利（西元1795-1798年）

　　一旦將敵人趕出邊界，排除了羅伯斯比（Robespierre），亦即革命政府的解體，該政府的重要性無可辯解，但其實用性卻大有爭議。各個委員會每個月要更換四分之一的人，離任者可在一個月後再次入選，這能防止人員長期壟斷職權，也危害政府執政的連續性。十二個委員是平等的，但安全委員會的角色逐漸吃重後，公安委員會最後則保留軍隊指揮權和外交權。在溫和主義者的操縱下，革命法庭庭長的更換亦足以主導追趕恐怖分子的行動；而廢除監督委員會至多只是減弱鎮壓的作用。反對激進的雅各賓派領導人的措施，則把雅各賓

派中的一部分人清除，使其他人束手無策。當「沼澤派」看到被取締的吉倫特派逐漸壯大，以及剛偽裝的保皇黨席位不斷增多並恢復勢力的局勢，便高興地利用這個機會指責共和派的人，而雅各賓派的其他成員也因而無所作為。保皇黨和天主教軍隊在西部發起叛亂後，朱安黨人（Chouans）就一直占領著西部農村，與當地的首領談判，允許首領放下武器降服後繼續從事群眾活動。

　　自從戰事在國外開打以來，派遣到當地軍隊士兵的傷亡、撤退和潰逃也導致了軍隊脆弱不堪，這些事件層出不窮，政府才變得較寬宏大度。另一方面，困難的局勢也為中央政府政策的緩和提供了依據，政府不得不考慮到在首都巴黎所掌握的實際情況越來越少。西元1794年巴黎取消物價的上限，但卻導致物價飛漲和紙券貶值。

　　工資的自由化未能阻止工資隨物價的上升而增加，人民的不滿情緒為原來的恐怖主義者增添力量，由於沒有周密的計畫，恐怖主義者受到芽月、花月和牧月事變的牽連，這些事變促使溫和主義者派遣一部分人去圭亞那（Guyane），並使郊區的局勢趨於穩定。雅各賓派及山嶽派已經在郊區擁有強大的物資力量。大革命以來，武裝干涉左派對立運動的行動，在7月14日的騷亂和練兵場衝突中並不明顯。財政危機的嚴重性亦引起所有公務人員的強烈不滿，而其所支付的薪資都是貶值的貨幣。

　　財政危機削弱擁護「教士公民組織法」的教士力量，「康邦命令」（Le décret Cambon）宣布取消教士原有給職，並將國家和教會區分開，政府不再支付薪資給教士。幾年來，教士籌集自有資金，並成為這項措施的受益者，有些人甚至獲得在為擁護「教士公民組織法」的教士保存的建築物內舉行禮拜儀式的權利。

　　歷史的變遷，甚至包括軍隊的衰敗，都未能阻止勝利的步伐，這對盟國而言則極為敏感，因為這些勝利是在他們的國土上取得。西元1795年4月，普魯士國王在瑞士的巴爾（Bâle）簽定和平條約，承認法蘭西共和國。一個月以後，西元1795年5月，法國又開始進攻荷蘭的海牙。這個衛星國在被奧朗日（Orange）王朝遺棄的疆土上建立，雖然殖民貿易中斷，其在歐洲的財政收入上仍占有極其重要的地位。7月，西班牙根據《巴爾條約》向法國讓出聖多明哥島（Ile de Saint-Domingue）東部，此擴張主義也顯示出法蘭西共和國將在不久以後面對其他國家時，為確立成為強國地位所做的轉變。

督政府的內部工作

第三年的憲法在投票時並非沒有困難，部分條款可能表現出對社會穩定的憂慮和對保持住有利可圖的職位之擔憂。由過去原班人馬組成的新議會當然吸收一部分「國民公會」的成員。前述議員中選出五位主席，每年改選一名，以確保行政權之行使。

由於不信任參加公安委員會工作的各地代表，這一級行政組織事實上已被取消，在省和新組建的市鎮之間由於缺少中間環節，又出現新的問題。遇事經常與公民協商的憂慮，使得在兩個議會準備每年更換三分之一，並導致某種程度的動盪，尤其是多數黨經常引發的混亂，時或在督政府，時或在制憲議會。這種緊張狀態為陰謀活動提供機會，特別是由軍隊所發起的政變。最嚴重的是貨幣問題，即紙券的日益貶值，政府缺少有效的方法使各個行政部門維持正常運作，並迫使政府更加重視有經濟主導權的將領的動向，藉此確保財源回流至國庫。

選舉的準備工作未能阻止政府在困難的條件下實施經濟和行政復興計畫。此外，工業重建足以讓諾夫沙多（François de Neufchâ-teau）於西元1798年舉辦法國第一個製造品展覽會，在該次展覽會中，大紡織廠或冶金廠使大眾了解到技術的進步可在許多方面的生產製造中實現。一方面，由蘭代主導的財政措施造成嚴重的貨幣貶值，使依靠固定收入維生的人生活頓入困境，卻使國庫擺脫大部分的債務。根據蘭代制定的財政金融措施亦造成貨幣的大幅貶值，但也償還了三分之二的債務。改造地方的財政管理機構以及建立門窗稅，也開始逐步地消滅財政方面的赤字。十年來，財政赤字是引發新政府各種問題的導火線。另一方面，一些督政官希望恢復採用每十天舉行一次禮拜的自然神論政策，這個願望取得有限的成就，但在某些由逃兵或憲法支持者所組成的天主教徒中，這卻造成某種程度的不安。

第三節 執政府時期（西元1798-1804年）

霧月十八日

一踏上獲勝的法國，拿破崙只能努力地使別人忘記他曾不經上級命令而任意放棄交付給他的部隊。由於工商業界的支持，拿破崙在巴哈斯及其兄弟的幫助下，把各委員會遷移到聖克勞德（Saint-Cloud），然後以武力清除他們，此外，他還組成一個憲法委員會。

拿破崙向四個委員授意他選擇的解決方式。三個執政官在第一執政領導下行動，拿破崙任第一執政官擁有獨自任命各部部長的權力，具有唯一的法律制定權。第二執政官康巴塞雷斯（Cambacérès）則僅具有使左派人士放心的作用，由於無人不知保皇派的感受，於是就和勒布倫（Lebrun）一樣，協助給右派人士錯覺。立法權分布在四個職權分散的議會裡：由第一執政官任命的行政法院（le Conseil d'Etat）對各項法律草案必須提出自己的意見，行政法院的五個部門都高度專業化。保守的參議院（Le Sénat）原則上從其他三個議會推薦的候選人中選出，實際上則是由執政官的朋友和西埃耶斯（Sieyés）決定。法案評議委員會六年一任，但每年改選五分之一，該委員會督促政府接受請願書並商討法律。此外，由執政官選定的立法會議同樣由參議院挑選，選舉時改選五分之一，它只投票通過法律，並不討論其內容。

普選制度重新開放給年滿21歲的全體公民，但是選民受到各種規定的限制，在全民表決中，每個人在同意或反對的選舉表上簽名，知識階層要從各市鎮的知名人士中選拔出省級知名人士，再選拔出國家知名人士。之後，參議院選定法案評議委員會委員和立法委員，以及行政部門的第一執政官；但自擬定知名人士名單之前，所安排的人事就應已確立拿破崙勝利的地位，這位第一執政官和他以往在一起出生入死的親信之間產生曖昧不清的矛盾關係，雖然他們的結合〔例如達雷宏（Talleyrand）〕是為了達到「發一筆大財」的共同願望，但毫無疑問地有助於此新制度在草創時期受看重，即使是兩方面的極端分子，也因為已給他們某些保證而獲得緩頰，特別是對未在拿破崙周圍出現的唯利是圖團體（從家族成員開始），此亦使他們決定將其性格特質加諸於新制度中，而此新制度在多年來國家被拖入無休止的戰爭之後，應可重新建設，並在全民一致服從政府領導中得利。拿破崙未打算放棄建立免遭督政府每年改變的統治方式。

　　此時拿破崙打算建立自己永久的權威，他採取培養未來的幹部的措施，以作爲掌權時的宣傳工具，如同以往代表雅各賓派的俱樂部一樣。此外他取消中央學校，代之以壟斷整個中等教育的公立中學，這可以爲三個執政官統治下的法國培養未來的行政職員和軍官，並根據舊政權的傳統教育制度以培養知識分子。他還渴望與教士商談，就他作爲內阿爾卑斯共和國總統和法國執政官所面臨的局勢，這種局勢促使他思考是否能解決與新國家組織同等重要的教士反抗的問題。

　　由於對法國天主教士的厭煩，以及軍事的勝利就「和解協議」的談判進展順利，此外教會與國家分裂的局勢被官方的革命宗教所代替，這也使眾多的高級教士和神父更加惶恐不安。在這種情況下，第一執政官和羅馬教廷之間的談判就在沉悶的氣氛中進行。

三個執政官的對外政策

　　第一執政官的首要工作，是在對抗國內與國外敵人時獲得重大勝利，藉此鞏固他的威權。對義大利的第二次戰役迫使第一執政官急忙親自掛帥，並在里昂集結大軍準備馳赴熱那亞替被奧地利人包圍的馬塞那（Masséna）將軍解圍。他占領米蘭，又有機會見到德塞克斯（Desayx），戰爭結束時此人即被殺害，他在馬倫哥（Marengo）地區恢復戰爭初期的局勢。停戰幾個月後，又爆發秋季戰鬥，戰鬥中道納勒德（Mac Donald）占領格里松（Grison），布魯納（Brune）亦駐紮在特雷維斯（Trevise）。這些勝利的重要性顯然不及普魯士軍隊統帥馬魯（Moream）在霍亨林登（Hohenlinden）攻克奧地利的勝利。普魯士軍隊的勝利必然在斯泰葉（Steyer）停火，並保證呂內維爾（Lunéville）的和平。此項和平條約加強法國在整個半島的影響力，或因內阿爾卑斯共和國的擴張，或因西班牙皇室成員的支持而創立伊特魯立亞（Etrurie）王國，以及那不勒斯王國受到敵人進犯之威脅，故從西元1801年冬末開始，法國即未放棄聯盟。

　　由於西元1797年危機以來英國海軍逐漸壯大，法國要實現大不列顛登陸計畫已經是不可能的事情，此外暗殺沙皇保羅一世的行動亦迫使法國脫離同盟國。倫敦政府認爲結束戰爭對自己有益，並於西元1802年3月25日向法國及其盟國那不勒斯、西班牙要求歸還在戰爭中所搶奪的殖民地。

第四節　帝國的崛起階段（西元1804-1810年）

帝國的軍隊

　　拿破崙依仗他最強大的陸軍發起反對大不列顛的鬥爭。他的軍隊幹部是由身經百戰的將領所組成，士兵中的新兵都是每年招募後，編在老的軍事後備部隊，並加以訓練，他們大都有十年軍齡以上，整支軍隊表現出一種銳不可當的氣勢。海軍的素質可以說是較高的，但他們依靠尚且較弱的聯盟力量，如西班牙，不斷地與自己的對手戰鬥，因此，在特拉法加（Trafalgar）戰役（西元1805年10月21日）中，他們失去全部的人力和物力，因此再也不能發動大規模的軍事行動。英國的海軍力量不斷地加強，海軍將領目不轉睛地盯著歐洲的彼岸。年輕的美國海軍在第二次獨立戰爭中，經常破壞海盜的偵察，這些海盜是專門挑起戰爭的元凶。

　　拿破崙提高了軍隊的素質。軍隊團結一致的凝聚力確實得到加強，但是，應當指出的是皇帝放棄大革命時出現的新生事物，如汽艇部隊，他拒絕所有創新的東西，如蒸汽船、快艇等。或許是因為他接受舊體制傳統教育的原因，或是因為法國工業無法因應需求之故。總之，這種做法使法國軍隊在戰鬥中損失很大。

　　另外，拿破崙的軍隊也在不斷地壯大，並且在不斷地改善，但軍隊的設施還是不令人滿意，而且士兵的身體狀況也欠佳，這對軍隊來說是一個雙重的問題。

勝利

　　帝國的首次戰役在人口稠密的城市中進行，附近的村莊向軍隊提供火炮，軍隊朝敵人的方向前進，在敵人還來不及於作為戰場的大廣場集中之前，帝國的軍隊便發動攻擊。

　　首次戰役最驚心動魄，西元1796年在多瑙河上游的布洛尼（Boulogne）發起進攻。奧地利人被圍困在烏爾姆（Ulm）後投降，然後，帝國軍隊占領城市，打開通向維也納的大路，通過摩拉維亞與奧地利的盟軍，與前來救援的俄羅斯軍隊短兵相接。拿破崙採取靈巧的戰術，將俄羅斯軍隊引到事先

選好的戰場，一舉擊潰，這便是眾所周知的西元1805年12月2日奧斯特里茨（Austerlitz）戰役。

法國皇帝接受普勒斯堡（Presbourg）和約，奧地利承認法國占領義大利，把威尼斯讓給拿破崙，伊斯特利亞（Istrie）和達爾馬蒂（Dalmatie）割讓給義大利王國，一些領土割讓給法國的聯盟德意志各邦。同時拿破崙又將自己的軍隊開進那不勒斯，那不勒斯的領主則在英國海軍的保護下逃到西西里島。

拿破崙這些成就及他的對外擴張政策使所有國家感到不安，因而紛紛提議建立和平條約。然後，法國卻干預日耳曼各邦的內部政治，此亦激起了其他各國不滿。普魯士國王差一點參加同盟國，因為他看到拿破崙與英國爭鬥感到不安，因而派人去俄國、英國勸說拿破崙撤回部隊到萊茵河西岸。這些部隊尚留在薩克森中心，正準備在敵軍聚集前快速進襲。

普魯士接到最後通牒一週後，腓特烈‧威廉三世（Frédéric-Guillaume Ⅲ）的軍隊便在耶那（Iéna）被擊敗，柏林被占領，普魯士軍隊一直逃到波羅的海。這次普魯士失敗便使法軍決定進攻俄國，軍隊緩慢地向波蘭進軍。6月的弗里德蘭（Friedland）戰役俄國軍隊大敗，沙皇不得不在西元1807年7月7日的迪爾西特（Tilsitt）和約上簽字。由於盟國關係逆轉，沙皇與拿破崙達成平分歐洲的協議，一方在西，一方在東。華沙的大公向拿破崙多次提出一系列的領土問題，俄國和奧地利不斷進犯波蘭，因而致使獨立的波蘭無法重新建設。

困難與失敗

法國的政體基礎相當牢固。拿破崙個人的特質及他領導的軍隊所向披靡，使他的威望如日中天，這都是政體穩固的因素。在位的行政官員於執政府初期對支持帝國軍隊都有貢獻，拿破崙也聯合那些出名的省長、主教及維持秩序的憲警人員支持自己的政權。這當中有直接與間接的支持，帝國的財經秩序之維持是所謂間接支持中重要的一部分。但是，不得人心的是權力過度集中，這是人們反對帝國的一個藉口。

統治時期確實鼓動舊制度的貴族重新聚合，維也納和平條約之後，他們的人較明顯地增加，特別是與奧地利聯姻，娶回瑪莉‧安東妮王后的親戚瑪莉‧路薏絲之後尤其如此。總之，很多人起來攻擊王室，帝國法庭的達官貴人已經達到路易十八時的人數，使人們懷疑他們的忠誠。

最嚴重的困難是宗教和海關的政策。這些問題的解決掌握在教皇國手中，他們以神學的觀點反對拿破崙，不論是在法國，還是在其他國家。羅馬教皇與政府達成「宗教協議」後，表現得相對順從的神職人員一下子全都消失。在法

國發起的是戰時遭囚的西班牙俘虜之示威活動掩飾得不佳，在仁慈的名義下，人們常常忘記為普魯士或奧地利作證，他們在先前的戰役中是多麼地富有慈悲心。總之，反拿破崙的勢力正在逐漸發展。

亞眠從平月之後即發生了經濟危機，政府才沉浸在解決收支平衡第一個危機的成果中，卻又再次爆發危機。西元1811年農作物收成欠佳，導致糧食危機，與大不列顛艦隊的監視封鎖同樣嚴重，它阻礙了利用航海援助那些收成最差的地區。皇帝用許可證制度補救工業蕭條的危機，但許可證其實是合法的走私，對於保障生產物資的供應、進口，及大不列顛的工業品進口來說依然不夠，無法滿足這些需求。

皇帝的計畫得到軍界及警方支持，但是要鞏固政體，和平是必不可少的要件。相反地，拿破崙卻只想擴大征服的版圖，以保證他主宰一切的尊嚴。他對東方的野心只會讓沙皇亞歷山大有所警惕，在此之前，當法俄和平共處時，沙皇的軍隊已在喬治亞地區和高加索大部分地區加強影響力。

侵俄戰爭

此時法國外交界嘗試讓拿破崙迎娶一位沙皇的妹妹已告失敗，聖彼得堡則對法皇併吞亞歷山大一世的親戚奧爾登堡（Oldenbourg）大公國的領土而頗為光火，顯示兩位具有同樣野心的君主間一直處於混沌不明狀態的關係，而此時關係也已降至冰點。法軍匆忙地準備入侵俄國，將來自各國的傭兵聚集在波蘭東方邊界上，但他們普遍對人煙稀少的地方戰鬥條件適應不良。如果這時右翼的奧地利和左翼的普魯士有任何鬥志，俄國部隊立刻就能被打敗。另外，新的士兵沒有經過任何訓練，只憑一腔民族主義的熱情。俄國的軍隊也的確害怕再像西元1807年那樣被困於荒郊野外。

三支軍隊在拿破崙的指揮下前進，所戰皆捷，但他們之間的距離一步步地拉開。經過斯摩稜斯克（Smolensk）血腥戰役之後，有的部隊失去一半以上的兵員，但敵人卻因西伯利亞的援軍而增強。鮑羅金諾（Borodino）和莫斯科瓦（Moskowa）戰役使交戰雙方都付出很大的代價，但俄國軍隊並沒被打垮，莫斯科被占領之後，俄國軍隊仍繼續不時騷擾法國軍隊，使他們陷入飢餓和嚴寒之中，迫使法軍在一個月的徒勞之後撤兵。

法國戰役

正當拿破崙失去當初因其機運而生的軍事威權之際，且遇到法國內部困難

的同時，集結在法蘭克福的盟國部隊宣布解散萊茵邦聯，即解散拿破崙所創立
的那些國家，並重新組織他們的軍隊。西元1812年的經濟危機極其嚴重，它的
後果仍令人記憶猶新，招募新兵入伍的措施因叛逃、洩密等事件而受到輿論責
備，儘管人們已經知道這些士兵將發派往西部各省。

由拿破崙發起的這次行動在佛日山脈（Les Vosges）和首都巴黎之間展
開，但也只能拖延敵人的前進速度，並不能解決任何問題，他的軍隊同樣地
也向北方挺進到波爾多。而身兼立法機構成員的市長，甚至在拿破崙讓位之前
便對波旁王朝的復辟表示歡迎，並在圖爾（Tours）大教堂以「感恩讚美詩」
（Le Deum）迎接波旁王朝成員。

和談的結果使易北河國誕生，這不是沒有交易，但卻是必須的，某些軍
團在聯盟國家壓力下被驅逐出巴黎，此外反叛行為也導致所有許多威權君主制
國家的計畫遭瓦解。拿破崙的下臺只為法國留下一個沒有政權的臨時政府，在
這個政府裡面塔利蘭（Talleyrand）的陰謀為準備波旁王朝的復辟做出貢獻，
他們到處呼口號：「打倒徵兵，打倒右派聯合」，且引發群眾的附和。

西元1814年5月30日的巴黎協定將法國的版圖設定在西元1789年時的規模
上，其實法國一心想參加維也納的大國會議以共同瓜分歐洲大陸，但到頭來卻
落到丟失領土的地步。輿論被失敗的事實粉碎，留下來的是戰爭末期的嘆息，
這種痛苦越來越難以忍受，最後，他們的皇帝拿破崙遠走他鄉，威望掃地。

百日戰役

當時，易北河的收復是在一種相當混亂的局勢下進行。拿破崙其實早就可
以準備好躲在隆河河谷，並占領穿過阿爾卑斯山的伊塞爾（Isere）山谷，但他
沒有這麼做，相反地，他在格羅諾布爾（Grenoble）和里昂受到很好的接待，
而路易十八除了新建不到一年的皇宮之外，亦沒有得到任何的東西。

拿破崙重返杜勒里皇宮引起很多內在與外在的問題，例如始終忠於翁顧
列姆公爵（Le Duc d'Angoulême）的皇家軍隊在到達德洛姆（Drôme）的埃羅
（Hérault）後即投降於拉·巴呂（La Palud），相反地，布列塔尼和中央山地
兩地區卻爆發了保皇黨叛亂。但拿破崙的部隊對保皇派對手所採取的謹慎節制
的做法卻足以使雙方保存一批力量，他們認為這種國內戰爭亦毫無意義。而那
些一年前就被侵犯的地方，抵抗也越來越激烈。

自由主義分子和獨裁主義分子在根據「帝國制憲補充條款」選出的眾議院
中平分代表席位。法國與參加維也納大會的大國也中斷了關係，並很快地平分
反侵占者戰爭中帝國的戰利品。這個消息幾乎使國內的保皇派大吃一驚，他們

立即招收士兵和擴充軍隊。新兵數量上升很快，以致於爲了組織比利時軍隊而聚集的力量超過了預期的程度。此時準備過程發展得非常迅速，拿破崙攻擊了英國人越過的邊界區，然而普魯士軍隊卻還駐在荷蘭。拿破崙在前兩天還成功地狙擊它的對手，但他在滑鐵盧的集結卻蒙受如此大的失敗；他遺棄自己的軍隊回到巴黎，但此時盟軍卻再一次侵占法國。

談判順利地進行，對楓丹白露的交易而言不成問題。代表再也不用掩飾自己對自由主義思想的成分，更勝於對一位吃敗仗的皇帝（拿破崙）忠誠。新的政治危機將隨波旁王朝的第二次復辟而結束。同時，法皇的軍隊在羅亞爾河（Loire）南部和阿利耶（Allier）西部重新整編，任由普魯士、英國、奧地利、皮埃蒙特、西班牙和俄國，再加上日耳曼邦聯所有小國家的眾多聯軍進駐法國大半江山，而拿破崙則向西行，但因英國封鎖，只好放棄取道英國逃往美國的途徑。

在郝森（Hudson Lowe）將軍的保證之下，與奧地利、普魯士、俄國與法國的監督下，勝利者的代理人把拿破崙遣送到聖赫勒那島（Sainte-Helene）。這個皇帝在西元1821年5月於島上與世長辭。

毫無疑義地，拿破崙是一位在思想和性格方面具有特殊力量的人。他具有強大的工作力和組織力，且有敏銳的觀察力，除此之外，他還有天賦的天才。

前述百日戰役的戲劇化的插曲，也改變了歐洲的歷史。在西元1814年盟軍的見解，即他們所與之作戰的對象是拿破崙，而非法國，因此他們準備給法國莫大的公平條款。即不對法國索取賠款，也不簽訂占領法律，因此，在法國的外交官塔利蘭技巧的布置下，法國在歐洲各大強國之間，也取得了一個平等的地位。然而，在滑鐵盧一役以後，法國的態度就不同了，法國給予拿破崙的歡迎，似乎顯示兩者的一致契合。法國現在需償付七十億馬克的賠款，並且接受威靈頓所統帥的十五萬人的軍事占領。拿破崙在歐洲各地方取來的藝術品，亦須全數歸還。

對法國作戰的國家公開宣示的意向是：抵抗革命和它的主義，恢復由拿破崙摧毀的舊秩序，歐洲的風暴，已經成爲過去，歐洲大陸將恢復往日的生活方式。西元1814年和1815年的歐洲政客們無意利用這個機會作爲他們政治的改造契機。此外，法國大革命時期的口號：自由、平等、博愛、民主、進步、人道主義等，都被認爲是具有危險聯想的字眼。然而，事實上，與法律革命相契合的力量，則是不容易被控制的。雖然他們希望，其所代表的熱情可以壓倒權力的均衡關係，儘管這些政客們努力恢復歐洲的舊秩序，但一個嶄新的歐洲興起歷史，也於焉展開。

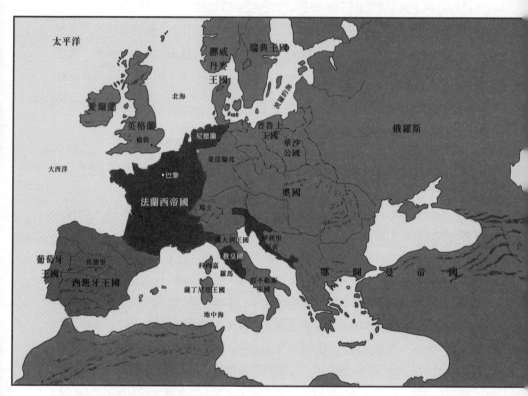

圖8-32-4　拿破崙的擴張

第三十三章

法國復辟王朝與七月王朝

第一節　法國人口及農業社會

　　拿破崙戰爭結束之後，法國的經濟疲軟不振，為了使經濟提升乃採取重商主義的政策，政府依靠高關稅以及推行保護主義，繼續發展經濟貿易。此種經濟政策卻迫使市場價格飆漲，工業原料也隨之高漲，對於工商業上層階級而言，帶來了巨額的利潤，但對中產階級則影響很大。此外，由於它抬高了生產價格，故也增加法國商品外銷的困難。

　　法國的交通不便，此也導致市場機能喪失，例如西元1829年在37,252個市鎮中，就有35,500個市鎮沒有郵局，主要的交通工具是公共驛站，當時從巴黎到里昂的路程需要兩天的時間，而水路的交通也不夠完備，西元1821年5月法國建立了第一條鐵路，從聖太田（Saint-Etienne）到安德雷佐（Andrezieux），共長18公里。

　　西元1815年維也納會議廢除了奴隸制度，這給馬賽和旺代（Wendel）船主的利益造成損失，因而海上交通和貿易的吸引力大不如前。在過去的一段時期（十八世紀），李希留大主教曾經從烏克蘭進口小麥，一百年之後（即西元1816年）法國農產歉收，因此又從烏克蘭進口小麥，但這個事件卻使馬賽的船主產生新的希望，他們力圖恢復往日的船運業，並開始籌資建造大型海輪。

　　復辟時期的法國仍保持古老陳舊工業結構，各省議會向查理十世提議恢復享有特權的行會組織，而這些行會在舊制度下嚴重束縛了經濟的發展，不少鍛爐和高爐因木炭和礦石缺乏，每年只開爐幾個星期，工人們也只得離鄉背井，另謀生計。

　　十八世紀末，法國的資本主義的發展獲得比較顯著的成就。法國工業在西元1812年羊毛用量為3,500萬公斤，西元1829年增加到5,000萬公斤；棉花用量從西元1812年的1,030萬公斤增加到西元1829年的3,500萬公斤；西元1827年棉紡織各個企業共擁有80萬工人，棉紡企業擁有360萬臺紡機，棉織企業有28萬臺織機，紡織品的產值在西元1815年為4,000萬法郎，到西元1830年增至8,000萬法郎。

　　技術的進步促進了工業生產的發展，西元1818年法國開始仿傚英國用焦炭煉生鐵和熟鐵，到西元1825年，法國生產的鐵已有三分之一是用焦炭熔煉的。總體而論，法國的工業化卻比英國慢得多，在法國得到長足發展的，僅有印刷術和奢侈品製造。

　　法國工業化緩慢的原因主要是分散程度日趨嚴重的小農經濟所造成的，這樣的小農經濟亦阻礙著人口的迅速增加，並使一大部分人口滯留在農業裡。此外，在當時的法國，鄉村的勞動力很便宜，這也促使許多手工業工廠主向鄉村工匠訂貨，且政府又實行保護主義關稅政策，使法國工業品喪失競爭力。由於銷路不足，銀行家不敢冒險投資手工業，實業家擔心不景氣，政府機關也不希望增加工廠工人的數目，宗旨就是少生產，依靠關稅保護，只求滿足國內有限的需求，在這種情況下，工業革命的進展必然很緩慢。

　　西元1815年時期法國人民渴望和平，波旁王朝依靠擺脫拿破崙的舊幹部及忠誠部屬建立起來。路易十八迅速地建立起君主政體。

　　儘管政府有極端無理的要求，但法國的復辟運動仍然建立君主立憲制，西元1830年以後，君主立憲制逐漸成為議會制。當時，舊的商業經濟體制在更先進的商業形式下已經衰退，同時在西元1830年時，貴族政治的權勢已經開始衰微。經過長時期的拿破崙政權，西元1815年之後這一時期亦掀起一股熱潮，法國出現了浪漫主義，它同時更新了語言、靈感和感覺。但這種運動只影響少數人，大多數法國人仍生活在過去的節奏中。

　　西元1836年法國有37,252個鎮，其中36,150個鎮人口在3,000人以下，這代表著法國四分之三的人口。我們甚至可以認為，農業人口的百分比其實超過這個數字，因為在很多超過3,000名居民的鎮裡也有許多農業人口。

人口統計運動

　　這個運動受農業問題的控制。法國的人口從西元1821年的30,461,875人增加到西元1846年的35,400,486人，人口上升的高峰在復辟期間，然後是在西元1841年到1846年之間。如果說這個增長率比西歐的人口成長率低，其原因則是出生率從西元1814年的32%降到1846年的27.5%，生育過多問題直到西元1825年才引起注意。然而資產階級和貴族階級已經控制生育，城市的平民階級也對自己平均壽命低於平均壽命值有所認識。

　　西元1836年只有43個城市的居民超過20,000人。城市人口的增加和國內的遷居有密切關係，這比國外人口流動更為重要，就國外人口流動來講，最常見的就是移民，特別是在西元1831年到1836年期間。至於人口的國內遷居則是為大城市擴充或農業、工業、商業的進展。相反地，也有二十多個省分人口一直外流（山區或東部省分），在危機時期人口被暫時地控制住。總之，法國的人口反映納稅的君主政體下地理上的極大穩定性。直到西元1831年，農業人口的

增長至少也和城市人口的增長速度一樣快。此後，城市人口增長得更快，但農業勞動力的過剩引起農業人口轉向城市，也就造成統計數字增長的問題。

農業經濟

農業經濟控制舊的經濟體制，西元1840年左右，舊經濟體制仍在大多數地區繼續，其特色是以農業為主導，但低價的運輸工具卻不足，在工業活動中，手工的消費性產品占優勢。

西元1815年農業仍受穀類產品的控制，麵包和馬鈴薯仍是民眾賴以生存的基本食糧，馬鈴薯產量超過西元1817年的小麥產量。因此，賴以生存的農業仍占主導地位，農民只能消費他們所生產的東西。但是大革命以後，他們有了出售產品所得的大筆餘額。

農業商品化的發展首先建立在糧食的基礎上，西元1819年7月16日國王同意實行關稅保護，反對進口外國小麥。這種發展同樣也涵蓋葡萄、甜菜及牧業，而畜牧業既可以刺激城市肉製品的消費，又可以擴展飼料作物的耕種，最後在西元1820年以後，牲畜的繁殖是農業產品發展的一個至關重要環節。

財產的分派則透過土地的標價分配，西元1820年近78%的土地標價都在20法郎以下。法國農民為買土地而負債累累。城市內的土地價格不斷上升，因為富有的資產階級購買土地。

從傳統上講，資源的補充來自於手工業或工業活動，它關係到許多森林地區的小煉鐵廠、魯格爾（Rugles）地區的五金行業及遍及全法國的家庭紡織工坊。但自西元1835年開始，這些資源的重要地位減弱了，因為工業的機械化對農村工坊，特別是棉紡廠給予致命的打擊。總之，在西元1846年的經濟蕭條發生前，農業工業的衰退一般來講還是相當緩慢，同樣，對於那些尚未引進新技術的地區來講，對保住農業人口不外流作出很大貢獻。

這些不同因素導致農村人口過剩，例如考慮到將減少採葡萄工人的僱用，並大幅增加採獲量，延緩長柄鐮刀取代鐮刀的時間。因為農業人口過剩阻礙先進農藝的引進，但也維持著低收入。一旦收成不理想，鄉村的流浪漢和乞丐就增加。

農村社會

農業領域中的社會結構變化非常緩慢。它受持有土地的貴族控制，這些貴族在復辟時期一般都擁有大片土地和地方領導權。大地主在地方領導中所占比

例於西元1822年明顯增加，省長中大貴族占75%，他們都是大地主，也有少數（23%）人從動產中取得利潤。我們所作的研究參考西元1840年納稅選舉的資料，得到的結論是，512名納稅人中，每人要繳納五千多法郎的選舉稅額，這些人中有238名是貴族階級，在58名納稅最多的人當中有39名是貴族階級。因此，在西元1830年以後，仍然堅持貴族的統治地位，他們在農村地區保持和加強自己的社會地位及經濟實力。大地主階級在兩院及省議會中竭力表明自己對於農業的主張。然而，他們的利益與土地開墾者、領主及地方官的利益並不吻合。

農業人口過剩加深農村生活的貧苦，一方面卻穩定農業社會的結構。農業富有地區看到社會差距加大；北方及諾曼第的大農場或巴黎平原都是真正主要開發的要地，這些地區控制領薪水工人的數量。至於那些小的土地開墾地主及其他地區的農民，生活節奏並沒有多大的變化。農業人口的流失使農業失去活力，只能維持自己的陳章舊律，新生事物就其自身來講並不意味著進步，它要經歷全體農民的操作失敗和磨損的過程。

農民生活領域的孤立狀態會隨著鄉村小路的連通（得利於西元1836年的一項法令）或設施的進步而得到緩解。星期天的彌撒仍是很多省中居民主要的連繫管道，教堂既是禮拜的地方，也是聚會及節慶的舉辦場所。

城市及資產階級的進步

西元1830年，法國只有三個城市超過100,000人，其他六個城市都在30,000到100,000人之間。但他們仍然代表法國社會的領導及進步力量。通訊方法的落後使有28,000或29,000居民的城市，如南錫（Nancy）、雷恩（Rennes）、貝桑松（Besancon）或克萊蒙費朗（Clermont-Ferrand），仍可以發揮地方大城市的作用。

經濟的黃金時代

大城市的主要發展部分仍是商業和工業領域，國際及海上貿易使馬賽的人口在西元1820年到1846年之間增長66%，達到183,181人。移民是人口增長的主要原因；里昂也是如此，儘管它的發展並不快（西元1846年人口為177,976）；波爾多的移民人數在西元1841年和1846年激增。商業及工業中心都在大城市建立，既是主要會議場所，又是省的銀行所在地。復辟時期，這些大城市投下部分經費修建橋梁、地方公共設施，但在七月王朝中，城市資源卻

變得不夠用，因為國家開始修建鐵路。

有些先進的城市因工業發展而進步快速。最顯著的是牟羅茲（Mulhouse），它的人口在西元1821年到1831年之間成長三倍，成為最活躍的工業中心，其棉產品在法國足以與英國的曼徹斯特匹敵；這種情況在魯貝（Roubaix）、聖康坦（Saint-Quentin）、聖埃蒂安（Saint-Etienne）都一樣，它們的人口從不足20,000發展到西元1846年復辟初期的49,600人。工業活動仍以手工業為代表，資本家通常是商人或工廠主。即使沒有港口或工業，大城市一直是消費中心和經濟決策中心。

行政與政治中心

政府機構在法國是國家總體，內政部在各省長的協助下實行集權制。復辟時期部分地實行區域選舉制，在七月王朝時期仍然繼續加強資產階級的角色，甚至在小城市中資產階級。

一年一度的省議會期間，各省的省會便要表現出一副自己是省中心代表的樣子。然後，由於省長經常調職，很多省裡當選的議員都是內政部和行政區的中間協調者。行政生活與政治生活之間的混亂在納稅的君主制時期經常如此。國家中公共職責的狹隘大幅地限制社會生活的參與，有利於把重要角色交給顯赫的人物，這些人包括市府官員、濟貧院（在里昂特別重要）的委員會或商會成員。大城市除了是貨幣的流通中心，商業行為的體現，公共支出與收入的匯集處和決策中心之外，大城市也是大眾輿論的中心。

知識分子的故鄉

這些城市中，有一個特徵沒有被表現出來，就是咖啡店和地方官員俱樂部，地方資產階級可以在這些地方閱讀巴黎的報刊。省級新聞在德卡茲（Decazes）內閣時代就採用簡易的廣告，七月王朝時，這一形式又得到更進一步的發展。西元1832年在外省的九個城市中就有許多種類的政治日報，波爾多、里昂、盧昂（Rouen）有四種；馬賽、里爾（Lille）、南特有三種；史特拉斯堡、特魯瓦（Troyes）及勒阿弗爾（le Havre）有二種。除了政治新聞，在手工業企業中發行量很難達到2,000份，有很多讀者對文字、宗教及農業問題感興趣。

這些大城市在君主立憲制時期有很大的進步。省科學院發起十八世紀思想運動，例如在波爾多，另外在貝桑松發起討論敏感的現代問題。從大城市中大

為流傳新的農藝技術，許多社團也滲入藝術和農業議題。復辟時代的末期，牟羅茲首先創辦工業公司，其他城市也在西元1830年後相繼成立許多類似的協會。

城市也是教育的故鄉，特別是皇家和村鎮的中學。外省的學院數量不多，也缺少學生，除了法學院〔史特拉斯堡、普瓦提埃（Poitiers）、雷恩〕和蒙特利埃（Montpellier）醫學院以外並不甚重要。外省的大學只是一般地參與社會生活，並且受到來自巴黎的誘惑。

巴黎

簡單地講，巴黎具有一切都市生活的特徵，也表現原創與革新的特性。巴黎人口的發展速度超過法國全國，特別是在七月王朝時期（西元1821年人口為714,000，西元1846年人口為1,053,897）。移民是人口大增的主要原因，大量的移民湧向首都，使首都活躍起來，但變得不穩定，於是率先發生經濟危機。都市範圍在發展，西北部香榭麗舍大道和馬德蓮（Madeleine）教堂後面的建築也增多，特別是在復辟時期，儘管社會的階級沒有像在第二帝國時那樣壁壘分明，但巴黎的生活，區與區之間卻有明顯的區別。聖日耳曼市郊已經變成貴族階級的樂園，他們的沙龍成為人們發洩對七月政體不滿的場所。相反地，聖奧諾利（Saint-Honore）市郊，特別是肖塞當丹（La Chaussee-Dartin），金融中心區都在西元1830年後變成奧爾良黨人的活動範圍。東區、中區及他們店鋪都是人口過剩，這些地方既是動亂的誕生地，又是西元1832年許多人因霍亂病死的主要場所。

巴黎是一個對比度很大的城市，它使外省迷惑，並控制和恐嚇著外省，以它的科學院、沙龍、文藝社團、畫廊、報紙及雜誌控制和吸引外省人。巴黎也的確是法國唯一的文化、知識中心。在這裡產生文學與藝術的共鳴，是歐洲科學的主要搖籃之一。

巴黎也是一個享樂的城市，正如作家筆下所描述，但它最出名的美味佳餚卻與大多數巴黎的百姓生活無關。巴黎的飯店、俱樂部、劇場裡，到處可以看到高貴的人們。巴黎還創造所有的潮流，而以時裝為箇中翹楚。

巴黎是一個擁有權力的城市，擁有自己的政治權力，因為它在政府、法院、議會、高級行政會議上都有一席之地，財政權力也同樣如此。西元1840年巴黎人口只占全國的2.7%，但參加納稅選舉的候選人卻占全國總數的8.7%。法國銀行、巴黎高級銀行及各個委員會為了保衛自己的利益，都已經開始自己組建，這有助於加強巴黎對外省的信貸及威望。

　　巴黎雖有威望，但也是權力之爭的要地，這種爭鬥必將引起革命；不僅巴黎有祕密或公開的團體暴動，而且自西元1827年起，巴黎資產階級組成一個最大的納稅選舉黨團，目的是要結合一個反對多數黨，並買下多家報社以最嚴厲的方式批評政府〔如復辟時期的憲政報（Le Constitutirnnel）和七月王朝後期的世紀報（Le Siecle）〕，巴黎人大多是民族主義者，西元1840年10月當拿破崙的骨灰移往傷兵院時，其典禮盛大隆重，並吸引眾多人潮前往；法國人民也對國家大事極爲敏感，並自西元1830年後即接納逃避俄國或奧地利壓迫的波蘭或義大利政治流亡者。

國際關係

　　君主立憲制時期，法國境內比較平和。不管法國喚起革命的目的何在，特別是在它喚醒革命的拿破崙「百日復辟」（Le Cent-Jours）之後，法國都很快地與歐洲一致行動。

西元1815年條約和歐洲政治

　　西元1815年11月20日的《巴黎條約》，強加給法國比復辟初期還艱苦的條件，完全失去薩瓦省（Savoie），放棄菲利普城（Fhilippeville）、馬利昂堡（Marienbourg）、布伊隆（Bouillon）和薩爾路易（Sorrelouis）的有利地位，拆除東北部朗多（Landau）的邊界，賠款700,000,000法郎，15萬名聯軍部隊占領北部和東部邊境，占領期間法國須提供軍餉。這些條件，法國在迫不得已的情況下毫不猶豫地全部接受。由於擔心法國內部局勢因第一次復辟失敗起變化，而對法政府施加影響。路易十八挑選李希留公爵（Duc de Richelieu）擔任會議主席，以取得沙皇亞歷山大一世的支持，李希留公爵爲法國大革命時流亡俄國的貴族。他讓沙皇占盡便宜，加入「神聖同盟」，並加速清償戰爭留下的債務，以減少自西元1817年的法境駐軍，並實現西元1818年10月在沙佩爾（Chapelle）會議中決定的完全撤軍。法國也隨後加入因西元1818年11月15日簽訂的協定書而成立的「四國同盟」，以便實現梅特涅所推行反革命走向的歐洲體系。內政的政策，法國在維羅那會議（西元1822年10月、11月）之後，參與聯軍干涉西班牙，其目的是爲了重新建立西班牙國王斐迪南七世（Ferdinand VII）的絕對權力。法國的軍隊毫不費力地進駐西班牙，托卡代羅（Trocadero）要塞被占領（西元1823年8月31日）使卡地斯（Cadix）投降，立憲政府流亡，並解救斐迪南七世。

法國的地中海政策

法國的外交越來越重視地中海地區的問題。親希臘派同時被天主教人士如夏多布里昂（Chateaubriand）和浪漫主義派雨果所帶動，而且自由派引發法國政府考慮到希臘起義者而聯合英國、俄國的干預，西元1827年7月6日在倫敦簽署協議。法、英艦隊長官〔特別是海軍司令黎尼（Rigny）〕利用一次意外，於西元1827年10月20日那瓦漢（Navarin）摧毀一支土、埃艦隊。西元1830年2月3日，三個強國使蘇丹承認希臘獨立。

復辟政府一方面憂心結束柏柏爾人（Barbaresque）的海上掠奪，另一方面又以國家榮譽的名義取得軍事上的勝利，並且還準備在西元1830年派布爾蒙（Bourmont）將軍占領阿爾及耳。

法國在地中海地區的政治引起世人的關注，得到埃及穆罕默德·阿里的幫助，它沒有採取殖民地的形式。這在西元1840年引起一起外交危機，阿里重新與被歐洲排除之外的法國作對。

法英眞誠協議的困難

西元1830年的革命引起歐洲外交力量的重新分配。比利時立憲君主國的形成成爲英、法重新結合的契機，西元1834年西班牙和葡萄牙這兩個君主立憲制國家因聯盟而擴大。

東方的問題並不是法國和英國之間唯一的困難。根據輿論，聯盟不得人心。法國反英的情緒擴大，亦影響許多事件，阻礙西元1841年英、法就航海旅遊法的問題展開談判，此起因於法國懷疑輪船販賣黑人，引起西元1844-1845年普里查（Pritchard）事件，該事件中法國逮補一位商人兼新教徒傳教士的英國人，他以行動表示反對法國成爲大溪地的保護國。

內部政治的演變

西元1814年6月4日宣布的憲章在匆忙之起草，提出對西元1789年時的思想，拿破崙的國家機構及君主制的傳統做一妥協折衷。復述西元1830年的具體觀點，憲章提供立憲制的框架，展現西元1814-1848年的政治思想。政治才能主要是以財富，特別是土地的財富爲基礎，因爲，選舉的納稅額主要是參考土地方面的貢獻。根據一篇不算詳盡的條文，透過各種不同的經驗，出現一種變化，導致自西元1830年開始出現議會型式的君主政體。

第二節　復辟時期與憲章的實施

　　路易十六的幼弟路易十八是個非常謹慎、自私、善猜忌、殘廢、沒有體魄魅力的老人，但他大力捍衛舊體制，非常注重君王的尊嚴，他肯定既定事實，並順從事實，接受立憲政體。他與權力的行使並無多大關係，他與大臣部長、寵幸的臣子、外省士紳或重新歸附的過去帝國官員治理國家，這些高官員都依附國王，但國王為了實現必要的政治措施卻把他們作為犧牲品。

　　憲章賦予國王行政權及承襲自帝國的行政集權之利益。就對外政策及部長的人選，國王根據法律有優先的提議權力。議會由兩個議院組成，貴族議院設在盧森堡宮，成員由國王任命，且可以世襲；眾議院每五年由納稅的選民選舉一次（30歲以上的公民納1,000法郎的直接選舉稅），他們的被選舉資格是40歲以上，擁有至少3,000法郎的財產。議會經過討論之後通過法律和國家預算。選舉權有限制（西元1830年以前最多100,000人），政體中沒有任何國會代表，但憲章的實施卻詳細指出代議政體的運作情形。憲章的主要原則包含承認公共自由財產權的保障，即使，對於以往國家財產的買主而言，民法並不能從該朝代復辟追溯到舊政體的復辟時代。

　　隨著憲章的產生，也出現許多政治傾向。那些最忠誠於波旁王朝的人及極端保皇主義者死心塌地投靠國王的兄弟阿圖杜瓦（Artois）伯爵，他們譴責憲章限制國王的權力。投靠大地主的主要是貴族或以前的移民，他們受帝國時代組成祕密社團的成員領導，在西部地區農村，南部的手工業者及店主中影響很大，這些極端分子主導西元1815年8月的第一場選舉（「無以倫比的議會」選舉），推動清肅運動，進而反對舊革命者和拿破崙主義者。納伊（Ney）將軍被判處死刑，且遭槍決，並有一批人遭到流放，70,000人被逮捕。反革命學說得到傳統哲學及反平等主義者德波納（Louis de Bonald）的加強，並由許多報章和作家廣為宣傳。

　　路易十八對君主立憲制充滿信心，他反對所有的暴力革命及極端行為；他沒有組織政黨，因此，西元1815年的選舉中擁護他的人僅得到極少的席位，這些人大都是富有的資產階級、舊的高級官員，自由傳統派的貴族。他們有的是部長，有的是部或行政法院的高級官員，當初受李希留總理的領導（西元1815-1818年），後來又受德卡茲（Decazes）的領導（西元1818-1820年）。但西元1817年之後，獨立派與自由派人士分家，他們都聚集在拉法葉

（La Fayette）將軍、銀行家拉菲特（Laffitte）和卡西米爾、佩利爾（Casimir Perier）或康斯坦（Benjamin Constant）等處。

第二次復辟之初，沒有任何反抗的跡象出現，但眾議院的極端派首領卻宣布對政府的監督，同時，放寬選舉範圍（降低選舉納稅額及實行兩級選舉），其目的是爲了減少資產階級的選票，因爲他們被懷疑受革命思想同化，因此，可以說這樣做對往後憲章更往代議制方向的實施有所貢獻。相反地，國家卻支持君主政權，由國王解散「無以倫比議會」，在空論派（Doctrinaire）的推動下引進一些改革，將政府機構舊政治生態套進當時的局勢，但西元1817年2月8日的來內法令（Loi Laine）卻支援眾議院的議員直接由選民選出，且同意逐步廢除選舉納稅制度。今後的議會每五年改選一次，這樣使那些部長感到極度的不安。西元1818年3月投票的聖·西爾（Gouvion-Saint-Cyr）軍事法制定進展的規章（除去各階級貴族所有的特權），並確保以抽籤的方式替換。最後西元1819年通過塞爾（Serre）法案，給予媒體更大的新聞自由。此後的法國政治生活便將選舉和新聞媒體兩者的關係更加緊密，也同時有兩種方式可以表達公眾輿論。

憲章保守實施

西元1820年2月13至14日貝利公爵（國王的姪子，被指定爲王位繼承人）遇害，加深極端分子反對憲章自由實施的憤怒情緒。德卡茲遭迫辭職開始一段合法的反抗時期，憲章派因而出現。個人的自由及新聞媒體都受限制。西元1820年6月30日，一項所謂「雙重選舉法」宣布每個省的選民有第二輪投票的權利，由於合法表達意見的工具遭受剝奪，自由派的反對人士在極端分子的刺激〔以前拿破崙的軍官、學生或年輕人合組的燒炭黨（Charbonnerie），一個祕密組織〕，以及受到在義大利或西班牙革命運動的鼓勵下，於西元1821年及1822年發動數場準備不周、失敗的陰謀，但卻一時難以鎮壓〔處決四名拉羅榭爾（La Rochelle）的士官〕。

從西元1822年到西元1828年1月的維萊爾（Villele）伯爵政府依靠極端分子的支持（他曾是領袖之一），於西元1824年繼位爲國王，稱爲查理十世。維萊爾使財政管理更加完善，平衡國家預算，取得反西班牙自由派的勝利，確保於西元1824年2月的選舉在眾議院中絕對多數黨的席位，並通過七年一任的法案以保障政府的穩定。在極端分子的影響下，國王擬定新社會體制的計畫提交討論。西元1825年頒布賠償流亡國外者的米利亞爾（Milliard）法令（金額達

625,000,000法郎）使法國分裂：一是支持革命，一是反對革命。爲此，政府想制定一個措施緩和這種局勢。

西元1830年革命

波利尼雅克（Polignac）組閣時期，國王和衆議院的衝突已經開始，而內閣又缺乏施政綱領。查理十世打算依靠農民、大地主、神職人員及輿論。其實這不僅是自由主義與反動派之間的衝突，而且是資產階級與反對無能政府的古老觀念之現代君主制之間的問題。然而西元1827年之後，經濟危機使商業、工業及手工業感到不安，稅務難以支持。政府對這一切應負主要責任。

221位議員的請願書反映大多數議員對內閣的不滿，故在西元1830年3月16日獲通過，使議會的解體。除了行政壓力外，還有國王、神職人員及阿爾及爾的遠征政策的直接參與，使反對派的當選人明顯地占上風（274對143）。這並非完全是此一朝代的問題，而是內閣及其政治路線方針的問題。國王及政府被路易十六的特許權所困擾，在這些選舉中看到由自由派人士陰謀引發的叛亂。這項錯誤的判斷導致國王和政府於西元1830年7月25日簽下四道命令：中止新聞自由、解散還沒有組成的新議會、在各不同選區實施新的選舉（廢除選舉權的稅額，減少一部分選舉體系中的資產階級）。

首先是由記者發動，且直接達到目的。在激情衝動之下，44名報紙編輯首先在抗議書上簽名。11月27日，這種抗議變成一種起義的形式，發展成三天暴動的革命，所謂的「三個榮耀日」（Trois Glorieuses，西元1830年7月27、28、29日）。

七月革命爲巴黎人民運動提供解決政治問題的方向；外省也被動地因循，除了幾個城市如里昂、波爾多或南特已發生反偏激的省長之地方性騷動。但是，這個革命卻使經濟危機捲土重來，並使商業陷於癱瘓，使戰爭重現猙獰面貌。那些年輕的共和黨人沒有深思熟慮，便企圖在大衆情緒沸騰時給予一政治方向，企圖延長革命運動。11月2日以來，選舉變得極保守，內閣直接受銀行家拉菲特（Laffite）領導，他準備數項改革方案以擴大選舉範圍，並將選舉納稅額降低爲200法郎。拉菲特在對內、對外的困境中耗盡精力。3月13日重組政府，由佩利爾（Périer）領導，亦代表抵抗革命運動的標竿。雖然這屆政府在西元1831年7月中只得到比過半票數稍多的民意支持，佩利爾仍以極活躍的政策應付歧異的反對勢力。

《公正中心》的體制（西元1832-1846年）

　　儘管內閣的不穩定性持續到西元1840年，但人們仍舊希望政府能有和平、安定和穩定的狀態，因此，共和黨人（由人權協會鼓動）的騷動具有威脅性，在蘇爾德（Marechal Soult）將軍領導下於西元1832年10月11日組織內閣，他們仍然團結一致。西元1834年4月反對聯盟的特別法立刻使里昂和巴黎的共和黨人與維持秩序的軍隊對立。利用反國王的謀殺事件，代表於西元1835年9月通過一項法案，這項法律限制新聞的自由，禁止共和黨人的宣傳。這些奧爾良黨人的成功也導致保守黨人分裂。路易·菲利普喜歡莫利公爵（Molé，西元1836-1839年），因為他給國王的個人權力留下很大的發展空間。經過西元1840年的政治和外交危機，一個名義上的首相蘇爾特將軍，但實際上卻由吉佐（Guizot）控制的新內閣在10月29日組成，為政體提供一個穩定的領導班底，雖然這屆政府名不見經傳，但它既依靠國王也依靠多數的議員代表。這樣既滿足物質利益，又維持內在、外在的和平，便產生一個政治綱領。然而沒有將保守派多數黨之問題交付討論，且不經大刀闊斧改良這個極為受限的選舉體制，將不可能推動改革，和找到另一個多數黨，這只會延長內閣以機會主義之原則治國。蘇爾特利用維持和平及興旺的名譽，在西元1846年夏天的選舉中獲得絕對多數票的支持。

法國工業革命的開端

　　為了指明當時法國的經濟增長這個問題，「工業革命」這個詞越來越少用。因為根據人們所做的記載來看，「工業革命」並沒有實現，而是在西元1840年左右產生一個非常複雜性的變化。

農業的現代化

　　農業的現代化對於廣大地產和大片開墾地來講已成為事實，這些大的拓荒地主要在北方、法蘭西島、布斯（Beauce）或布利（Brie）地區採用新技術。復辟時代以來，東巴斯勒（Dombasle）在莫特（Meurthe）設置模範農場，他是法國現代農業的創新者。運輸成本的降低雖然仍屬有限，但畜牧業的進步（品種改良技術已開始）使肥料廣為使用。西元1840年以後，改良的農業工具開始出現在某些開墾過程中，小麥每公畝生產超過10公擔。七月王朝時，農產品占國民生產的44%。大多數農民長久以來的農業混作和現代化與商業化農業區之間的距離加深，卻也對運輸革命有所助益。

鐵路革命

　　法國鐵路的建造起步較晚。西元1837年巴黎至聖日耳曼的鐵路由彼海爾（Pereire）兄弟建造，鐵路的建造必然需要財政新條件和國家新形式的干預。西元1842年6月11日發布一條調解國營鐵路和私人鐵路之間關係的法律。有了這個法律之後，才真正開始建設法國的鐵路，西元1841年建成鐵路499公里，而西元1847年建成鐵路達到1,900公里。巴黎至里爾的鐵路是最重要的路線。政府在政策上的遲疑是力圖在較短的時間內對已讓渡數目過於龐大的路線授權經營。西元1842年以後，在「鐵路熱潮」之下，也殷切需求英國的資本（在西元1848年之前占已投資在法國鐵路達10億法郎的資金約一半以上），但是法國冶金產量的短缺，卻不足以因應量大且急迫的需求，這能夠說明法國發展相對遲緩，以及為建造鐵路在經濟生活中造成混亂狀態的原因。它喚醒許多不切實際的幻想，引發大眾的懷疑，不僅對工業和信貸機構產生衝擊，也剝奪部分貴族的影響力。地方的影響力之不足，路線的選擇及一條路線的建造需要在反對的地方利益、技術人員和大財團的老闆等各方勢力協調，達到經濟力量的匯集，有如國家和大買賣串通勾結的結果。

工業的增長

　　西元1835-1847年的國民收入年成長率為2.4%，是過去十年的一倍。然而，工業產品的增長比農產品快兩倍。

　　紡織工業代表手工業和工業生產的主要部分，如果說它分布過於分散，卻仍是相當先進，這是得利於技術的進步和在上亞爾薩斯省〔牟羅斯（Mulhouse）附近〕、里爾區域和塞納河谷靠近盧昂等地的經濟集中所致。棉紡廠是最活躍和最機械化的種類。儘管紡織業的進步如此之快，但它的生棉消費並沒有達到西元1848年法國工業中毛料的消費程度。

　　冶金業仍是一個古老的行業，焦炭鑄鐵在西元1847年只達到鑄造產品的44%（十年前只占15%）。這個行業就像礦業一樣，有一個與手工業者合作的問題。

　　無可爭議地，法國的工業活動在七月王朝的最後十年中取得進步，並引起經濟，特別是傳統社會結構的分裂。就經濟來講，兩個生產薄弱的環節阻礙自由資本主義的發展。從舊的傳統遺留下來的納稅制（西元1830年前後），首先因關稅保護而讓壟斷的資本主義阻止外國的羊毛、鐵及糖類輸入；又因集團聯合干預實際上得到特權，例如羅亞爾河的米諾（Mines）公司和法國銀行。

　　法國銀行的情況足以說明法國經濟方面實力不足的第二種例子，其原因很多，如信貸功能減退、心理習慣（因革命時期的紙券影響而對銀行鈔幣不信任）及通貨緊縮的經濟問題等，法國工業及商業信貸的實驗在西元1847年的金融危機中遭到失敗。

第三節　七月王朝的崩潰

　　同時帶給吉佐（Guizot）政府和政體統治末期的危機，來自於經濟、政治、社會心理等多方面局勢的匯合。

　　首先是經濟危機，這個危機同樣也具有政治性。與英國聯盟的中斷及向梅特涅靠攏加深民族的特性，也就是加深反對吉佐內閣的人民情緒。拒絕吉佐內閣改革開放，使眾議院中的對手和無能的議員透過輿論媒體在全國擴展，這個宣傳媒體在小資產階級、城市平民中散播對政府的激烈批評，也宣傳他們的政治制度。這件事得到左派的參與，形成一個運動並很快在巴黎發生武裝衝突。

　　對政治體制的批評在輿論界引起很大的影響，它與一連串的醜聞或牽連高級官員被指控的事件相吻合，這些官員被指控貪汙〔兩個前任部長：泰斯特（Teste）和古比埃爾（Cubières）〕，或謀殺罪。貪汙的案件一直持續到西元1846年選舉時，又被反對派的媒體誇大報導，而最具影響力的媒體在巴黎。正如托克維爾（Tocquevill）描繪的那樣：「全國人民都被這起醜聞激怒，使他們認為代議制度不過是一個純粹的政治機器，用來控制特殊利益的工具。」這些統治階層的人們受到這次道德淪喪事件的衝擊，也懷疑自己的權力是否被利用。

　　總而言之，西元1847年一切徵象表明七月王朝已經面臨一個與西元1789年相類似的嚴重危機時期，也預示著革命的來到。

　　首先是經濟危機，由於西元1845年馬鈴薯的歉收，以及西元1846年的穀物歉收，導致麵包價格大幅上漲，糧價的上漲也影響到紡織業，人們的工資降低，也喪失了購買力，紡織業面臨全面的崩潰。危機也致使流動資金不足、信貸不足，修築鐵路的計畫不得不暫時停頓，這就影響到新興的冶金工業和採礦業。西元1847年冶金產業值下降了三分之一，採礦業下降20%，商業額比產值下降更嚴重，70萬工人失業，物價上漲，對貧困家庭造成極大困難，連生活用品也送進當鋪。一部分工商業者由於貸不到貸款而利潤減少，也怨聲載道，政府的財政赤字高達258,000,000法郎，占正常收入的20%。

　　經濟危機帶來社會危機和政治危機，危機也引起了工人與農民的騷動，街上的搶劫經常發生，麵包店被搶，富裕地主因囤積糧食而被殺害，飢民在夜間常在農場出現，此種狀況，使人憶起西元1789年的「大恐慌」。此外，政府受到嚴厲的譴責，當權者的政策被指控應對危機負全部的責任，賴德律·洛蘭

（Ledru-Rollin）在西元1847年議會中就國王開幕詞進行辯論時發表演說，指出：「應歸咎於這個沉重地壓在我們頭上十六年之久的制度！」一個議員問政府，七年來做了什麼呢？沒有，沒有，什麼也沒有做！統治階層的內部開始發生分裂，官方的意識形態──自由主義和它的「不干涉」政策也受到攻擊，以致於發生了動搖：自由主義意味著「自由」失業、「自由」挨餓。

　　然而，無論是路易‧菲利普還是吉佐似乎都未意識到王朝的末日即將來到。

　　而經濟危機、社會危機與政治危機結合在一起，同時把一切不滿社會、反對政府的力量匯集起來，包括一部分中產階級、廣大的群眾。當政治民主的正常管道被完全堵塞時，人們也只能訴諸武裝革命。

第三十四章

法國第二共和與第二帝國

第一節　西元1848年二月革命和秩序黨的勝利

　　西元1848年初，宴會運動蓬勃發展，與會者抨擊政府，號召改革。吉佐內閣於西元1848年1月下令禁止巴黎地區的宴會運動，從而向社會上廣泛堆積的乾柴扔下一片星火。2月底群眾走向街頭，抗議政府解散宴會的行動，隨即在軍民衝突中有多位民眾死傷。

　　然而，路易‧菲利普仍無危機感，一直到巴黎的國民自衛軍高喊「改革萬歲」、「打倒吉佐」的口號時，他才感覺到事態的嚴重，因而他立即撤換吉佐內閣以平息眾怒。由於國民自衛軍投向起義的群眾，亦使群眾有了強力的靠山，而此時群眾的訴求已經轉變為成立共和國。

　　此外形形色色的反對派在路易‧菲利普統治初期被嚴厲地鎮壓，但卻沒有就此消失。早在西元1840年10月29日自我標榜保守派的吉佐（Guizot）內閣掌權，這將提供他新的舞臺和發言機會。

　　在議會，亦即在領導的資產階級中雖然不乏不滿的人、蠢蠢欲試的野心家，但是卻沒有人能提出與吉佐完全不同的計畫，以及具體的改革方案。

　　尤其是在領導階級以外，有不少的憤慨、急躁和希冀，特別是共和派在西元1830年被愚弄後經常遭受嚴厲的懲處；另外，他們覺得有一部分重要的力量支持他們，這力量是不滿被一味地排除在政治之外的「有才幹的資產階級」。

　　社會主義者人數比西元1830年有所增加，也更有組織。聖西門（Saint-Simon，死於西元1825年）和傅立葉（死於西元1837年）有天才的稟賦、預見的眼光和大量的著作；他們的繼承者普魯東（Proudhon）、卡貝（Cabet）、布朗（L. Blanc）、佩戈爾（Pecqueur）建立更具體的理論，並在期刊上發表文章宣揚他們的理論。雖然這些社會主義思想出於資產階級知識分子，仍被工人階級接受。

　　不同的反對流派互相補充，西元1846年到西元1850年橫掃整個歐洲的嚴重經濟危機使它們壯大。

　　傳統農業危機：西元1846年農業收成極差，法國從西元1830年到1845年平均小麥產量是5,500萬擔（注：擔，法國古代計量單位，一擔相等於一百法郎舊制斤），西元1846年下降到4,500萬擔。每100斤的平均價格，從西元1840年的17至20法郎，於西元1845年上升到22法郎，西元1846年為25法郎，西元1846

年底上漲到31法郎，而西元1847年則達到37法郎。在這些年裡，4斤重的一個麵包（注：法國古斤，巴黎爲490克，各省爲380至550克不等）占一個工人每天薪資2到2.5法郎的三分之一消費，從12蘇上漲到35蘇。西元1838年以來，馬鈴薯的年產量從7千6百萬擔下降到西元1845年的6千萬擔，西元1846年的產量也相同。

　　這次危機殃及農民，他們收成微少也賣不出去，這就爆發整個給養危機。食品稀少，人們苦難深重，備受飢餓折磨，因而死亡率普遍上升：

年分	死亡人數	年分	死亡人數
西元1844年	768,000	西元1847年	849,000
西元1845年	742,000	西元1848年	837,000
西元1846年	821,000	西元1849年	973,000

　　西元1849年霍亂又肆虐，造成的死亡人數比西元1832年那次更多。

　　工業危機：特別是鐵路建設，西元1842年發布的法律提供一些就業機會，但大部分情況下工程預算表沒有經過仔細的計算。巴黎的第二條鐵路預計花費2億法郎，結果需要3億5千萬法郎。由於缺乏資金，工程被迫停止，從波爾多到拉泰斯特（La Tester），從馬賽到亞維農（Avignon），從巴黎到奧爾良的鐵路都遇到同樣的狀況。

　　此外還波及冶金業，尤其是鍛造鐵軌的部門停止生產。大量的工人因而失業，許多人湧向巴黎，希望能在那兒找到工作。

　　財政危機：資本家不再有股息。所有的生產企業或貿易都處於困難之中。像私人一樣，他們也紛紛從銀行取出存款或從旁四處借錢。

　　絕大部分的大資產階級和議會各階層反對派都沒有意識到危機的嚴重性；他們當時因草率地攻擊國王和政體而轟動一時。他們還要發動全社會力量的大行動，卻沒有考慮到存在於他們中的焦急憤怒，甚至沒有想到這種憤怒會存在。

　　「君主立憲制代替舊體制；接著共和政體代替君主立憲制；代替共和政體的是帝制，接著又是波旁王朝的復辟，然後是七月王朝，每次這樣的變動後，人們都說法國大革命已完成，驕傲地稱之爲偉大業績已經結束；人們這麼說也這麼認爲。唉！波旁王朝被顛覆時我也這麼希望；但現在大革命重新開始，事情往往總是這樣。」

　　由此可證路易‧菲利普和他的政府顯然低估對手。但是，這個混雜的聯盟

成員幾乎互相不認識，也不知道他們彼此的力量。

議會反對派巴羅（Barrot）、梯耶爾（Thier）將只滿足於更換內閣。共和派的領導者拉馬丁（Lamartin）不願接受任何妥協，他們充分利用現況形勢。西元1848年2月22日遊行被禁止後發展成衝突。23日，巴黎市中心首次築起街頭防禦工事，這時事態並不嚴重，但是23日夜間到24日，衝突引起槍殺，示威的群眾將屍體裝上車，舉著火把遊行，這陰森森的場面爆發了起義，部分軍隊和起義者站在一起。24日早晨，國民自衛軍甚至噓斥國王，由於受到驚嚇，與對事態發展的無能爲力，中午時刻國王宣布放棄王位。

溫和派透過他們的行動促使國王退位和取消稅收制，2月25日他們對不想得到的結果感到害怕，但共和派卻達到目的，只是我們將於2月25日在市政廳宣布成立共和，而他們不得不接受工人社會主義者的代表。

共和政府和社會主義傾向

從共和建立開始到巴黎公社，這三種力量的鬥爭構成法國歷史發展路線。秩序黨反對派——這些大資產階級並不熱心於共和政體，尤其他們決心以一切代價，甚至包括屠殺以阻止社會革命；共和派從政治角度考量，他們認爲全國普選、選舉、議會制度一定能解決主要的困難；社會主義者要求更長遠的目標，他們希望以政治民主的方式建立社會民主的新結構。

路易·拿破崙的機靈與機遇在於他從三方面各取其一組成自己的計畫，考慮建立秩序、保持全國普選、希望改善工人條件。

在2月24日動亂的混雜聲中，當奧爾良公爵夫人徒勞地想使她的攝政地位得到承認的同時，拉馬丁和幾個共和派者取得政權。厄爾省（L'Eure）的老杜邦（Dupont）已經81歲，他代表西元1789年的大革命，西元1848年的人們希望繼承這一光榮的傳統，同時也想拋棄它專政、流血和武裝的面目。學者阿哈貢（Arago）、瑪利（Marie）的律師阿爾貝特·克雷米厄（Albert Crémieux）、加尼埃·帕吉（Garnier Pages）和勒德律·洛蘭（Ledru Rollin），這些先驅當時組閣成立臨時政府。

巴黎工人以一份名爲《改革》的報刊表達他們的希望，也納入馬拉斯特（Marrast）和弗洛貢（Flocon）二位記者與工人阿爾貝特（Albert），特別是社會主義理論家布朗（Blance），以其於西元1839年出版的小冊子《勞動組織》聞名，之後又再版好幾次。

這些人全都是巴黎人，整個時期皆表現出巴黎和外省的衝突，他們沒有一

個人有政治經驗。經常性，且大規模示威遊行阻止臨時政府所採取的措施，當然這些措施的後果往往沒有被仔細考慮過。因此，自2月25日始，各部長不得不將工作時間從十二小時縮減到十小時，但是他們宣稱工作的權利，他們建立兩個本來應該是合作的機構但卻發展成對手：中央學校與工程師托馬斯（Thomas）領導的國家工廠，總部設在盧森堡政府工人委員會由布朗領導。

　　幾天後，通過一些社會措施，政府宣布政治決定，制憲議會由全國普選產生，年滿21歲的男子有選舉權。

　　部分最激進的示威遊行者對這兩個系列措施感到滿意，然而在外省，卻有一些地方發生動亂，羅思切爾德（Rothschild）的城堡和路易‧菲利普的城堡被掠奪、鐵路被破壞、亞爾薩斯猶太籍的高利貸商受辱；相反地，三月初的那段日子以來，巴黎的情勢反而比較平靜。

政府在人民焦躁情緒和資產階級的未來之間猶豫

　　西元1848年3月，這幾乎是「田園牧歌式」的一個月，所有的人民都做一些動作表達他們的殷勤，高貴的人們穿上工作服聽歌劇，教士種植自由樹，許多工人都信任政府，希望能很快找到解脫他們苦難的辦法。

　　但是，一方面，一部分社會主義者促使政府採取大膽的新改革；另一方面，秩序黨的政治領導不為這種熱情所動，決定排除所有觸及私有產業和財富的危險，並試圖在這種情況下利用選舉。

　　騷動主要發生在俱樂部、報社和社團內部，當然其間可能有不同觀點的爭論和個人恩怨，如巴爾貝斯（Barbes）和布朗基（Blangui）的對抗，但還有以最嚴厲的措詞攻擊私有財產制度、社會等級和傳統，如果說一些資歷高深的保守派政客諳知真正的威脅所在，而巴黎和農村小產業者、大商人及小資產階級卻很焦慮，並準備好當被迫加入這些行動時應採取的措施。

　　政府的孱弱既不能滿足一方的要求，也不能消除另一方的焦慮。政治自由措施的通過沒有遇到很大的問題，新聞自由、取消人身束縛、解放七月王朝時被抓的政治犯、取消對殖民地有色人種的奴役制度；但是，當人們向盧森堡委員會建議成立合作社、固定稅率、建立農業經營的集體組織時，這些建議只停留在建議階段還未成為具體的措施；從總體上來說，西元1848年的人們，尤其是臨時政府成員，他們既不是無神論者，也不是反神權論者。但還是希望取消和羅馬達成的和解協議及公共教育部，後者擬出一本公民教育的通俗教材。

　　拉馬丁或許表明他的政府無意干涉外國，但從巴黎革命如波浪般地湧向德

國、義大利、奧地利等國；愛爾蘭人生活在苦難中，他們的領袖不斷揭露英國的高壓統治，法國政府不會改變它的初衷嗎？它不會向反叛的各民族提供幫助嗎？

尤其是經濟狀況使資產階級最爲擔心。革命爆發於經濟危機的中期，接下來是長期的農業、工業蕭條時期。任何企業主都賣不出產品而四處借款。政府設立國立貼現銀行（Comptoir national d'Escompte）和一些存放借款抵押品的倉庫，可以把商品放在那裡換取一張「倉庫存貨單」（Warrant），這些措施受到歡迎。相反地，儲蓄所只要面值100法郎的償還，銀行票據限制流通，尤其是抵押品所得要繳稅的威脅和每一法郎多收45生丁的稅，在商業界引起強烈的不滿。這直接影響到經濟蕭條、政治騷動和政府決策的猶豫。

選舉和秩序黨的勝利

就是在這樣的氣氛下討論選舉的問題，政府定於4月9日選舉；但左翼黨派認爲太早，他們希望爭取一段時間教化選民，取得他們支持。爲了達到這一目的，他們於3月17日在巴黎組織一次大遊行，最後得到明確的滿意答覆，選舉延後到4月23日。

這一期限對於沒有任何組織的社會主義者和共和派來說不夠。然而，它卻被各省從一開始就依靠貴族的秩序黨所利用。另外，天主教在當時顯赫一時的人物蒙塔朗貝爾（Montalembert）領導下和不信教的保守派梯耶爾等聯合，對付一切社會革命的威脅，排除在共和政體下存在的這種可能性。這些人將吸收三種思想。這些思想托克維爾（Tocqueville）在《回憶》中曾絕妙地分析過，包括保護私有財產、共和國一致和敵視巴黎。

社會主義者認爲，他們能夠重訂3月17日，以取得競選新的期限。他們籌備4月16日大遊行，但由於國民近衛軍和其他示威者的敵視而以失敗告終。

4月23、24日進行的選舉，以省爲單位採取名單投票制；名單由簡單多數決產生，而且不是兩輪。

這是法國人第一次選舉，他們以極大的熱情投入，各村的選民在神父或村長的帶領下，通常還伴著鼓樂，像儀仗隊般地來到投票所（一般是村政府所在地）。這也是爲什麼參加投票的人數百分比很高，900萬選民中的84%參加選舉，900名議員情況如下：200名君主主義者，其中130名正統派、500多名溫和的共和派、激進的共和派和社會主義者占不到100個議席，且沒有一個領導人當選。

　　這次議會選出一個五人行政委員會：阿哈貢、加尼埃（Garnier）、馬利（Marie）、拉馬丁、洛蘭；它定於3月11日任命一位部長，但這位顯要人物直到3月17日才被任命，這就是戰爭部部長卡芬雅克（Cavaignac）將軍。

　　由於對選舉深感失望，革命者籌備遊行，占領國民議會，但被國民近衛軍趕走。遊行的兩個結果，一方面加強秩序黨的反動思想，另一方面遊行中最引人注目的領導者，巴爾貝斯（Barbes）、布朗基（Blanqui）、拉斯帕伊（Raspail）、阿爾貝特被捕。

　　革命者這次失敗是可以預見的，托克維爾分析：「比西元1848年革命者更凶惡的不乏其人，但我看沒有比他們更傻的。他們不知道怎樣利用普選，也不知道如何避而遠之。如果他們在2月24日的隔天，趁上層階級還沒緩過來就進行選舉，那麼人民的驚訝將大於不滿，革命者可能會如願取得議會多數；如果他們大膽地專政，他們本應該把它緊緊地掌握在手中，但他們卻在訴諸群眾的同時，卻又盡可能遠離他們；他們引導國民支持自己，卻又用放肆的計畫和粗暴的語言嚇唬他們；他們用所謂高尚的行動邀請人民反對他們……總之，他們似乎想解決這個懸而未決的問題，想實行多數人執政又違背這些人意願……他們認為設立普選制是號召人民參加革命，其實是給他們反對自己的武器。」

六月

　　選舉中獲勝的秩序黨由普瓦提埃（Poitiers）街委員會組成。它感到有強烈的要求，希望儘早解決10萬名武裝工人編入國家工廠的問題。他們的組織者沒有或不願意給他們一份有用的工作，卻給他們一天一法郎的薪金。

　　國家工廠主任托馬斯（Thomas）的計畫使秩序黨萬分不安，國家工廠正在轉變成一個布朗應該不會反對的組織。另外，秩序黨還發現無所事事的武裝工人投入社會主義和拿破崙主義的宣傳。

　　最後，在決定鐵路國有化以圖使所有工人都有工作可做以後，6月21日頒布一項決議，實施兩項早已做出的決定，18歲至25歲的工人必須服兵役；其餘的工人必須離開巴黎到外省去，或去修築鐵路，或去索洛涅（Sologne）墾荒。

　　這是一個明顯的挑戰，無論是兵役還是假想的工作，都不可能解決社會問題；而實際上，國民議會的決定，使工人在餓死和起而反抗間作一抉擇。

　　和選舉一樣，這次也是外省起來反對巴黎：「沒有起義者的號召，各地的人們紛紛從四面八方湧向巴黎幫助我們，因為有了鐵路，抗爭在前一夜就已開

始，有人從50里外趕來（注：法國古里，1里合4公里）。在第二天和接下來的
日子裡，人們從100里、200里外趕來。這些人屬於社會各個階層，有許多資產
階級、大產業者及貴族，他們交織在一起走在同一列隊伍。」

抗爭延續四天，從6月22日到26日；過程也很激烈，官方統計起義者死亡
人數1,500人，這顯然是低估的；軍隊死傷800人，包括3位將軍，傷1,500人。
巴黎大主教阿弗爾（Mgr. Affre）想介入以阻止大屠殺，結果被流彈擊中身
亡。

這次鎮壓反映資產者的忿怒和恐懼。12,000名起義者被捕，4,000人經過一
次形式上的審訊後，被流放到阿爾及利亞。

六月的重要性值得注意，首先，工人在這次運動中對共和派完全失望，因
而不願再和他們攜手合作，他們將轉向路易‧拿破崙來反對共和派；從長遠
看，西元1789年的大革命如同西元1830年的革命和西元1848年初，法國工人都
接受為了共同利益和其他階級合作的想法；今後，為了澈底動搖體制，他們將
傾向於獨自行動反對資產階級。西元1848年的革命起初並沒有革命的色彩，是
六月每一天的行動產生革命的思想。

六月後的反應

卡芬雅克為了重新建立秩序，對革命進行殘酷的鎮壓，但他仍是令人信服
的共和派，然而很快他就得不到秩序黨領導的信任。

西元1848年夏、秋，卡芬雅克組閣時，國民議會最重要的任務是制定憲
法，前言指出公民和共和國政府的權利和義務，包括各種主要的自由，共和國
在盡可能範圍內有保護家庭、救濟貧苦人民和提供工作的義務。

立法權由全國普選產生750名議員組成一院行使，並由它任命的行政法院
輔佐工作。行政權的總統，由全國普選產生，任期4年，不能連任。如果他在
全國的選票低於20萬張，則由國民議會選出總統；他有任命部長並掌握軍隊之
權。

選舉定於西元1848年12月10日，有三位代表左派和中間派的候選人：拉
斯帕伊（Raspail）、洛蘭和拉馬丁。卡芬雅克本可以建立溫和派和秩序黨的聯
合，但他因世俗化的思想，希望建立人人平等的兵役制度，對君主復辟明顯的
敵視和粗暴的個性被責罵。

此時，路易‧拿破崙出現〔生於西元1808年，他從西元1832年開始成為
賴希史塔特（Reichstadt）公爵，拿破崙死後他就自詡為王朝繼承人〕。他參

加西元1830年義大利燒炭黨人的暴動，西元1836年在史特拉斯堡、1840年在布洛涅（Boulogne）兩次企圖篡權，他因此被關在索姆省（Somme）的哈姆（Ham），後逃往英國。西元1848年他第一次被選上議員，同時被選上的還有他的一些表兄，但他沒有接受。在第二部分選舉中再次當選，這次他接受任職，他的擁護者從三月開始就爲他積極地宣傳。

秩序黨和天主黨選中他的原因，首先是「他被認爲平庸無能」，「這是個說一不二的白痴」，梯耶爾如此直截了當地說，但這卻大錯特錯。因爲他表現出捍衛秩序黨的姿態，這並不妨礙他對工人表達他眞誠地希望改善他們的命運。

最後，在重要的兩點上，(1)他採取違心的態度：他將支持教育自由化，因而破壞拿破崙一世的傑作；(2)壟斷大學。他將幫助教皇在義大利各共和國重建權力，而從感情上來說，他支持義大利革命者。

他因此取得最有組織、最強大、唯一在法國領土上有委員會系統的黨的支持。此外，只有他的名字在法國家喻戶曉：

路易・拿破崙………5,500,000（票數）

卡芬維克…………1,500,000

洛蘭………………　370,000

拉斯帕伊…………　36,000

拉馬丁……………　8,000

他只在四個省沒有得到絕對多數。

秩序黨相信也希望能在幕後操縱一切，因而它強加給王儲總統一個法盧（Audition Barrot-Falloux）部長（西元1848年12月20日至西元1849年10月31日）及尙加爾涅（Changarnier）將軍，作爲國民自衛軍和巴黎防軍的指揮官。

同時，他也滿懷信心地參加西元1849年5月13日的立法選舉：這次選舉棄權率達40%，比西元1848年4月高，立憲派只有300名議員蟬聯，秩序黨獲得近500席，但山嶽派取得180席，在秩序黨和極左派之間，在上屆議會中還有更多的溫和派。

雖然秩序黨擁有無可置疑的多數，但對於極左派迅速的發展頗感驚訝。極左派之所以成長快速，得歸功於獲得許多鄉民的選票，他們像工人一樣深感失望，於是不再追隨貴族，並且毫不猶豫地把票投給極端分子。壓制並不能阻止激進思想的發展。在保守派看來必須徹底行動，尤其是看到王儲總統露出改革的跡象，他本來希望赦免六月革命的被捕者，建立「農業移民地」以接收城市失業人口；但部長都表示反對，他也不再堅持。

　　尤其是西元1849年6月13日，極端分子發起類似西元1848年5月15日的大遊行。他們原先企圖攻占國民議會但失敗，尚加爾涅（Changarnier）擊退他們。外省和里昂、斯特拉斯堡、土魯茲（Toulouse）、格勒諾布爾（Grenoble）在西元1848年沒有行動，這次都行動起來。但巴黎的失敗導致它們的失敗。

　　議會多數黨藉此進行反革命行動：三個被懷疑是國民自衛的軍團被解散；山嶽派34位議員被捕並被審問，許多人逃亡；所有俱樂部、聚會和報刊都服從緊急法令。這些法令給予當局很大的行動權力。

　　儘管有這些措施，許多的部分選舉還是有利於社會主義者；俱樂部被禁止，祕密社團卻發展；小冊子和報紙使社會主義思想甚至深入農村。

　　同時也在西元1850年秩序黨的議會領袖「指揮官」和備位總統相互靠攏的態勢，短短幾個月就通過三條反動的新法律：法盧（La Loi Falloux，西元1850年3月15日）迎合西元1830年以來自由派天主教徒的需求，確立教育自由。

　　所有世俗的人，只要有一張高中畢業文憑或小學畢業證書就能辦一所學校。教士只要有上級或主教的批准即可。另外，所有主教都是文化教育委員會成員。

　　但這些機構還不滿足弗約（Veuillot）那樣的極端天主教徒，因為國立大學還存在，並控制其一切下屬機構，獨攬升留級、高中畢業會考、授與學士學位、博士學位的權利。

　　西元1850年5月31日的選舉法，目的是在不被懷疑觸及普選制的情況下限制選民人數，要求今後每一個選民必須在同一村裡連續居住三年；然而，當時大量的工人和農民為了找到工作經常性地流動，這項法令使選民人數一下子從960萬下降到680萬。

　　西元1850年7月16日建立報刊法，恢復保證金和印花稅，報刊數量減少五分之四。

　　社會恐慌中又加上對政治危機的擔憂，西元1852年的選舉將會如何？備位總統任期結束後會做什麼？因為西元1852年憲法禁止他連任。

　　總統和秩序黨大多數黨員的爭執永無休止，西元1849年9月，總統交給他的一位朋友納依（E. Ney）的信被公布。信中明確指出要教皇答應在義大利各國實行改革，法國政府就非常願意幫助教皇在各共和國重建權力，這完全有悖於法國天主教派領袖的想法。

　　西元1849年10月31日，總統罷免巴羅部長（O. Barrot），這並不違反憲法，為了代替他，總統任命非議會議員魯埃爾（Rouher）、富爾德（Fould）和奧布勒（Hautpoul）。

5月31日表決選舉權，拿破崙主義的議員，尤其是總統的兩個表兄投否決票。

尚加爾涅將軍是十足的保皇派和野心家，公開冒犯總統，後者在1月9日不顧議會多數派指揮官的反對，罷了他的職。

經過全國各地村長的討論，甚至遊行示威，憲法修改問題——主要問題：總統能否連任？提到國民議會前，7月19日的修改沒有取得憲法所規定的四分之三的多數。

不採取武力似乎不能打破僵局，或者復辟君主制，但會因此碰到正統派〔蕭伯爾（Chambord）伯爵〕和奧爾良派（路易‧菲利普的兒子和孫子們）之爭。或者採取政變，在秩序黨領袖，即議會和總統間達成協議。還可能是總統發動反對議會的政變。

從西元1851年春天開始，人們就以最後一項預示未來，而且人們深信其中一個辦法不可避免。

第二節　路易‧拿破崙的勝利

政變經過縝密的籌劃，備位總統雖煞費苦心地在輿論保持他的聲望和「拿破崙萬歲」的呼聲；西元1851年11月13日他要求取消5月31日法令，恢復全國普選制度，卻遭到議會拒絕。他結交一批精明能幹、毫無顧慮而又地位顯赫的朋友，包括同父異母的兄弟莫爾內（Monay）、他的預算調配官弗勒里（Fleury）、戰爭部長聖‧阿爾諾（Saint-Arnaud）將軍。

政變過程迅速，西元1851年12月2日凌晨的告示公布國民議會已被解散。恢復普選制，新憲法正在草擬中。同時，多數派領導人梯耶爾、卡芬雅克、拉莫里西埃（Lamoriciere）、尚加爾涅在他們各自的家裡被捕；另外，議會及議會主席府邸已被占領。

但政變遇到抵抗，首先一些議員在人們騷動的情況下不能做出明確、果斷的決定。他們的反對是合法的，但力量很微弱。接著是大眾化、更強烈的反抗，卻於12月4日在巴黎突然被血腥鎮壓。最後是在外省，尤其是在「紅區（Rouge）」，包括中央高原、東南地區、西南地區。有時出現武裝反抗，通常比預料的要嚴重，但都被鎮壓。公民表決卻明顯地支持政變：

─7,339,216票支持

─646,737票反對

─約2,000,000票棄權

另外，許多知名人士如蒙塔朗貝埃（Montalembert）和一些神職人員聯合。

他透過無情的鎮壓鞏固地位，這個「不被賞識的窩囊廢」突然成為主宰勢態的指揮官，並希望繼續下去。32個省被他的軍隊包圍，26,814人被捕，239人被遣送到圭亞那，960人被放逐，640人被勒令遠離法國，4,559人被拘禁在阿爾及利亞，5,532人被驅逐到阿爾及利亞，但沒有被軟禁。

標誌著拿破崙三世時代開始的12月4日槍殺示威者以及員警的鎮壓使共和派永生難忘，從此以後，他們不僅對帝國深惡痛絕，而且直到第四共和，仍然對所有關於權力的形式和思想都懷著戒心。

西元1852年的憲法

包括：（一）三個議會──參議院成員至多為150人（起初只有80人，均

爲終身職，一些人天生有權利成爲參議員如紅衣主教、海軍元帥、陸軍元帥，另一些人則是被任命）。參議院是憲法的保護者：(1)立法機構由全國普選產生，議員沒有津貼，每六年改選一次。這其實不是一個議會，它既無權質詢政府，也不能和君主抗辯。(2)行政法院（Le Counsel d'Etat）包括40名到50名成員，經任命就職，亦得以撤職，他們的任務是起草法律條文。（二）高級法院。（三）總統實際上大權獨攬，他任命所有政府成員，包括各部長的下屬；簽署所有的條約；唯一有權提出法律草案；能轉帳預算的金額；還可以給予公共工程貸款。（四）繼續沿用西元1789年的一些原則和普選制，不可有一個占統治地位的黨存在。

帝國

歐洲各國政府認爲，應該少修改憲法而使之成爲建立帝國的法律，它們因而阻止其變化；但相反地，法國的部分輿論卻衷心希望這一變化，在以「帝國就是和平」安撫各列強後，帝國於西元1852年11月7日建立，11月22日透過全民公決，終以7,824,000票贊成，253,000票反對，2,000,000多票棄權通過。

拿破崙三世採納一些西元1848年的精神，它們是主張全國普選、協助義大利以及自由貿易。

專制制度

專制制度依靠三種力量建立，軍隊使政變成爲可能，當時軍隊大部分已不再是自由思想的軍官陣營，鑲金邊的制服、無休止的視察不過是它的表面現象。軍官受到許多好處，軍隊參加幾次勝利的遠征，然而它卻難以保持這種勝利。因爲這種軍事制度在軍事技術方面並沒有任何建樹，尤其是參謀本部不知道利用鐵路。各階層的資產階級，無論是腰纏萬貫的銀行家，還是外省的小商人，經過三年的動盪、街頭運動及對有資產者的威脅後，都願意有一種有秩序、有保障的制度；我們將會看到繁榮不僅和政府的行動有關，同時也離不開國內國際的有利形勢。各種形成的活動利用這一繁榮情形，並在法國各地展開。義大利王國建立後，直到西元1860年，教皇所屬的國家一直受到威脅，因而教會贊成王權和教會的聯合。蒙塔朗貝爾在政變後接受這一制度，他寫道：「主教爭先恐後地臣服於……」。

表面上，物質上來說，教會很「昌盛」，教會占人口的比例從來沒這麼高，西元1861年有54,000教區神父，平均每700人就有一個教士；這是西元

1789年以來的最高水準，以前從未有過這麼多教士。而且他們之中只有10%的人超過60歲。教會預算不斷增加，修建的教堂也越來越多。

帝國政府支持創辦世俗學校，但教士仍在中學、高等教育機構如高級師範學校有很大的影響。

然而，一如波旁王朝復辟時期，王室法律顧問羅蘭（Roland）和巴羅什（Baroche）不顧主教和羅馬教廷的要求，根據一些帶有濃重教會自主論色彩的條款及和羅馬教廷達成的協議，堅持國家的權利。

反對派幾乎找不到發表言論的方法，一些人依附於正統派或至少是謹慎地保持沉默。而正統派一直有他們的沙龍，支持他們的各省力量，尤其在西部，許多年輕人成為軍官或外交家，並為這種政治體制效勞；奧爾良派擁有科學院和《兩個世界》雜誌；共和派受到的打擊最為沉重，他們只能暗自交流諷刺漫畫；閱讀雨果的《懲罰集》；他們在朋友家聚會，如在羅曼‧羅蘭的父親家中，關緊窗戶偷偷唱《馬賽曲》。

這是第一次共和派的人發揮政治作用。選舉必須嚴格依從官方候選資格，這在西元1848年共和制時已被洛蘭使用過，而這次約束更大。西元1857年，帝國政府候選人得到5,500,000票，共和派得到665,000票。一些前部長如卡諾（Carnet）、岡德修（Gaudchaux）、卡芬雅克因拒絕宣誓而不能成為議員；但是包括法弗爾（Jules Favre）、愛彌爾（Emile Oliver）在內的五人向皇帝宣誓效忠成為議員。共和派的發展遠不具侵略性，但已足以使帝國政府感到不安。反對派小小的勝利伴隨著一次嚴重的謀殺事件，這雖然不是第一次，但它的程度使人吃驚。西元1858年1月14日，一名義大利共和派奧里西尼（Orsini）和他的同伴向皇帝夫婦駛往歌劇院的馬車扔三枚炸彈，8人死亡，148人受傷，皇帝和皇后幸運安然無恙。

透過2月19日的普通安全法，使得這次謀殺為帝國體制加強提供獨裁色彩一個很好的藉口，員警有權拘禁或流放一切可疑分子，尤其是那些在西元1851年受過審判的人。

重振國威的外交政策

如同所有的內政都該由皇帝決定，外交政策可能更應該由他操縱，「我是唯一知道法國外交政策的人。」他極深城府和頑固的性格，使他總能夠不顧周圍所有人的意願，達到他的部長所不能及的目的。

他很明確地確定目標：「我認為法國被汙辱、被孤立、被摧毀」，應該歸

還它的榮譽、聯盟以及失去的曾屬於它的所有省分。」但由於他有許多自相矛盾的想法，政策往往因此變得複雜。所以一方面，他關於歐洲、阿爾及利亞甚至中南半島尊重民族的原則可以稱冠，另一方面他又任憑普魯士取得丹麥公國，而且他設想征服盧森堡；同樣的，他是近東天主教利益的捍衛者，卻甚至在墨西哥達到損害義大利教皇國的地步。

　　另一方面，拿破崙三世從來不曾擁有保護其政權的軍隊，有隨時隨地對外干涉的野心，卻只有一支平庸的軍隊，組織渙散，沒有傑出的指揮官；它所能取得的勝利也往往歸功於對手比它更平庸而已。

　　直到西元1860年，沒有人能覺察到外交政策的弱點，看到的只是輝煌的勝利、會議和征服帶來的威望。

　　出現過幾個著名戰事的塞巴斯托波爾（Sebastopol，俄國地名）激烈圍城戰後簽訂的《巴黎條約》（西元1856年期間王儲誕生）是對《維也納條約》遲來的報復，因為拿破崙三世和英軍聯合作戰時，早就知道不能撼動他的敵手俄羅斯。馬眞塔（Magenta，義大利地名）、索爾弗里諾（Solferino，法國地名）勝利是義大利戰爭的標誌，以此為主題展開大量的宣傳。雖然迫於普魯士在萊茵河的壓力，戰爭可能不得不停止，雖然皮門塔人（Piemontais，法國地名）因為只有收復倫巴底（Lombardie）而不滿，但是西元1815年屬於法國的上薩瓦省和尼斯伯爵領地，在西元1860年經全民公決後重新回法國。

　　海外也取得同樣的勝利，西元1856年的《天津條約》、《望廈條約》，使它在中國獲得更多的利益；在越南奪取了峴港，西元1855年任命軍事指揮官費德爾布（Faidherbe）在塞內加爾行使他的權力。

　　當然，這個光榮榜完全違反在波爾多演講的「帝國意味著和平」，但是法國不再被汙辱、被孤立、被摧毀，可從絕大多數戰爭中獲得重振國威的滿足。

物質的繁榮

　　第二帝國的機運，在於它的國祚正好處於一段經濟普遍發展的時期，這種趨勢在工業化國家尤為顯著，由於西元1815年到1848年間物價疲軟和新結構的緩慢就位，法國加入行列將擴張和設備推展到全世界的運動中。皇帝和他的智囊團將很快感覺到這種趨勢並以不同的方式發展。

　　西元1847年到西元1872間，國民產值從135億增加到230億，年增長率在2%左右，比前幾個時期（1.1%）都高，也比以後的時期（1.5%）高，比英國（1.2%）和美國（1.2%）都高。這種發展趨勢可能始於西元1840年，早於第

二帝國，但西元1846年至1849年的危機使發展暫時中斷。這一趨勢在世界上重新抬頭和備位總統登基時間正好吻合。

國民生產各方面的分配情況（以十億為單位）

	西元1847年	西元1859年	西元1872年
農業	6	8.7	9.5
工業	3.9	5.8	6.7
商業	0.99	1.4	1.6
自由職業	0.3	0.36	0.51
不動產公司	0.7	0.9	1
國家	1.6	2.2	2.7
總值	13.5	19.4	23

在各方面成長表現中，工業和國家經營活動表現得稍微明顯。

人口的增長更為顯著，從西元1845年的35,400,000人增長到西元1868年的38,070,000人，但和同時期的英國相比，數量要少得多，尤其考慮到首批部隊中的外國僱傭軍開始為法國效力，他們的人數從西元1851年的380,000人增加到西元1870年的700,000人。

城市居民（聚居人數多於2,000人）不斷增加，農村居民（聚居人數少於2,000人）卻不斷減少。

	1845	1850	1855	1860	1865	1870
農村人口（以百萬為單位）	26.75	26.65	26.19	26.60	26.47	24.89
農村人口所占百分比（%）	75.6	74.5	72.7	71.1	69.5	68.9
城市人口（以百萬為單位）	8	9.13	9.8	10.79	11.59	11.21
城市人口所占百分比（%）	24.4	25.5	27.3	28.89	30.5	32.4

第二帝國經濟發展的五件大事，包括：(1)農業進步是由於傳統農業生產的發展。西元1870年蔬菜生產超過60億法郎（西元1914年的法郎），這是第一次也是整個世紀的最後一次。2,600萬畝田地被開墾，其中有700萬畝麥田，這也是空前絕後的數據。但動物產品如果有增長，總量也只有西元1870年蔬菜數值的50%。食品結構以麵包和蔬菜為基礎。(2)一些工業部門獲得發展，如鐵路建設，應用俾斯麥製造鋼鐵的方法，尤其刺激冶金業的發展。雖然仍有三分之

一的木製高爐，但已出現一些大企業集中的現象。而消費性工業，尤其是紡織業，仍最重要（表見下方）。

當法國眞正走上工業化軌道時，人們發現煤炭短缺是多麼嚴重的障礙。

	法國工業產量		英國工業產量	
	消費品	設備	消費品	設備
西元1851年	87.6%	12.4%	60%	40%
西元1871年	81.6%	18.4%	53%	47%

(3)運輸方式反映這些變化。

商品運輸（十億噸／公里）

	公路	水路	鐵路	沿海航運	總量
1830	2	0.7		1.1	3.8
1851-1852	2.6	1.7	0.55	1.3	6.2
1856-1857	2.7	2	2	1	7.6
1863-1864	2.7	2.1	4.3	0.9	10
1869	2.8	2	6.2	0.8	11.8
1876	2.5	2	8.2	0.9	13.5

乘客運輸（十億人/公里）

	公路	鐵路
西元1830年	0.5	0.5
西元1841年	0.9	1.1
西元1845年	1.3	2.0
西元1855年	1.4	3.9
西元1865年	1.4	5.5
西元1875年	1.4	5.8

這一發展中最重大的事件是鐵路建設的突飛猛進。值得注意的是，儘管它的重要性不斷增加，卻沒有完全取代公路或水路交通。

(4)貨幣總量增加和信貸建立。法國將充分利用源於西元1848年加利福尼亞和澳洲發現的金礦所提煉的大量黃金。

同時，在法國建立多層次的銀行系統，法國陸續建立三大主要的儲蓄

銀行：貼現銀行（Le Comptoir d'Escompte，西元1853年）、興業銀行（La Societé générale，西元1859年）、里昂信貸銀行（Le Crédit Lyonnais，西元1863年）。這三家都是儲蓄銀行，主要幫助現存企業運作：三者的經營活動不同，有些風險很大，主要實施短期貸款，不對大宗商業活動投資。

因此，還要有銀行投資大宗商業活動，也就是要進行大量投資，這也是聖西門及普魯東思想（proudhoniennes）的一部分，即透過吸收許多小額的儲蓄和「貸款民主化」，能夠達到如此龐大的數目，貝爾西（Pereire）兄弟創建動產信貸銀行時就想這麼做，他們贏得很大的利潤，但卻沒有建立足夠的儲備金，因而和一些重要的企業家如科索（Greusot）的施奈德（Schneider）以及鼎鼎大名的羅思切爾德（Rothschild）的利益發生衝突。貝爾西最後瀕臨破產邊緣，雖及時受到援助，但必須在西元1871年進行清算。

國際貿易不斷增長，以百萬法郎爲計算單位，進口量由西元1851年的765增長到西元1869年的3,153，出口量從西元1861年的1,158增長到西元1869年的3,075。「進口量」增長主要是工業原料的增加，但如同英國一樣，對外貿易是赤字，這種情況一直延續到西元1914年。然而無形貿易的收入大大彌補這一赤字，水上運輸、旅遊，特別是帝國末期在國外投資的收益，這些收入達好幾億法郎。

西元1860年，經過祕密的精心策劃，拿破崙三世宣布已和英國簽訂自由貿易條約。一如人們所認爲，這是一次「經濟政變」，打破長期頑固的貿易保護主義傳統。條約本身表面看來好像沒有損害法國企業的利益，但自由貿易這個字眼就是資產階級反對的藉口。

皇帝和他的周圍的人完全投入這一整體的經濟運動。我們不能否認拿破崙三世在經濟方面某程度的才能，和想確保物質繁榮的眞實願望。但就和政治、外交或軍事技術方面一樣，他不敢將他的制度和思想貫徹到底；他試圖照顧他所需要的大銀行和大企業，同時又想體現社會公正的政治，這是很難維持的平衡。

不過，整個時期的收入明顯增加，利潤的增加比工資增加更多：

	利潤指數	名義工資指數	真實工資指數（考慮物價）
西元1850年	100	100	100
西元1860年	220	113	97.4
西元1870年	386	145	128

這次繁榮看得見的跡象是整體公共設施，拿破崙三世時期法國農村面貌發生變化，朗德（Landes）省種植松樹；索洛涅（Sologne）地區和棟布（Dombes）地區開挖水渠；電線桿增多，西元1855年所有省會都有連接到巴黎的電線。

大城市得到裝備和現代化，如馬賽以及聖納澤爾（St-Nazaire）、勒阿弗爾（Le Havre）港修建錨地，修繕碼頭；大部分重要城市內建新街區，或是摧毀老房子，重建新街區，或是在舊城邊緣建立街區以設置火車站，法國大部分火車站都建於第二帝國時期。

毋庸置疑，最主要的巴黎建設在傑出的市長奧斯曼（Haussmann）伯爵領導下發生的變化（西元1853-1869年）。十六年內他拆除老街區（這些街區雖不乏魅力但髒亂不堪），代之以筆直的大道，建起實用的建築物如中央市場和火車站、修繕歌劇院和一些教堂、在巴黎周圍建公園，如布洛涅森林、萬塞納（Vincennes）森林；巴黎城內也建立公園，像蒙索（Monceau）公園、蒙蘇利（Montsouris）公園、蕭蒙高地（Buttes-Chaumond）；幾百公里的下水道工程，數以百計的界碑的水龍頭也裝好，提供衛生的水資源。

巴黎的新布局是有錢人住在西部街區，東部集中越來越多的窮人，尤其是工人，他們被這個大規模拆毀與建設的大工地吸引而來。一些市鎮併入巴黎，因而形成13區和20區，窮人就這樣集中，受新的入市稅束縛，入市稅又使物價不斷上漲，這是西元1871年巴黎公社的背景。

第三節　帝國統治後期的讓步與困難

　　西元1860年間，帝國幾乎同時失去兩大主要支柱，起因於天主教徒不滿拿破崙三世對義大利的政策。西元1860年底前，義大利王國征服義大利中央地區包括雷加遜（Legations），這是教皇國的一部分，以及整個義大利南部，包括同樣也是教皇國的馬爾許（Marches）和翁布利亞（l'Ombrie）。如果說羅馬尚完好無損，教皇國卻受到深深的撼動。

　　拿破崙三世對教皇國被支解似乎不聞不問，西元1859年後，他任由他人以他的名義這麼寫道：「領土越小，君權越大」。然而，當時法國的天主教徒是支持教皇擁有絕對權力主義者，他們被傷害，不滿於看到他們支持甚至擁護的人放棄教皇的利益。

　　短短的時間內，輿論的潮流、新聞界和天主教徒的說法都變了，路易·弗約（Louis Veuillot）、奧爾良的主教杜邦，以及國會議員、參議員等都毫不遲疑地揭露皇帝的政策和為保衛「羅馬梵蒂岡」而向信徒敲響警鐘。

　　工業界對西元1860年的自由貿易條約不滿。這樣，拿破崙三世在義大利和貿易上的自由政策使他失去兩個支柱，難道帝國政府無法再尋找其他支持，代替這不再靠得住的兩個支柱而得到鞏固嗎？這些新的盟友將會是共和派和工人。

　　帝國政府的原則和皇帝個人的想法並不完全對立，而是要限制這種「開放左派」。至此，我們可以簡要地概述帝國政府內部的變化，從不讓步，改革定以激起共和派和市民階段，或抹去西元1852年的鎮壓，及牽制員警的記憶。與這些讓步相反的是，與天主教及大商業資產階級的嫌隙加大，儘管這些讓步還是很有限。

　　這一變化分四個步驟。第一步驟是西元1860年：羅蘭從西元1856年以來一直任宗教事務部長，他傾向於擁護法國教會自主。西元1860年他被皇帝准許嚴格執行這一政策，不僅是像《宇宙》一類的報紙被勒令暫停發行，甚至主教的正式文章，如主教訓諭也被查禁。同時，又多了兩項立法權：建立公眾辯論制和發表對皇帝登基演說的祝詞（西元1860年11月）；每位部長（無一例外地）參予討論預算收支問題（西元1861年12月）。

　　第二步驟是西元1863年至1864年：西元1863年魯埃爾（Rouher）成為國務委員、比優（Billant）去逝、莫爾尼（Morny）在西元1865年過世。迪律伊

（Duruy）在西元1863年被任命爲公共教育部長，巴羅什成爲宗教事務部長，他們都反對天主教徒，前者支持小學教育世俗化，同時爲女孩子提供隸屬國家的中等教育；後者利用教皇和法國就宗教事務協議書所授與的權利，在法國禁止出版岡塔・奎哈（Quanta Cura）的百科全書（西元1864年），他也拒絕接受許多羅馬教廷推薦人選，法國一些主教區因而沒有主教。西元1864年，工人獲得罷工的權力，《法典》中集會作爲輕度犯罪的條款被取消。頭腦冷靜沉著的工人如托蘭（Tolain）、高爾波（Corbon）逐漸被大家接受，他們在西元1864年撰寫六十條聲明，以溫和的筆調，把工人境況問題擺在輿論面前，他們取得參加國際工人聯合協會的權力，以及與倫敦工人取得聯繫的權力。

讓步過程是拓寬評論範圍，在報紙上右派貝里耶（Berryer）、中右派梯耶爾、中間偏左派在愛彌爾（Emile）要求新的讓步並批評皇帝。

皇帝的政策猶豫不決，結石的病痛使他提前衰老；他被迫對皇后讓步，爲了使他的放蕩行爲得到諒解（其中一些敗行險些引起公憤），皇帝有意在政治上對他妻子讓步，因爲她是天主教徒（甚至相當保守），她支持一些類似墨西哥戰爭的草率行動以求彌補她丈夫對義大利政策的過失。

第三步驟是西元1866年至1867年：西元1866年奧地利在薩多瓦（Sadowa）被打敗；西元1867年在墨西哥的法國遠征軍於2月被迫重新捲入戰事；6月馬克西米利安（Maximilien）在克雷塔羅（Queratoro）被處決；與此同時，關於萊茵河左岸的盧森堡的領土補償，「小費政策」談判失敗。以上這些構成一個衰退的氣氛。又法弗爾（Favre）和梯耶爾精確、熟諳內幕的雄辯術更引爆了形勢。

爲了企圖改變這些令人不愉快的印象，皇帝決心進一步加深他的改革運動，報刊和集會法在西元1868年變得更加溫和，尤其是西元1867年恢復質詢法。

然而共和派再一次抓住時機，顯得比攻擊帝國政府時更咄咄逼人，報紙利用西元1868年報刊法規定的新自由。羅什福爾（Rochefort）創辦《路燈報》第一期對這一現象的評論讓巴黎人都笑了起來：「皇家年鑑說，法國有3,600萬臣民，當然不包括不滿的主題……」（注：法語中「sujet」一詞同時有「臣民」和「主題」的意思。這裡用的是此一文字遊戲。）

接著，將在第二共和任要職的政治家展開他們的職責，年輕的律師弗洛蓋（Floquet）當著正在巴黎訪問的沙皇的面說：「波蘭萬歲！先生！」費里（Jules Ferry）出版一本反對「偉大的男爵」的諷刺小冊子《奧斯曼（Haussmann）荒誕的帳目》，特別是甘必大（Gambetta）爲了保護爲

修建在博丹（Bandin）的紀念碑發起募捐活動的共和派記者德勒雷克澤（Delescluze），毫不猶豫地在他的辯護詞中揭露政變的醜聞。

西元1869年的選舉也顯示帝國的退步，它只獲得4,600,000票，而各反對派總體上明顯進步，他們總共獲得3,317,000票。

第四步驟是西元1869年至1870年：關於西元1869年9月8日元老院法令的主題，憲法有了更動：立法機構有立法創制權，這些法案同樣也應該由參議院投票決定；部長團結一致，但他們只對皇帝負責。

西元1860年和1864年的改革被稱為「自由帝國」，西元1869年的改革是否為「議會制帝國」呢？

這次改革從魯埃爾（Rouher）整個人的變化可見一斑。他身為專制帝國的人，很滑稽地也是自由帝國法律的創造者。他是西元1848年一個馬賽共和派的兒子，自己也是歸附的共和派，他在西元1869年7月被愛彌爾代替而退出政治。

這次改革透過西元1840年4月20日的元老院法令得到加強，法令明確指出取消部長對皇帝負責制；皇后不再參加部長會議；皇帝主持部長會議但必須尊重多數。

5月8日舉行全民公投要求贊成這些改革，與帝國政府因西元1869年選舉影響產生的擔心相反，勝利是很明顯的，出現有點類似西元1852年的數據：7,350,000票贊成，1,572,000票反對。

共和派失望了，歸附的保皇派卻反而對未來充滿信心，「我們將為皇帝準備一個幸福的晚年」，愛彌爾如是說。

西元1870年爆發普法戰爭。西元1871年法國的失敗在一定程度上由於參戰人數、參戰的軍隊不多及裝備不足所致，這是一場不大的衝突。但它對法國內部和國際關係產生的政治作用卻很明顯。

衝突發生的直接原因是次要的，西元1868年以來，西班牙一直沒有君主，西班牙議會建議將王位授給普魯士國王的遠房表親——天主教徒利奧波德。這件事直至7月3日才公布，外交界立刻從中看到一個威脅和羞辱。

法國政府決定讓普魯士國王對他的遠房表親施加壓力使他放棄西班牙王位，最後法國如願以償，7月12日利奧波德的父親宣布放棄他的西班牙計畫。

法國政府想得到更多，一個鄭重的約定，今後類似候選人資格永不再出現。普魯士國王當時在愛姆斯（Ems），認為他沒有必要做如此承諾，在這樣的條件下，他再次拒絕接見一再堅持要求會見的法國大使。

俾斯麥和軍隊的兩位指揮官毛奇（Moltke）、羅恩（Roon）曾經因為被

取消宣戰而耿耿於懷。俾斯麥將利用這一意外事件再次建立有利宣戰的氣氛。

　　得知普魯士國王對法國大使無話可說以後，俾斯麥將這一消息登在愛姆斯的電文摘要上。看到這份電文上俾斯麥撰寫的摘要，人們會很吃驚，認為一些歷史學家「篡改」內容。俾斯麥什麼也沒有篡改，但很明顯的，他意在傷害法國統治階級的自尊心，而他也成功達到目的。

　　除了像梯耶爾等少數人之外，絕大部分的部長以及許多反對派領袖覺得這份電文是一個侮辱，並做出相對的反應。這不過是個藉口，問題是出在拿破崙三世的三個矛盾政策中。

　　拿破崙三世自身的矛盾：一方面他想同時實際做出行動，以幫助實現民族自治原則；西元1859年，為了使義大利走上統一的道路，他斷然挑起和奧地利的戰爭；西元1865年，在比亞利茲（Biarritz）的會晤中，他似乎想讓俾斯麥知道他不參與反對奧地利的戰爭，因而讓普魯士也走向統一。另一方面，他反對這些統一的完成，無論是關於羅馬征服，還是德國南部歸入德意志聯邦。反對這些統一運動的同時，他也反對歐洲的大幅度變動。他和他的時代互相矛盾，最後，他從未尋求阻止這些民族進程的方法、軍隊技術革新沒有貫徹實施至每個細節、實行聯盟的談判總是半途而廢。

　　西元1870年7月，拿破崙三世的軍隊一如義大利戰爭時戰鬥力不強，他也沒有盟友，企圖推行一種政策卻自行拒絕一切手段。戰爭在7月17日爆發。這些導致拿破崙三世垮臺的軍事行動持續了一個月：在阿爾薩斯、維桑堡（Wissembourg）、弗萊絮維爾（Freshviller）、莫爾斯布（Morsbronn），從8月4日到6日有幾次重大戰事，但都沒有決定性作用。史特拉斯堡從8月9日至9月28日被圍困。幾天後，法軍被騷擾。在梅斯（Metz）、格拉沃洛特（Gravelotte）和聖普里瓦（Saint-Privat）展開激烈的戰鬥（8月14日到18日）。最後，法軍被圍困在梅斯。馬克・馬洪（Mac-Mahon）從夏隆（Chalons）出發，直向東北部，希望從北部突襲梅斯的普軍，但他在色當（Sedan）受到突襲並負重傷，他的軍隊被包圍。拿破崙三世認為在這種情況下只能投降，皇帝、32位將軍、1位元帥、96,000人的軍隊，其中包括14,000名傷員都成了戰俘。

　　完全的失敗，拿破崙三世的被俘導致帝國崩潰。9月3日晚間，一些政府機構、立法機構和皇后試圖建立新政府。但當以甘必大和法弗爾為首的人群衝入議會宣布帝國崩潰時，他們卻沒有達成一致行動。人們像西元1848年時一般，湧向市政廳宣布共和國成立，並在市政廳建立臨時政府。特羅許（Trochu）將軍成為總統，甘必大、法弗爾、畢卡爾（Picard）、羅什福爾成為新政府主要

成員。政府命名爲國家防禦政府，它宣布解散立法機構和參議院，此時皇后則逃亡英國。

文化藝術

十九世紀六十年代法國文化藝術主要特點在於眾多流派同時存在、相互競爭，且深刻地表現在社會政治生活的面貌。

新古典主義由於受到了第二帝國的支持因而在政治上擁有優勢，這些文藝人士在頌揚皇帝「豐功偉業」以及粉飾「帝國佳慶」方面，創造了不少作品。

新古典主義的力量主要在於繪畫，代表人物爲安格爾（Ancre），他在這時期的代表作有「泉」與「土耳其浴室」，作品布局均勻，優美線條與超凡境界使他的作品充滿嚴肅的美，因而比較適當於官方歌功頌德的需求。

文學中，浪漫主義仍有較大的影響，第二帝國期間，雨果先在比利時，後在英國過著流亡生活，西元1859年第二帝國實行政治大赦，雨果拒絕返回法國，一直到帝國垮臺爲止。雨果在西元1848年革命中持激進共和派立場，他撰寫了《小拿破崙》等作品，主要矛頭指向第二帝國與拿破崙三世，同時雨果還寫了《悲慘世界》與《海上勞工》等名著。

西元1857年福樓拜（Hlaubert）撰寫《包法利夫人》，引起巨大震撼，最後這本書被政府查禁，福樓拜曾受法庭審訊，其罪名係「敗壞道德」與「誹謗宗教」。《包法利夫人》無情地揭露了西元1830年代到1840年代法國外省的社會生活，愛財如命的富人、被欺凌死的婦人、生活困苦的群眾，都在書中得到動人描繪。

哲學與史學

此一時期哲學的代表人物是孔德，他的實證主義哲學思想具有廣泛影響。孔德認爲科學只是對於經驗事實或經驗現象的描寫和紀錄，只有經驗事實或經驗現象才是「確實的」或者「實證的」。他將社會發展劃分爲三個階段：神學、形而上學與實證主義。根據他的見解，當時西方社會正處於實證階段即科學階段，孔德撰寫了《實證政治體系》與《主觀綜合》等著作。

史學方面，米涅（Mignet）於西元1851年撰寫《瑪麗·斯圖亞特王朝史》，西元1854年又出版《查理五世》；梯耶爾撰寫《政府的執政與帝國史》，這部著作總共二十卷，至今仍保存著一定價值。此外，吉佐著有《英吉利共和國與克倫威爾時期》、《當代史回憶錄》等，他不贊成個人專制、貴族

統治與民主政治，他大力宣傳君主立憲制的優越性。

米什列（Michelet）的史學觀點比較激進並帶有濃厚的民主主義色彩，此時期，他完成了七卷的《法國革命史》以及《法國史》的後五卷。他從宏觀角度觀察歷史，力求使歷史「復活」，他讚揚丹敦、羅伯斯比，否定路易十六。此外，他也拒絕向第二帝國與皇帝宣誓效忠，西元1852年他被撤銷教授職務與國家檔案館歷史部主任的職務。

庫朗日（Fustel de Coulanges）在西元1964年出版《古代城市》，這本名著使他在法國史學界有了一席之地。他公開宣布：歷史不是藝術，而是純科學，要求撰寫歷史者，需堅持客觀的批判態度，保證史料準確。因此，一些人稱他爲「法國史學的眞正奠基者」。

科學技術

十九世紀中葉以後，由於社會經濟生活的需求不斷擴大，給予了科技發展的空間，法國在生物、化學、生理學、醫學、工程技術等方面的發展有長足的進步。

生物科學方面的成就首先表現在巴斯德的研究中，他在動物學與植物學之外，開闢了新的領域——微生物學。他闡明了微生物的作用，科學地解釋乳酸、酒精與葡萄酒的發酵現象。巴斯德最重要的貢獻還在於免疫學和消毒學，此外他還發現了狂犬病疫苗並創辦了巴斯德學院，被譽爲「人類的造福者」。

化學方面：德維爾（Sainte-Claire Deville）生產了稀有的鋁與鎂，由此也促進了輕工業的發展，他還發現熱的分解作用。此外，熱拉爾（Roussel Gerard）在西元1853年製造了阿斯匹林藥丸。

生理科學與醫學的發達也比較顯著，貝納爾（Bernard）發現血管運動的神經作用，他的名著《實驗醫學導論》於西元1865年出版。

工業技術的進步與工業革命相呼應，馬丁（Martin）發明平爐煉鋼法，爲法國生產優質鋼材與機器奠定基礎。此外，勒努瓦（Lenoir）發明內燃機，泰利埃（Tellier）則發明了冷凍機。

總而言之，法國科學技術的進步也反映了當時社會經濟的變化。

第三十五章

法國第三共和

第一節　第三共和的建立

西元1870年9月4日，色當（Sedan）失敗的消息傳來，巴黎所醞釀的暴動，終於推翻第二帝國，並宣布建立共和政體。

西元1871年2月8日，法國在發生戰爭的同時，號召一場以和平為目的的選舉，選出當地的知名人士，最後成立以保守分子居多的議會，其中又以君主制分子為主。

西元1871年5月，軍事力量證實選舉的結果，巴黎革命軍及巴黎公社均被鎮壓。

在這些條件下，法國如何能建立起共和國？又如何能在史無紀錄的情況下維持共和長久性？

君主立憲派記取軍事挫敗的教訓，並儘量擺脫一些他們認為根本不受人民重視的責任問題。他們將責任託付給梯耶爾，但這位法國元老不僅沒有精衰力竭，相反地卻獲得前所未有的聲譽，他玩弄曖昧及難以捉摸的政治伎倆，但最終還是對共和主義者有利。此外，君主立憲分子分成兩派：一派是合法擁護者尚包爾（Chanbord）伯爵，為波旁家族分支的後裔，他極度受神權思想的影響；另一派是多數議會中的君主制者，或是出於信仰或出於現實，在炫耀他們手中三色旗的同時也僅承認君主制度，簡言之，也就是奧爾良黨人的君主政體。西元1871和1873年，兩次復興的意圖分別遭到失敗後，君主制議會只有一種方法可行，即延長臨時政體一直到尚包爾伯爵去世為止，由於尚包爾沒有子女，爵位可以留給奧爾良黨人的覬覦者。這種打算無關國家的穩定與安全，準確地說，法國尚未知道如何湊合這個臨時政體。

但當這些波折趨於表面的同時，法國的真面目亦被勾勒出來。西元1870年的法國，大多數人還處在鄉村及手工業者，中產階級及小經營者為主的階段。在後來的普選中，法國外省不願再受巴黎騷動支配，但也不願再回到舊體制。共和主義者為使農民擔憂君主體制，向農民宣傳恢復君主政體將使法國封建制度重建，在過去，主教們的統治一直都與貴族的統治相關聯，法國農村也保留著這樣的記憶。再者，一旦法國與德國簽署和平協議，未真正具有憲法權力的議會難道不該解散嗎？最後，共和政體者不再「狂怒」，反倒是主張絕對權力的天主教徒擺出一副好戰的面孔。

西元1871年7月，選舉由擁護共和者所支持。稍後，引起帝制的反攻行

動。面對這種新威脅，議會中部分擁護君主體制者開始驚慌失措，他們意見分歧，並與共和黨人共同制定了一部模稜兩可的憲法，且建立了多數人仍希望維持的臨時共和政體。

新體制的基礎

西元1875年的第三部憲法與法國的傳統相左，它只是一部雛形憲法，但內容頗具彈性與實用。自西元1789年以來，正是這部憲法使新體制的壽命比西元1789年以來的任何一個政體都要長許多。

普選中，國民議會的表決獲得一致贊同。西元1848年取得的這一成果不再遭到非議，但也成立了第二個議會，並隸屬於君主政體及貴族制度的傳統，按照布羅格利（Broglie）公爵（此機構主創者之一）的說法，這種議會實際上也集中了社會上的菁英代表，主要亦是爲了抑制普選中的衝動。但隨著保守派的意見分歧與共和派善於操縱政治，一個完全不同的政體出現，參議院不再是兩個議院，法國的重心落在市議會選舉，它的方式也確保了鄉鎮的優勢。

然而新體制模稜兩可，卻影響到共和國總統的角色扮演。上議院的成立可追溯到西元1848年，當時個人的權力很快被賦予，儘管有前例，憲法授予總統極大的權力，可以集政府和國家元首於一身，即建立所謂的總統制。但當總統不需要對議會負責任的同時，「除叛國罪外」，其他的部長則需對議會負責，這又是議會制的另一特徵。

共和建立後，法國於西元1876年3月，選出以共和黨人爲多數的國民議會，國民議會不久後就與總統發生衝突。馬克‧馬洪履行憲法賦予他的權力，辭退他的內閣，然後解散議會，但新的選舉認同舊議會多數黨，馬克‧馬洪被迫屈從。他在新議會任職期間寫到：

西元1875年的憲法，確立我的無責行為，部長的共同負責，建立議會制。

共和派的機會主義派和激進派占上風，並從西元1879年起，他們掌控全國的機構。他們在兩院中占有多數席位，而且新的共和國總統格雷維（Jules Grevy）也是其中的一員，尤其是新體制擁有穩固的道德基礎，因而沒有人可以義正嚴辭地指控第三共和的體制。

但共和派並沒有形成單一的團體，他們之中存在性格上的衝突與代溝，更何況被所有人倚仗的法國大革命本身就包含多種因素。老一輩共和派是西元

1848年的羅馬革命者，但對青年有著特殊吸引力，下一代則已經到了肩負偉大責任的年齡，相反地年輕一代卻充滿實證主義的精神。另外，西元1848年不幸的經歷使這些人明白，法國還是一個以農業社會為主的國家，共和政體若只靠某些大城市居民的支持是不能維持長久。從此以後，獨裁不能再橫行，必須以普選的獲勝為本。這正是甘必大所主張的，這位被對手描繪為具有衝動性格的演說家具有深入的天生知能力，他曾說：「我的政治，即普選政治。」這已是無可否認的事實，普選是新體制的基礎，並被賦予合法性，在某種程度上，也是無庸置疑的事實。但對於甘必大及其對手來說，他們總體上遵循著一條相同的道路，我們稱為「機會主義」路線。另一方面，農村確實使其簡化許多，他們皆為平均主義者，反對一切提倡恢復舊制度的人，但人們厭惡政治及社會動亂。

相反地，對於那些激進派或強硬派的人來說，「大革命形成一個集團」，克里蒙梭（Clemenceau）認為應該完全接受其遺產。當然，他們並非打算透過恐怖手段落實他們的想法，在他們看來，普選也是不容置疑的裁決，但他們受共和派理論的影響。

兩種爭論的主要焦點在於西元1875年的憲法。對激進派而言，這是一部君主憲法。從歷史觀點來看，某些部分是對的，但也小看這部憲法所賦予的彈性及其發展的可能性。實際上已成立的議會制在開始亦沒有獲得激進派的參與，因為這個體制並不隸屬於大革命的傳統，而是從英國，特別是由奧爾良君主黨人引進法國的產物。而激進派的主要口號是：「廢除共和國參議院與總統制」。

參議院的問題更為嚴重，如果參議院不能發揮作用，議會院的存在還有什麼作用？參議院不就對普選構成束縛與損害嗎？甘必大認為參議院不再具有任何貴族政治意涵，它是「法國市鎮的大參議院」。由此可以看出，市鎮對於參議院確保其永久的否決權，這種額外的保證使農村更加堅信他們無需對共和有任何顧慮。機會主義者則完全適應此種議會制，在憲法問題上，激進派與機會主義者之間的裂痕已無法彌補，特別是從西元1884年開始，當機會主義當權派對憲法進行非常有限的修訂時，即阻撓了日後的「正式」修訂之路。

儘管法國政治存在著衝突，但共和派執政的前幾年，也獲得令人矚目的成績，他們給予出版和集會結社極大的自由。

鑒於天主教教會組織所引起的問題，他們並未對所有的社團開放完全的自由，但西元1884年的法律對職業工會給予合法性。西元1884年的法律決定了市議會有市長的選舉權（巴黎除外），當時的市鎮還處在相當沉重的行政體制

下，特別是在那些保守的外省，它們不許當地的貴族阻止共和國法律的實行，特別是教育法。

　　共和派主要的政績是頒布世俗法，特別是教育法，其內容是有關所修正的女性中等教育法，此也或多或少與拿破崙所創立的男性中等教育平行發展，特別是世俗義務與免費的初級教育。人們也應該充分認識這一基礎教育的內容，這是一個必然的社會需求，其基礎兼技術性的教育，則是拯救窮人脫離苦海的唯一方法。這項事業亦兼備愛國情操，法國人普遍相信，正是這種普魯士的小學教員對未來新兵的培養，才使普魯士成為西元1870年戰爭的勝利者；這項事業也具有大眾性質，以後獨立自主的居民都應具備實行自身權利相關的知識；但非宗教的教育則還有其政治的內涵存在，西元1864年天主教教會出版《現代錯誤學說匯編》，這也似乎成為民主自由、科學精神的敵人。

　　在這種意義上，極具建設性的教育法對世俗法進行干預。然而，機會主義分子對激進派的要求卻退避三舍。因此，結果將與上次革命一樣，導致教會與國家的分離。機會主義者帶著某種惶恐而拒絕，他們不僅害怕會在某些農村引起可怕的動亂，更不願失去軍隊，這些軍隊乃是《政教協議》撥給政府用來控制教會的活動。

　　最後要強調，如果「機會主義者」和「激進派」是兩個合適的詞，那麼兼具組織及紀律的黨派並未加入法國的政治領域裡。另一方面，上述行為的概念也不僅根據地區，還要根據情況來做不同的自然變化；一些政治人物的臨時組織因此變化，這也就構成政府的不穩定性。

第二節　法國經濟的轉變

　　法國的工業除了西元1883年至1887年這幾年在持續地發展中，到了西元1990年，這種突飛猛進的速度開始慢下來，甚至比德國慢許多。法國在世界經濟中的影響力開始減弱，法國人普遍認為，工業不再為他們提供大量的就業與致富前景。

　　雖然法國工業重要影響逐漸下降，但農業仍占優勢，西元1910年到1911年，農業人口占全部人口的56%。因此，要特別注意農業所經歷的大危機。首先，由於新興國家的競爭引起了普遍危機，不僅衝擊了穀物市場，還衝擊了牲畜市場。小麥的平均價格由西元1871年的26.65法郎／百升下降到西元1895年的14.06法郎／百升。接踵而至的是一系列的特別危機事件，一場嚴重的葡萄病害，葡萄根瘤蚜蟲害在西元1870年和西元1900年漸漸蔓延整個法國地區，這也引起法國葡萄種植區的極大變化。紡織原料、油料、染料的種植在外國競爭與技術進步的衝擊下，不得不減產或消失。

　　面對這一連串的災難，農業界該如何因應？首先是採用社會的適應能力，農民向工業城市流動，這也嚴重地破壞第二帝國時期的工作型態，發展成目前的農業短工。相反地，有產農民則有加強茁壯之趨勢。

	日工	農業短工
1862	2,002,000	2,012,000
1882	1,480,000	1,954,000
1892	1,210,000	183,200

　　因此，農村社會更趨穩定，但保守主義亦能順應先進的觀念。

　　另外，農業人口的減少並沒有導致農村的退步，甚至沒有導致所謂的農業蕭條。西元1882年和1913年間，耕地從620萬公頃減少到380萬公頃。這種減少主要有利於畜牧業的發展，牧場從550萬公頃擴大到2,000萬公頃，人造牧場從410萬公頃擴大到470萬公頃，飼料草耕種面積從30萬公頃增加到110萬公頃。

　　這種發展導致肉類消費量的提高，也反應中產階級的富有情形。這說明人們的一般生活水準有所提升，城市增長的人口其生活水準也有所提高。西元1880和西元1914年間，農業生產至少增長25%，外加至少有勞工的參與，這種

結果或許是因為農民取得前所未有的自耕農頭銜而更加賣力工作的關係，農民的努力以及農業技術的進步，因而才能有如此的成果展現。

　　然而，在這幾年困苦的日子當中，農業像其他的工業一樣，千方百計地防禦外國的競爭以求自我保護。從西元1855年起，糧食與畜牧法漸漸得到改善，這項政策因西元1892年《梅利那稅則》（*Tarif General Meline*）出爐而圓滿完成。從一開始這項政策就遭到批評，人們指責這項政策導致法國整體產業的落後。從長遠看，這項指責不無道理，但在當時，海關的保護，即使不單針對農業，不也是在拯救法國的農業社會嗎？

　　然而，這並不能說明農戶總是了解他們的切身利益。西元1890年以後，左翼黨極力在財政基礎領域推行改革，他們引進了所得稅制度。從此，法國的公共財政主要由間接所得稅及土地所得稅來維持，這兩種稅在整體上按比例攤派，窮人比富人承擔的稅賦還要多，但農民對稅務人員持不信任的態度，令人回想到舊制度時的情景。農民的反對使參議院直到西元1914年才對所得稅問題進行投票，結果是農業對國家稅捐的百分比大為降低。

　　我們觀察到這段時期還追溯到二十世紀初期所產生的現象，甚至以前也曾發生過，死亡率雖然減少，出生率卻也降低，人口成長幾乎完全停滯。甚至在幾年內，人口比率整體降低，加上人口外流，導致人口潛在性的減少。推敲其原因，此一現象完全不同於十九世紀末某些主要工業國家出生率下降的現象。在國外，出生率下降主要是受大城市中追求自在生活方式的影響，但在法國，出生率下降卻表現在農村裡，原因是人口的過剩及教會影響的削弱，人們不願生活在人口多而財產少又無休止的類似矛盾中。馬爾薩斯理論在某些省分，在人們的主觀上起了決定性作用，家庭的永久性甚至不再穩固。雖然如此，馬爾薩斯人口理論在農村經常是捍衛生活水準的武器。

　　人口壓力的減少及農產品價格的降低造成土地價值的明顯下跌。不只是普通的儲蓄金額，特別是農民的儲蓄金額提高，逐漸將錢財用於其他方面的投資上，土地也乏人問津。從西元1880年到1890年，法國人的動產超過不動產，工業及商業股份有限公司的不動產份額則從西元1890-1895年的20%上升到西元1910-1914年的30%。然而，法國人還是更偏愛本國或外國的公債。由於這些豐富的儲蓄金，從西元1890年起法國的外交，像一支一流軍隊般崛起。

穩定的共和政體

　　西元1885年至1898年間，共和政體在表面上儘管還有許多騷亂，但共和體

制已深入人心，以致沒有其他力量能夠威脅它，共和體制最終所保證的政治穩定，必然適合法國社會的基本平衡。

這種穩定的主要因素是什麼呢？首先是反常的布朗熱主義（Boulangiste）意外事件。問題不在於對這種現象的複雜起因進行分析，也不是重新探尋這一具有悲喜劇色彩的意外事件。但也不應該低估這一事件的後續性影響，布朗熱主義使某些民族主義的政治團體轉向，布朗熱主義在選舉中所準確的表現，說明這些團體在某些工人階級派別中有極深的根基。但布朗熱主義的最快效應就是牽累到憲法增訂的理念，且使得共和派在未來的日子裡不能專心致力於這項工作，甚至機會主義分子與激進派對立的基本賭注也消失。

同時，教皇萊昂十三世（Leon XIII）努力迫使天主教徒歸順共和政體。儘管遭到了強烈地抵制，但教皇最終還是讓他們看到這樣的事實。隨著時間的流逝，在法國復興君主政體的機會也已經消失殆盡，甚至右翼政黨的反對活動也已被粉碎。

最後，法國的愛國者長期以來所寄予希望的法—俄聯盟已成為事實，但並沒有因此而引起復仇的狂熱，這種復仇的熱望長期以來已心照不宣地被扔到九霄雲外。相反地，法國長期被俾斯麥恫嚇所控制，對德國的驚恐之心也減輕，法國的輿論也越來越實際，而且對國內問題比對國外問題更加關心。

大量的社會問題開始受到重視。西元1893年，十多名社會主義者第一次進入議會，在講臺上，他們響亮地傳播社會主義的思想。他們並非已經代表一個強大的政治力量，因而他們繼續分散為六個派別，由他們所推選出的派系亦不隸屬於任何人，這就是「獨立派」，如查勒斯（Jaures）和米勒蘭（Millerand）等。另外，社會主義的「滲透」雖然使活動複雜化，但他們不進行大的政治顛覆行動，甚至格斯德主義（les guesdistes）者（法國人國際組織），屬於社會主義理論中較令人擔憂的一部分，他們訂定了土地計畫，且表現出對法國農業重要性的明確認知，但也明顯地背離馬克思主義的正統思維。大多數社會主義者實際上歸附議會民主原則，這個原則是米勒蘭於西元1896年在聖美德（Saint-Mande）發表演說時所提出。

第三節　激進的共和政體（西元1900-1905年）

德雷菲斯事件（Affaire Dreyfus）使政治重新陷入混亂。幸而有馬赫賽爾（Marcel）的著作《沒有德雷菲斯參與的事件》，否則，以其複雜性，今天的許多人仍然會一無所知，甚至對於德雷菲斯的無罪（今日之定論）或有罪，皆無法了解其理由為何，其中「德雷菲斯事件」對政治的重新分類，與其充當的是原因，不如說是藉口。

然而有一件事是清楚的，前十年宗教活動的相對緩和並沒有真的被敵對力量所接受。天主教徒中活躍分子曾原則上接受歸順，因為一方面他們是教皇絕對權力主義者，一方面因為他們不專門隸屬傳統的君主政體派別；但他們向來堅持與共和派鬥爭信念。這些人當中的激進分子急於重操法國世俗化未竟的事業而有些遲疑。因此，我們亦不驚訝地發現到許多天主教活躍分子，像「聖母升天十字軍」等，積極地投入反德雷菲斯陣營，同樣地，瓦爾德克‧盧梭（Waldeck-Rousseau，西元1899-1902年）內閣很快被激進分子所控制，也不足為奇。因為內閣的組成是想實現一個大的聯盟，將那些要對德雷菲斯案件修正的人聯合起來，並打算維持共和體制的完整。

在一些大的民主自由活動中，只有一項還懸而未決，即結社自由，因為怕引發天主教修會地位問題，事實上，西元1802年的政教協議就沒有包括這個問題。這應該歸咎於措施的不足，西元1884年就應該頒布一項專門法律，允許官方承認工會。西元1901年7月2日制定的法律，對一般結社予以擴大承認，而對多數宗教團體則予以取締。

政教協議的運作同樣越來越多問題。羅馬教廷和法國共和政府在精神上互相對峙，如何能在主教的任命上取得一致？這時，對外政治的意外事件，使法國與義大利王國的關係更為密切，此也決定法國與梵蒂岡關係的破裂。

西元1905年12月9日，投票通過教會與國家分離，是當時局勢產生的必然結果。此舉在法國引起不小的震撼，不僅因為有關教士的財產問題急待解決，某些人或擔憂「教會與國家的分道揚鑣」會在短期內導致法國教會的崩潰。

然而所有這些現象並沒有發生，當教會努力證明其穩定時，議會甚至行政法院仍盡力設法利用法律的靈活性，且不對宗教信仰活動橫加阻攔。確實，在執行有關分離的（La loi de Separation）法律問題時，埃米爾‧孔布（Emile

Combes）這位反教權主義者已不再執政，其他的問題則成爲宗教衝突的次要因素。

社會混亂與戰爭威脅（西元1905-1914年）

從西元1905年起，激進派儘管還是最大的政黨，但也似乎失去了主動性，而且被一些他們已失去控制力的事件所困擾。

西元1905年，爲了破壞法、英協議，德國突然提出摩洛哥問題，接著有一段時期，局勢變得尖銳，德國要求法國外交部長德爾卡塞（Delcassé）辭職。此後，法國自西元1890年起相對安定的思想格局結束，戰爭仍不可避免。德國除了想打仗，沒有其他事情可做，「唯有備戰」這些觀點開始在某些輿論部門流行。相反地，有些人則千方百計地尋找一切辦法擺脫這種威脅，這種由對外政策引起的新的分歧與傳統左右派的劃分不一樣，特別是在激進主義者內部，卡約（Caillaux）與克里蒙梭（Clemenceau）之間激烈的對立證明這點。

但同時，社會激烈動盪，其尖銳程度是歷年來所僅見。或許有許多因素解釋此種現象，法國社會民主黨（Parti Socialiste Unifie，S. F. I. O）經歷許多變化，是於西元1905年終於實現統一，新的統一社會黨堅持不妥協原則，結束一切與「資產資級」政黨的永久合作，這是蓋德（Guesde，工人黨創始人）對饒勒斯（Jaurés，社會主義領導者）的勝利。

此時，工會組織也活動頻繁，它一度被政治派別，特別是無政府主義者所冷落，但現在卻發揮了作用。亞眠大會（Le Congres d'Amiens，西元1906年）嚴正宣布法國工會對所有政黨，有絕對獨立的特殊宗旨。工會運動寧願朝著行動的方式發展，這使我們不由地想起「總罷工的夢想」開始萌芽。另外，再看看西元1905年俄國的例子，策劃鼓動「革命者」去傷害「改良主義者」。

然而，這些事實並不能完全解釋這些現象。大企業的工人反倒很少被大罷工及示威所衝擊（礦工除外），反而是國家公務人員與雇員受拖累。另一個應強調的就是法國在世界上處於繁榮時期，自西元1896年以來，西元1910-1913年期間，有關失業方面的紀錄並不多。但是經濟的起飛伴隨著物價上漲，特別是十九世紀末，物價上漲超過工資上漲的幅度，工人階級害怕重新投入爲提高生活水準而開始漫長又艱辛的工作，此外廣闊的研究領域爲青年史學家在這方面開闢方向。

西元1914年大戰前夕，法國嚴重地分裂，其政治前途未卜。教權主義者與反教權主義者的對立比分離法執行以來的任何時候都要激烈。社會主義者與激進派又就政權對工人示威的態度問題嚴重對立，對外來威脅應採取什麼樣的

態度也形成新的衝突。有關三年軍役的法律問題在經過艱難的爭論後，於西元1913年才投票通過，而西元1914年的立法選舉似乎又重陷困境。在這種條件下，西元1914年8月重建法國的道德，不僅是當時人們的話題，也是史學家的主題。

第三十六章

中歐的保守勢力與進步力量

第一節　德意志邦聯

　　在西元1815年之前的三十年期間，歐洲進行兩項革命，其中之一，是和法國大革命及拿破崙帝國相伴而生的大動亂。基本上，它主要是政治性的，以及社會各階層的法律地位等事務有關。另外一個「革命」，基本上是經濟的，它和產品的分配有關。西元1815年以前，政治革命主要影響的地區是在歐陸，而經濟革命最活躍的地區是在英國。

　　西元1815年日耳曼邦國仍然維持拿破崙時代的狀況，《維也納和約》有意將它們結合在一個鬆散的聯邦中，民族觀念在大學生、教授中感受較強烈，許多大學生組成大學社團，稱之為「學生聯盟」，它是日耳曼的青年運動。西元1817年在瓦特堡（Wartburg）舉行了一次全國性的會議，學生們聆聽愛國教授們令人激奮的演說，穿著條頓騎士的服裝，到處遊行，並焚燒一些反動的書籍，這些活動雖然不構成對政府立即的威脅，但政府也產生警覺。不久之後，學生們刺殺了日耳曼作家柯茲布（Kotzebue）與拿梭（Nassau）地方的行政首長。

　　於是梅特涅以奧地利是日耳曼同盟的一員為理由進行干預，他認為德意志的民族精神與要求統一的表現，威脅著奧地利帝國的發展，因而他在波希米亞的卡斯巴（Carlsbad）召開了日耳曼主要的邦國會議。最後會議決定解散「學生聯盟」，對於日耳曼地區的自由主義與民族主義觀念的成長，也產生了有效的遏阻作用。

　　梅特涅無法說服日耳曼南部的統治者撤回他們頒布的憲法，巴伐利亞、符騰堡等邦國君主發現，代議政府不僅可以同化得自拿破崙的新領土，而且可以聚合民眾的支援。但是一般而言，西元1820年之後，日耳曼各地的新觀念受到壓制是一個正常的現象。

　　總而言之，《維也納和約》使歐洲各國都興起固執的保守思想，其一部分原因是法國大革命留下的痛苦回憶，另一部分是因為對現存革命的恐懼。這種恐懼雖然有些過度，但卻不是幻想，每一個國家的既得利益者，全都感受到不斷上湧的洪水，因而也拼命地築起阻擋的堤防。

　　《維也納和約》的決定並沒有給德意志的政治分裂帶來改變，此也令德意志的愛國主義者大為失望。曾屈服於法國，或被剝奪財產，或受到屈辱的德意志大小統治者提出反擊，紛紛堅持自己的合法存在性。《維也納和約》的參加

者個個充滿反革命意識，預示每個德意志王國都要重新回到舊有的一切，國家大權歸於君主一人之手，而非受制於一個統一的德意志帝國。再說，各據一方的王侯和貴族階層深怕那些最近在歐洲動盪中拋頭露面的自由派力量得勢，自己的地位難保。因而保持政治分裂局面乃是對付這股力量，以及維持社會、國家傳統面貌的最佳方案。不過，為了不致於引起渴望統一的民眾過多不滿，他們還是成立一個由34個大小不等的王侯割據國（Etat Princier）與四個自由城市組成的德意志邦聯（Deutsche Bund），操控這個簡單鬆散聯盟的是奧地利皇帝。邦聯議會設於法蘭克福，不過它只是一個各割據王國所派的代表湊合成的機構而已。面對重大問題上，邦聯公約對邦聯成員國的獨立性有不可侵犯性的規定，保證各割據王國各自為政的可能，一切統一的企圖都因之變得不可能。這個解決方案亦滿足奧地利的自尊心，它可以繼續在全德意志地區發揮影響，卻不必承擔統一的德意志帝國要求，但聯邦議會無法勝任領導的責任。至於普魯士王國的統治者，因剛從幾年前的動盪中恢復，心中主要惦念的是設法避免一切形式的新動盪。為了更能夠躲開革命的禍患，對於奧地利的一舉一動暫且言聽計從。再者，融合同化西部深受法國影響，與普魯士王國相迥異的兩個新省城（萊茵蘭與西發里亞），這個問題也令統治階層大傷腦筋，無暇他顧。因此，柏林和維也納都樂於維持現狀，對邦聯憲法的任何變動都可能會引發普奧對抗，破壞雙方為撲滅革命而結成的聯合戰線。這樣，在普魯士與奧地利的操縱下，德意志邦聯成為它們聯手鎮壓反對勢力的工具。

君主專制

　　復辟思潮當時在統治階層中大行其道。這股思潮並非始於西元1815年，它的盛行助長反對法國大革命形成的保守力量。宗教、合法性、傳統是這種保守力量的原則。哈勒爾（Haller，西元1768-1854年）反對權力天賦、國家權力的觀念，他認為王位、土地是家族與各割據君主的財產，認為以君主為首的統治階層與統治者間是家長制關係。薩維尼（Saviny，西元1779-1861年）與「歷史權力」學派則倡導傳統與歷史遺產的神聖性，一切改革與突變都會擾亂歷史的自然演變過程，從而導致動盪與災難。在這種思想的影響下，君主專制在全德意志地區開花，雖然形式上在南部一些割據各邦國稍有變動。普魯士王國的腓特烈‧威廉三世並沒有兌現西元1815年所提出實現人民代表制的承諾。他僅設置由親王、將軍、高官組成的內閣和由貴族控制的州省。在梅特涅的壓力下，普魯士王國完全與自由思潮背道而馳；維也納的情況也相同。

法蘭西斯皇帝在經過歐洲革命時代以及拿破崙時代的風雨後，與其他兩位前任統治者約瑟夫二世和利奧波德二世的「開明」政治相反，他視自由主義思潮為陰謀顛覆，對任何變革忌諱之至。而且，由於帝國的版圖中民族眾多，它們之間的聯繫全靠皇權與國家機器維持。若聽任民眾自由發表意見，民族問題就可能出現，哈布斯堡家族統治的天下就會崩潰，梅特涅對此尤為關注。這位奧地利首相長期以來被視為「反革命之魔」，但他並不是受浪漫主義影響的傳統主義思潮的追隨者。他是屬於十八世紀的人，努力建造一個以勢力均衡為基礎的合理世界。對他而言，反革命並不意味著事件的完成，而是重新建立國家內部或國家之間被革命所動搖的均衡局面，所有威脅恢復社會秩序與歐洲和平的舉動都必須堅決予以鏟除。奧地利政府為其他君主（諸侯）做榜樣，強大健全的官僚機構、無處不在的員警，民眾因此無法「說三道四」；貴族控制的地方議會並沒有多大作用（匈牙利例外）。在中央、內閣各部會向國家參議會提交議案，但皇帝才是最後的決策者。

君主專制的鞏固還得靠其他力量支持。教會對統治階層與普通民眾仍很有影響，當時它正轉向保守。在科隆與慕尼黑復興的天主教帶有傳統主義色彩，趨向於專橫與教皇絕對權力主義。在新教內部占上風的是宣揚反對自由主義、服從君主、視革命為宗教之大害的虔信派。擁有龐大土地財產的貴族階層則為了君主制國家輸送大批忠君的人員，這些人占據國家行政、軍隊及教會的各種要職。這樣，由於缺乏代表制性質的機構，國家官僚的勢力得以暢通無阻地執行各割據君主的意志，不允許有絲毫的反抗。由貴族統帥的僱傭軍則是君主另一得力工具。

變化甚微的經濟、社會結構

經濟與社會並沒有多少改變，這有利於舊秩序的維持。經濟活動以農業為主，約有四分之三的人務農。農業生產仍是古老的方式，生產效率很低，仍是長期地缺糧。只有東普魯士及西里西亞、波希米亞的莊園有足夠的條件施行學自英國的新技術。工商業的發展遇上種種問題，政治割據引起關稅林立、貨幣繁雜、交通運輸不足、資金缺乏、銀行信用活動不健全（銀行貸款給各割據邦國，但很少投資生產）。現代化的工業發展很慢，並且只限於幾個諸如萊茵蘭、西發里亞、波希米亞、薩克森等特定的地區。而且，西元1815年後，英國的產品充斥於德意志各諸侯國的市場，其強大競爭力也抑制德意志地區工業的發展。奧地利對英國產品實行禁令以自衛，但繁瑣的官僚制度仍阻礙現代工業

的成長。儘管普魯士實行鼓勵創立工廠的自由企業政策，也不管奧地利實行支持行會的政策。德意志地區手工藝坊仍是主流，在這種條件下，城市人口仍十分有限，其社會組織亦存在明顯的等級特徵，做大買賣的貴族階層、法官、律師及手工業業主與小店主。擁有中型規模的企業階級寥若晨星，他們尚沒有力量與那些倚仗廣大土地獲取巨富，並掌握大部分農民的貴族階層相抗衡。奴役制度雖也近乎完全消失，但莊園領主制仍盛行，除了萊茵蘭、西發里亞等地，由於實行法國法制、封建稅收被取締，並出現富有農民階層。在德國中部和南部，要佃農償清佃租是一件很困難的事情。

東德意志與奧地利帝國，貴族莊園主聯合成龐大的土地占有群體，往往包含許多村莊。莊園主徵收名目繁多的什一稅，驅使佃戶做苦力，操控保安權與司法權。普魯士以「正規化」為名的法令，允許小部分富裕自由租地保有者，以出讓土地或付贖金為條件得以解放，但占大多數的小自由租地保有者卻從此失去土地的使用權，成了佃農或短工。容克（Junker，年輕的貴族）從農民手中「收復」100多萬頃田地，獲取大筆農民為贖地而付的金錢，擁有一大批在這次運動中失去土地的佃農勞動力，這樣，他們就成了大農業生產主。奧地利帝國境內，唯一能減輕佃農負擔的政策，是允許佃農逐步用錢贖回自己的勞動力，從而擺脫苦力生活。但該政策只在奧地利各邦與波希米亞地區確實執行，而且，對農民而言，贖金仍是難以支付的。十九世紀上半葉，中歐農民階層都渴望擺脫封建枷鎖的束縛。

經濟統一運動

受到工業革命影響的地區，尤其是萊茵蘭與西發里亞，面臨英國工業品的競爭，由商人與製造業主為代表的中產階級紛紛反對阻礙經濟發展的政治分裂局面。他們呼籲取消境內關稅，成立統一的德意志市場。他們反覆地要求，工商聯合會（西元1819年4月由經濟學家李斯特倡議創立）領導1,000多名來自不同邦的商人令柏林方面頗受震動。為了拉攏住在萊茵河地區的中產階級，也為了在德意志地區擴大影響力，及增進與西邊兩個新省的關係，普魯士帶領經濟統一運動，它撤銷省與省間的關稅壁壘，與黑森邦（Hesse）成立關稅同盟，又透過談判與其他割據邦國建立關稅同盟（Zollverein，西元1834年1月1日生效）。這些措施的成果很可觀，貿易的繁榮、工業化的新進展及由此導致的整個社會結構的轉變。這些舉動在德意志的愛國者眼中，普魯士的強大富有進步意義。也由於這些措施，普魯士與南部諸割據邦國建立密切的經濟關係，而奧

地利在這些地方的影響將從此消退。

憲法運動

或許是以法國大革命的原則為藍本，或受啓發於英國的自由主義，或以德國哲學（康德）為出發點，或以邦聯憲法第十三條要建立憲制的條款為依據，資產階級的知識分子要求獲得政治參與權（選舉產生具有立法職能的議會）、獲得享受公共自由的保證（集會、出版及結黨的自由）。資產階級自由主義者的請願、遊行使部分割據國統治者稍微讓步。但西元1816-1820年頒布的憲法〔克森─威瑪公國、巴伐利亞、巴特（Bade）、符騰堡、黑森─達姆斯達特（Hesse-Darmstadt）〕根本沒有論及君權，尤其是普魯士和奧地利都沒有改變加入憲法運動之列，還對它們施加壓力，憲法運動成效甚微。

大學動亂

西元1815年大學生為建立一個自由、統一的德意志鬥爭後，回到各自的學校。雖然他們依舊執著這個理想，但西元1815年的《維也納和約》根本沒有反映此一精神。他們組成一個統一的組織（大學生陣線），該組織致力於喚起人們的民族意識，與割據統治者的地方主義抗爭。其中有些人寄望於那些君權神授的諸侯會覺悟，有的則號召公民起義，推翻暴君，建立德意志共和國。西元1817年10月瓦爾特堡（Wartburg）的遊行引發各大學城市暴動。憂心忡忡的普魯士、奧地利政府透過卡爾斯巴德（Carlsbad）邦聯議會與維也納會議（西元1819-1920年）採取鎮壓措施。大學生運動轉入地下，但鎮壓措施只是進一步襯托出該運動的激進。

西元1830年的大震撼

稅收日益加重，領主的殘酷剝削，官僚與員警制度的肆無忌憚，造成潛伏的不滿之火。西元1830年巴黎革命的消息傳來時，這種不滿爆發。巴黎革命給西元1820年以來一直受鎮壓的自由主義者帶來希望。革命暴動在許多君主專制的割據邦國發生，像是薩克森、黑森、布倫瑞克（Brunswick）、漢諾威地區，這些地方最後終於實行立憲制。在其他地方，人們僅呼籲改革，成果有限，奧地利未受任何影響，普魯士採取預防性的軍事行動，成功地及早遏止遊行活動；在一些發生動亂的地方，中產階級對廣大城市、農村民眾加入革命深感不安，得到政府一些讓步與許諾後便草草收場，匆匆忙忙地「改邪歸

正」。自由主義分子從失敗中吸取教訓。在移居國外的知識分子〔如：波爾涅（Borne）、海涅（Heine）、蒂賓根（Tubingen）及弗里堡（Friboung）〕和大學知識分子思想的鼓舞下展開宣傳活動，他們認為輿論的力量會迫使政府進行改革，這便是愛國組織（愛國陣線）的目標。但是不久，組織內部便分化成二派，一派只求透過與邦聯君主談判實行立憲制，他們是占多數的溫和派；以及要求實行民主共和制，占少數的激進派。西元1832年5月的漢巴赫（Hambach）遊行批判這種分裂，參加遊行的是三萬多名德意志與外國自由主義者與愛國主義者。但是，遊行集會的演講影響遍及整個德意志地區。割據邦國統治者感到害怕，梅特涅讓邦聯議會通過一項鎮壓法，致使許多著名自由主義人物受到迫害。激進的思潮在愛國陣線與重建的大學生陣線組織中進一步加強，它們決定聯合舉行武裝起義，推翻邦聯會議，他們幻想靠一群高呼「自由、統一萬歲」的學生與民主資產階級分子在法蘭克福奪權，然後將革命之火燒遍德意志。這次流產的政變帶來的唯一結果是言論自由進一步受限，大學與邦聯議會（西元1834年1月的維也納會議）受控的加深以及自由激進主義的慘敗。這股思潮，其實從其誕生之日起，便脆弱無力。因為它的激進令大部分資產階級人士害怕，而它本身對一般廣大民眾運動問題又顯得猶豫不決、不知所措。

三月革命之前的時期

在德國歷史上，西元1848年3月以前的那些年代，有許多重大的變化發生，並預示不久未來中的巨變。

經濟與社會

關稅同盟的實現，交通工具的發展（水運、新路的修造、運河的開鑿及鐵路的鋪設）給工商業發展注入巨大的活力。或是透過自籌資金、外國投資（諸如鐵路、礦山、鋼鐵等需巨額投資的行業），一批重要的企業建立。這些工廠企業使用現代化機器（開始從英國進口），需要技術人員（技術培訓的興起）。雖然諸如手工工坊、分散生產等傳統生產方式仍是主流，但現代化生產方式從此得到迅速的擴展，它的重要性不斷增長，尤其是在萊茵蘭、西發里亞、薩克森、西里西亞、波希米亞、柏林、維也納等地區。工業化的影響滲透到社會的傳統結構。這種影響，隨著人口的快速增加（更多的人口需要養活、更多的勞動力可以利用）而更為明顯。無疑地莊園主貴族仍在社會中占有顯赫

地位，但新的發展帶來農業的現代化，在他們的廣大領土上，可以因採取新技術而增加收入，這對他們有利。但是，廣大農民對於領主的剝削已是怨聲載道。由於人口過剩與農村手工藝坊業的危機，在仍徵收封建稅收的地方，農民仍必須花錢贖地與勞動力，生活更為艱苦。失業農民大軍越來越多，他們的生活水準每況愈下。另外，貴族階層還得對付那些自認為日益重要的角色與自己利益的新興商人資產階級。不過，德意志與奧地利資產階級在他們制定的目標及採取的行動中仍暴露出他們的怯懦與猶豫不決，因為他們還未具有法國和英國中產階級的政治成熟性與經濟實力。再說，他們還對已威脅自己的民眾力量存有極大的戒心。自由企業的原則，導致工廠快速增加，德意志各邦國實行的關稅自由政策，令英國的競爭更具有威脅，還有大工廠的興盛與競爭。而這一切，也都引起手工業的全面危機，師傅與夥計的生活水準下降，他們質疑正在形成的工業資本主義，並要求回到過去的行會制度。家庭工廠勞動者的苦難引發反抗（西元1844年，西里西亞紡織工廠起義），工廠工人當時仍只是勞動大軍中的一小部分。不過，在一些城市中心，他們已組成一些密集居住區，由於工作條件的惡劣，長期失業與低工資，工人甚為不滿而舉行暴動，這使得他們似乎成為社會秩序與私有財產的長久威脅力量。不過，這些工人還談不上階級意識或真正的革命意識，因為他們是分裂的、鬆散的、無組織的。

自由主義、激進主義及社會主義在德意志

廢除君主專制、官僚制度與貴族階層的特權，建立一個將德意志民族團結在一起的國家，這是資產階級各階層及城市居民中一部分開明人士的共同願望。不過，在涉及到目標、鬥爭的途徑與方式時，便形成三種不同思想。

中產階級的自由主義為絕大部分商人、知識分子及大學師生所追隨。他們並不要求澈底消滅現存制度，而希望通過對現存制度的改良，獲得權力行使參與權及一些立憲形式的權利保證。在民族國家的建立問題上，他們不主張暴力，而希望與諸侯君主透過和談解決。他們的目標有侷限性，他們避開革命的手段，設法在合法的範圍內達到目標。這可以從下面的事實輕易地得到解釋。知識分子的理想主義（對思維與言論作用的信奉、對思想內在力量的服膺）及法律意識下不信任人民大眾，他們拒絕給予人民大眾政治權利，懼怕民眾運動。中產階級懼怕人民提出的要求危及自己的利益，知識分子則怕人民未受政治教育，盲目地進行革命，並為反革命力量所利用。他們希望普魯士能轉變成立憲制國家，帶領統一運動。因此，人們都很看重萊茵河畔自由分子的努力。

這些人想說服腓特烈‧威廉四世實現他於西元1815年做出的諾言，在柏林召開各省議會派出代表參加的邦聯議會。

激進主義思潮起源於三十年代初，倡導民主的原則（人民主權、政治權利平等），這些原則的施行需以廢除君主制，把德意志建成一個共和國聯邦為條件。但激進派的追隨者不多（以青年黑格爾主義分子、南部德意志的民主政治人物為主），在人民群眾中也缺少基礎。平等思想往往是透過叛逆的宗教團體，如「光明之友」的新教徒組織及德國天主教徒組織等傳入一些大眾階層。激進主義者的主要支持者是小資產階級，但他們對所有做出的行動決定都抱反感態度，因為懼怕社會的不法之徒對無政府主義力量會乘機起鬨造成動盪。

「真正的社會主義」派則脫胎於左派黑格爾主義，一直只是在一小圈志趣相投的人士傳播的知識分子學說。這些人屬於移民階層，暫寄居於瑞士、巴黎、倫敦的政治避難犯或手工藝人。西元1838年，幾個不同的組織合併為「正義者同盟」。這個新組織提出國際勞動者聯合為自由而鬥爭的思想。它的目標是製造一場既是社會的又同時是民族的革命。從西元1846年開始，馬克思、恩格斯的影響取代魏特林（Weitling）神祕的、救世主說的社會主義學說。他們使該組織採納自己的構想，包括歷史唯物主義、無產階級革命、生產方式的集體化（公有化）以及成立一個強大的勞動者政黨以實現這些目標。但這場運動只在很少數的小資產階級中及手工業者產生影響，這種影響侷限於萊茵河地區。

遍及歐洲，包括德國的經濟危機造成農業欠收、食品價格飛漲、工商業全面停頓、大量企業倒閉、失業人口劇增（西元1845-1846年，歐洲農業不景氣，源自英國的金融危機更加強混亂），由此引起的不滿令各反對派立場更為強硬。自由資產階級的利益受到損失，他們害怕挨餓、無工作的人民起義。他們指責政府無能，更強烈地要求參與權力，強調改革的迫切性，以防止民眾革命。為了尋找因應普魯士金融危機的對策，威廉四世被迫召開聯邦議會。這一舉動令許多人歡喜，但他們很快就失望。國王拒絕做出任何讓步，更不用說解散議會（西元1847年6月）。請願、大型集會、報刊宣傳，使得全德意志的自由主義分子都動員，向割據君主呼籲立憲保障與聯邦改革。在南德意志，激進分子做出大膽舉動，西元1847年9月在奧芬堡（Offenbourg）集會上，他們制定出具體的民主綱領，並印發傳單予以傳播，打算組成武裝力量。在認為時機已成熟後，馬克思、恩格斯設法重新組織革命力量。在他們的推動下，改名為「共產主義者同盟」的「正義者同盟」發表行動綱領（宣言），努力地讓德國無產階級做好準備，投入在他們認為即將到來的革命中扮演重要角色。

第二節　奧地利帝國的問題

　　雖然比德意志地區遜色，奧地利帝國也同樣經歷變革。儘管資金缺乏、國家的漠視、行會制度的限制，在波希米亞、摩拉維亞地區和維也納地區工業化仍取得進展，但它成了新的摩擦來源，如商業資產階級的出現質疑封建秩序及君主制度、一些大工業中心的區鎮裡形成長期處於悲慘境地動盪的無產階級、家庭手工業遇到重重困難。和德意志地區一樣，西元1846-1847年的經濟、金融危機也引起奧地利民眾的暴動與資產階級的焦慮。在維也納，不同的自由主義分子（律師、大學教師、大學生、商人與製造商）成立好幾個聯合組織。他們要求制定結束家長制的專制制度的憲法。由於出現嚴重的金融困難及政府的僵化，當局失去維也納銀行家的支持，斐迪南一世（Ferdinand）於西元1835年上臺，他和他周圍的人皆是庸碌之輩，政府更為腐敗。在銀行家放棄對它的支援的同時，貴族及官僚階層中開明人士也紛紛抨擊政府的遲鈍與當政者的無能。西元1846年的法律雖使得通過領主與農民間自由談判達成贖買自己勞動力的協議成為可能，但贖金花費仍很大，而且該法令只在波希米亞與奧地利境內各邦內執行。其他構成領主專橫獨霸的因素仍一如往昔，這一切已越來越不適應時代。奧地利帝國在同一家族的統治下，境內居住著歷史背景相異的不同民族。它們紛紛要求自治，有的以歷史傳統為依據，有的則以民族特色為立足點。這使得自治問題無法解決，因為沒有任何按歷史傳統的劃分能與民族實體相符。聯邦主義者建議在每個地區不同的社會團體實行和解。但這種和解因生活方式、文明及社會性格的差異而顯得困難重重。另外，雖然城市平民階層與鄉村農民渴望同時獲得民族上、政治上的解放，貴族階層、捷克人與匈牙利人則滿足於要求人們尊重他們歷史賦予的特權。波希米亞的經濟文化發展要比帝國境內其他地方快得多。以此為倚仗的貴族與資產階級在布拉格議會上要求與匈牙利議會同樣的權利。在匈牙利議會上，匈牙利貴族爭取到一定程度的自治權，不過隨著民族意識的日益加甚，這種自治權也被認為不足。但是，匈牙利民族主義運動遭到羅馬尼亞人與斯拉夫人反對（塞爾維亞人、克羅埃西亞人、斯洛伐克人）。這些民族也正在興起，匈牙利民族主義對這些民族懷有歧視，認為它們低一等，命該如此。

德國的革命與反革命

　　革命之火首先燃至德意志中部和南部地區。在這些地方有兩種類型的起義，一是城市中得到手工藝人與工人支持的自由資產階級向城市君主要求立憲改革，另一類型是農村的農民起義反抗領主制度。從巴黎傳來的革命消息引起普魯士西部諸省的動亂；在柏林，人們不斷地在街上遊行，與軍隊的衝突導致起義。國王讓步，召開統一的邦議會，任命由自由主義分子組成的內閣。資產階級與民眾的聯合曾是使他們得以戰勝舊制度的力量，但這種聯合很快就瓦解。經濟危機的持續，許多俱樂部與民間團體的出現，使得民眾一直處於暴動狀態中。遊行與具有民主傾向的請願不斷出現。為了實現他們的願望，工人們組成同盟。兩種嘗試同時進行，以便給予這場自發的工人運動以組織、綱領及行動手段。其中一個是波恩工人兄弟會，努力維持與小資產階級聯盟的改良派；另外，馬克思的嘗試方案，影響限於萊茵河地區。馬克思認為，在他的構想基礎創立的科隆工人聯盟是這場民主社會革命的先鋒，這場革命還將蔓延至整個歐洲。

　　這些民主主義或社會主義思潮的發展及它們與群眾暴動間的關係令資產階級驚惶不已。為了避免形成社會革命，它放棄自己的政治野心及強加於諸侯君主的自由主義主張。社會秩序的迅速恢復意味反動力量將大行其道。在普魯士，受到貴族、軍隊、教會、官僚支持的國王正準備報復。巴黎六月革命的事件使他大受鼓舞，將自由主義內閣解散，在維也納十月革命的失敗後，他又解散聯邦議會，取消公共自由。政府立憲性質的表面現象安慰資產階級自由主義力量，但三個級別的選舉法保證地主貴族及幾個大資本家在議會中的優勢地位。柏林的君主權威一恢復，普魯士軍隊開始收拾其他諸侯邦國的秩序。在民主主義者與愛國主義者領導下，民眾舉行暴動，迫使城市君主接受法蘭克福議會投票通過的憲法。當政府與普魯士方面決定採取鎮壓措施後，暴動轉為起義。革命活動主要在西部、西南部及薩克森，軍隊到處鎮壓起義者（小資產階級、手工藝人、工人和農民）。躲開法庭的人們則逃往國外。民主主義及社會主義思潮便這樣被殲滅，而自由主義也喪失自己原來的中堅人物和大資產階級，革命的經歷使他們從此與君主秩序和貴族階層站在一塊。

奧地利帝國中的革命與反革命

　　資產階級自由主義分子領導的維也納動亂早於義大利與巴黎的事件。當奧地利地區諸城市的邦國君主聚在一塊時，起義便開始。大學生、手藝工人，還

有隨後趕來的工人，在街上築起街壘。面對起義，政府屈服、軍隊撤退、梅特涅辭職、皇帝答應制定新憲法、建立一些保證制度，以防止向舊制度倒退（組成資產階級國家衛隊，成立由武裝大學生組成的學院軍團），但資產階級的勝利是個幻想。自由主義分子沒有考慮到採取措施鞏固已獲得的成果，他們放手讓部長、官僚與貴族創立立憲制度。另外，對所取得的讓步尚不滿意的大學生與民主主義者持續動亂，以及廣大民眾的暴動（在城市，失業工人申訴他們的請求；在農村，起義的農民廢除領主剝削），導致資產階級與群眾間的分裂，同樣的情形也在德意志發生，8月23日，國家衛隊鎮壓維也納的工人。在制憲議會裡，國王還得到斯拉夫代表的支持，這些代表企求各省能獲得自治權，他們對於這場社會、政治動盪懷有敵意。國王擊敗那些要求建立民主政權，制定中央集權的憲法的自由主義分子。儘管軍隊忙於對付在義大利、捷克、匈牙利發生的問題，奧地利的革命運動也遭受鎮壓。

在布拉格，以一個民族委員會為中心的自由黨人要求波希米亞獨立。皇帝做出的讓步（立法議會、特別政府）在那些激進的民主運動分子（手工藝人、工人、年輕大學教師）眼中微不足道。為了回擊宣稱將波希米亞併入未來德意志帝國的法蘭克福議會，在斯拉夫其他民族的支持下，捷克人在布拉格召開斯拉夫大會，大會吸引很多外國人，以對抗匈牙利人奉行的匈牙利民族化政策。在這種動盪的氛圍裡，溫迪施格雷茨（Windischgractz）將軍無能的軍事策略引發起義，之後激進分子革命委員會，掌控這座城市。溫和的資產階級階層對社會混亂局面的擔憂，有利於政府軍征服布拉格。從此，捷克貴族與資產階級轉而支持奧地利政府，以防止社會民主變革，及波希米亞被匈牙利人奪去的危險。

匈牙利議會在巴黎與後來的維也納革命的激勵下，於佩斯堡（Presbourg）通過一個由科蘇特（Kossuth）提交的改革計畫。取得皇帝的同意後，議會制定憲法（四月法），匈牙利成為自由的民族國家。這個新國家贏得西方輿論的同情，但遭到不願從此受制於匈牙利人的羅馬尼亞人、克羅埃西亞人、塞爾維亞及斯洛伐克人反對。匈牙利與克羅埃西亞間爆發武裝衝突。就這樣，維也納與佩斯堡斷了聯繫，在佩斯堡，以科蘇特為首的民族委員會宣布起義。當克羅埃西亞正與匈牙利人抗衡時，皇室趁機恢復維也納的秩序。為了反對政府軍出兵鎮壓匈牙利人，維也納人民於10月6日起義。皇室逃往奧爾默茨（Olmutz），隨行的還有在立憲議會中占大多數的溫和派。維也納起義的力量處於分裂狀態，缺乏抵抗力（雖然工人組成的游擊衛隊、學生組成的學生軍做好了戰鬥的準備，但小資產階級占多數的市政府與國家衛隊則傾向於與政府

談判），他們未能擋得住政府軍的反撲。

維也納革命的失敗預示反革命的反撲。奧爾默茨的政客、外交官、大領主、商人聚在一塊，研究挽救君主制與奧地利帝國的行動方案，以鎮壓自由主義分子、帝國境內的一些民族及在法蘭克福的德意志統一主義者共同發起革命運動。施瓦爾岑貝格（Schwarzenberg）親王成為他們的領袖，並組成一個強有力的政府，實行中央集權專制，發展經濟及各地區間的聯繫，以求加強帝國的統一。無能之徒斐迪南一世退位，他的姪子法蘭西斯·約瑟夫掌權，標誌著一個新時代開始。西元1849年春，立憲議會被解散，反映統一精神的憲法得以制定，但它並未被付于實施。西元1851年通過的法令又恢復官僚和軍事專制，不過，封建制度的廢除並未受到阻擋。而物權仍可以用贖金買，這樣得來的大量錢財又穩固貴族們的財產，他們在鄉村仍保有很大的勢力。為反對西元1849年4月的憲法對他們自治權的否認，匈牙利人宣布成立共和國，但在奧地利、克羅埃西亞與俄羅斯軍隊的鎮壓下失敗。匈牙利與帝國其他地方隔開，直接附屬於維也納，境內又被劃分成好多縣，匈牙利的外貌似乎被分裂，但匈牙利的民族主義運動，在暫時的沉寂之後，又將展開。

德意志統一運動的失敗

西元1848年自由主義力量對諸侯邦主及舊制度護衛者鬥爭中取得的勝利，令德意志愛國人士深為鼓舞。來自各邦的代表組成代表大會，選舉成立德意志民族議會，議會設於法蘭克福，主要由資產階級知識分子組成。他們制定的目標雖很宏大，但在行動上則顯得不足。他們很少顧慮到民眾，甚至與民眾完全隔離，而且沒有任何方法迫使掌握國家實權的諸侯邦主接受他們的決定，相互間的意見分歧又削弱他們的力量。激進分子要求實現一個統一、民主的共和國，但大部分代表屬溫和派，尋求統一與地方權利、自由主義與專制主義間的調和，與諸侯邦主相妥協。還有宣傳「大德意志」與「小德意志」兩派意見的分歧。「大德意志」論者想將整個奧地利帝國作為「祖國」，「小德意志」則滿足於德意志地區。由於奧地利聲稱哈布斯堡國家內各地區間不可分割，大德意志論不可能實現。因此，大部分人傾向於一個不包括奧地利的「小德意志」國（西元1849年1月）。但普魯士國王拒絕帝國的稱號，這是出於對合法性原則的尊重，也是怕與奧地利發生戰爭。在柏林與維也納的君權恢復後，自由黨人與民主派人士發起的帝國憲法運動便為時不長。軍隊撲滅起義，零星的幾個殘留於法蘭克福的議會代表也被遣散。法蘭克福議會的失敗，代表建立一個統

一的、自由的、議會制的德意志民族國家理想的失敗，不久後，普魯士國王企圖以自己爲中心，建立一個北方各邦聯邦（有限度的聯合）。但自以爲已恢復元氣且又得到俄國撐腰的奧地利政府向柏林發出最後通牒，柏林讓步（西元1850年11月奧爾默茨退讓）。同時，剛剛開始的奧普對抗，將成爲德國統一進程中的決定因素。

堤防和潮流

擊敗拿破崙的各國政府，最想要確保的是過去的動亂不要重演。在法國，復辟的路易十八努力確保自己及其子孫的王位；在日耳曼、奧地利以及義大利地區，則被梅特涅所控制，他想建立一個以哈布斯堡爲中心的奧匈帝國。勝利各國所做的安排，有些方面相當地溫和，至少和這些國家在戰爭中所受的刺激相比時，是溫和的。西元1814年以後，日耳曼南部有些邦國的統治者允許代議政府的組織，甚至普魯士國王也同意自己國家成立國會。

政治勢力與特權階級全都反對任何自由主義的象徵，視之爲對革命的危機讓步，而左翼的政治分子──自由主義者、民族主義者、共和主義者──認爲新成立的政權是一個反動政權。政治人物一觸及革命的話題就全身緊張，以致於他們一遇到騷動的跡象就企圖鎮壓，他們雖然一時成功，騷亂不敢公然進行，但是只有增加更多的冤情，使情勢更加惡化。

《維也納和約》，各國同意在未來舉行會議來履行條約，並解決新起的爭端，於是出現了一連串列強的會議，這些會議朝向歐洲事務由國際仲裁的一個實驗步驟。列強受到拿破崙返鄉的驚嚇，西元1815年同意了亞歷山大一世的「神聖同盟」，它成爲歐洲各國之間合作的一個代名詞。「神聖同盟」在表面上說明宗教目標和國際會議的理想，但最後變成壓制革命甚至自由運動的一個聯盟。

第三十七章

美利堅合眾國的成長

第一節　憲法

　　美國的憲法是今天已有的憲法中最富創造力，也是最有效的一部憲法。它與英國憲法不同，因爲它是成文法典，具有伸縮性，也能與國家的需求相配合。

　　美國憲法的制訂足以作爲世界的楷模，這部憲法設計出空前複雜的政府，周密至極，平穩無比，三大部門各自獨立但卻相互配合、相互制衡。國家的法案未經總統批准不能成爲法律，而總統的許多任命與締約，也必須經過參議院批准，國家又可彈劾總統並予撤職，司法部門有權審理根據法律與憲法而發生的一切案件，因此有權干涉基本法與成文法，但司法官是由總統任命，由參議院同意，並可由國會加以彈劾。參議員則由各州議會選出，任期六年，總統由選舉團選出，而法官則由總統任命，那麼，政府中除了眾議院外，沒有一個部門受到大眾的直接壓力。此外，政府由選舉產生的官員任期，有至少二年，多至終身的，所以除了用革命手段，一般是無法更換全部人事。

　　有些學者把美國的「制憲大會」視爲經濟性而非政治性產物，他們認爲會議的重要決議，都是有利於資本家，但實際上在西元1787年時期的美國，人民的階級界限小而且不明顯，人民所需求的是安定。因而從經濟角度作解釋雖也不無道理，但很容易流於誇大，不切實際。

　　制憲大會一方面要求聯邦政府能維持秩序與保障財產的決定，另一方面各州仍依舊保持強大。地方政府的一切權力都操縱在他們手裡，人民的日常事務也大都由它們處理。根據憲法規定，美國的法律不但在它自己的聯邦法庭裡有效，由自己的法官與警長執行，也在各州法庭裡有效。整部憲法也充分表現出常識與靈感的交融，實際手腕與遠大理想的結合。

　　美洲殖民地反英起義以爭取地方自治爲名義；但是，從表面上看來很荒誕的一點是，獨立戰爭本身的需要促使一個新中央集權的產生，而這回是純美洲式。戰爭一旦結束，對一個中央集權的需要將是持久性的。美國於西元1777年建立的邦聯，雖是完全依照各州自願的原則，卻不能保證和平條約的施行，亦不能保證尊重那些爲獨立貢獻過金錢和鮮血的人，商業和產品自由流通需要發展，但卻受各州間的互相妒忌和地方法規的阻礙。形勢如此，在不改變西元1776年獨立宣言的大原則下，爲了切實可行，制憲會議將於西元1787年頒布新憲法建立聯邦國家。

　　而西元1787年憲法一直被沿用至今，幾乎沒有什麼變動，主要輪廓尚能清楚辨認。這部憲法建立一個共和政體：對於一個幅員如此遼闊的國家，這是一次歷史的創舉。立法權力賦予兩個議會：眾議院任期兩年，每一州按人口比例占有一定數目的席位；參議院每兩年更換三分之一，每州不論大小都任命兩個參議員。這是此部憲法所做的最典型的妥協之一：即參議院確保統一的需要，人民主權原則和各州權利等之間的妥協。

　　然而滿腦子都是三權分立原則的立法者，將把主要的行政權力賦予一個選舉出來的總統。總統掌握著很大權力，美國從此成為「總統制」的典範。很難明白這一概念從哪裡產生，可能是來自那個時代人們所生活的君主政體環境。一系列的妥協之後產生複雜而不合邏輯的選舉程序，人們由此便不能預見總統實際上是全民投票所選出，而且是統一的美國真正的代表。同樣地，人們也未能預見處理立法權和行政權之間衝突的方法。這種衝突很可能要透過政變的方式解決，像在一些實行類似憲法的國家一樣。事實上美國沒有如此，乃是因為美國人從他們「大不列顛」母親那裡承繼對法律的尊重和妥協的藝術。

　　這樣一部憲法受到許多讚譽，不僅因為證明它的持久性和無阻運行的有效性，更因為它統一各種不同的政治實體，並且從某種意義上是建立一個新國家，這種統一的作用原先並沒人想到會在這樣一部憲法中得以實現。憲法中詳細說明（第十修正案）沒有特別指出要移交聯邦當局的權力仍歸屬各州。此部憲法一直由司法機關監督執行，舊制度時法國的王室法律顧問擔任過同樣的角色。西元1789年一部法律頒布後立即創建的最高法院，承繼樞密院的形式，它擁有獨一無二的權力，有權否決任何一州甚至國會的任何決定，它以有效的方式日復一日地保障憲法的最高權力，防止各州隨心所欲地解釋憲法。

　　各種制度已相當受尊重，而國家的統一逐漸比各種制度更深入人心。西元1787年大西洋沿岸十三個州統一並建立美國，十三個州後面是廣大的內地，美國的墾荒者認為那是屬於他們的地方，至少伸展到密西西比河。但有些如維吉尼亞州、北卡羅萊納州、紐約州，幾乎全部占領那片土地，並在同一片土地上都提出領土要求，這是很矛盾的事情。其他如馬里蘭州、紐澤西州幾乎不可能擴張。西元1787年以前，人們曾約定西部是各州的共同財產，它將被賣掉，所得款項收歸國庫，西部還將被用幾何法劃分。但西部很快擁有六萬居民，並向聯邦提出以新州身分加入聯邦與舊有的各州平等的要求。如此一來，新聯邦能夠同步、一致地發展，這是一個無與倫比的現象，對那些拓荒者來說，聯邦政府擁有其他各州未享有的一種事實上的權力，而正是西部的開發將賦予美國與眾不同的面貌特徵。

兩黨制的形成

喬治·華盛頓是美國人的救星，他幾乎全票通過當選爲新共和國的第一任總統。他擁有極高威望，且費一番功夫建設新政體。例如，各行政部門首腦須向總統負責，而非向參議院負責，儘管後者要同意他們的任命。同樣的，總統在實踐中獨立管轄所有外交談判。華盛頓還有一條原則：他要成爲全美國人的公正總統，因此他的合作者中有各種流派的頂尖人物。

所以我們看到在華盛頓政府內部產生兩個政黨的雛形時自當不必訝異，這兩個黨派將成爲美國政治活動的主要部分。

第一個反對派力量是在財政政策上出現。財政政策是用來應付最直接最緊急的需要。新聯邦國家的國庫空虛，債務沉重，而且缺少用於支付的錢幣和支付方式，這是美洲殖民地自建立之日起就有的傷口。人們曾用財產充數，如菸草貨幣、威士卡貨幣等等。從今爾後使用紙幣，則有失去協調和控制、各種機構都發行而紙幣滿天飛的危險，其中還有產生不可遏制的通貨膨脹及所有信用喪失殆盡的危險。財政部長漢米爾頓（Hamilton）建議將內外債的中短期債券變爲長期，將賦予債券面值的權力從各州收回聯邦（這是中央集權的一個有力因素），並建立一個國家銀行監督貨幣的發行。爲解決行政支出和債務償還問題，他提高進口稅和出賣西部土地，這些構思有其獨到的廣泛性，將同時期法國大革命長期艱難摸索後才解決和促成的包括《公債書》、法蘭西銀行、國家財產的買賣等問題，同時集中爲一套協調良好的體制。

但漢米爾頓的計畫中所含統一和集權的特點與許多美國人內心的本性相牴觸。它確實損害一些利益：農民及消費者將忍受高關稅。有人說，公債由中短期變爲長期，無益於獨立戰爭的愛國認購者，卻便於那些以低價大舉收購的投機客。從總體上看，農民和金融家之間、債務人與債權人之間的對立是兩黨敵對的第一個主題。這種對立將主導美國的政治直到十八世紀末。

儘管漢米爾頓的建議在西元1792年都被採納，而與其想法相逆，對他受到如此器重而不滿的反對派，也在隨後的幾年裡形成。這股潮流以傑佛遜爲代表。這個維吉尼亞鄉紳並不重視金融技巧，但他有一個政治原則，就是要求將國家干預公民的自由減少到最低限度，他甚至還有一個理想構思，即建立平等獨立的農村產業社會。他在華盛頓手下負責外交事務，反對漢米爾頓關於國家銀行的想法，並認爲憲法不允許這種做法，從某種意義上，對憲法條文最狹隘的解釋形成新黨派的綱領。

這是美國的一次歷史機遇，人們很少注意到它更少進行評論。在聯盟條款

和西元1787年憲法之間，美國朝中央集權又邁出大步，與大革命的動機，即各州的自治逆向而行。但此部憲法從未引起人們的疑問，主張中央集權的人和漢米爾頓見解的擁護者即聯邦派，以及他們的對手傑佛遜的支持者，即共和派都在全國範圍內組織，於是形成兩個黨派，每州都有他們的代表，兩黨成為另一種強大的統一工具。儘管傑佛遜和漢米爾頓的政見分歧，這兩黨與英國政黨卻不盡相像。起初，他們看起來像存在於各州中亂黨集團的同盟，主要為了贏得總統競選而聯合。傑佛遜這個維吉尼亞的鄉下人與紐約人克林頓（Clinton）曾簽約進行聯合就是這種情況。這些同盟自然都不夠穩定，而且始終與英國不同的是，在美國看到原有的黨派完全消失，新黨派從新的基礎上形成並不稀罕，政黨名字的相似也並不意味什麼。西元1900年的共和黨可能與西元1800年的共和黨持完全相反的意見。

對原則的堅持常常因眼前立即的利益讓步。這方面最典型的例子當屬「否認原則」，即一個州有可能否決聯邦的法令。西元1812年新英格蘭州、西元1828年對手南卡羅萊納州相繼提出這一原則。若說這是虛偽，尚為時過早，對聯邦的依存和對其所屬州的依存之間的鬥爭，在每個美國人心裡大概都是很激烈的。

傑佛遜的勝利和「和睦時期」

在華盛頓的兩屆任期及約翰・亞當斯（John Adams）的總統任期內，漢米爾頓的影響最明顯。此後，傑佛遜於西元1801年當選總統。這次反對派的勝利毫無疑問大部分應歸功於外在形勢。法國大革命和法英戰爭在年輕的美利堅引起強大迴響。共和黨人為法國大革命的原則與他們的主張如此接近而興奮不已，相反地，聯邦黨人則站在英國一方。西元1798-1799年，美國與法國差點爆發一場戰爭，但當快要走到這一極端時，聯邦黨內部分裂。聯邦黨產生的情緒性反應有利於獨立戰爭的盟軍一方，加上其權力的衰竭，造成競選失敗。

另一個更明顯的事實是，政權掌握在手中，傑佛遜的共和黨在臺上堅持傑佛遜的總統任期（西元1801年、1805年）、傑佛遜的維吉尼亞同盟者麥迪遜（Madison）的總統任期（西元1809年、1813年）和門羅的總統任期（西元1817年、1821年），每人連任兩屆。在此期間，反對派即聯邦黨分崩離析並走上衰亡之路，這一反對派消匿的時代被稱為「和睦時期」。這是一個比較罕見的政治現象，很值得好好分析。

首先，共和黨和聯邦黨之間的政見分歧很快就消失。傑佛遜重拾華盛頓的

傳統，努力做一個對所有美國人都公正的總統，甚至喊出：「我們都是共和黨人，我們都是聯邦黨人。」傑佛遜的支持者一旦掌權，迫於事實的壓力，他們在很大程度上實現對手的政策。他們一點也沒有或幾乎沒有更動漢米爾頓的財政體制，傑佛遜並且依靠它才有秩序良好的行政機構和滿滿的錢櫃。關稅保持過去的水準，在西元1816年還漲了一次，當時是為了應付政府的必要支出。甚至是備受指責的美國銀行，至西元1811年特權到期之後，在西元1816年也得以重新組織。人們活得更好，傑佛遜於西元1803年從拿破崙手中買下路易斯安那，那是密西西比河以西一塊邊界未定的廣大土地，他若不是從廣義上解釋憲法便無法做到這一點，他以前曾一直想從最狹隘的意義上去理解憲法。另外，一個主張限制權力的黨派應是尋求和平的，而傑佛遜卻從他第一屆總統任期開始就對的黎波里的海盜發動海上遠征。他的繼任者麥迪遜於西元1812-1814年間與英國發生一場艱難的戰事，美國人留下極其深刻的印象，以致於被稱為第二次獨立戰爭。

事實上，在其原則的美麗外衣下，傑佛遜政府及其黨派是「農民帝國主義」的性質。一種墾荒者對土地的饑渴很清楚地解釋傑佛遜對路易斯安那的占有。至於對英國的戰爭，官方原因是由於英國封鎖美國海洋貿易造成的損失而引起，實際上也是墾荒者的願望所致。有些人覬覦佛羅里達，當時佛羅里達為英國的盟國西班牙所有。另有一些人因為在北部與特庫姆塞（Tecumseh）的印第安人發生衝突，於是認為在所有的印第安戰爭裡都有英國插手，他們咬定若美國不干預英屬殖民地加拿大，那麼美國西部永遠不會和平，西元1812年到1814年的戰爭中，美國沒有達到其任何一個領土目的，但引起一次民族主義的高潮。美國政府決心壯大陸軍和海軍，在這之前原則上它從未如此努力，其外交也越來越顯示出。西元1819年，美國從西班牙手中買下佛羅里達。

拉丁美洲西屬殖民地的起義使美國的決心越來越堅定，此後即成為其政治的一個基礎。歐洲神聖聯盟曾委託法國在西班牙建立絕對君主權，這不也是尋找征服西班牙殖民地的途徑嗎？面對這些危險，英國部長坎寧（Canning）向美國建議採取共同行動，但美國人無論如何也不願再一次被英國的外交政策包圍。美國人自己的政策非常新穎和獨立。在西元1823年12月總統的年度國會諮文中可以看出，這就是著名的「門羅主義」。門羅主義包括四個原則，其中兩個以美國的角度來看是積極的。根據第一個原則，美洲大陸不能被視為歐洲列強進行殖民統治的土地，美國將此種嘗試的任何舉動都視為對它的威脅。第二個原則反對任何想在美洲大肆擴張歐洲聯盟（我們似乎聽到神聖聯盟的名字）政治體制的嘗試，這是為了保衛民主，也是為了保衛美洲。另外兩個原則則有

消極意義：美國不干預位於美洲的歐洲殖民地，其實這是華盛頓的囑託，尤其是美國不參與歐洲列強的衝突紛爭，這是美國式的「孤立主義」。門羅主義沒有明確說明美國對美洲大陸的政策，因此這一政策可以有多種解釋。

　　儘管民族主義運動的威力顯示，但在「和睦時期」的愜意下暴露出一些嚴重的徵候。兩黨制消失，使多種離心傾向滋長，聯邦制的擴大包含分離的危險。得到路易斯安那以後，各種恐慌出現，人們不僅在美國盎格魯－撒克遜式的政治和思想傳統中滲入西班牙、法國的外來因素，西部的墾荒者更將在密西西比河流域向南方找到他們產品的天然市場，這樣一來，墾荒者依存東部大西洋地區的強大利益所在將被切斷。實際上，幾個旨在建立一個獨立西部的陰謀正在形成，政治上所關心的事之一就是發展交通——公路、運河，不久以後是鐵路，貫通東部和西部。國土上有三大部分逐漸形成，不久將分別爲三大政治人物所代表，他們都不具全國性：東北部是丹尼爾·韋伯斯特（Daniel Webster）、南部是約翰·卡爾霍恩（John C. Calhoun）、西部是亨利·克萊（Henry Clay）。南北分裂首次出現在西元1820年左右，在這之前的西元1814年，新英格蘭作爲聯邦的捍衛者，就已在分裂的威脅下騷動，抗議與英國的戰爭損害其貿易利益。危機的滋長使人們對美國的統一產生疑問。

傑克遜式的民主

　　美國的政治生活爲一種表面的平靜所掩蓋，一次深層的變動就在美國內部進行。聯邦的人口由西元1790年的400萬增長到西元1800年的530萬，西元1810年達720萬，西元1820年達960萬，至西元1830年幾乎達到1,300萬。同時，爲數眾多的新州改變了政治地圖：佛蒙特州（Vermont，西元1791年）、肯塔基州（Kentucky，西元1792年）、田納西州（Tennessee，西元1796年）、俄亥俄州（Ohio，西元1803年）、路易斯安那州（Louisiane，西元1812年）、印第安納州（Indiana，西元1816年）、密西西比州（Mississippi，西元1817年）、伊利諾州（Illinois，西元1818年）、阿拉巴馬州（Alabama，西元1819年）。除了佛蒙特州，其餘各州都屬於西部，並銘刻著墾荒者的精神面貌。西元1796年法律又促進這一運動，此法允許西部的土地以更小片形式買賣。但土地的第一個開墾者常常是沒有證書的居住者，他們不斷向西推進，把自己在土地上建起的基礎設備留給比較固定的農民。時時刻刻要與大自然鬥爭，常與印第安人發生衝突，使得西部人什麼都會做，並且完全依靠自己。遠離政府，沒有各種傳統的社會制度，西部人從根本上說是個人主義者和平均主義者。他們把優雅的

舉止遠遠地拋在身後，沒有時間培養精神文化。他們一般出身於信教階層，由於現實的壓力而常常充滿教會的觀念，他們不時在宗教激情促使下參加「信仰復興」（Revivaliste）的集會，對物質進步的信仰也將他們與其先人喀爾文教徒區分。歷史學家特納（Turner）觀察認為，墾荒者先鋒所在的被稱為「邊遠地帶」（Frontiere），這從英國剛剛開始在美洲進行殖民統治時就已經存在。第一批「邊遠地帶」形成於大西洋沿岸。人們越西進，歐洲及其制度和傳統也越來越顯得遙遠。從美國獨立起，英國的影響已無足輕重。西元1820年左右，西部開始形成美國式風格、文化和政治生活。

西元1828年傑克遜當選總統，這是西部政治勝利的表現。傑克遜以他傳奇式的經歷贏得聲譽。他從事過多種職業，在佛羅里達參加過戰鬥，也頗遵守國際法的規範。他不同於那些在他之前做過總統的維吉尼亞貴族。他將為美國的政治生活留下印記，他領導的新黨即民主黨將一直掌權到西元1860年，其間只有幾次短暫的中斷。新黨的與眾不同在於其嶄新的作風，而不在於一份難以用邏輯方法定義的綱領。新黨不是建立在議員和貴族即政黨幹部會議的基礎上，卻建立於「國民公會」之上。國民公會原則上由人民代表組成，實行選舉權的民主化。後者在一些州逐漸得以實現。實際上，政治不再是那些有一定文化、有一定財產且有空餘時間的人所做的事情，人們看到一批職業政治家正在形成，他們將在所推出候選人競選獲勝後得到直接的物質利益。傑克遜推廣「分贓制」：政治和行政的職位從今以後由新總統分配給他的政治支持者，而不任用那些只被認為是有能力的人。這與墾荒者的心理完全相吻合，在「邊遠地帶」，每個人都得會做一切事情，不必求助於那並不在場的專家。為什麼在只需要良知的公眾事務管理中不能同樣如此做呢？

這些政治習慣非常有分量，即將形成的傑克遜民主黨的對頭輝格黨毫無創新地沿襲這套做法。輝格黨總是少數派，並且其內部成分混雜，比以前的聯邦黨和共和黨更甚。這個黨主要依靠商業和工業發達的東北部，僅有典型意義的一次競選勝利是在西元1840年。這唯一的勝利是真正的傑克遜方式的漫畫：人們推出一個來自西部的人物哈里森（Harrison），此人曾在一次與印第安人的小衝突中取勝，他給人們的印象是一個貧窮的墾荒者：一個住在粗木搭成的棚屋裡的人。

傑克遜重要的政治主張中唯一真正付諸實施的是取締國家銀行。這一舉動遭到西部居民大力反對，一半出於本能，一半因利益受牽連。美國貨幣制度中沒有國家銀行的情況一直持續到南北戰爭。相反地，傑克遜在關稅價格問題上陷入嚴竣的困境，這一點將造成其支持者內部大分裂。

　　從西元1816年起，美國制定一個關稅價格表，這是民族主義運動的結果，源於對英國貿易的敵意，是第二次獨立戰爭的後遺症，也是當時一些政治家尤其是克萊（Clay）的意願。這些政治家想從關稅收入中支取款項用於投資西部一個龐大的公共工程計畫，以避免從不得人心的直接稅中撥取。從此以後，貿易保護主義成為美國政治一個永久的特徵，西元1828年「可憎的稅率」的通過更增強這一特徵，在那時，這個表決結果損害南方一些以出口棉花為主的州之利益。其中之一的南卡羅萊納州宣布其「否認原則」，即在該州土地上不執行令其不滿的聯邦法令。傑克遜堅決強調憲法的優先地位和聯邦的不可分離性，而西元1828年到1832年傑克遜的副總統卡塞霍恩卻是「否認原則」的理論家。導致美國分裂的危機，在聯邦政府做一些關稅讓步後暫時被避開。

第二節　各部分間敵對情緒激化：南北衝突

東北部的工業化和向太平洋挺進

西元1789年黑人奴隸制在美國南方一些州實行，北方有一些州被禁止。憲法將這個問題交給各州司法部門解決，只明文保障「不自由」州在聯邦土地上追緝逃奴的權利。為保證奴隸制州和非奴隸制州之間的平衡，維持美國統一，美國簽訂不少默許協定，做出必要的妥協。西元1819年，阿拉巴馬州加入聯邦以後，南北雙方各有11個州。儘管北方這時人口相對更多從而擁有相對多數的眾議院席位，但更主要的是，南北在參議院擁有平等的地位。那時，關於接納密蘇里州加入聯邦的問題，北方的眾議員提議在新州採取措施取消奴隸制。這一舉動非常出人意料，以致於傑佛遜（Jefferson）把它看成一場聯邦黨意欲打破共和黨統一的行動。經過多次激烈的辯論之後，提議總算有一個比較重要的結果：地處北緯36度30分以北的西部領土上，奴隸制將從此被禁止。這一結果在西元1820年的美國範圍內，使得北方在往後能占絕對優勢。

然而，事件將朝一個意外的方向發展：隨後25年裡聯邦接納新州的過程幾乎停滯（除了西元1836年保留奴隸制的阿肯色州和西元1837年無奴隸制的密西根州的加入），而南方卻大大地擴張，甚至踩上墨西哥的土地。

這裡面有好幾個原因：首先位於密西西比河以北地區的大平原很久以來無人居留，不適於耕作，因為墾荒者找不到他們所需的木材。另一方面，就算穿越這麼廣大的空間到達太平洋沿岸是很有吸引力的事，但要付出巨大苦痛作為代價，有時是整車隊的消失，如西元1846年唐納（Donner）帶領的那個車隊一樣。許多人更願意從海路旅行，即從麥哲倫海峽或合恩角（Cap Horn）繞過整個美洲大陸。

同時，紡織工業，尤其是英國紡織業的迅猛發展形成對棉花的大量需求，美國南部很快變成棉花的主要提供者。其產量從西元1789年的200萬磅增長到西元1830年的3億2千萬磅，西元1850年為10億磅，西元1860年為23億磅，那時棉花所帶來的產值占美國出口的三分之二。然而沒有黑奴工作，棉花看起來是種不成的。富產棉花的土地越過密西西比河一直延伸到墨西哥的德克薩斯。美國在此的開墾發展始於西元1823年。在這個不同文明和政局不穩的國家裡，勢

必感到侷促不安。西元1836年德州起而反抗，並且脫離墨西哥獨立，但是沒有被美國接納，因為當時美國早已陷入南北平衡的議論當中。

與其同時，北方也經歷快速發展，雖然性質與南方不同。其經濟最初主要建立在漁業和海洋貿易上，後來越來越工業化。新英格蘭在西元1840年擁有棉花工業的三分之二。北方人口迅速增長，得益於愛爾蘭人口和德國人的大量湧入，這兩者甚至改變總人口的特徵。西元1820年北方大約有500多萬人口，南方是450萬；西元1840年，北方人口接近1,000萬，南方只有630萬。北方大西洋沿岸的經濟實力也顯示出來，吸引西部。西元1825年伊利湖運河通航，鐵路也很快地發展，得益於交通，西北人口一下子增多，經濟上得到大西洋東北部的帶動，連接南方的密西西比河航路也使它受到南方的推動。

正在這時，西元1844年當選的總統波爾克（Polk）開始著手努力，以解決幾個區域之間造成的癱瘓狀態，有時甚至還很危險的敵對狀況。他為此提出一個為各方所贊成的擴張計畫。他果斷地意識到德克薩斯日後向南方的歸併，即向北方許諾俄勒岡州取得其歡心。俄勒岡是太平洋沿岸的一塊廣大領土，邊界未確定，同時為美國人、英國人甚至俄國人所垂涎。一個德克薩斯邊界紛爭竟使美國向墨西哥發動戰爭（西元1846年）。西元1848年，瓜達盧佩伊達爾戈鎮條約使美國確定現在的南疆和北疆，而俄勒岡的疆界也在西元1846年得到確定。

那時，人潮蜂擁至西部，尤其是往西元1848年發現金礦的加利福尼亞。旨在連接太平洋沿岸地區與聯邦其他部分，穿越整個大陸的鐵路的修建，又為南北雙方的敵對增添一個新賭注。

南北雙方矛盾加深

大約在西元1830年，奴隸制成為政治和道德問題，並隱沒其他所有矛盾。北方發起一場取締運動，以威廉·加里森（William Garrison）為代表。同時南方出現系統的奴隸制辯護詞，如托馬斯（Thomas R. Dew）發行的小冊子。觀點的對立非常深刻，以致教會也分成南派和北派。向太平洋西進非但未解決矛盾，反而使之激化。西元1845年佛羅里達（Fluoride）和德克薩斯（Texas）作為保留奴隸制的州加入聯邦，愛荷華（Iowa）於西元1846年、威斯康辛（Wisconsin）於西元1848年作為無奴隸制的州加入聯邦。西元1850年關於加利福尼亞的加入卻引起激烈的爭論。儘管加州位於36°30'限度之南，卻是一個自由州。南北雙方的政治平衡第一次被打破。

　　同時，人口和經濟的發展使北方越來越具優勢。反對奴隸制的傾向顯示：比切爾・斯托夫人（Mrs. Beecher-stowe）的《湯姆叔叔的小屋》（西元1852年）贏得極大的成功。西元1850年國會通過一個關於追緝逃奴的嚴厲法令，在北方，一系列幫助黑奴逃脫的行動卻組織起來，這就是「地下鐵道」。使天平決定性地發生傾斜的是大批墾荒者。到那時爲止，墾荒者在政治上一直聚集在南方民主黨內，與輝格黨作對，捍衛農民利益；而輝格黨則是維護東北部工商業。但即使在西部，奴隸制的存在與否決定著社會的類型：奴隸制的存在使南方有大產業形成，從中產生一個等級森嚴的社會，與西北部自由墾荒者本性中的平等觀念完全相反。墾荒者感到威脅，威脅來自最高法院對德雷德・史考特（Dried Scott）案件（西元1857年）的判決：一個奴隸主可以到任何自由州安家，奴隸卻不能因此而得到解放。西北方已接連出現「自由土地黨」和「共和黨」，目的在於要求加入美國聯邦的新州領土上禁止奴隸制的擴張。共和黨人林肯（Lincoln）在西元1860年當選總統，南方11州於是決定與聯邦分離，再建立一個新的邦聯。

　　分裂州只有550萬白人，北方卻有1,900萬，人數上是如此懸殊，問題看來應該很快就能解決。以分裂作爲解決辦法，南方人很激動地同意，北方許多人也認爲可以接受，包括一些堅決反對奴隸制的人。南方不必取得軍事勝利，那顯然是不可能，它只須讓北方氣餒，使其接受分裂即可。戰爭爆發的賭注是聯邦的維持與否，戰爭的勝利依靠林肯總統的毅力和韌性，也靠西部各州對新興美國的眷戀，因爲由於美國的存在它們才存在，在美國之外它們什麼都不是。

　　我們不在此講述各次軍事行動的細節。戰爭持續長達四年之久，因爲雙方的一切都得臨時安排：士兵和軍官、武器、戰術和策略。北方的進攻行動主要在西部的密西西比河和阿帕拉契山脈（Les Appalachia）之間進行。這些進攻逐漸把「新邦聯」一分爲二並使之不斷縮小，雖然如此，後者仍在抵抗。從西元1863年11月起，它只限於大西洋沿岸各州。在這場具有轉折意義的廣大運動中，東部也發生一些著名的流血戰役——牛奔河戰役（Bull Run）、七天戰役（Bastille des Sept Jours）、安提塔姆戰役（Antietam）、弗雷德里克斯堡戰役（Fredericksburg）、錢斯勒斯維爾戰役（Chancellors Ville），甚至蓋茨堡戰役（Gettysburg），這些戰役最終都只有一個很有限的影響。西元1865年4月最後一支南方軍隊在兩支火力夾擊下投降，但4月14日，林肯卻在大獲全勝之中被人暗殺。

　　美國聯邦從此不可分裂，戰爭勝利者的主要目標達到，奴隸制在西元1862年9月23日宣布被廢除，與其說是事先策劃的目的，不如說是戰爭影響的必然

結果。美國還要經過12年混亂的政治鬥爭，才能有一個正常的形勢，這就是所謂的「重建時期」（西元1865-1877年）。

　　基本問題是：曾主張分裂的各州在什麼條件下才能重歸聯邦或找回他們所有的權利？一些人如林肯及其後任的強森（Johnson）實際上只滿足於讓分裂州承認聯邦的不可分離性及廢除奴隸制，其他人（主要是國會的大多數）則提出更嚴厲的條件。起初，總統的意志得以執行，西元1865年8月到1866年，南方各州急急忙忙地對各自的新憲法投票；領頭人又換成曾引導他們走向分裂的那批人，也沒有其他人可選。南方各州還發布「黑人法典」，此法典使過去的奴隸仍低人一等，並被強迫從事勞役工作。

　　這種態度在北方引起強烈反應，憲法第十四修正案、對總統強森的指責（西元1868年2月）和最後於西元1869年3月通過的第十五修正案都是這種反應的表現。第十五修正案聲明：美國公民的選舉權不能被美利堅合眾國或其任何一州，因爲種族、膚色或因其他任何帶奴役性質的條件否認或限制。

　　爲了把這些新原則付諸實施，聯邦政府在南方實行一種軍事政體，幾年內南方各州中相當一部分都建立起國外元素很多的政府，通常地被貶抑地稱作「提包客」（Carpet-Braggers）。北方大多數人認爲這有悖於一個聯邦國家的傳統和原則而感到厭煩。南方的白人依靠暴力和恐嚇再度掌權，三K黨（Le Kuklux-Klan）就在當時形成。南方的白人用巧妙的詭計繞過第十五修正案，剝奪黑人的政治權利，使他們處於次等的社會地位。大型農場的經濟被摧毀，但是期望在全美建立一個自由平等的社會仍是一個夢想。

德克薩斯的歸併

　　德克薩斯原爲墨西哥共和國的一部分，面積與德國相當，但人煙稀少，僅有少數牧場主人與獵戶居住，因此很早便吸引美國人與英國人的覬覦。奧斯丁（Austin）在西元1821年建立了第一個英美混合的居留地，由於其土地可以不費分文取得，與南部諸州往來又極爲便利，這便成了一股主要的吸引力量。

　　此時，墨西哥政府無能、腐敗且橫暴，西元1835年，當地的居民開始揭竿起義，幾經奮戰，最後終贏得獨立。在爭取獨立過程中，當時駐守在聖安東尼地區的阿拉摩堡被墨西哥軍隊攻陷，守堡的美國人全部遭到殺戮。雖然如此，但德克薩斯共和國還是建立，且欣欣向榮，因而吸引了許多新的美國移民。

　　美國有一段時期拒絕考慮德克薩斯的任何歸併提議，但由於諸多的因素，許多美國人的態度漸漸改變。首先，他們認爲向無人煙的荒蕪西部拓展是義不

容辭的事；其次，他們覺得德克薩斯與自己同種，歸入美國乃天經地義；再者，他們害怕英國出來干涉，將德克薩斯變為保護國；最後，還有金錢上的動機，北方人希望在德克薩斯出售農產品與工業製成品，船主看中了其河道，若循以航往德克薩斯東南的加維斯頓港，可獲巨利，新英格蘭的工廠主希望取得德克薩斯的便宜棉花做其紡織原料。許多南部人移居到德克薩斯，可能又不願意離開美國的統屬。

西元1844年美國大選，大多數選民表示願意接納這個共和國加入聯邦，西元1845年初，德克薩斯正式併入成為美國的一州。

墨西哥戰爭

加利福尼亞處境特殊，人口約為一萬一千人，它侷處於沿海一線，他們沒有貨幣、軍隊，也沒有政治經驗。他們有比墨西哥人更純正的西班牙血統，因而認為僅是名義上屬於墨西哥。實際上，墨西哥在加利福尼亞既未設法庭，也未設員警、學校，乃至連定期的郵班都沒有。墨西哥也坦承，它的主權只是一個影子，在西元1840年代中期，墨西哥甚至表示願將該區賣給英國。

這時期，加利福尼亞的美國人年年增加，因而影響力也與日俱增。美國船隻不斷地在沿岸貿易，西元1830年代中期開始陸續有美國人越過大山前往加利福尼亞。到了西元1846年，加利福尼亞已經有外來居民1,200人，且大半皆為美國人。而美國人也認為加利福尼亞像個熟梨子，不必費什麼力氣，便會自己掉落在美國伸出的手掌上。

由於美國與墨西哥之間的猜疑日增，以及對德克薩斯邊界的爭執，美國與墨西哥爆發了戰爭，美國只費極短的時間便贏得戰爭勝利。當雙方議和時，美國不僅獲得加利福尼亞，而且還進一步的獲得加利福尼亞與德克薩斯之間「新墨西哥」的廣大領土。美國從德克薩斯與這次領土的擴張中，一共增加了大約918,000平方英里的土地。

第三十八章

西元1871-1918年的奧匈帝國

第一節　社會與經濟轉變

　　當奧地利在奧匈帝國的基礎上重建它的秩序時，就已見識到從十九世紀七十年代起奧地利所展現在經濟上的成就。無疑地，它在農業上也表現出卓越的優勢。而且，工業設備也隨著歐洲的金融腳步而迅速發展。銀行及有限公司如雨後春筍般地成立，新鐵路幹線的開發，都市建設的熱潮等，也表現其經濟的活躍性。這種繁榮曾出現在西元1873年5月的維也納國際博覽會上，但稍後也因交易所股票行情的突然暴跌而中斷，141家銀行中有96家倒閉，工業生產驟降，特別是冶金和機械工業，這項危機對奧地利的打擊比對歐洲其他國家要嚴重得多，因為它震動了正在轉變中的經濟；因而奧地利工業化進程不得不從西元1879年起重新開始，但節奏緩慢。奧地利與德國及其他西方國家相比較，落後的差距更形突出。西元1910年，農業人口仍占全國人口的三分之二。另外，在貿易保護主義的歐洲，奧匈的農產品在出口方面困難重重，而它的工業更須面對來自德國越來越大的競爭壓力。而動搖奧地利資本主義的危機，則是外國金融擴張的支配力，其主要投資來自德國，其次是法國的投資，工業化重新的發展是唯一的可能性。工業化不再僅限於某些特區，像波希米亞、摩拉維亞、維也納的城郊，而是擴散到施蒂里亞（Styrie）、卡林西亞（Carinthie）、匈牙利、斯洛伐克和川夕法尼亞（Transylvinie）等城市附近。然而，這些工業中心的出現幾乎沒有改變奧匈帝國的重要性，西元1913年匈牙利擁有不到20%的機器動力、捷克則為35%、內雷塔尼亞（Cisleithanie）地區為45%，還有超出一半以上的工廠工人及60-90%的內雷塔尼亞公司，而波希米亞也總是無法獨領風騷。匈牙利為提供農業食品的主要國家，奧地利為工業產品供應國，額外的貿易往來特別有利於匈牙利、捷克和德國。未跟隨這股潮流的國家，其大部分區域仍是經濟落後之區。

社會問題

　　正當大眾依附在大財主的勢力上，或移民往工業城市及國外時，農村的中產階級漸和貴族並存。在城市裡，經濟的發展，強化奧地利和捷克的中產階級的勢力，使塞爾維亞、斯洛伐克、羅馬尼亞等地區產生中產階級。結果導致國籍問題更加嚴重，因為這些各式各樣的中產階級對國籍問題非常敏感，而且與貴族相較之下，他們在請願方面更為積極，整體來說，他們對奧匈帝國還很

忠誠。西元1873-1879年的社會危機引起失業和貧困，導致罷工和動亂頻起，他們遭軍隊鎮壓後，傾聽社會主義的人也因此增多。面對工人階級的激進行為，奧匈帝國仿效德國的例子，試圖通過立法以加強社會的保障。此外基督教的社會思潮也極力扭轉人們的社會主義意識。在天主教保守主義分子中，有幾位自由黨的理論家主張借鑒基督教的道德標準來宣導社會改革。維也納的中產階級和奧地利農民則追隨卡爾·路格（Karl Lueger）創建的基督社會黨，而中產階級也受他的反資本主義及排猶思想的影響，奧地利社會民主黨領袖阿德勒（Victor Adler）在馬克思主義正統派及多民族國家（南方馬克思主義）的特殊條件中尋求折衷，為了維持南匈牙利的統一，他決定派一名幹部深入工人階級內部，以便使組織更加穩固。多數社會主義勢力朝著改良主義發展，對國家也已不構成嚴重威脅，他們尤其要求建立普選制度，並希望帝國轉變成聯邦政府；他們甚至同意維持君主政體，只要它成為一個超越國家的機構象徵即可。

內雷塔尼亞的政治生活

　　內雷塔尼亞的政治問題有二：一個是保守黨與自由黨之間的鬥爭，另一個是民族問題。兩個問題相互干擾，常導致政策的變動及政治的不穩定。宮廷、軍隊、高級教士、貴族和農村區是保守黨的大本營。然而，西元1860年的經濟蕭條使其聲譽大降。西元1879年的自由黨，實行反教權主義，取消西元1855年制定的政教合一制度，限制教會的自治權。在西元1873-1879年的經濟危機中自由黨喪失一些跟隨者。希望能擺脫自由黨壓力的王室，對某些出現在奧地利社會階層中的潮流亦憂心不已，這些新潮流特別出現在中產階級，大學生及知識分子中，這些人加入了由貴族富人所組成的顯貴自由黨，跟隨由熊尼勒（Schonerer）煽動的德國民主派。林茲（Linz）計畫（西元1882年）恢復西元1848年的民主傳統（普選權、公眾自由的擴大、社會立法及累進稅等）並且要求突顯曾被納入德意志聯邦的奧地利的德國特性。一些人甚至希望聚集在德皇的四周，德國的經濟進步對年輕一代的奧地利人有著十足的誘惑力。

　　保守黨利用自由黨的分裂，從西元1879年起重新掌控政府。為了鞏固他們在議會的多數席位，必須將捷克人拉進議會。由里哲（Rieger）領導的舊捷克黨因而接受談和且獲得特權。事實上在馬沙利克的影響下，布拉格成立一所捷克大學，該所大學很快就成為自由主義和民族主義大本營，在這裡培養新捷克黨幹部代替舊捷克黨員，這些人拒絕妥協，並要求在司法、行政及教育方面的保障。在布拉格及維也納的議會上，捷克和德國的民族主義者亦發生了激烈的

爭執。波希米亞人在席位問題上被捷克貴族所否定，波希米亞人想維持市議會的選舉制藉以牽制中產階級。奧匈兩境內的各個政治團體在民族和國家的自由化問題上產生歧見，也產生好幾個派別，更無法形成多數，結果也造成了內閣的不穩定；皇帝經常讓議會休會，藉此暗中行使其行政權。

二十世紀初，民族衝突愈演愈烈。由於捷克人和波希米亞人對立使議會中止活動並引起混亂，為了削弱波希米亞的影響，新捷克黨重組內雷塔尼亞的斯拉夫人（南方斯拉夫主義）。波蘭人跟著響應且要求更大的自治權，但他們也同時需面對魯塞尼亞（Ruthene）人的要求。皇室決定提倡普選以削弱貴族與中產階級的權力，並培養民族運動的主導幹部，給人民、基督社會黨和社會民主黨增加壓力，然後將這些民族問題置於腦後，只堅持帝國整體的利益問題。不久之後，社會民主黨的統一處於妥協地位；捷克的社會主義者持退讓態度以便發展其民族社會主義；另一方面他們的戰友，瑞典的德國工人成立一個德國工黨。至於基督教社會黨，則與保守黨接近並大量地遷移農村的人口，以試圖轉變為農民黨。第一次世界大戰前夕，集結在德意志國民議會的社會黨和基督教社會黨、民族主義者和德國自由黨，他們有系統地干擾議事，阻礙議會正常地運作。

外雷塔尼亞的政治生活

外雷塔尼亞的政治則很平靜，政治及社會制度相對地也鞏固了匈牙利貴族的優勢，後者的多數支持自由黨（Deak Ardrassy, Tisza），自由黨對西元1867年的和解也表示滿意。愛國貴族（Apponyi）則要求匈牙利更加地獨立，特別是軍事方面，因為在帝國軍隊裡發現了無國籍的機構。此外與他們站在同一立場的工商階級則極力反對內雷塔尼亞的資本主義，這種主義被指責為剝削了匈牙利的生產力，並延後了匈牙利的工業化。這種對立亦導致了獨立黨於西元1884年成立一支具自衛性的匈牙利軍隊，同時他們還計畫成立維也納獨立國家銀行和海關制度。但是，這些渴望被支持帝國政府的力量所壓抑，以便牽制其他民族，匈牙利對這些民族則採取匈牙利化的壓迫政治，此也引起強烈的反抗。在抗爭中，某些階層如新興中產階級、自由職業者、工商界人士等皆奮起抗爭，而他們的抵制也更加鼓舞知識分子的行動。在南斯拉夫的南部地區，貴族與教士們繼續支持史拖斯麥爾主教（Mgr Strossmager）理念以建立一個南斯拉夫文化共同體，他的政策也獲得維也納的同意，並藉此重建克羅埃西亞－斯洛伐尼亞－達爾馬提亞舊王朝。至於共同體，克羅埃西亞、塞爾維亞、達爾

馬提亞的中產階級則要求每一個民族都有掌握自己命運的權利。而民族意識也反應在斯洛伐克人的菁英身上，他們開始向布拉格看齊，此時川夕法尼亞（Transylvanic）的羅馬尼亞四分之三的地區還是農業社會，工業及自由職業者則在城市裡建立一個由馬紐（Maniu）所領導的政黨。由於民族運動與獨立的匈牙利政黨結合，亦導致西元1905年匈牙利與維也納的衝突；部隊新兵的罷工更使西元1867年的和解產生問題。但危機終究被克服；帝國政府威脅要在外雷塔尼亞引進普選制；為了避免普選，匈牙利最後接受維持二元帝國制的妥協。

第二節　第一次世界大戰前夕的奧匈帝國

　　長期以來，對一個沒落帝國的描述，「解體」通常是在所難免的。現代史學家總反對這一點，並認爲凝聚的因素（如朝代的聲譽、軍隊和行政能力的強大、教會的影響、經濟繁榮以及創立文明的發展等）還是很穩固，並朝更加現代化的社會經濟形式發展。確實，在許多地區，還存在著落後的農業經濟，許多非常貧困的農民，其中許多人皆離鄉背井；但是，工業化與城市化則發展迅速，中產階級戰勝貴族，大量有組織的工人階級開始在公眾生活中發揮作用。而首當其衝的是過時的貴族，他們很快在經濟、政治層面中失利。相反地，城市文明以充分的知識發展顯示極度的輝煌；此外藝術與科學的興盛亦不僅限於維也納，它包括了每個地區的民族文化。然而不同帝國的因素，使議會中訂定的二元制也越來越不適應時代潮流，此制度乃建立在奧匈帝國對其他民族的統治基礎上。改革已勢在必行，以自治國家聯邦爲基礎，許多改革方案亦紛紛出現。

　　人們寄望繼位王儲，斐迪南（Franzois Ferdinand）組織一群來自不同國籍的理論家，他們反對二元制及匈牙利的特權，就在約瑟夫及其舊部讓位之際，人們對種種方案議論紛紛。如果沒有戰爭，帝國向新形式發展或維持現狀？這個問題至今還有爭論。在這個時期，強硬的民族主義者及分離主義者只有在中產階級知識分子中受到擁護；大多數的人們還是希望奧匈帝國維持現狀，只要帝國政府採取平等的聯邦形式，他們仍然願意留在帝國內。然而這種觀點似乎與斐迪南的想法不符，斐迪南遵從君主制原則，他認爲這是國家的基準，如果他考慮聯邦制或三聯制（組成斯拉夫南部王國）以緩和民族問題，他就需藉由軍隊的加強提高對君主的效忠；同時他也不掩飾對基督教社會黨、保守黨及高級教士的同情心。但他的這些想法則與斯拉夫民族主義者和社會主義者的觀念相牴觸，後者希望能在自由與民主的基礎上建立一個多民族國家。另一方面，奧匈帝國被義大利和德國所排擠，爲了重新鞏固其強勢的地位，它將目標轉向東南歐。但自從奧匈帝國與德帝國建立關係後，它在經濟、政治、意識形態上受到的影響越來越大，就像日耳曼帝國主義的一個工具，而斯拉夫人比奧地利的德國人更致力於日耳曼主義的觀點。這就是爲什麼在捷克、波蘭、塞爾維亞，提倡分離主義者對貴族政治統治下的奧匈帝國，產生懷疑的原因；這同樣

是感到威脅的俄國人，爲什麼唆使塞爾維亞王國鼓動南斯拉夫的暴亂並散播大塞爾維亞思想的原因，最後導致了奧地利決定對塞爾維亞備戰，後者則被指控爲策劃分裂奧匈帝國的主謀者。

「神聖同盟」

戰爭初期，奧匈帝國認知到「神聖同盟」的地位。社會主義黨及工會領袖號召人民聽從政府指揮，共同對抗沙皇的君主專制政體。斯拉夫的軍隊對打擊自家兄弟感到不安，而反面的宣傳也導致了人民的叛離，此外，囚犯亦被唆使爭取被取消的國籍，人民亦在協約國軍中服役，大部分人仍對帝國效忠，西元1915年由移民團體（南斯拉夫委員會、捷克國家委員會）在倫敦成立民族委員會，此時尼古拉（Nicolas）大公雖然也對奧匈帝國人民發出宣言但僅產生微弱的反響。西元1916年11月約瑟夫去世，他的侄子即位，人們對他寄予更多的希望、和平，使帝國進入自由的境界，這似乎也使一般中產階級國家的凝聚力更爲穩固。而實際上，年輕的查爾斯（Charles）皇帝也同意了大赦政治犯，並召開議會；而不同民族團體的代表及社會主義者也重申他們對皇帝的忠誠，他們也一致要求帝國能轉變成自由與平等的聯邦國家制。然而這些希望都落空，在奧地利地區德國人的壓力越來越大，並與帝國產生了衝突，而帝國的改革，沒有一項計畫落實，從此奧匈帝國的局勢迅速惡化。

遭遇的困難

人們對戰爭的厭倦很快地轉變成對物價的高漲與糧食供應不足的不滿情緒。匈牙利農業的情況雖然不構成嚴重危機，但由於農產量暴跌（糧食產量從西元1913年的91百萬／公擔降到西元1917年的28.1百萬／公擔），軍隊徵調以及落後的運輸方式造成了供應上的困難。因而迫使奧地利、波希米亞地區的城市開始定量配給、饑荒及物價暴漲（西元1917年的生活費用，比起西元1913年漲了六倍）。人們開始對政府不滿，於是爆發罷工。而俄國的革命也鼓舞了人們要求立刻和平及社會的變革（西元1918年1月，彈藥工廠罷工，然後是海軍的起義），而此時一部分被釋放的犯人受到布爾什維克的影響，在獲釋之後開始傳播革命精神。帝國境內罷工擴大，軍隊也拒絕鎮壓罷工者；西元1918年5月1日，布拉格和維也納爆發反皇帝及官僚的大示威。這種局勢使中產階級中追隨左翼革命者日益增多，也導致社會主義者從中重獲取人民對其制度的支持。

同時，政治問題進入了決定性階段，從有條件的效忠到分裂主義者的日益增加。從一般秩序的原因來看，這種政治態度的轉變，說明當權者的偏差政策，隨著這種叛離，在斯拉夫地區，也潛伏著勢力強大的叛國者並製造許多麻煩。另外，由於戰爭的因素加強了奧匈帝國與德國的相互關係；但維也納政府也越被柏林政府牽著鼻子走。當德語報紙介紹這場戰爭是日耳曼對斯拉夫的決定性戰鬥時，維也納的許多出版物也重述著「中歐計畫」思想。另一方面，沙皇的崩潰也瓦解了俄國的霸權地位，使得奧匈帝國的分離主義者的道路隨即中斷。這也爲日後協約國的擴張做出了解釋，只要匈牙利希望保持與維也納分裂的政策，它就只能謹慎地依附在英國所成立的民族委員會。以奧匈帝國「從屬化」爲標榜的奧、德「溫泉」（Spa）會談也告失敗，幾次戰役的失利也導致了奧匈帝國的離心，而它的解體也似乎是減輕相互對抗，且加速和平的最好方式，因此協約國也承認了民族委員會爲實質政府，並加強分離主義的號召。

解體

西元1918年9月，在民族主義與革命力量的結合下，保加利亞前線的停戰，導致了軍心士氣的低落，在兩種力量的夾擊下，查爾斯皇帝的政府於10月16日發表宣言，試圖化解危機，宣言中表示帝國將改爲聯邦國家，成立國民議院，但爲時已晚。一方面，人民採取革命的主張（罷工、反抗、成立「蘇維埃」）；另一方面，中央政權的軍事崩潰讓許多民族紛紛宣告獨立。此時以中產階級爲多數派的國民議會，面對波濤洶湧的革命浪潮，準備與外國的議會及協約國當局談判以避免革命。此時布拉格國民議會亦決定成立捷克斯洛伐克；阿格拉姆（Agram）國民議會也決定將斯拉夫南部歸併於塞爾維亞王國，不久之後匈牙利宣布完全獨立；在維也納，德系國家的代表組織國民議會並在皇帝移交政權給人民之後，也於11月12日宣布爲奧地利共和國。

第三十九章

西元1871-1918年的德意志帝國

第一節　俾斯麥時期（西元1871-1890年）

帝國的組織

　　普魯士實現統一後並沒有使德國的地方主義消失，這些地方主義是在宗教及歷史之基礎上形成的，這些地區有自己的法律及地方特色，在其經濟和社會結構以及政治理念方面都與其他地區有著極大的差異。俾斯麥時期，每個德國人都參與由他所建立的帝國，但同時又盼望在自己的傳統範圍中，過著地方性的生活。由於擔心普魯士的霸權主義，德國中部及南部國家都努力保護自己的自治權，同時，普魯士也害怕自己在帝國中消失。就這樣，俾斯麥支持德國北部聯邦。在二十二個君主國家及三個自由的城邦中，聯邦有自己的制度，而這些制度也為貴族階級提供在政治上的機會。這些地方也願意授予國會某些權限，如外交事務、軍事、海關、貨幣等。在聯邦的等級上，帝國的國會是經由普選產生，它與帝國議院，即國家代表大會，平分議會權力。帝國國會對於帝國政府則沒有任何的限制作用，因為帝國政府要聽從首相的命令。兩個議會之間的合作，或普魯士政府及帝國政府之間的關係，這些問題一直到西元1918年都沒有獲得解決。

經濟與社會問題

　　統一後，俾斯麥在自由黨部長們的協助下，加強了德國的經濟凝聚力，如貨幣統一、帝國銀行的建立、擴展德國境內鐵路網等等。從西元1871年到1873年，德國的經濟快速發展，銀行、股份公司、大工業財團相繼地建立。西元1873年德國經濟危機又持續很長的時期，這次危機帶來了價格的暴跌、大批企業紛紛倒閉、工業活動減弱並為農業生產者製造不少困難。這次危機亦引起人們的注意，而它所帶來的後果也值得人們研究。就經濟計畫而言，大多數小企業的倒閉導致了工業和銀行的集中化。廢除自由貿易（西元1879年的關稅保護）引起工業人士的抗議，因為他們要求保護以利於與英國競爭；此外也引起地主的抗議，因為他們要保存德國的市場。自由貿易的廢除也造就了德國的區域經濟，並加強帝國的統一，使中產領導階層能保存其經濟地位。由於工業資本家及地主對他們的利益有一致的認識，他們就組成共同陣線（黑麥和鋼鐵聯盟），也充分顯露出政治及社會的保守特點。在農村，這次危機也嚴重地打擊

農業生產，因而迫使很多人遷居到城裡，而另一些人則越過大西洋到達美洲大陸（從西元1871年到1890年約200萬人）另尋他們的一片天空。另外手工業的危機、工業活動減弱都致使工資下降和失業人口的上升，人民的不滿情緒導致社會黨在選舉中獲勝。

為了解決工人的困苦，各種輿論為工人抱不平，並以此抗議國家的干涉政策，以及拋棄經濟放任的自由主義。這是經濟學者在《社會主義論壇》上，以及新教牧師們的觀點，這些新教牧師是社會基督教運動創始人。這也是天主教主教們的觀點，如可特勒主教（Mgv Ketteler），他組織了工人協會。俾斯麥曾立法組織一個社會安全系統，同時認為工人應當脫離社會黨人，但工業資本家的壓力卻阻礙了工人福利的政策，此時沒有任何工作條件的措施得以落實。因此，從西元1885年開始，經濟復甦又使工人落入悲慘的境地。因而社會動亂也重新發展，西元1889年魯爾（Ruhr）煤礦工人大罷工達到了最高峰，而反政府的遊行示威也引起人們的關注。通過對社會難題的對比分析，德國重新認識到從西元1880年以來的工業擴張，因而開始把注意力轉向海外國家，如中國、土耳其、非洲等地區。帝國政府在非洲、大西洋等地區建立起許多的保護國，這個政策既符合企業家的利益，又滿足那些政客及殖民主義團體的願望。

政治活動

俾斯麥的觀念既保守又頑固，他是議會制公開的敵人，他依靠大多數人統治國家，但卻不與各派別發生關係。初期他依靠「民族同盟」自由黨人，他們是大資本家和中產階級的組織，其中有幾位是工業界和金融界的領袖，他們都加入貴族派系。由於此派系對俾斯麥的統一理念相等，因而他們從東普魯士朱克（Junkers）所控制的傳統保守黨中分離出來。除了在政治統一和經濟上有所進步外，這段自由時期的關注點是反對天主教會，俾斯麥擔心教皇絕對權力的勝利，因為在梵蒂岡的號召下天主教會將會成為國中之國，而梵蒂岡對新帝國則懷敵意。特別是德國的天主教徒所組成的政黨，即中央黨，面對有權有勢的東普魯士，它是個人權力的捍衛者，也是反對集權的地方本位主義者，更是危險的對手。由於中央黨可以依靠教士和天主教聯盟的力量，所以被視為危險的對手。西元1872年起被稱為「文化戰鬥」（Kulturkampf）的政策（西元1873年的法令，專門對付那些教士因拒絕順從而施加他們身上的刑事措施），試圖使德國天主教會置於國家的嚴密監視下，並且切斷教會與羅馬的聯繫，藉機消滅中央黨。但是，由於教士和德國天主教徒的頑強的抵抗，這些目標並沒

有達到。西元1878年俾斯麥吸取失敗的教訓，他與教皇雷昂八世（Leon VIII）
會談，使這一危機緩和了下來。

「文化戰鬥」的結束與首相的政治方針一致。自由黨與法律相悖離，如
新聞、軍費及對社會黨人的鎮壓問題，而這一切皆導致了俾斯麥與自由主
義（Liberaux）斷絕關係的根源。此外，關稅改革問題也使他激怒國家自由
黨，後來他組成一個支持絕對保守的政治派系。此包括對司法及行政體系
的整肅、對教育制度的管理，特別是對社會黨人的鎮壓。然而分裂成拉薩
爾（Lassalliens）和馬克思主義者的社會主義者又重新於西元1875年在哥達
（Gotha）大會上聚集，並成立社會民主黨。這個黨有堅強的組織陣容，且展
開活躍的宣傳。這一時期，工人人數的迅速增加，因為經濟危機所引起的不滿
情緒也解釋了社會民主黨選舉獲勝的原因。資本家擔心社會衝突加深，也掛心
俾斯麥在帝國內部的軟弱，他們認為社會民主黨人是國家與社會基礎的威脅。
此外兩次對皇帝的謀殺引起了社會的不安，而這兩次謀殺都被歸罪於社會民
主黨人。也因此政府制定出一個鎮壓社會民主黨人的法規（西元1878年7月10
日），但這些法規最後還是失去其作用，因為社會民主黨的追隨者使其組織繼
續擴大。

俾斯麥的垮臺

俾斯麥非凡的政治才能，使他贏得極大的榮譽，也因此獲得巨大的政治成
就。由於德皇威廉一世對他的信賴，使他能長期以主人的身分統治國家。西元
1888年俾斯麥的權勢因腓特烈三世事件而衰弱，腓特烈三世雖然醉心於自由思
想，但僅繼任三個月就去世了，之後由威廉二世登基，他個性傲慢、專橫，也
無法容忍俾斯麥的控制，並試圖擺脫俾斯麥的操縱，以便能掌握更大的權利，
因為他自信有能力扮演這個角色，而對內和對外的政治分歧給他提供這個機
會。此時政府的保守主義引起某些地區的不滿和指責，這些指責使保守黨在西
元1890年2月的選舉中落敗。當時社會動亂正在擴大，俾斯麥想藉由國會的力
量，並通過對社會民主黨人的嚴厲抨擊以解決這些問題，但威廉二世則希望透
過更自由的「新法庭」，及使工人與政府和解的政策來建立自己的統治地位。
在對外政策上，俾斯麥與俄國保持友好的關係。然而，農民保守黨人希望能做
好事先的防範以對付俄國的小麥競爭；此時軍隊將領則普遍認為俄國是他們遲
早要交戰的對手，由於德國首相的親俄態度激怒了軍隊將領，於是他們反對繼
續簽訂西元1887年的《再保險條約》。他們取得威廉二世的認同，進一步要求
俾斯麥辭職（西元1890年3月19日）。

第二節　威廉二世統治的德國（西元 1890-1914年）：經濟的突飛 猛進

　　西元1885年開始的經濟復甦於西元1890年代初顯現出來，一直到西元1914年經濟仍不斷地快速成長，其中只有局部地區出現過短暫的蕭條。這種經濟快速膨脹對普魯士及威廉二世而言，卻是新的問題，在對內、對外政策中所占的比重也越來越大。此外工業和農業利益，也很難找到一個折衷的方法，這兩方利益是由於經濟的復甦而發生分歧。關稅體系同意對生產者提供足夠的保護並對其出口實行優惠政策。運輸方式的進步給予商品活動極大的推動空間（鐵路的現代化、運河的開通、水渠的管理、頻繁的貿易往來使德國船隻在海上通行無阻），在大商業銀行裡，金融市場的集中使流動資金的不足也得以暫時緩解，並使企業的投資得到充分保證。由於農民保守黨人的利益影響（民族經濟主義的觀點贏得老百姓的興趣），反映出德國和英國的不同，即德國不能犧牲自己的農業利益。農業經營者得到了國家的援助而成立有權有勢的團體，並得以擴展他們的耕種面積，有系統地採用先進的種植方法來提高生產率。因此直到西元1913年，儘管德國人口不斷地增加，它仍能保證自身80%的消費。然而，工商業的發展這時也成為一個重要的環節。從西元1900年起德國就成為世界第二工業大國，在國民收入中工業產值超出一半以上，工業僱用總人口的42%。煤礦、冶金、機械、化學及電氣是最活躍的項目。國外觀察家都注意到德國工業居於歐洲的領先地位，例如：領導者的大膽創新精神；有系統的運用新技術；生產設備的改進；生產的科學組織；注重對工人、幹部的培訓；高密度的集中方式。此時商業前所未有的發展同樣也刺激著同一時代的人，特別是日耳曼國家，那時他們與外國只有一般的商業往來。不過，西元1913年德國在國際商業中占第二位，並試圖趕上英國。由於商業方法上的優勢及談判代理商的努力不懈，致使德國占有大批市場。工業產品的出口可能還不能彌補未加工原材料及食品的進口，但那些為數可觀的收入亦都保障了收支平衡，同時，此種現象促使人們向國外投資。但這次商業及金融的擴張會因其他工業國的抵抗而被壓抑嗎？有些歷史學家證實這一點，同時還指出這是第一次世界大戰發生的原因之一。總之，第一次世界大戰以前的12年中，德國的出口量確實達到前所未有的程度。

社會的轉變

　　人口的增加（年自然增長率從西元1872年的434,000萬人到西元1910年的888,000萬人）是由於出生率上升、死亡率下降而造成的，這也是造成經濟發展和德國強大的因素。這時期出國僑居的人數不斷減少，也不再像戰前那麼頻繁，他們掙脫掉泛日耳曼民族主義者占領新領土的價值觀，這些泛日耳曼民族主義者視其為必要的民主政治。相反地，德國成為移民國家，無數的居民從西部、中部及南部地區湧向柏林、漢堡港及西部工業區，德國的大部分居民（60%）從此便居住在城市中。農村的負擔也減輕許多，而貴族們仍舊保有他們在國家和社會中的地位。在工業及商業社會中，部分工商鉅子因其強大的勢力而能參與大規模的開發經營，其他大部分貴族越來越難以維持其地位，因而他們轉向支持舊的政治體制以彌補其經濟地位的衰弱，因為舊政治制度使他們在政府及地方議會中有絕對的優勢，地方議會也可以提供他們高等職位。此外在維護固有的法規時，貴族受到大資本家的幫助，後者試圖恢復封建制度，他們與大貴族交好，其目的是為了控制國家，藉以維護其利益，並與社會主義者及工會會員爭權。因此，貴族階級和大資本家形成一個唯一的領導階層，並集中所有的反對力量對付社會與政治的改革。面對由地主和工業鉅子所組成的強大聯盟，中產階級也希望組織起來，以便禁得起經濟變動對他們生存條件所產生的影響和威脅。儘管如此，大部分的中產階級還是在政治法律中融為一體，因為新聞及教育皆在宣傳遵守習俗的觀念，要人們服從政府、國家及民族的情感。相反地，那些城市和鄉村的勞動者卻都不服從過去的法令，但那些依賴貴族而生存的無產階級仍處於無政府狀態。至於工人，他們的狀況也有所改變，在十九世紀末，他們的購買力變得衰弱，同時國民收入也大幅度提高，因而他們組成了有力量的工會。然而儘管經常舉行罷工或工人和雇主發生衝突，但德國的工會並不主張革命，他們的行動僅限於職業範圍方面，他們不摧毀資本主義，追求的只是職業上的改善。此外學校、教會及傳統勢力都排斥工人的革命行動，故工會幹部也因此而被資產階級化。

政治問題

　　俾斯麥下臺後，帝國領導的堅定性及持續性就再也得不到保障，威廉二世想親自駕馭國家，但他的才幹卻不適合他這種抱負，尤其繼任的首相又都缺乏遠見卓識。威廉二世夢想建立一個民主的君主制，他期望卡普里維（Caprivi）首相（西元1890-1894年）開創新局面。此時議會通過勞動法引起了人們不同

的看法，由於雇主的抗議以及工人積極投效的社會民主黨，致使社會政治因而突然轉向。另外保守主義力量的削弱、稅務制度的改革、涉及地方行政計畫及選舉制度等，都激起那些受到卡普里維首相（Caprivi Bion）免職的保守者的憤怒。國會中，新首相歐恩隆（Honenlohe，西元1894-1900年）和布魯（Bulou，西元1900-1909年）依靠所謂「聯盟」（保守派、自由國民派和中央黨）的力量。然後，由於西元1906年殖民政治的原因，仁澤姆（Zentrum）則轉為對立立場，他們又依靠所謂「集團」（保守派、自由國民派及進步派）的力量。如果說在反對派抗議的聲浪中，用來對付社會民主黨的特殊法律被撤銷的話，那麼政府及法庭可說以是變本加厲地與社會民主黨及工會作對。

　　西元1909年「集團」派因稅務改革計畫而分裂，這顯示一個漫長而艱苦的時期即將開始。要求改革的強大聲浪日益高漲，如依靠直接稅制而不是消費率，藉以應付德國不斷增長的支出；首相在國會中的責任；由於城市人口增加而對選舉區域進行重新劃分的工作；又如在各州中建立平等的直接普選制度。大多數的社會民主黨員接受改良主義的理論，而放棄了革命的概念，他們決定接近自由黨人，以達到為爭取民主而共同發起運動。新總理貝特曼·霍威葛（Bethman-Hollweg）準備做出讓步，但卻遭到了抵制，他仍宣稱堅決反對使他們感到壓抑的政治措施。此時在亞爾薩斯和洛林地區發生了問題。自西元1890年起，帝國傾向接受歸併政策的概念。西元1870年，德國併吞了亞爾薩斯及洛林兩省，但遭到當地居民的反抗，群眾各種示威遊行未能阻止帝國的不斷擴張。德國在處理事務上，軍事的措施顯得相當笨拙，也因而引發一個新的局面。在平息群眾抗爭運動之後，波蘭仍然生活在嚴峻的俾斯麥時代，由於德國推行語言及教育方面的日耳曼政策，由此也導致一場激烈的動亂。

戰爭前夕的帝國

　　西元1913年，帝國內部的艱困局面和它在國際的威望形成鮮明的對比。如西元1912年的選舉，就是一場尖銳的鬥爭，暴露兩個敵對陣營的對峙，一方是改革派、社會民主黨及自由派；另一方是政府聯盟、保守派及中央黨。反對派的勝利造成國會無政府的狀態，因為自由派既不能與社會民主黨合作，也不能與保守派合作。至於威廉二世，自「流血星期日」事件後，他的名望受到影響，也更顯得對國家事務的不感興趣。從這方面來看，帝國的威望與國際影響力亦引起了注意。人口的高度發展、工業發展的一日千里、商業和金融的擴展、軍事力量、航海、科技、人文思想及音樂等方面的進步，對德國人而言是

一項巨大的成就，也因此使德國人擁有一種優越感。這也反映出對知識分子所提倡的民族主義思想的興趣，知識分子及宣傳團體（日耳曼主義團體、殖民協會、航海協會），憑藉德國工業的資金，並獲得輿論方面的支持。人們找到一種合法的擴張政治，在歐洲內部給帝國帶來重要的地位，在歐洲以外給予帝國舉足輕重的國際角色。這些觀點被威廉二世和當權者所認同，他們努力加強軍隊，希望德國有一支強大的海軍艦隊；他們在遠東因取得政治方面的支持而引起關注，也因為涉及摩洛哥和中非問題而引起關注。西元1914年，英、法、俄三國的協約被德國解釋為戰爭的機器，德國覺得自己成為被包圍的對象，並因此試圖衝出這種困境。無論是從經濟或是政治層面來看，帝國若以和平方式維持，德國將仍可繼續發展。但在西元1914年7月危機來臨時，帝國向極端民族主義分子及軍隊將領讓步，這些人一直注視著兩軍的對壘，並讓人們相信德國的外交失敗後，武力是讓德國重振威望的最好辦法，儘管要冒戰爭的危險，但這絕對是良好的機會。

第三節　第一次世界大戰

「神聖聯盟」

　　西元1913年德國正處於政治危機之中，此時各派的爭執已到了極點，此也導致了政府之外的各黨派成立了新的組合。社會民主黨主張防禦的策略；各工會主席在愛國情緒高漲中亦鼓動群眾抗爭。這種做法，其目的就是要為戰爭鋪路。一方面社會民主黨人，左翼自由黨人渴望政府改革，即建立議會制度，並以此作為支持政府的交換條件，但德國的保守黨卻堅決地反對。另一方面在右派和工會又以堅決保衛祖國名義致力於戰爭。然而，在首次勝利的狂熱中，那些軍隊將領及資本家即已看清這場戰爭的目的是包含帝國主義及兼併主義性質的戰爭，它粉碎了與敵人和解的想法。從此以後，神聖聯盟就成為歐洲人關注的問題。

經濟與社會問題

　　為應付戰爭的龐大開支，政府極力避免中產階級的敵視和輿論的不滿，且拒絕了所依靠的稅收制度，這時通貨膨脹（債券、國庫券、印製鈔券）引起馬克貶值和物價大幅度的上漲。由於國民生產物資短缺，也使通貨膨脹更為加深，在不得已的情況下，當局逐漸做某些經濟方面的規劃，由於信貸、勞動力、生產資料及設備都優先提供給用於國防的企業，因此導致消費方面須採取嚴格的限制，另外，農業生產明顯地下降，使德國從西元1916年起再也供不應求。儘管國家採取經濟限制措施，但城市的供應還是變得越來越不穩定。戰爭經濟使軍隊在物資及供應上的需求從始到終都不匱乏，相反地，城市的人們因通貨膨脹而忍受著飢餓，他們的購買力也明顯下降，營養不良亦使他們痛苦不堪。然而，少數從戰爭中獲益的人（工業資本家、地主、不法商人，他們靠著投機或黑市交易獲得暴利）卻藉戰爭的機會得到好處，此也導致了多起的示威、罷工以發洩人們的不滿情緒。這些運動起初是自發性的，西元1916年分裂成立社會民主黨左翼的組織。這個組織具有幻想的特徵，它號召勞動者準備革命，並徹底推翻資本主義，但它的災難不斷地加深，不少人也因此不幸喪生。但德國革命也得到了更廣大的迴響，西元1917-1918年初，一些聲勢壯大的罷工爆發，但它們沒有以往革命的特徵，也沒有對戰爭產生明顯的衝擊。

政治難題

斯巴達克派（Spartakistes）及社會民主黨的分裂削弱了社會民主黨的力量，使他們得不到群眾的支援，爲此，大多數的社會黨人決定不再與政府合作。左派自由黨（進步黨）和中央黨都調整自己的政治態度，以防革命風潮席捲全國。西元1917年春這三個政黨在國會中形成多數，他們宣布帝國以和平爲訴求並要求撤換貝特曼‧霍威葛（Bethmann-Hollweg）首相，因爲他從不推動政治改革，其實這給保守勢力和軍方留有自由的籌碼。因爲大部分的政黨都各自分裂，在民族宣傳主義者的眼中他們都是失去威信的政黨，而民族宣傳主義一方面是改革的參與者，另一方面又顯示出其軟弱無力及求和的心態，所以德國的權力也就掌握在軍方手中。興登堡（Hindenburg）和路登道夫（Ludendouff）將軍實施一種眞正的獨裁政治，並把這種意願強加於米凱里斯（Michaelis）及赫特林（Hertling）首相。在不滿和騷動不斷增加的同時，端看他們是否能成功地終止這場紛爭。

倒臺

西元1918年軍方的失敗引起政府領袖的抗議，29名成員一致要求立即停戰，且在議會的基礎上重組政府，問題關係到如何安置威爾森（Wilson），以避免在無政府狀態下被革命高潮所替代，並使輿論承認失敗是政黨造成的。巴登親王（Max de Bade）親自組成由多數派組成的政府，並獲得國會的信任投票。但帝國議會制的建立，德國普選制的通過及和談的開展並沒有阻止動亂的蔓延。科爾（Kiel）海軍的反叛（11月3日）顯示革命風潮到來的訊號，這場革命迅速地展開，因爲突發的軍事失敗行動引起了人們的恐慌，也激起人們對帝國制度的憤怒，因此，海軍的反叛是這場災難的製造者，並毫無代價地使人們受到不應有的痛苦。如果斯巴達克同盟試圖利用民運來號召勞動者，並組成工人或士兵委員會，以取得無產階級革命的勝利，那麼大多數的群眾就會對他們的示威行動予以有限的解釋，因爲這關係到威廉二世及親王的退位問題，他們阻礙有關停戰的決議取得神聖和平的途徑。另外，多數社會民主黨人都想避開布爾什維克式的社會革命風潮。此時巴登親王委任亞伯特（Ebert）重新出任首相，他組成人民代表參加的政府，宣布成立共和。這一切都是爲了排擠斯巴達克同盟和獨立社會民主黨作爲，因爲他們號召柏林的人民上街遊行反對政府。民族主義宣傳則斷言在前線取得勝利的德國軍隊被這次革命在背後捅了一

刀，只有軍事局面才能使政府首長簽訂停戰協定。這次失敗及帝國制度崩潰的責任完全歸咎於軍方將領，一直到最後，他們仍然拒絕進行內部的改革以及拒絕以和談的形式取得和平。

第四十章

西元1877-1917年間的美國

第一節　農業發展和邊界崩潰

　　美國在這一歷史階段中，它的經濟發展完全使政治因素降爲次要的因素。在經濟方面這段歷史具有二十世紀的特色。

　　南北戰爭期間傑克遜（Jackson）的平均地權及墾荒精神可以說是獲得勝利的關鍵。西元1862年，美國的移民土地法規定，只要不參加南部聯軍，所有的美國公民都可以免費得到160阿爾鎊（Arpents，舊時土地面積單位）的耕地，但這個公民必須在美國居住或種植達五年以上。

　　事實上，在這二十五年當中，美國土地仍舊屬於自然的狀態（印第安狀態），寬廣的平原和多岩石的高山，人們在這片土地上繁衍生息、開墾耕作。位於密西西比河西部的地區，總人口從西元1870年的700萬增加到西元1890年的1,700萬。有一段極富戲劇性的歷史故事：西元1889年4月22日，在某個特定時間，一群馬車衝向廣闊田野直到不能走爲止，就這樣，這塊地便屬於最先到達的那個人。

　　有兩個基本理由可以說明殖民主義的現象，一是大批歐洲移民的到來，二是建造橫貫大陸的鐵路，前者是西元1869年到達的。鐵路連接密西西比與太平洋沿岸以及美國東部地區，它表現出美國新的特色，此外鐵路置身於沙漠之中，它在移民到來之前即已修建完成，因而也創造經濟生活條件的一切空間，移民和原料，亦迅速地來到這個新天地，而且也保證產品在國內及海外市場的銷售。

　　西元1860年後首批來的那些移民變成稀有金屬的挖掘者──金、銀、銅。他們匆匆地建立許多「新興城市」，但這些「新興城市」又都很快地消失，因爲很快地那些礦脈及稀有金屬不久後就被挖盡，但他們也因此認識了許多地方，並在某些土地開闢農作物產。

　　的確，農業的發展在西部移民中也起了重大的作用，但那種農業形式與已知的農業形式完全不一樣。問題已經不在於如何的開發與開墾，而在於如何完全地利用農場的資源。從此以後，問題在於開發產品，因爲這可以在市場上，有更大的銷售量。

　　由於製冰工業的發展，牛肉也變成了產品。從西元1865年到1885年，人們看到大批的牲畜被趕上大高原的游牧生活，這些牲畜被送到港口，運到芝加哥進行屠宰，然後製成商品銷往各地。

很快地，固定種植的方式結束了長期的游牧生活。由於發明鐵絲網，人們可以將自己的土地圍起來，而且不用種樹；採用旱地耕作法使農民可以在雨量少及不穩定的地帶進行耕作，「大高原」長期以來是印第安人和野牛的地帶，但現在已使小麥產量從17,300萬斗增加到63,500萬斗，玉米產量從83,800斗增加到88,600萬斗，棉花產量從400萬捆增加到1,650萬捆。最大面積的土地，從西元1860年到1890年陸續被耕種，這在美國民族史上是史無前例的。

但大自然對這種征服方式也進行了反撲。耕種前的伐光樹木以及燒光草原之行為使洪水泛濫、土壤流失嚴重，這樣反而使很多地方不適合耕種。有幾年的時間，美國發生了乾旱、蟲災，此和《聖經》中所說的埃及的災難很相似。

同時，美國的農場主人受農業價格下跌的影響，使其痛苦指數上升，其原因乃因農業發展速度過快所致。例如，西元1866年小麥每斗1.45美元，1869年下跌到每斗69美分，1894年又降到每斗49美分；玉米從西元1869年的每斗75美分降到1889年的28美分；儘管農業生產提高，但農業在西元1860年國民收入總值中占30%，而1890年卻只占19%。這種情況十分嚴重，美國農民此後的工作只是為了出售商品和購置那些昂貴的農業機械設備，此也使農民背上沉重的債務。在西元1867-1869年時期，抵押1,200斗種子就可換回1,000美元，而在西元1866-1888年，抵押2,300斗種子才能換回1,000美元。因此，西元1890年有27%的已開墾農場被抵押。在這一階段中，很多新農業地區也出現災難景象，此時傑克遜的舊夢似乎也已破滅。

工業及美國的新面貌

在美國農業快速發展時期，美國也成為世界上第一個工業大國及大型城市的國家。西元1920年代，城市人口超過總人口的50%。工業及新產品的出現，奠定工業化的基礎，進步神速，從西元1790年到1860年，專利局頒發了36,000個專利產品證書，從西元1860年到1890年就又增加44,000個。

工業的迅速發展不僅為了保證美國的權威、財富及生活水準，更是為了給國家樹立一個新形象。為此，它的某些措施與其傳統觀念和思想會有牴觸。那些大工業創始人就是以其方式，發揮企業精神及大膽創新向外開拓，如鋼鐵大王卡內基（Carnegie）、石油大王洛克菲勒（Rockefeller）等；手工業者在競爭壓力下退卻，那些大資本家便毫無阻礙地成立他們獨立的個人企業；每個企業都有其各自的任務，各企業之間的聯繫越來越不受種類的限制；昔日受人輕視的專家也得到重視。在政治生活中，平均主義思想受到嚴重的打擊，因為大工業集團很快地採取托拉斯形式，取得很大的勢力，誰反對他們，其力量也就

會被削弱，並變成少數。於是，鐵路公司終於控制各州，這與控制加利福尼亞是同樣重要的事情。

在這些巨型城市和工廠中，雲集完全新式的人。他們之所以新，是由於社會條件所造成的，如一個工人可以在某種情況下，比過去時期的開墾擁有更充足的物質生活，但他從此卻成爲別人的附屬品，儘管有很多「白手起家」而成功的例子，但他們從這種社會條件中跳脫出來的機會，從統計上看則是很小的。這些人之所以新，在很大程度上乃是由於他們的組成所決定的，而這也主要關係到移民問題，從西元1860年到1900年就有1,400萬人到達美國，從西元1900年到1930年又有1,800萬人來到這裡。盎格魯－撒克遜人、德國人及斯堪地那維亞人因爲都具有相同的氣質，而在美國構成同類型的種族。但是從西元1890-1900年起，大多數的移民都來自南歐和東歐，這些新來的移民對於個人的創新和民主制度都還不太習慣，而且有一大部分是天主教徒、東正教徒及猶太教徒，但卻沒有新教徒，特別是美國在西部地區，這些移民都具有驚人的世界性特徵。工人的主體性質並沒有因爲社會主義的運動而表現出來。西元1872年成立「勞動改良黨」的企圖失敗，但是工會運動卻持續增加，西元1869年「勞動騎士團」成立，並號召所有的勞動者組織在同一個團體裡，這個組織的成員於西元1886年達到70萬人，但芝加哥卻不接受它的存在，後來被「勞工聯合會」所取代，兩者之間的觀念也截然不同。「勞工聯合會」的創始人塞繆爾·龔波（Samuel Gompers），他只想對那些可迅速達到的目標進行攻擊。「勞工聯合會」按職業聯合自然地組成聯盟，但一個職業聯盟與另一個職業聯盟間的直接要求是很複雜的。西元1914年，「勞工聯合會」已經接納200萬工會成員，但重要的工人成員卻滯留在這個組織之外。特別是那些礦工，他們於西元1905年組成個別的組織，即「世界產業工人」聯合會（I. W. W.），這個組織主張武裝行動。儘管發生過某些極猛烈的社會衝突，但總而言之，美國的工人與其說用美國制度來作交易，還不如說，最大的好處就是他們從美國的制度中獲益。

第二節　西元1896年的選舉及美西戰爭

　　經濟的高速發展，在某一段時間內，提供政治生活方面的利益。共和黨持續地執政，他們被西方金融和工業所操控。民主黨則是農民利益的保衛者，他們被南方人強勢地支持，因此人們很容易以南北戰爭的藉口攻擊他們。人們用「揮動血衣」形容他們主張關稅的辦法，特別是以西北地區的優勢來展現經濟的優勢，西元1890年麥金萊（Mac Kinley）透過稅率的調整來加強保護地方經濟；尤其民主黨主席克利夫蘭（Cleveland）也做了許多努力。然而，就像過去的例子一樣；地方經濟保護主義亦加倍阻礙了農業發展，由於農產品需要出口，所以農業還要忍受外國的報復，因此在農業經濟保護上所花費的代價比工業保護還高。

　　人們對經濟的不滿及對政治的無力感，此外還有在自己所耕作的土地上的孤獨感，種種現象給予人們在土地上更為熾熱的情感，於是「保護農業社」到西元1875年已經有80萬名成員，後來變為「農場主協會」及「民眾主義黨」。它成立於西元1889年底，有一個大膽創新的主張，即廢除國立銀行，鐵路歸國家所有，有期限地廢除種子市場。但貨幣很快便發生問題，如農場主藉口欠債太多，希望貨幣貶值和通貨膨脹。不過在發售國庫券下，這種貨幣逆差問題有助於戰爭中所需的財源。待戰爭結束後，通貨膨脹的支持者突然地要求發展這種貨幣方式，但這場爭論很快就轉向別的領域，即銀幣市場。

　　美國與其他國家一樣，長期以來，一直處於雙重的貨幣制度之下，即銀幣或金幣。這種制度很不方便，因為兩種貨幣標準之間的相對價值經常發生變化，如此一來也擾亂了商業之間的關係。西元1873年布蘭德阿里森（Bland-Allison）法案決定停止使用銀幣，因而銀幣於西元1875-1895年間很快地貶值，與金幣相較，幾乎貶值將近一半。貨幣膨脹政策的支持者要求自由地鑄造銀幣，為此他們得到有權勢的團體支持，這就是銀幣的生產者。但是西元1893年的金融危機使政府決定廢除以前給予「銀幣主義者」的特權，以保證貨幣不受任何爭論的影響。

　　此後，東北部工商業與西部和南部的農業之間，即展開了利益衝突，並在政治舞臺上出現紛亂現象。在西元1896年的總統選舉中，銀幣支持者在威廉‧布萊恩（William Jennings Bryan）的民主道路上設置種種障礙，反對者又重新聚集在共和黨麥金萊（Mac Kinley）的周圍。麥金萊與布萊恩的競選，以700

萬對650萬的選票獲勝。這一結果雖然與美國的傳統習慣不相符合，但卻意味著少數債權人的勝利，事實上，債務人的數目反而更爲龐大。從此以後，美國便擁有大批的公務人員來維持國家收入，這些人害怕通貨膨脹，而工人們也有同樣的反應，他們認爲貨幣危機會導致信貸的危機，進而帶來工業危機，這意謂著有許多人會失業。這是新的訊息，它強烈且清楚地告訴我們，那個屬於拓荒者開墾的獨特美洲精神已經屬於過去。

這一政治事件，雖沒有引起任何的騷亂，但卻強烈地衝擊美國的輿論。這一事件後，緊接著一次軍事衝突，把美國的政治版圖擴張到前所未有的境界，這難道不是一個單純的巧合嗎？西元1898年時期的美西戰爭，因爲幫助古巴人抵抗西班牙人而發生戰爭，一開始他們保障了具理論性質的獨立精神，但同時也使那些菲律賓人完全歸併於美國。

在這些事件中，我們或許能看出一些美國之前的外交情況。這十幾年以來，美國一直對太平洋和遠東問題感興趣；西元1857年，美國強迫日本向西方開放，此外在入侵夏威夷25年之後，美國於西元1897年又將夏威夷群島收爲聯邦之一。對太平洋的興趣使他們迫不及待地開通巴拿馬運河的計畫，因爲他們是這一計畫的主要受益者。如果巴拿馬運河被開通，美國便能控制新的海路，並穩固地建立自己沿岸的海軍基地，這中間當然也有美國對古巴的興趣。

所有這些都極合乎邏輯，但麥金萊總統仍舊反對這種政治干涉，他下令不要只看到周遭環境，因爲熱衷於干預政治的老羅斯福（Theodore Roosevelt）此時還不具有舉足輕重的地位，且一點也不影響共和黨主席馬克・漢納（Mark Hanna）的地位。其次，麥金萊也不忘提醒，人們不要只看到經濟利益，如果製糖業都向古巴投以巨資，那些工業家，如卡內基（Carnegie）和希爾（Hill），則會主動地爲了價格而聯合。其實，麥金萊已經向這突如其來、難以抵制的輿論讓步，並儘量地讓民主黨（除了布萊恩）、民衆主義者及共和黨感覺到他的努力。我們似乎應該把這次擴張主義和邊境大戰的結束連結起來，也就是說，占有美洲土地的欲望從今以後即已經結束，美國應該將注意力往內部發展，在自己的領土上美國應致力於移民及商業擴展的關係。

改良主義和進步主義

經濟的蓬勃發展使一些覺悟的美國人意識到巨人症的壞處。從廣意而言，那些大城市不僅有數不清的社會問題；同時，那些龐大的鐵路系統、工業及金融集團的操縱工具也是十分可怕的，它完全與平等的民主精神相違背，比那

種行政措施的不穩定性更使人沉重，其結果就是「掠奪制度」，這些錯誤使他們走上腐敗墮落的道路。這種統治政策也是由於聯邦體制所造成的，很多小州由於勢力單薄而無法保障其大企業，這些小州之間的競爭也並非爲了爭奪那些大托拉斯所賜予的好處，因爲，紐澤西州即將成爲那些股份有限公司的稅收天堂。我們同樣還發現對於一個國家自然資源的過度開發，其實是對資源的浪費，而且對任何人都沒有好處。到頭來，人們會對那些還置身於這些繁榮之外的人感到興趣，例如最近的移民潮或是黑人問題等。

在所有這些問題面前，美國建立一套全面的社會改革體制，儘管我們不應該忘記喬治（Henry George）或維布倫（Thorstein Veblen）的名字。他們將問題掀起一場輿論運動，並找出一個具體的解決方案。這就是盎格魯－撒克遜人的改良主義精神。美國那些大改革家都是共和黨人、記者或小說家，甚至是思想家。利斯（Tacob Riis）描寫過大城市的災難，諾里斯（Frank Norris）抨擊壟斷制度，還有萊奧德（Henry Demarest Lloyd）、達爾拜（Ida Tarbell）等都是改革主義者。老羅斯福受上述這些人的影響最大，他一方面欣賞他們，一方面又諷刺地稱他們爲「糞金龜」（專門報導醜事的人）。其實他不是刻意地誹謗，反而是對關心而產生的積極行動很快就出現了迴響。其中最好的例子就是布克·華盛頓（Booker T Washington），他在教育上爲恢復黑人地位做出貢獻。

改良主義運動在各個階層上，特別是在西部和部分州產生重大的影響。我們沒有任何一部完整詳述美國生活及歷史研究的著作，因爲以前這方面的研究一直都沒有包括美國聯邦制度的特點及大量的地方經驗史實。

人們積極抨擊那些職業政治人物的無限權力，他們十之八九都沒有完成其任務，只是靠「掠奪制度」上臺，他們也幾乎都是腐敗墮落的一群，且與特殊利益有著密切的關系。從西元1871年到西元1883年，美國的「行政機構」開始建立，也就是說「常設公務員制度」正式設立，這些公務員只能根據其才能聘任，原則上不受政治的影響。在政治生活中，人們同樣也想進行改革，其目的是爲了避免指定主要職位的候選人，因爲這些職位應通過選舉而產生。有些州設立「初選制度」使選民對某個黨的候選人有再一次選擇的機會，如果選中這個黨的候選人，也就宣布選民本人同樣歸屬於這個黨。由於人們對這個制度希望過高，所以，這個完美的民主制度並沒有廣泛地爲人們所接受。

但是，這並不適合所有的州，如同我們所看到的，人們可以有效地以托拉斯方面進行選舉，其競爭可以建立在民族階級，而且一直發揮作用，並且漸漸地擴展到全世界。西元1887年「州間商業條例」（Interstate Commerce Act）投

票通過而誕生，一直沿用至今，這是一個龐大的聯邦控制措施。西元1890年「謝爾曼反托拉斯法」（Sherman Antitrust Law）專門用來保護貿易自由，反對壟斷行為。但是，這些法律只有通過實施才能看到價值，而實施這些法律則要取決於司法權和行政權，但美國司法權長期以來就很保守。因此，二十世紀初有兩位改良主義總統十分出名，一位是共和黨的老羅斯福，一位是民主黨的威爾遜（Woodrow Wilson）。

老羅斯福於西元1901年至1909年間任職總統，他是美國內部計畫的改革者。他努力地控制那些大托拉斯集團，確定鐵路運價的規章，監督食品及製藥工業，並保護自然資源。西元1912年的大選中，他毫不猶豫地粉碎共和黨聯盟，表示反對官方支持的保守派的塔虎脫（Taft），而這一分裂也保障了民主黨威爾遜當選。

在威爾遜倡議監督大托拉斯活動，對大托拉斯的監督也由於「聯邦貿易委員會」和克萊頓條例的建立，被推向了更高的階段，而克萊頓條例亦禁止價格歧視和所有的壟斷行為。同時，美國還決定要建立中央銀行，儘管這是長期以來大眾質疑的目標，但要在美國建立一套長期的先進貨幣制度，卻又是不可或缺，從此以後，這個以工業為重心的國家亦不能就此作罷。其實所有這一切都是為了儘量地減少東方金融家對本地的影響，這種影響一方面來自於銀行組織，它具有聯邦的形式（組織聯邦儲備體系），此形式是用來保護各地區的自治權力；另一方面來自於領導機構（聯邦儲備委員會），它基本上由政府任命，不受大股東的干涉，以上這些措施也都背離當時法國及英國的做法。

不管這些措施多麼地重要，它們都很快因為外交政策的因素而被擱置。威爾遜在此清楚地暴露他的空想性格；他所奉行的原則和他所沿用的方法，無論對墨西哥事務還是對歐洲戰爭的事務，都做出極其重要貢獻，這個貢獻亦得到大部分美國輿論的認可，其反應最終仍會妨礙改良主義本身。

第四十一章

十九世紀的俄國

第一節　改革的必要性及艱難性

「我期望有人能指出農民對莊園主的依附與貴族對君主的依附兩者之間的區別……我認為在由貴族、商人和其他人士構成的自由階級中，而不是在自由的俄國人民中所存在兩個階級：即君主的奴隸和領主的奴隸。前者只有在與後者比較時才能稱為自由民，換言之，在俄國除了乞丐和哲學家之外，沒有真正的自由人。各階級之間的比較也消耗掉了俄國人的大部分精力，在這些關係中上述兩種奴隸因彼此相互比較而有階級之分。貴族關心農民是否服從他們無限的權力，而農民所關心的貴族也處在對王權依附的同樣等級上。貴族由於沒有任何政治地位，所以他們必須在其收入、土地和耕作上，甚至從國外引進的耕作法，使農民屈服於其土地。農民則處於被壓迫的奴隸地位，但也因此認識到王權是唯一能夠限制貴族權力的平衡力量。」

這段文字摘自沙皇尼古拉一世和亞歷山大一世的忠實僕人，改革大臣斯貝昂斯基（Speransky）的備忘錄。這段文字給人一種印象，顯示出能使社會改革完全停止的均衡力量，但有很多因素能夠改變這種最初印象。從本質上講，俄國不想、也不能獨立於世界之外。直到西元1915年，俄國還認為自己是歐洲的主宰者，從那時候起，俄國即渴望在國外扮演強勢的角色，而俄國的社會狀況也與政府的軟弱無能、教育落後及經濟發展緩慢相關。俄國的君主制度同時也存在著改革的傳統，即實現現代化和俄國的歐洲化，這個傳統從彼得大帝的崇高威望中獲得信心力量。很多讚美專制的人沒有看到這兩種制度的關係，因而對消滅官僚主義會感到不安。此外，對社會的效益無論如何不致於阻礙教育的進步，它只會促進教育事業的發展，由此產生的結果對俄國的傳統秩序亦構成極大的威脅。最後，在最高政府階層裡消滅奴隸制的計畫也開始動搖。這個制度在十九世紀初就已明顯地過時，因為這個制度將會阻礙經濟的發展，也因此尼古拉一世在歐洲被看作是反動的化身，他與奴隸制度基本上是相對立的。但他不敢更動這個制度，因為這將動搖貴族自身的存在基礎，若他改革奴隸制度，那將是一場難以估量其後果的革命。

貴族從自身角度出發，企圖擺脫受人尊敬的束縛，他們一旦有機會就試圖在政治中發揮其作用。在凱薩琳二世時期貴族對農民的控制更為嚴厲，致使開明的凱薩琳專制政府被盜名竊譽。在歐洲的影響下，貴族們的後裔以軍官的身分經歷了拿破崙的戰爭，因此他們有機會走遍了歐洲，在行軍中他們也學習認

識了許多新事物（在俄國他們無法享有這種學習的經驗），從這時候起，貴族們對立憲制度的期望即不斷地增強，在十二月黨人的策劃下，終於在西元1825年即迅速實現這種願望。

斯貝昂斯基（Speransky）對問題的分析似乎有些過於簡單。政治改革者，他們腦中充滿西方的觀念；相反地，他們宣稱廢除奴隸制度。但立刻又有新的問題出現：土地歸誰所有？這些年輕的貴族認為戰爭仍然是對貴族的剝奪，那麼就應該剝奪農民嗎？空想理論家、浪漫主義者、改革家無視這種殘酷的現實。其中最激進的人物貝斯特勒（Pestel）還拼湊一個龐雜的計畫，為了這個計畫，他們幻想俄國的土地可以無邊無際地開墾。而生活在土地遼闊而又人煙稀少的國度裡，居民自然會產生這樣的幻覺。當然同樣的情形也會發生在農業技術落後的國家，然而俄國「自然」經濟唯一基礎的「土地」亦將越來越匱乏。同樣地，土地也是現代經濟指標的重要條件之一。

整個十九世紀的俄國歷史一直伴隨著社會經濟問題的演變而發展，因為，在君主統治下按年代劃分，「反動派」和「改革派」沙皇之間的對立，或同一時期之內的「自由期」及「反動期」兩者的對比，在俄國君主專制傳統的延續下，這些皆顯得相當人工化。

農奴的解放

就整體而言，改變俄國歷史發展的措施，是環境之下的產物。究竟有哪些方面的改革措施呢？

西元1855年爆發的克里米亞戰爭充分暴露俄國軍力的薄弱，這支軍隊在西元1848年曾經是歐洲秩序的維持者，沙皇非常關心這支軍隊，但沙皇統治的機制就這樣暴露出自身的弱點。此時，尼古拉一世突然去世，隨著新王朝的建立，也出現新的希望。新沙皇亞歷山大二世，就其個人而言，他的自由主義及改革作風獲得好評，更確切地說由於奴隸獲得解放，因而此次政治運動的成果更加令人印象深刻。

農民的不滿情緒愈演愈烈，不得不使我們相信俄國的統計數字，西元1926年至1834年就發生48起土地糾紛案，西元1835年到1844年間發生216件，西元1845年至1854年發生348件，西元1855年至1861年發生474件，而且持續增加中。由於搶劫、凶殺、縱火和地方性暴動，使農業生產遭到嚴重破壞。更加令人不安的是各地急速傳播的謠言，例如克里米亞戰爭期間，傳說沙皇將解放參加戰爭的農民。

如果農民騷亂繼續惡化，那麼農奴的處境則可能會更加惡化。有跡象顯示

貴族要收回農民原本擁有使用收益權的土地。此外，農民得償還積欠貴族的實物徭役和現金債務。徭役負擔似乎與債務一樣不斷加重，在某種情況下，兩種負擔是結合在一起的。

　　為什麼農奴的處境會日益惡化？因為貴族的經濟狀況越來越糟糕，同時他們的債務也越來越重。因此，他們需要通過地產獲得更多的收益。此外，在俄國還流傳這樣一種觀念，即自由勞動可以創造更多的財富。

　　當我們追溯問題的原因時，應該思考為什麼貴族的經濟狀況會日益惡化。這裡缺少必要的佐證，然而，我們還是大膽地提出一個假設：由於法蘭西第一帝國戰爭和法國中產階級戰爭所造成的混亂，迫使與西歐國家有密切關係的俄國貴族從中產生新的需求。他們習慣於把子女送到國外學習，並讓他們獨自生活在那裡，這一切必須仰賴豐厚的經濟收入，而以農業為主的國有經濟是沒有這些收入的，這便是西方對俄國的衝擊。俄國的人口急劇增加，也是重要的因素。西元1815年至1866年，農村人口從4,300萬增加到7,000萬。越來越多的農民在一成不變的土地上艱辛地生活，此外貴族的人口統計數字也像農民的例子一樣急劇上升，因此貴族的生活也好不到哪裡去。

　　新沙皇和他的顧問起初希望能保留給貴族一部分解放農奴的道德自發性，但是貴族辜負了這份期望，他們致力於解放農奴的改革家卻只占少數。西元1861年廢除奴隸制度則是傳統的君主制度從上而下強制推行的政策，尤其是仿效彼得大帝的風格。

　　使農奴獲得人身自由並不是最主要的問題，問題在於以間接的補償方式償還地主，因他們租借一部分土地資源給農奴使用，好比這些農奴是他們的雇員一般。但主要的困難在於如何使用土地，我們可以設想給農奴人身自由但不分土地給農奴：這是最粗暴、最具經濟效益的「普魯士方法」，但俄國的官僚階層則擔心公共秩序遭到破壞，他們不願意無代價地建立一個強大的無產階級，其基本的困難是土地的處置，可以想像給予農奴個人自由，而不給他們土地。

　　對貴族進行全面的改革是不成問題的，但改革也確是一系列妥協的產物。農民除了自己房子周圍的花園不具爭議性外，他們有權可以再買一部分土地，多數情況下比他們租種的土地小，但他們視同自己為佃農般地耕種，另一部分土地則由貴族支配。西元1877年大量合法轉讓土地交易成立，農民的土地上升到16,670萬畝。另一方面，9,400萬畝土地變成私有財產，其中的7,400萬畝歸貴族所有，剩下的16,600萬畝歸國家和地方行政單位所有，這主要是指森林和沒有開發生產的土地。

　　貴族將其土地轉讓給農民是用來作為其補貼之用，這些土地的大部分面積

被廣泛種植。國家通過適當的方法把補貼的五分之四分配給莊園主，並由農民在49年內分期償還，多數農民背著沉重的債務負擔開始自由的生活。改革擴大了俄國村社的權力，這些村社有不同的名稱，其中有歐洲最出名的米爾村社（Mir）。一切土地都歸村社所有，村社有權根據家庭的需要定期重新分配土地。村社負責分發補貼款項，同時還要監督村社成員的活動，以免有人藉逃離來逃避他們應盡的責任。最後，村社還繼承與貴族相等地位（但受國家保護）的行政權和司法權，而貴族階級則由於農奴的解放失去這些權力。

社會的重大改革也影響到官僚主義，越來越多人感受到制衡力量的必然現象。此外貴族階級掌握受嚴格限制的選舉機構，難道不該開放給被解放的農民？況且很多貴族在代議制機構裡對農奴權力喪失的公正補償，要求成立國民議會在此也表現出來。

沙皇一心想要維護君主專制制度，而這種思想也包括改革最堅決的大臣們，像密羅可納（Miloutine），他提到彼得大帝的傳統。西元1864年代改革中的讓步，它是地方和省議會的制度，而不是整個俄羅斯。地方代表自治會所有的社會階級，根據複雜的選舉，使貴族階級占重要地位。但地方自治會的權力非常有限，他們的活動也受到嚴密的監視，然而，他們卻起了非常重要的作用，因為地方自治會是表現公民倡議的唯一場所。

這些機構具有重要功能，但人們的感受則是普遍的失望。最明顯的例子可能是在農民中快速傳播的謠言，這些傳聞有時會引起流血事件。由於這些謠言，法令賦權只由官僚和貴族的假法令取代沙皇真正的決定（解放農奴法令）。

十八世紀九十年代的轉折

解放農奴和土地改革並未產生迅速的效果，這是由於實施的複雜性和過渡的長期性。而農村的人口急劇增長，從西元1860年的7,000萬增加到西元1897年的11,300萬，這些獲得解放的農奴需按年償還土地補貼的款項和稅款，因此他們也承受著沉重的債務負擔。無疑地，他們除了必須履行的債務之外，還要提升穀物的出口量。

穀物出口在西元1836年到1840年占俄國出口總額的15%，西元1846年至1850年占31%，西元1871年以後約占50%，穀物出口比例的不斷增加也意味著對外貿易的不斷發展。不管以什麼價格出售穀物，都構成俄國對外經濟關係的基礎。

農業生產的增加與其說是由於運用先進技術，不如說是擴大耕種的面積之

結果，巴海勒（Barel）對此持肯定態度。但是，嚴酷的現實推翻了他的統計學：西元1891年的饑荒造成農業生產的困境，由此直接或間接地引發了很多嚴重事件，這些事件將改變俄國的現實狀況。

沙皇制度下的官僚階層在歷史思想運動中，不管怎樣的變化也無動於衷，但他們總是會受到外界事物的影響，而他們也從未等到危機降臨才去思考如何幫助農民。西元1881年的法律解決了過渡時期農民的臨時債務問題，這些債務與奴役剝削並沒有多大區別，只是減少償還每年繳交的款項。一年以後，以農民為對象的國家銀行成立，此是為了方便農民贖買土地。與此同時，另一家國家銀行也開始營業，目的是避免貴族出賣他們的地產。西元1887年，農民需每年向地主交納的現金租稅被取消但直到西元1903年，償還地主債務的村社共同義務才進而廢除。

俄國的饑荒發生後，有關於西伯利亞移民問題使沙皇頗有為難。在當時，移民至西伯利亞幾乎是不可能的事情，因為這會被看作是一種竄逃的方式和規避共同義務的手段。西元1882年到1892年的十年間，每年偷渡至西伯利亞的人民，年平均超過41,000人。隨後，又從西元1894年的65,000人增加到1896年的19萬人。西元1901年至1903年降到12萬人。西元1906年，境內宣告可以自由移民，西元1908年移民人潮高達759,000人。大批人口的遷移並不重要，這是世界人口現象之一，與其說是出於戰略考慮（建造西伯利亞鐵路和俄國帝國主義勢力在遠東的發展），不如說是經濟的原因。他們也沒忘了在西伯利亞散播以平均主義為基礎的民主作風，這種民主與太平洋沿岸的美國西部地區的民主極為相似，但與俄國的傳統社會相距甚遠。從西元1896年到1914年移居到西伯利亞的居民已達近350萬，然而移民並不能解決俄國人口過剩的問題。與此同時，農民總人口已增加到大約3,000萬。

因此，工業化是俄國唯一的出路，目標也越來越明顯，實現工業化是一個持續的過程，這一過程自農奴制度時期就已開始，並不斷地加速發展。

工業增長率（每十年的年增長%）

年	德國	俄國	美國	世界平均數
1860～1870	2.5	5.0	3.2	3.1
1870～1880	3.3	2.7	4.4	3.2
1880～1890	4.8	4.7	8.6	5.2
1890～1900	5.0	8.5	3.3	3.4
1900～1910	3.2	3.2	5.1	3.9

以上數字提供一個高速發展的圖景，甚至高於德國的發展速度，與美國保持同等速度發展。但是，我們也不能過分相信統計出來的比率數字，因為俄國的工業基礎基本上要比兩個競爭對手薄弱得多。另一方面，有一現象足以激勵人心：西元1890-1900年出人意料的工業高速度發展。我們或許可以想像，已喪失掉部分土地的貴族，因將其一部分津貼投資在工業上而重新致富。事實上，以此種名義預收的60,700萬盧布中，有42,500萬盧布要用於抵償現有的抵押債務，同時，他們又增加新的債務。在貴族階級衰退的經濟中，特塞沃的著作表現出社會佐證的價值。從西元1860年至1890年的工業化，在很多政策上造就了不少貴族的債權人，同時其工業化也兼具手工業特點。

從西元1890年開始的工業化運動也表現出明顯不同的特點。工業化運動同時與政府的兩個措施有相當程度的關係。第一個措施是加快鐵路建設：鐵路從西元1880年的22,865公里發展到西元1890年的30,596公里，一直到西元1904年的59,616公里。西伯利亞鐵路顯然是在這種努力下的驚人結果，而這種努力還推動冶金工業和烏克蘭煤炭工業的發展，同時也發展巴庫的石油工業。第二個措施是西元1892年法俄聯盟：法俄聯盟向俄國打開通往法國「藏金之地」的通道，並向俄國提供最短缺的生產要素──資金。西元1917年外國對俄投資總額估計可達22億4,300萬盧布，其中法國投資占其總數的三分之一，這還不包括國家借款部分，大部分投資都直接用於工業建設。

從此，工業的發展主要體現為現代大型企業。與此同時，工業無產階級也隨之發展，第一次世界大戰前夕，人數達到300萬左右。與俄國的總人口相比，這只是很小的數字，但是，無產階級都集中在少數無關緊要的部門。

十九世紀九十年代的土地危機使地方自治會重新活躍起來，他們立即組織救援遭受饑荒的人，相反地，官僚主義過於遲緩，而顯得對克服饑荒無能為力。由於自由主義者意識到自己的作用，重新提出西元1860年的請願，由中央政府裡的人民代表把各個不同的地方自治會組成聯邦，形成一個統一的組織。西元1896年召開地方自治會領導人出席的大會，沒有得出結論。但是，各地自治會形成投票通過議案的習慣，他們僱用的職員開始在各地區物色成員、專職人員，並安排職務，發動革命的或改良主義的運動。

各個公共權力機構，如國家機關、教會、地方自治會不論出發點為何，都開始發展，尤其是初等教育方面。亞歷山大三世統治時期（西元1881年至1894年），教會堂區學校的學生人數由105,000人發展到981,000人，西元1904年共有336萬名兒童在隸屬教育部的小學就學，還有190萬名兒童在教會學校就學，中學生也從西元1895年的224,000人發展到1914年的53萬人。西元1908年的一

項法律甚至制定初等義務教育法，預計到西元1922年全面實施義務教育法。普及基礎教育顯然與推進工業化具有密切關係，儘管要維持君主專制制度的現狀，但俄國還是開始了現代化進程。

第二節　西元1904-1905年危機與革命運動

西元1860年改革前，各種革命思想就已在俄國廣泛地散播，西元1861年屠格涅夫（Tourgueniev）出版小說《父與子》就是其中的證明。但是，這些思想只是侷限於知識界、大學校園，亦即只限於貴族和政府官員的子弟。

尼古拉一世統治時期，第一批俄國知識分子普遍具有改良主義思想，他們亦被歸劃到「親斯拉夫」或「親西方人」的族群。可是，這兩個派別之間不能有大的分歧，因為這種分歧不屬於政治上的對立。親斯拉夫的人具有浪漫主義思想和正統觀念，而「西方主義者」則傾向於實證主義和無神論。之後，知識分子活動的中心移到倫敦，赫爾辛（Aiexandre Herzen）也被迫流亡至此，他創辦具有重大影響力的《鐘聲》雜誌，甚至在沙皇的親信間廣泛流傳。赫爾辛激烈地抨擊俄國官僚主義作風，鼓吹農奴解放、出版自由和廢除體罰，但是卻不主張政治改革。起初他對沙皇抱有幻想。但後來對西元1811年的改革感到失望，在其基本綱領頒布後則澈底絕望。

新一代的經濟理論中，除了車爾尼雪夫斯基（Tcherichevski）、畢沙海沃（Pissarev）之外，主張暴力行動的新人出現，例如：巴枯寧（Bakounine）、特卡塔塞沃（Tkaatchev）和著名的涅特塞耶沃（Netchaiev）。西元1863年，人們期待的農民起義並沒有發生，革命者在民粹主義運動中沒有成立民族運動組織即宣告中止活動。民粹主義運動主張進行一場俄國社會主義革命，他們想利用俄國現在的集體所有制來脫離資本主義，即以前米爾〔注：米爾（Mir）為十五至二十世紀俄羅斯的村社〕超越資本主義階段。這些人在農村共同體中構成社會保守主義的基礎，他們反對關心經濟效益的財政官員。

把關心農民的境況放在首位的同時，民粹主義者努力使農民聽到他們的聲音。由於赫爾辛的建議，他們試圖「順從民意」，尤其是西元1874年，是為實現農村改革的重大轉折點。然而，卻沒有取得任何成果。教育水準、思想觀念和生活方式存在著很大的差異，沒有受過教育的農民只看重土地，而不理解「大人物」的理論，這一切都使其理論受到懷疑，這類知識分子對於他們想為之貢獻出一切的農民根本不了解。

此外對群眾所進行的宣傳並不成功，對某些鎮壓措施所進行的報復也造成了部分民粹主義者，逃脫到越來越有經營組織架構的恐怖行動中。他們採取不

同的謀殺方式襲擊沙皇亞歷山大二世，經過幾次失敗，謀殺終於成功。恐怖主義者自然受到各種形式的追捕，他們的所有組織儘管再小心謹慎，員警還是混入其內部，最後他們目睹了非常精彩的歷史鏡頭，這也是二十世紀初的俄國特質，即恐怖組織的領袖同時也是祕密員警，他們策劃並成功地謀殺一些非常顯赫的人物。甚至，祕密員警也越來越常煽動事端以解決問題，使他們投效於革命運動中。

十九世紀最後十年，聲勢浩大的運動風起雲湧，西元1891-1892年的饑荒，使各種民粹組織得到復興，他們於西元1900年創立社會革命黨，但是，現代大工業的出現卻忽視以各種形式呈現的新問題。社會革命黨人相信，俄國的資本主義過於薄弱，以致於沙皇制度的失敗直接導致在米爾基礎上建立的社會黨。然而一些人由於缺乏自信心和堅持令資本主義無法發展，及保守的中產階級還未成立之前，便迅速發動革命。這顯然背離馬克思主義的普遍原則，亦不符合馬克思本人的思想。

從嚴格意義上來說，馬克思主義已經透過普列漢諾夫（Plekhanov）傳播到俄國。西元1898年俄國社會民主黨誕生，隨後又發生分裂。沙皇制度的垮臺使一部分人認為中產階級民主共和國是必須歷經的階段，直到使資本主義充分發展後足夠過渡至社會主義。因此，社會主義者希望與中產階級自由主義者合作，至少是為了消滅沙皇制度。另一方面，部分人想放棄「階級之間的聯合政策」，以「無產階級專政」取代帝國政府，在關於行動辦法和組織方面又出現另一種反對的意見。所有社會民主主義者一致反對恐怖主義的個人行動，其中部分人希望通過宣傳來傳播思想，組成盡可能大一點的民主黨；另一些人，尤其是列寧企圖建立一個集中統一的組織，並透過宣傳散播切實可行的口號，藉此影響群眾。這些分歧或多或少地符合兩個派別的對立：「孟什維克」（Mencheviks）和「布爾什維克」（Bolcheviks）。這些派別即使他們根據原則，也都是由俄國的特殊形勢所產生的。列寧從社會主義黨及黨的行動所制定的理論，特別與遭禁止的祕密組織行動之需求相契合，其宣傳活動的理念亦使貢獻於「走向人民」運動的失敗經驗受到重視。

西元1905年革命

從西元1900年開始，我們可以辨識到俄國內部爆發力的一些前兆。恐怖主義，曾在某個時期被禁錮，且愈發變本加厲。所有的地方自治會從西元1903年9月開始組成祕密聯盟。西元1902年春發生一連串土地紛爭，自此發生在鄉下的騷亂都得到自治會給予的物質援助。另外，無產階級的發展使俄國呈現出嶄

新的面貌：即工人運動的興起。

　　就在此時，爆發西元1904年1月的日俄戰爭。這次發生在境外的戰爭並沒有得到群眾的理解，進而無法得到民族意識的響應。此外，又爆發一場為了反對官僚主義，而發起的援助士兵和家屬的運動，並得到地方自治會的大力援助，而該自治會也第一次意識到自己的力量和作用。在另一方面，俄國政府投入大量兵力在戰爭中。最後，戰敗使社會制度的腐朽顯得更加突出。

　　從那時起，動亂依程度的不同，從各個地方踵躍而至，且有各種組織、各種思想影響著這些運動。就這樣，西元1905年君主專制制度到處都暴露出它的軟弱無能。只用以下幾行字就能描述出全部最引人注目的插曲，自西元1904年11月起，各地方自治會領袖所參與的會議宣布成立擁有立法權的國民議會。西元1905年1月，聖彼得堡在「紅色星期日」，由東正教神父加鮑納（Capone，他同時兼任祕密員警，所扮演的角色永遠是個謎）領導的萬人和平示威遭到軍隊鎮壓。此時農村騷動與日驟增，被戰爭拖垮財政的政府已失去軍隊的信任，叛亂也時有時無地發生。因此，政府決定取幾條寬容的措施，特別在西元1905年10月17日宣布實行代議制，這個讓步可以扭轉整個局勢的發展。一方面，韋特（Witte）內閣從法國獲得一筆可以使俄國擺脫財政危機的貸款；另一方面，工人運動和社會民主主義者堅決要把革命進行到底，但他們從此也變得孤立無援。10月13日成立的聖彼得堡蘇維埃，在舉行總罷工的企圖失敗後於12月13日停止活動。12月，莫斯科工人因起義經過八天的城鎮，最後仍被鎮壓。

憲法制和斯托雷平改革

　　自西元1905年11月到1906年4月建立起代議制機構。與國會相比，它的成員一半是由選舉產生，另一半是被任命的。從這時起，當選的杜馬（Douma，沙皇時期的議會）在各種限制的條件下掌握立法權：內閣部長不需向它負責；如果議會投票通過預算、軍費及海軍支出即可避開它的監督，也包括皇宮內閣的支出；行政權在緊急情況是不受限制的。另外，杜馬並不是由直接選舉產生的，而是由各等級根據不同的間接選舉方法和納稅情況產生的。具有廣泛性的代議制度能贏得農民的信任，並忠實於沙皇，以抵制各種破壞性的思想。

　　人們立即明白了解，第一屆杜馬的當選事實上沒有保守黨成員，但卻有30到40名溫和自由黨人、180名擁護憲法的民主主義者、100名勞動黨黨員，還有大約100名擁護左派的無黨派農民。第二屆杜馬的當選只是在是否允許社會黨出席問題上與第一屆杜馬稍有區別，因為社會黨曾經抵制過第一輪的選舉。

　　隨後又發生杜馬和政府間的爭鬥，杜馬宣稱只建立一個直接普選產生的議

會和議會政府，與傳統的政治主張相互對立，後來又出現更重要的社會主張，即為農民的利益而徵收貴族的土地。不同的方式取決於當事人，杜馬因此就要如實地響應農民對土地的永久性需求。同時，負債的貴族也清償他們的土地，這是為了商業資產階級，尤其是為了農民的利益。貴族經過土地改革後占有土地達到73,200萬畝（dessiatine），到西元1900年減少到5,400萬畝，西元1905年減至4,450萬畝。

政府不能允許如此大量收購土地，因為大量收購土地可能會透過各種方式重新使私有財產與訴訟案件相聯繫。政府為了私有制而進行土地改革，然而採取的是截然不同的方法。政府終於決定解散米爾（Mir），即使它曾得到細心保護，甚至曾得到亞歷大二世的加強改革，這個政策需做大幅度的更改。無疑地，這是對米爾的管理作用失去信任。另外，農業的發展在總體上而言也停滯不前，農業的危機幾乎到刻不容緩的地步。最後，整個西元1906年取消對贖買的補貼，米爾完全喪失作為農民支付款項擔保的作用。在韋特（Witte）伯爵策劃下的改革得到斯托雷平的響應，他是沙皇時期最後一個很有名望的首相。改革的目的首先是讓那些盼望改革的人放棄米爾，重組他們完全自由開發的個體經營方式。但是，改革並沒有從經濟因素得到啟發。事實上，改革不利於農業資本主義的產生，只是規定每個農民擁有財產的上限。而其主要目標僅是建立社會政治秩序：即組成一個從事個體經濟且人數眾多的農民階級，他們可能因此成為保守的經營者。另外，他們還實施向外移民政策以解決改革方案中欲擺脫的農業人口過剩問題。

斯托雷平（Stolypine）不主張沿用杜馬的這些措施，他毫不猶豫地希望這些措施能透過緊急法令程序予以解決，他甚至要在解散當選的第二屆杜馬之後仍採用這種方式，以便修正選舉法，減少分配給農民和工人代表人數的名額，並同時增加地主代表人數。他因此贏得溫和改革派和保守派的多數支持，西元1910年溫和改革派和保守派以法律支持其土地改革。

斯托雷平改革的實際效果則難以評估，並引起激烈討論。從未有必要區分不同類型的國家和不同地區，以及那些無法實現的東西。然而，確切地說共有幾百萬家庭要求退出村社，以西元1908年和1909年尤為突出。其中一部分人組成集中的農業經營，另外一些生活更貧困的人急於賣掉所擁有的土地。同時，一些村社成員也強烈反對那些想退出村社的成員。至於農業的方法是不能直接改變的，因為個體農民缺少資金，就一般方式而言，俄國農民有可能實現社會的轉型，如果這種轉變擁有足夠的實施時間，或者如果農業人口過剩問題能夠自己解決，則俄國農民可能可以實現社會的轉型。

第三節　世界大戰中的俄國

　　對於俄國為什麼參加西元1914年世界大戰的問題，需要從各方面進行廣泛的探討，在此可以不把有關外交史的事實考慮在內，我們僅限於釐清與俄國國內歷史有關的問題。

　　沙皇統治時期的俄國，包括歐洲境內部分，長期以來就是一個多民族的國家，從信仰天主教或新教的西方人，如波蘭人和德國人，到眾多來自亞洲的伊斯蘭民族。在君主專制制度下，任何事情在原則上都是不重要的，因為對沙皇個人及其王朝的忠誠，就能夠在臣民中形成強烈的道德約束。然而，十九世紀的民族運動在歐洲的其他地區具有自由主義的色彩，且影響到整個俄國。這些各種形式的民族運動在原則問題上相互矛盾，又相互對立。首先，在俄國像在其他國家一樣，各少數民族已經意識到他們之間存在的差別，至少在文化方面是如此。對於波蘭人而言，民族運動總是具有政治色彩，這種政治色彩在西元1831年和西元1863年的兩次動亂中表現得非常突出。確切地說，沒有人模仿波蘭人的做法，但是卻引起沙皇統治的強烈反感，尤其是自亞歷山大三世開始就採取俄羅斯化的全面措施，目的是在每個地方都強迫使用俄語，並在可能的情況下接受東正教信仰。這只是希望在俄國各民族的統一中從政治上找到新的合法性。新的合法性削弱舊法的影響力，不僅體現在抽象的原則方面，也表現在更加具體的方法上。對屈服於沙皇天生追求和平的芬蘭人而言，從他們的人格受到損害之日起，就在首都附近提供避難場所給革命者。二十世紀剛開始，俄國進入一個動盪的年代。沙皇當權者一有機會就煽動平民敵視猶太人，平民屠殺猶太人還得到員警的寬容，顯然這使俄國平民無視社會秩序和法律。

　　沙皇帝國時代的俄國特色導致這樣一個結果——即與歐洲其他斯拉夫團結的一致思想，一般而言此思想是利用種族因素反對法國西元1789年前舊制度下的國家政權。首先是俄國外交的工具，後又成為趨勢的「泛斯拉夫主義」是一件能產生正反效果的武器，尤其在掌控獨裁政治時更具危險性。泛斯拉夫主義有助於使十九世紀上半葉歐洲傳統秩序的維護者沙皇成為同盟國一員，但對捷克人民的自由運動則無益處，甚至在某些國家如波蘭與泛斯拉夫主義和俄羅斯化的政策更互相矛盾。然而，西元1876年至1878年間，俄國已經為保加利亞的利益挑起歐洲的爭端，保加利亞事後也沒有忘恩負義。西元1905年革命後，泛斯拉夫主義變本加厲成為潮流，儘管一些明智的官僚，試圖平撫戰爭創傷

和重整恢復中的政治制度，但在西元1914年斯拉夫主義已經是道不可阻擋的熱潮。

不論如何，在戰爭中俄國都投以極大的資源，只有社會民主黨不予以支持，但此種做法很快就發生問題。首先，大批動員1,500萬兵員，這個數字遠大於可以有效武裝起來的人數，也因而出現經濟方面的混亂，這是由於缺少勞動力，以及日益增長的需求所致，需求增加的結果更導致了交通的癱瘓。另外，俄國很快就被外國尤其是西歐盟國瓜分，西歐盟國提供俄國極需的工業產品。

俄國的軍事行動也暴露出其軍隊的疲弱、指揮官的平庸、官員的無能和軍隊醫療勤務的不足。西元1915年在一連串災難後顯得尤為突出，尼古拉二世不合時宜地要求親自指揮軍隊，然而他平庸的軍事才能無法扭轉前線的局勢，軍事的失利使大家對政治制度更加以直接的方式提出質疑。另外，市民政府此後被亞歷珊卓皇后和她信任的官僚所把持，偕沙皇時代的最後一批大臣中未有人認清俄國當時所處的局勢。

自西元1915年，杜馬力圖成為普遍不滿情緒的代言人。與此同時，民間舉措肯定自己的主張，尤其是在救濟傷員和逃亡者方面，以及產業動員方面表現更為突出，此也填補了官方主義的空白，同時也表現出反對官僚主義。西元1916年，俄國經濟受到嚴重破壞，致使俄國形勢陷於絕境；然後，在士氣低落的軍隊中士兵們嚮往和平的願望也日益明顯，同時，一些力圖爭取和平的人士認為唯有澈底地更換在位的官員，才足以挽救國家的制度。社會上亦醞釀各種的陰謀、各種見解和逍遙法外的凶殺案，這曾在西元1916年底描繪出一幅再也無人願意服從已日薄西山的獨裁君主政治之景況。

第四十二章

西元1815-1914年的義大利

第一節　義大利的分崩離析（西元 1815-1861年）

在義大利還處於農業狀態時，開明的專制（我們把它稱爲開明派）就在十八世紀後期，爲舊制度帶來的具體改變，舊制度沒有能夠改變這個半島的國家。在哈布斯堡或波旁家族的統治下，生產及技術幾乎沒什麼改善，也無法提升農民的人口，他們絲毫不能從自己的職業得到好處，反而要痛苦地忍受大地主貪得無厭的需求。由此也產生農民潛在的不滿情緒，社會及經濟都處於閉鎖中（教會國家，熱那亞或威尼斯），改革者通常極謹慎（皮埃蒙特）。在西方文化和古老的南方之間，很難想像這種不平衡會帶來什麼樣的後果。

法國大革命爆發時，開明派的改革企圖遭到挫敗，隨著戰爭及外國的干涉，義大利從中得知法國人民抗爭的新方法，然而，那些惶恐不安的君主卻下令停止改革。在二十年中，這個半島經歷了革命軍隊的勝利，並爲法語化獲得進展。

法國在西元1796年的義大利戰爭後，義大利高地被法國占領，人們看到共和派的行動，他們致力於建立一個模仿法國共和三年的憲法、革命的議會和廢除舊的制度；例如，奇斯帕達納（Cispadane）共和國，很快便改爲內高盧（Cisaalpine）、利古里亞（Ligurienne）、羅馬及帕內特（Parthenopeenre），以三色旗爲他們的國旗。但是，法國占領時期的稅收及對文藝作品破壞也引起義大利人的不滿，同時也由於督政府的軍隊即將放棄義大利，因而造成了西元1799年的血腥抵抗，這場血腥抵抗的犧牲者都是各賓黨人，他們熱愛他們的姐妹共和國，他們是民族解放的首批犧牲者。

首席執政拿破崙和君主政治在義大利引起了注意，且與當時的時局相呼應。這個政權在國家統一的進程中視爲一個階級，以其中央集權的能力而引起重視；這是一種受法國啓示而建立的中央集權立法，它的特徵是貴族掌握行政權。他們進行城市規劃的工程，開通道路，改進港口，使義大利第一次平等地處於法律和公正之前，他們投進了羅馬帝國軍隊的懷抱，使義大利人在日常生活有新的體驗。總之，義大利語言法語化和道德法國化的發展引起了知識分子的回應，如福斯科洛（Foscolo），他們歡迎由革命和法國皇帝帶來的國家統一，同樣也讚揚義大利和平的特徵，但是這種和平的特徵與民族思想的發展相結合，應當在傾覆法國的統治後繼續存在。

法國王朝復辟與文藝復興運動

維也納（西元1815年6月9日）會議的最終條款是特別遵循合法的原則性，對義大利而言表示那些曾被剝奪財產、被趕出皇宮的君主可以重新掌權。以梅特涅著名的聲明，這個條款是「簡單的地理標誌」，從此，在這些重建的國家中，須重設政治邊界，豎立貿易保護的關稅障礙。奧地利把它的霸權延伸到半島的中央，直接掌控倫巴底－威尼斯王國及特爾恩頓（Trentin）和伊斯特利（Istrie），控制托斯卡尼大公國和莫德納（Modene）公國，透過君主進行控制（哈布斯堡、洛林和西部），帕爾馬公國被委託給瑪麗·路易絲，此時，呂克公國與西班牙公主重歸於好，她的表兄斐迪南四世（Ferdinand IV）曾恢復西西里王國。透過在費拉拉（Ferrara）及拉文納（Ravenne）駐軍，奧地利的影響在各省及公使團中蔓延。薩伏依的維克多·伊曼紐爾一世在皮埃蒙特重新建立一個熱那亞舊共和國。就這樣，在法國的統治下義大利是第一個走向統一的國家。舊制度的立法，至少產生部分作用，貴族及教士（特別是耶穌會會士）重新發揮影響，尤其是在莫德納、教會國和皮埃蒙特，反動的貴族受到麥斯特（Maistre）的約瑟夫啟示，約瑟夫卻遭到中產階級的反對，當時的中產階級滿腔熱情地追求法國的思想意識，商業的與共和的熱那亞都反對傳統主義和杜林（Turin）的貴族。

王朝復辟在整個君主統治中央集權立法和行政的過程中，表現得較為穩重，這些君主有能力為政權服務，而這個政權又往往有十八世紀開明改革派的精神。這就是西西里島上人們追求的雅各賓思想及人們想廢除的某種社會變革。

文藝復興運動

義大利的各國復興時期沒有出現任何反對派。此後，追求物質利益但具有民族意識的中產階級便選擇祕密結社，在半島上發展燒炭黨，特別是在南方、教皇國、奧地利國家和皮埃爾蒙。

這些團體的目的（他們來自中等資產階級和軍隊，其一部分追求在法國占領下的相對自由主義，一部分追求拿破崙時期生動的軍事生活）是推翻剛剛復興的體制，並沿著法國大革命的路線，以統一民主的義大利取代這個剛剛復興的體制。但是，那些燒炭黨人並未與人民深入接觸，所以只能在分隔狀態下的義大利發起孤獨的行動，彼此沒有統一的協調，這些行動最多也就是引起國外的報導，從而達到破壞的目的。

　　文藝復興運動在法國王朝復辟之後，表現在復興文化的運動上。它於十八世紀改良主義的浪潮往下扎根。然而，教士及貴族強烈批評開明派和法國大革命的原則，他們在政治和宗教領域中過分地吹噓教皇的職權，於是一場在中產階級知識分子中的運動便展開，同時此運動從宗教評議會（Conciliatore）發展到米蘭，從安塔露琪亞（Antalogia）發展到佛羅倫斯。這些雜誌的編寫人員並無任何主義信仰，只關心一些具體問題，如農業生產的改善、工業的發展、鐵路的開發及儲蓄銀行等，對於這些問題，他們努力提供可行之道：「他們現實的經驗的確為民族意識的覺醒做出貢獻。歷史也是文藝復興的一個領地，歷史學家岡都（Cantu）、托亞（Troya）、巴爾保（Balbo）等都關心義大利的過去；歷史小說方面出名的作家有蓋拉茲（Guerrazzi）和達澤格利奧（D'Azeglio）。文學家有萊奧巴爾蒂（Leopardi）、吉於斯蒂（Giusti）、伯利高（Pellico）、曼佐尼（Manzoni）等，他們認為托斯卡尼方言就是他們的民族語言。最後是音樂，羅西尼和威爾第把義大利人民的獨立、自由的靈感表現在舞臺上。

義大利文藝復興時期的經濟

　　義大利的經濟起步要比西歐其他國家晚一些，但同樣經歷經濟的變革，表現在生產和交換上。這些經濟變革都是資本主義國家中資產階級所嚮往的，且發生在西元1830年到西元1840年半島統一的過程中。

　　農業是主要活力，但農業發展的條件卻不成熟，因為它的產量不穩定，如果三年中有兩年可出口餘糧，那麼每三年進口一批糧食。因此，要重視這微薄的產糧地，及艱苦的開墾者，應當把三分之一的力量用於農作物種植，特別是糧食和葡萄方面。另外三分之一用來植樹造林和修整牧場，因為森林和牧場並沒有好好被管理，常遭火災和野獸的毀壞。十二分之一用於特殊種植（油橄欖、稻米和人工草料），七分之一用於開墾荒地，也就是說在30萬平方公里的土地上，已經開墾281,000平方公里的土地，在倫巴底、埃米利（Emilie）、托斯卡尼及坎帕尼亞（Campanie）這些富裕農村之間的對立會產生什麼呢？在法國占領時期，中產階級賺取不少錢，憑藉這個成就，他們想增加土地收入，試圖進行有效的農業改革。農民的數目有所增長，到西元1860年，每13個居民中就有一個農民；土地的抵押債務也十分嚴重，債務抵押上升到平均產量的12%，在南方達到15%。農業無產階級的條件十分惡劣，但西西里除外。

　　工業方面的起步也比較慢，著名的創造都是利用外國的資金，來自英國、

德國、瑞士，甚至是法國。然而，人們看到許多公司成立，有保險公司、商業公司、工業公司、鐵路公司等。但經濟與關稅的法規不同卻常常限制新企業的發展，應當注意義大利中產階級對國內的商業票據和貼現票據的懷疑，因為貨幣幾乎都是金屬。最後就是各國及技術方面的等級都不同，生產資源及能源方面的來源也不平均。如果我們將這些國家依序排列，會發現第一位是倫巴底，然後是那不勒斯、托斯卡尼和皮埃蒙特。當其他教會國家仍實行陳舊的經濟制度時，威尼斯的經濟卻出現蕭條。在經濟領域中，紡織工業最重要，冶金工業也在缺鐵短煤的日子中艱難地發展。信貸機構自西元1840年以後即發展很多儲蓄所、保險公司及銀行等，它們在工業領域方面也積極推動經濟的發展。北部國家皮埃蒙特、倫巴底、威尼斯和托斯卡尼是率先實行信貸制度的地區。

　　為了實現先進的交易方式，資訊交換問題在西元1830-1840年越炒越熱。一個半島被分隔成許多小的國家，這對半島來講十分不利。

　　這些問題迫使中產階級從政治的角度來思考經濟的問題，建立廣泛的經濟領域在他們看來是自身利益發展的條件，他們設想由資本家階級掌握政權的聯合制義大利。這就是為什麼那些大地主會擔任這場民族運動核心的原因，在他們當中，有的人自願做這一時期的政治人物，並準備統一的工作。對他們而言，發展鐵路、取消關稅障礙、進一步實施自由交易（自由交易帶來許多新的思想）都是義大利繁榮昌盛的基本條件，這些在法國和英國都已經被證實了。

第二節 浪漫主義革命及其失敗

西元1815年到西元1848年間，義大利自由派一直在兩個方面努力，一是反對復興後的君主專制制度，另一則是反對奧地利在半島上的干預。西元1820年1月西班牙革命宣言發表，隨後便爆發那不勒斯暴動，抗議西元1812年的西班牙政府。斐迪南四世與西班牙政府關係密切，他把攝政權交給他們的兒子弗朗索瓦（François）。但是，西西里的貴族很快就與那不勒斯的統治者對立，並召開立憲大會，其目的就是要鬧分裂。特魯博（Troppau）代表大會就梅特涅的提議重申干預的原則，斐迪南明確地表態，他主張捍衛憲法。那不勒斯自由派的力量被西西里島的動亂削弱，他們以前受彼波（Pepe）將軍指揮。彼波是一月暴動的煽動者，後來在列蒂（Rieti）被奧地利人打散。這場武裝暴動造成自由派大量的傷亡，它的陰影一直籠罩著這個國家，直到西元1830年。

皮埃蒙特的燒炭黨人和軍隊也同樣準備革命；亞歷山大里亞及杜林的駐軍於西元1821年3月宣布西班牙憲法；維克多‧伊曼紐爾一世（Victor-Emmanuel Ⅰ）於其兄費利克斯（Charles-Felix）不在的時候宣布放棄王位，他是薩伏依－卡利尼昂（Savoie-Carignan）家族的法定繼承人。後來阿爾伯特（Charles-Albert）攝政；與暴動分子有關的是透過憲法祕密地批准處置反革命分子。然而等到費利克斯回來時，政府委員會已經被阿爾伯特給解散並廢除，阿爾伯特控制托斯卡尼地區。在奧地利人的幫助下，費利克斯鎮壓自由黨人，但這些自由黨人沒有被澈底打敗，他們活下來並結束了流亡的生活。這場突如其來的鎮壓襲擊義大利，使這個半島發生一系列的案件，其中有無數的被告遭判死刑或監禁。

西元1831年的革命

巴黎七月革命的宣言引起義大利祕密社會的行動，被流放的自由黨人與巴黎的自由黨人取得聯繫，巴黎的自由黨剛剛把路易‧菲利普捧上臺，希望得到他的支持。義大利於是出現了首批運動的中心，西元1830年12月路易‧拿破崙和他的哥哥路易試圖煽動羅馬人民造反。他們的陰謀並沒有實現，且也很快就被驅逐出教皇國。由於法國政府表明不干預別國內部事物，於是就成為反對奧地利干預義大利的保證人。西元1831年2月，在莫德納和波隆那等地暴發革命，但弗朗索瓦四世卻逃跑了，瑪利‧露薏絲（Marie-Louise）也離開了帕爾

馬（Parme）。除了羅馬和拉丁地區（Latium）外，整個義大利中部完全處於暴動狀態，外省代表大會宣布羅馬教皇退位，也宣布義大利各省的聯合行動（西元1831年2月26日）。奧地利的軍隊迅速進駐各公國，驅趕自由黨人，最後（西元1831年3月），由於路易·菲利普政府拒絕支持自由黨人，迫使自由黨人在安科納投降。但無論如何，菲利普當時應該派軍隊到安科納與奧地利軍隊一起維持義大利中部的秩序，遲直到西元1838年菲利普才展開行動。而鎮壓行動十分地殘暴，此時聖西埃格政府不顧其他歐洲國家向其提出的審慎建議，致使教皇國重新出現的騷亂也被無情地鎮壓。

民主共和與溫和統一

　　許多祕密社會組織出現在流放中的自由黨人之中，主要是燒炭黨。這些祕密團體證實自由黨沒有能力發動一場成功的革命，該黨的衰弱似乎也無法挽救。他們研究法國君主立憲制的作用及英國的自由主義，由此產生極為豐富的政治思想，並勾勒出兩種取向，一是受馬志尼的民主與共和思想煽動，二是藉由巴爾博及達澤格利奧的著作而發展的趨勢。

　　馬志尼是一位被流放的老燒炭黨黨員，西元1831年他在馬賽建立新的祕密組織，即義大利青年黨（也是一份雜誌的名稱，馬志尼在這份雜誌上發表闡述自己觀點的文章，他是一個具有才華的政論家）。依馬志尼的觀點，上帝給新生的義大利一項任務，即帶領人民邁向統一、博愛及幸福。根據這個觀點，他在西元1834年於伯爾尼（Berne）發起一項運動，即「青年歐洲」運動。但是，對義大利而言，它的新生只能靠它自己。人民群眾的行動，透過軍隊的起義，可以達到建設一個統一、民主的國家之目的。這個綱領很快地宣傳開來，而此運動仍由自由主義的中產階級發動，但這個綱領卻沒有對老百姓產生任何影響，因為他們正忍受著最艱苦的生活條件。普遍的文盲狀態阻礙人民群眾對政治問題及其解決辦法的認知，因此，占大多數的農民無產階級，一般而言比較被動，他們在馬志尼的帶領下，卻都受到鎮壓。這一切都說明了馬志尼在西元1831年到1845年之間行動的屢屢失敗。自由主義的中產階級因而傾向於「溫和」的觀點。

　　西元1843年，吉伯提（Gioberti）修道院長發表一篇題為〈義大利的第一個道德與文明〉的文章，當時他已經離開皮埃蒙特十多年。文章中認為義大利的新生來自於羅馬教皇，並藉由義大利各邦的聯合而產生新生力量。套用這個新教皇派的話說，教會解放基督教徒，成為文化的中心。索薩爾·巴爾博

（Cesare Balbo）也在西元1843年發表題為〈義大利的希望〉的文章，如同馬志尼和吉奧伯爾迪，就心靈層面而言，他也看到義大利民族的目標可在基督教世界裡找到，且重心落在地中海周圍的歐洲區域，但他認為薩伏依應當是義大利統一的基地。馬西蒙・達澤格利奧（Massimo d' Azeglio）記取馬志尼的里米尼（Rimini）失敗教訓，他認為薩丁尼亞將是義大利的核心點，在它周圍將會實現義大利半島的復興和統一。

西元1848年的革命

中產階級提出君主專制的基本問題，因為中產階級也想平分政權甚至取得政權。義大利很快投入與奧地利的鬥爭中，此時義大利的民族解放運動也成為歐洲各國關注的焦點。人民運動的不斷擴展也帶來了經濟危機，就是在這種種複雜的現象當中，義大利半島於西元1848年爆發了革命。

革命爆發前之前兆

阿爾伯特（Charles Albert，西元1831-1849年）首先以專制制度捍衛者的身分出現在皮埃蒙特。但同時他又致力於民法與刑法的現代化。他保證會及時對民族自由運動負責。迫於自由主義中產階級的壓力，他於西元1846年降低貿易保護主義的稅率，並從西元1847年10月開始，採用各種自由化的措施（出版的自由、建立最高法院、公開審判辯論、根據法國現行制度重建區及省的行政機構、廢除特權和過時的機構）。此外加富爾在與卡斯德利（Castelli）所創辦的〈復興報〉上闡述他的經濟及政治方面的思想。

同時（西元1846年6月），伊莫拉（Imora）的主教──馬斯泰・費勒第（Mastai-Ferretti）被選為羅馬教皇，也就是庇護九世，他接替了格列高里十六世的職位。人們看到他仁慈的本質，知道他對民族統一問題也有同感，他讀過吉伯提的文章，是自由派崇拜的偶像，因為他表示將實行等待已久的改革（這涉及行政部、新聞部、建立非宗教人士參與的部門，國家諮詢機構及國民自衛系統）。他反對奧地利軍隊占領費拉拉，由此，他也從輿論的支持中得到好處。他影響托斯卡尼大公立法制定的出版自由，並建立一支國民自衛隊，又與羅馬和杜林磋商，目的是在這三國之間建立統一的關稅。

西元1848年初，為了通過義大利憲法，一些運動也因此產生，例如1月的米蘭動亂，西元1812年制定憲法的臨時政府分離主義運動，那不勒斯憲法出版的宣傳與工人示威罷工行動一致，此外，利卡索利和托斯卡尼的自由黨於11月

取得利奧波德二世的憲章。面對杜林地區潛在的動亂，3月4日，阿爾伯特迫不得已地頒布了基本法令，這個法令委派巴爾博組成憲法起草委員會，並通過採用三色旗，3月14日，羅馬教皇停止了他的專制權力。

除了教皇國的樞機主教還保有基本的權力外，義大利其他城邦國家都模仿西元1830年法國憲章的憲法。然而，西元1848年2月，巴黎爆發了七月王朝復辟事件。

第一次獨立戰爭

二月革命宣言為義大利解放運動帶來生氣。3月18日，米蘭爆發了卡達納奧（Gattaneo）所領導的武裝起義事件，即米蘭五日起義，擊敗由拉德茲基（Radetzky）統帥的奧地利軍隊從明喬河（Mincio）左岸撤軍。起義政府的公國推翻君主制，馬南（Manin）在威尼斯宣布共和國成立。當義大利宣布今後行動自主之後，阿爾伯特來到倫巴底，並帶來他對倫巴底人民及威尼斯人民的支持。這些人民為反對奧地利而於3月25日發起武裝起義。那不勒斯的神父、國王及托斯卡尼都派部隊支持北方的起義，但自由的歐洲及德國卻沒有給義大利的這一運動帶來支持。4月，薩丁尼亞的軍隊到達明喬河，但是，神父因害怕與奧地利教會產生分歧，因此置身於衝突之外。因為吉伯提的新教皇派於4月29日誕生，其發起人贊同巴爾博和達澤格利奧的妥協方式，對他來說，這是唯一可以避免實現社會主義和民主共和國的辦法。然而，那不勒斯國王卻與西西里島的分裂主義者大動干戈，派遣部隊並試圖鎮壓這場起義（墨西拿海峽的炮擊使之得到「再轟炸」的外號）。阿爾伯特推動英國的調解及義大利貴族王國，奧地利也向他讓步，他卻進行快速併吞。不久之後，他的政府就在行政與金融方面的困難中尋求出路。在這段時間裡，拉德茲基開始反攻，並重新占領威尼斯，突破皮埃蒙特到庫斯托紮的防線，獨立的戰爭也開始初嘗失敗的滋味。8月5日阿爾伯特的軍隊在放棄米蘭之後，撤退到泰桑，此時，馬志尼派的加里波底卻在湖區努力地拖延奧地利人。皮埃蒙特的薩拉斯科將軍於8月9日停戰，停戰期間需交出所有先前被占的領土。此後奧地利便處於戒備狀態，因為維也納的革命遭到失敗，匈牙利的革命也重蹈覆轍。奧地利拒絕放棄皮埃蒙特的倫巴底，這一點英、法兩國早就向奧地利建議，另外，倫巴底也沒有得到阿爾伯特的軍事支持。

義大利革命的失敗

西元1848年底，當歐洲的反對勢力普遍形成之後，西元1849年期間義大利也進行一系列的革命運動。動盪不安引起經濟危機愈演愈烈，國家財政陷入重重困境，如皮埃蒙特的正常收入是7,300萬里拉，而現在卻負債17,000萬里拉。政府的解決方法是向共和黨以及來自中產階級的馬志尼派讓步。因此，經濟危機、社會不安及複雜的政治局勢便重疊在一起。在羅馬，羅斯部長試圖改革教皇政府，但卻遭到民主黨（譴責羅斯是專制主義）和耶穌教（反對羅斯的政教分離）的攻擊。西元1848年11月5日是他謀劃暴動的訊號，在這段時間中，教皇離開了羅馬，到那不勒斯境內的卡約特（Gaete）避難。西元1849年2月9日臨時政府在羅馬組成，並組織制憲議會。制憲議會表決廢黜教皇，且宣布成立共和國。

此時托斯卡尼的民主黨亦同樣取得政權，利奧波德（Leopold）大公重新出任卡約特的教皇。然而，蓋拉茲、馬志尼、蒙達納利（Montanelli）的三人聯盟卻宣布成立共和國，並願意與羅馬制憲議會聯盟。於是皮埃蒙特的第一屆議會就推翻了第三屆政府（西元1848年3-12月），第四屆政府由吉伯提主政，偏向左傾。西元1849年21月的選舉民主黨占多數席位，此時，熱那亞爆發以爭取民主為由的軍事起義，吉伯提很快就讓出拉達茲的內閣職位。

議會的多數和內閣重新挑起戰爭，西元1849年3月宣布了停戰宣言。經過六天的戰鬥，皮埃蒙特的軍隊在諾瓦爾被擊潰。在失敗的當天晚上，阿爾伯特宣布退位，並在戰場上將王位交給他的兒子維克多·伊曼紐二世，他於西元1849年3月24日在維尼亞勒（Vignale）簽署一份新的停戰協議。這個停戰協議比過去的停戰協議更加周密，皮埃蒙特被迫放棄以前征服的國家，並支付被奧地利人占領的亞歷山德里7,500萬的戰爭賠款。

此時反對力量在義大利重現，利奧波德二世由於受奧地利軍隊的支持在托斯卡尼重新復職。羅馬和那不勒斯的軍隊重新攻克西西里島，被其他國家驅趕的大批社會黨人匯聚於此，並在馬志尼、阿爾麥利尼（Armellini）、薩菲（Saffi）的三人聯盟領導下進行抗爭，因為，事實上奧地利軍隊已經占據教皇的管轄區，4月24日法國備位總統派出遠征部隊，在烏迪諾（Oudinot）的領導下於7月4日進駐羅馬。此時，加里波底和馬志尼離開羅馬，因為加里波底試圖重返他領導的威尼斯，馬志尼則重新走上流放的道路。威尼斯於西元1849年8月25日投降，西元1848年的革命到此澈底失敗。

在被奧地利占領的國家中，奧地利支持眾多的農民反對城市的中產階級。

羅馬的安托諾利（Antonelli）樞機主教戰勝反對派，當教皇庇護九世於西元1850年4月12日歸來時，安托諾利已為教皇選定樞機主教。儘管有法國政府的謹慎建議，但這個教皇政府仍然抹殺自由主義。法國的長期占領，使人們對羅馬問題深思。那不勒斯的反對派因其繁多的派別而引起世人關注，此外建立治安制度的問題，以及自由黨人強迫流放的問題，都引起人們的討論。儘管有內部的壓力，特別是奧地利的壓力，但伊曼紐二世還是維持原有的自由體制。假如皮埃蒙特為了自由的制度去實現義大利的解放，那麼他也能從衝突的敗退和動盪中擺脫。然而，今天我們應該對它的深度創傷感到惋惜。這些就是達澤格利奧（D'Azeglio）和加富爾所做的努力。

第三節　統一運動

皮埃蒙特的政治強化

西元1849年3月21日，伊曼紐二世宣布王國的基本法則，他委託達澤格利奧處理挽救君主制及恢復國家機制的問題。達澤格利奧已經落實基本法則，他通過了選舉而產生的議院。全體選民投票贊成議會，因為議會贊同與奧地利的和平協議，並藉助已通過的西卡爾迪法律使國家非宗教化，這樣做當然會引起與聖西埃革之間的衝突，以及西元1850年10月11日保守天主教徒的騷動。不久之後，他又掌握金融及海軍的大權。對於他而言，償還戰爭債務和建立共和國的金融是他的職責，西元1852年5月16日，達澤格利奧因病退位。在近十年當中，伊曼紐二世和加富爾也為實現他們浩大的工程而奮鬥，這就是義大利的統一工作。

伊曼紐二世對君權有清楚的認識，但討厭行政工作，他清楚地證明行動的必要性，並激勵他做出決定。加富爾對事物不但有見解，而且也有判斷的能力，且對特殊的環境也有適應能力，他初步掌握屬於勒利（Liri）領域中的管理權。他也是杜林銀行的創始人之一，並長期旅居國外，如英國、法國（他的母語為法語），這使他認識到皮埃蒙特的經濟落後以及根治這種落後的方法。支持自由貿易的人們，希望不斷地在國家中擴大自己平等權利的基礎，不斷廣泛地推銷自己的產品。加富爾想在議會中找一個比較順從的支持者，他在保守天主教徒的反對中，領導「極端分子」的共和黨人、馬志尼派及反教權的人。

加富爾首先致力於國家非宗教化，至少部分地非宗教化。他計劃出售宗教團體的財產，不但可以暫時解決國家的金融問題，並使國家進一步現代化，但此舉卻引起羅馬教廷的天主教徒反對。在杜林中產階級動亂之前，加富爾曾請辭過一次，但旋即被國王重新召回，議會也通過立法，此後保守黨人明確地與內閣敵對。同時，政府和議會也進行革新與軍隊重新組編，因而軍隊的精神也煥然一新。加富爾謹慎地管理海軍，海軍配備有先進的艦隊及在斯培西亞擁有海軍兵工廠。

經濟的復興

皮埃蒙特的復興也同樣表現在經濟方面。加富爾首先吸引外國資金投入，

如英國、法國的資金，一是爲了維持國庫，因爲國庫的收支經常不平衡，二是爲鼓勵工業及鐵路運輸業的發展。

西元1848年國庫的收入是8,200萬里拉，而西元1858年由於增加稅收，國庫收入達到14,500萬里拉。但是公債的數目卻由西元1850年4,200萬里拉增加到1858年7,250萬里拉。儘管加富爾的改革方案付出很高的代價，但仍然取得可喜的成就。西元1849-1859年，生活水準成倍增長。皮埃蒙特擁有一個優秀的鐵路運輸網絡，而灌漑工程也已經開始進行。此外在自由貿易的啓示下，亦產生了許多通商條約，而這些條約也促進商業的發展，皮埃蒙特的海軍力量已經發展成爲義大利第二支強大的海軍。此時皮埃蒙特的工業及商業在義大利半島也處於領先地位，這種經濟優先地位也成爲皮埃蒙特「霸權政治的堅強支柱」。

克里米亞戰爭和巴黎代表大會

王國經濟支持政治革新，又支付對外政治。拿破崙三世事件使西元1815年的條約被重新提起。根據《維也納條約》，此時義大利已經被分爲八個國家，加富爾認爲在歐洲政治範圍內，可將支離破碎的義大利問題提上檯面。

皮埃蒙特參與克里米亞之戰後，伊曼紐二世在倫敦和巴黎受到歡迎，拿破崙三世要求加富爾爲皮埃蒙特和義大利盡他最大的努力。西元1856年3月30日，《巴黎條約》簽字後，加富爾提交一份訴狀，他認爲以前義大利所謂的革命形勢，都是迫於奧地利的壓力所形成。他要求大會的當權者根據民眾的意願幫助皮埃蒙特解決這個問題，這就是皮埃蒙特所要得到的一切。從此以後他們成爲最大的當權者，加富爾擔任部長職務，並爲義大利發言。大會在法國的支持聲中，提出「當政者讚賞的義大利問題」。

對於那些溫和主義者來說，皮埃蒙特是義大利唯一的國家，它能推動統一，他們都是愛國主義者，這一階段他們對加富爾由反對轉爲支持。馬志尼的確不小心地宣布廢除加富爾的政策，但由此而引起的西元1852年至1854年的行動卻都以失敗告終。馬志尼甚至強迫加富爾擔任皮埃蒙特的代表，以保護義大利社會秩序爲由控告拿破崙三世。相反地，西元1848年威尼斯共和國的創始人馬南，卻歸順薩伏依政府，他在西元1856年寫道：「除非讓我和你創造一個義大利，否則我們就不存在。」西元1857年，他爲了掀起義大利統一的運動，創立義大利民族協會，且很快便得到加里波底的同意。最後杜林成爲半島所有自由黨人的避難所，這些自由黨人被各國以武力驅趕，正是在這裡，才產生義大利真正的希望。

義大利王國的統一與奧地利的武力較量

此後的義大利問題進入國際化，在當權者看來，他們自己的態度與義大利內部事件一樣，都具有同等的重要性。英國對義大利表示極大的同情，並給義大利外交上的支持。法國的義大利外交政策卻不大受歡迎，相反地，拿破崙三世卻對義大利表示同情，爲了義大利，他感覺到自己有義務幫助義大利實現統一，但是他應當考慮到法國天主教徒要捍衛羅馬教皇和平的輿論。其他地區的貴族們（普魯士、英格蘭）則擔憂法國在其領土上的新霸權，他們因而小心從事，在這方面也得到了加富爾的幫助，他們懷念拿破崙時代的義大利，他們似乎是偏向聯邦形態的義大利。

西元1858年1月14日的謀殺事件，迫使拿破崙三世採取行動。其實，加富爾已經被邀請到波隆皮埃爾（Plombieres），同伊曼紐二世會晤，會晤期間他們起草一個共同綱領。皇帝宣布，如果找到藉口，就準備在軍事和金融方面支持皮埃蒙特。隨後他公布將義大利整頓爲四個邦聯國家的計畫，教皇則爲國家的總統。這四個邦聯國家爲包括上義大利王國、中義大利王國、羅馬及其外省西西里島，但法國必須收回薩伏依和尼斯兩地。此時拿破崙的表弟傑羅姆·波拿巴與伊曼紐二世的女兒克洛蒂爾德·薩瓦（Clotilde de Savoie）在西元1858年7月21日結婚。

義大利運動及維拉弗朗茲的停戰協議

1月26日，法國與皮埃蒙特祕密簽署一項聯盟條約，皮埃蒙特開始軍事準備。1月30日傑羅姆·波拿巴和克洛蒂爾德·薩瓦舉行婚禮。英國和俄國盡力地緩和皮埃蒙特與奧地利之間的緊張局勢，拿破崙三世認爲應該支持國際代表大會的想法，而加富爾也接受裁軍的原則。法國薩丁尼亞計畫似乎被迫做出折衷的處理，西元1859年4月26日，這個計畫被杜林作爲對威尼斯的最後通牒，即勒令皮埃蒙特裁軍和解放加里波底的志願軍。弗朗索瓦·約瑟夫了解奧地利在經濟上無力持續這場長期的戰爭，因此想盡快了結此事。這就是加富爾等待的藉口，4月29日，奧地利軍隊開進皮埃蒙特。

但是，居萊元帥卻不懂得運用自己在軍隊數量上的優勢，他毫無抵抗地任由法國軍隊到來，而這些法國軍隊其實也沒有做好任何準備。之後便是12萬奧地利軍人對抗18萬法國在薩丁尼亞的軍人。一場事先毫無計畫的戰爭就這樣展開。5月20日，法國薩丁尼亞部隊在蒙特柏羅（Montebello）打敗奧軍，協約國軍隊行進在米蘭的土地上，5月31日皮埃蒙特人在巴蘭托（Palestro）進攻

奧地利軍隊。西元1859年6月4日，在馬眞塔（Magenta）一場勝負難分的戰役中，最後由麥克・馬洪獲勝，6月8日，拿破崙三世和伊曼紐二世進入米蘭，並受到熱情的歡迎。

　　但是，政治局勢的演變與波隆皮埃爾達成的帝國協議似乎並不一致。西元1859年4月底，托斯卡尼的利奧波德大公被迫逃亡，臨時政府取代他的位置。親皮埃蒙特派的自由黨與里卡索利（Ricasoli）強制地推行自己的觀點。馬眞塔戰役之後，莫德納大公讓出了王位，然後是瑪麗・露薏絲也讓出王位，同時，羅馬尼（Romagne）和教皇管轄地也發動起義，這段時間裡（西元1859年6-7月），加富爾把倫巴底與皮埃蒙特合併。奧地利軍隊在明喬和阿迪傑（Adige）河之間，依靠四邊的地勢〔佩斯卡拉（Peschiera）、維洛納、萊尼亞諾（Legnago）、曼圖亞（Mantoue）〕抵抗，於是便發生蘇法利諾（Solferino）戰役（6月24日）。不久之後，7月11日皇帝接受奧地利提出的和談，在維拉弗朗卡（Villafranca）會見弗朗索瓦・約瑟夫，並預備在和平條文上簽字。拿破崙三世接受一部分的理由：日耳曼國家則懷著不安的心情看到新法國霸權主義的形成；普魯士動員40萬人進攻萊茵河；但法國的公共輿論卻變得越來越模糊，天主教徒對教皇國的侮辱感到憤怒；瓦萊沃斯基也向皇帝表明杜林有超越原來計畫的危險。最後，可怕的蘇法利諾戰役造成百萬人的傷亡，對此，連皇帝也深有感觸。然而，冬天的戰爭仍在艱苦和疲勞中進行。

　　維拉弗朗卡和談條文曾將倫巴底割讓給法國，但法國又把它劃入皮埃蒙特境內。中義大利各邦國的君主獲得光復，教皇統治下的邦聯及威尼斯成為自治國家，同時還保留奧地利的權力。伊曼紐二世屈服於這個條款，為的是讓人們對加富爾產生極大的失望，最後加富爾於西元1859年7月10日辭職。

西元1860年的合併和尼斯、薩伏依伯爵領地的割讓予法國

　　義大利輿論轉向反對拿破崙三世，他的事業也受到了阻礙：威尼斯亦沒有得到解放，皇帝也因此不做領土的賠償。維拉弗朗卡的決定無法順利實施，如公使團及帕爾馬公國透過「公民投票」同意歸入皮埃蒙特，很快又進行馬爾凱和公國的聯合狀態，而邦康帕尼的公國也成為伊曼紐二世的攝政官。西元1859年11月10日，在蘇黎世簽署和平條約，不久之後也被駁回並恢復被廢黜的貴族。這時，在英國自由黨開始執政。拿破崙三世發表「教皇與代表大會」一文，建議教皇放棄教皇俗權，並參加改造半島的代表大會。不久之後，瓦萊沃斯基辭職，西元1860年1月16日，伊曼紐在杜林又重新起用加富爾。

　　加富爾很快便著手與巴黎和談，爲了讓法國重新認識中義大利的合併問題和反對割讓尼斯及薩伏依。因而他認爲在有關地區進行公民投票是「最佳的解決方案」，此時帕爾馬、麥德納及托斯卡尼都要求歸屬皮埃蒙特。在波隆皮埃爾估計的王國人口已達到1,100萬（中義大利補償威尼斯的損失）。西元1860年3月24日，皮埃蒙特根據公民投票讓出尼斯和薩伏依兩地，但保留批准權。公民投票於西元1861年4月4月舉行，同意將薩伏依和尼斯歸屬法國。

那不勒斯王國的征服

　　義大利南部專制制度的堅定保衛者斐迪南二世於西元1859年5月20日去世，他的兒子弗朗索瓦二世（François II）接替王位，但弗朗索瓦二世當時還小，不能獨立面對事物進行判斷。那不勒斯王國出現一個新的政治組織形式──行動黨（Le Parti d'Action）。它象徵義大利復興運動的結束，它取得人民的支持而沒有靠外國的幫助。這些行動黨的領袖來自西西里地區，是馬志尼的門徒，他們意識到西西里島依靠人民力量進行的運動，可以擴展到義大利內陸。而西西里的克里斯皮（Crispi）也說服了加里波底的遠征。皮埃蒙特政府對此次遠征起先給予默認。此時幾千名志願軍身穿紅色衣衫，1,500人手持武器，在加里波底的帶領下，啓程前往熱那亞。他們在馬爾薩拉（Marsala）登陸之後，把拿破崙的屍體挖掘出來掛到卡拉塔菲米（Calatafimi）斷頭臺上，且強占巴勒摩莫戰場；他們建立了臨時政府，取消了糧食粉碎稅，爲的是爭取農村百姓的支持。最後一次在米拉佐（Milazzo）打敗拿破崙派之後，加里波底占領墨西拿，並完全地控制這個半島。隨後又讓人們知道，他得不到羅馬絕不罷休。8月20日，他越過墨西拿海峽，接著在9月7日進入那不勒斯。此時，那不勒斯的皇帝正逃往卡約特。加富爾害怕革命在義大利的北方蔓延，決定阻止加里波底進攻羅馬。本來早就應當通過教皇國，但如果這樣做，那麼位於卡斯泰爾菲達多的拉莫里西埃的教皇屍體將會被踐踏。然而此時，加里波底通過教皇國（9月18日），並擊敗瓦爾杜爾（Volturne）防線上拿破崙派的抵抗（10月2日）。加里波底前往羅馬的途中，還有卡約特和卡布爾（Capoue），這兩地還被弗朗索瓦二世的軍隊占領，伊曼紐二世正向那不勒斯進軍。10月21日，公民投票批准皮埃蒙特與那不勒斯合併，加里波底在泰亞諾（Teano）承認伊曼紐二世爲義大利國王，自己則隱居卡布里島（Caprera）。

　　新的議會由所有周邊國家代表組成，宣布伊曼紐二世爲「義大利國王，這是上帝的恩賜和人民的意願」（2月28日-3月14日）。他希望看到羅馬成爲義

大利的首都。西元1861年5月，貴族們承認新的義大利王國。

　　所有新的周邊國家有必要統一在同一個政府的領導下以解決「羅馬的問題」。從這一點出發，加富爾著手與羅馬就「自由國家中宗教自由」的原則進行談判。他為此使命而嘔心瀝血，於西元1861年6月6日去世。

義大利王國的開端「皮埃蒙特化」與政治阻礙

　　隨著加富爾的去世，人們失去一個熟練且堅定地引導義大利走上統一上的人，他對統一的響往只不過稍晚一些，可能在千里遠征之前他對統一還沒有懷抱著希望。對於一個年輕的王國來講，它缺少了執政經驗，也缺少對歐洲外交的認識以及應付環境變化的能力。總之，人們用這個新的王國代替過去的一切，宣布新的觀念，卻沒有清楚地說明其政治學說，甚至政治路線。由於缺少設想計畫，他們把皮埃蒙特的行政方法移用在被合併的省分裡，這些省分需接受皮埃蒙特的殖民化。此後，本位主義也達到了顛峰，這就是人們所說的義大利南方問題，此問題極為敏感。舊那不勒斯王國中的領導階級利用群眾的不滿情緒與皮埃蒙特的稅制及徵兵制作對，其目的是為了挑起人們潛在的對立，他們反對敲詐勒索而以示威遊行來表達內心的不滿，此運動激勵那些神職人員和民眾。直到西元1865年全國還被軍隊實行分區控制，軍隊有許多參加過為復興運動而戰的士兵，他們以武力鎮壓異議者，並用恐怖手段對待某些祕密團體，如義大利半島的卡莫拉、西西里島上的馬菲亞，他們當時都是在流放中，但也得到前國王弗朗索瓦二世支持。

　　政治制度的標誌為基本法令，這個法令於西元1848年由阿爾伯特所頒布，並模仿西元1830年的法國憲章。而執行權歸統治者所有，統治者有任命及撤銷部長的權力，此外，更可以領導內政和軍隊。立法權分配於兩個議會中，即國王任命的上議院和眾議院，法律的立法創議權和預算的表決則由眾議院負責。實際上選民必須會讀、會寫、年滿二十五歲，至少繳納40里拉的直接稅，這個價格後來下降到20里拉，實際上這種選民很少，只占人口的2%，而實際比率也更低，因為教皇竭力鼓動天主教徒不要參與新王國的政治生活。亞西尼（Stefano Jacini）認為，西元1870年只有25萬人參加選舉。

　　「歷史的右派」利用這個正統的「合法國家」進行統治。拉塔齊（Rattazi）首先試圖重新採用加富爾統一的重大政治措施，並鼓勵加里波底的創新。如果不對威尼斯和特倫托採取反對行動，它就會在西西里島登陸，通過義大利半島朝著預定的目標羅馬前進。拿破崙三世面對法國天主教輿論的抗

議，要求杜林政府捉拿加里波底，這次逮捕行動在阿斯波蒙特（Aspromonte）高原進行（西元1862年8月29日）。加里波底受傷被捕，但很快被大赦，拉塔齊也因而辭職（西元1862年12月）。

「羅馬問題」及威尼斯的合併

明格蒂（Minghetti）試圖透過與法國政府和談以解決「羅馬的問題」；可是法國政府已經於西元1864年9月15日召開國民公會，大會決定兩年內從羅馬撤軍，不再干涉義大利半島上的事務。在法國政府看來，義大利政府決心尊重和保衛教皇領土的完整。另有一份祕密條款註明，杜林政府必須在六個月內選定一處確定的首都，當人們得知此事之後，杜林地區亦發生了騷亂。明格蒂被罷官，繼任者拉馬爾莫拉（La Marmora）在皮埃蒙特秩序重新建立之後，將政府遷移到佛羅倫斯。

在這段時間裡，俾斯麥正在進行德國的統一工作，盡力地排擠德意志邦聯的奧地利。此時他在比亞里茨（Biarritz）會見拿破崙三世（西元1865年10月11日），他沒有對比亞里茨指責缺點，反而建議他靠攏義大利，這過程中仍有許多困難。在義大利與關稅同盟組織之間首先制定商業條約，然後是同盟條約，條約規定如果在普魯士與奧地利之間發生不可避免的衝突，義大利必須支持普魯士。維也納提出割讓威尼斯給義大利，但義大利卻拒絕接受，並於西元1866年6月加入戰爭，與普魯士站在同一陣線。6月24日，拉馬爾莫拉的軍隊向前與奧地利軍隊在庫斯托棽激戰，攻擊四周營區的防禦工事並停留在當地。此時，普魯士軍隊卻在薩多瓦取得勝利。加里波底向特倫托方向採取行動，但大批的義大利軍隊受阻，無法通過，而且在利薩（Lissa）遭到大批奧地利軍隊的阻撓。普魯士與奧地利很快就於西元1866年8月簽定布拉格和平協議，10月3日，義大利也與奧地利簽定《維也納和平條約》。奧地利亦將威尼斯割讓給法國，而法國在西元1866年10月21日-22日公民投票之後，把威尼斯也給予了義大利。義大利輿論對這種羞辱行為十分敏感，他們痛苦地迎接法國派來負責監交的特派員。

西元1867年到1870年，義大利王國經歷種種困難；軍事首領相互推諉失敗的責任，這與國王的威望有關。此時，拉塔齊重新執政，加里波底認為，為了反對教皇國而重新採取行動的時機已到，因為法國軍隊正根據西元1864年9月的國民公會決定開始撤離。他把志願軍集聚在教皇國的邊界上，等待著參加羅馬的起義運動，然而這一切都是徒然。相反地，法國政府提出抗議，因為紅衫軍已經到達羅馬港口，而法國在芒達納驅逐這些人，費利將軍拍電報給法國政

府：「我們的步槍非常實用」。然而，魯埃（Rouher）卻斷言義大利人從未進入羅馬。義大利忍受極大的痛苦，因為「芒達納將蘇法利諾的名字抹掉」。

　　這是普法戰爭期間，法國所遭遇的挫折，但它也中斷了羅馬的統一，因為此時在羅馬的法國軍隊被召回。拿破崙三世在色當投降，西元1870年9月9日，蘭梨（Lanza）政府下令義大利軍隊進駐羅馬，並於9月20日進城，西元1870年10月2日的公民投票決定合併羅馬。

　　西元1871年5月13日，教皇庇護九世拒絕接受擔保法令，但擔保法令向他推薦義大利政府（梵蒂岡的治外法權），然而他認為自己是梵蒂岡的囚犯。西元1871年8月1日，羅馬成為義大利的首都。

圖8-42-3　義大利統一

統一後的義大利問題

　　義大利統一大業於西元1859-1860年終於完成，西元1866年又增加威尼斯，西元1870年，羅馬戴上最後的皇冠，但這個統一在各個領域中還不很完善。從地圖上看，特倫托和蒂羅爾是一邊，第里雅斯特和達爾馬提亞海岸是另一邊，大部分地方住著講義大利語的居民，而他們卻曾生活在奧匈帝國的統治之下，興論在西元1875年之後，對「未被贖回」的外省問題十分敏感，希望他們回到母親的懷抱。另一個嚴重的問題是宗教和國家之間的問題。如果說教皇的世俗威信明顯降低，那麼宗教職權也明顯地被教皇的教理宣言所加強（梵蒂岡主教會議：西元1869年12月至1870年7月）。那些不願被逐出教會的人強占羅馬，教皇要求義大利天主教徒絕不能參加選舉，這樣做有助於削弱「歷史的右派」，並使左派執政（西元1876年）。雖然這場選舉使「歷史左派」垮臺，但卻造成了金融問題。西元1868年塞拉部長創立糧餐粉碎稅，此舉最不得人心。西元1871年後，人們盡力地採用嚴謹的預算以達到平衡的政策，因為預算問題不僅使忍受稅制痛苦的平民階級感到不滿，而且也不能取信於貴族統治階級。明格蒂宣布成立預算平衡機構，當時他為鐵路公司的購買問題而感到震驚，這些鐵路公司在前不久還被個人資金問題所束縛。

第四節　十九世紀下半葉的自由君主制

　　對於年輕的義大利王國來說，有著另外一個薄弱環節，即經濟的結構。儘管加富爾時期爲經濟付出昂貴的代價，但義大利仍是處於農業優先的狀態，工業只有在西元1930年時才超過農業。西元1885年以前的經濟領域，單位面積產量和總產量一點都沒有增長。拍賣教會資產對農民並沒有什麼利益，但中產階級卻有利可圖，因爲獲得這些教會資產的同時，可以用舊式農業凍結自己的資本，舊式農業都是粗耕粗種，因而利潤極小。南方地區的掠奪和祕密社會的行動對於進行中的改革是一種阻礙。直到西元1880年農業生產的條件才眞正改善，如擴大灌漑、採用新的種植方法（甜菜）、農產品價格的上升及同法國的葡萄產品競爭，而俄國與美國的小麥、玉米卻在西歐氾濫成災的同時，引起價格上的大跌。

　　工業方面的起步很慢，其結構仍屬舊式。如果不是缺少合適的勞動力，就應當從英國進口煤和鐵，因爲英國缺乏新生的冶煉技術。利古里亞（Ligurie）、托斯卡尼、翁布利亞（Ombrie）、倫巴底仍是義大利的工業中心。義大利還必須進口鐵軌和鋪設鐵路的材料。紡織業在義大利一直處於領先地位，甚至成爲義大利手工藝的特徵。皮埃蒙特的自由交換法則，在統一後擴及整個義大利半島。義大利確實制定保護工業的措施，受到保護的這些工業在起步階段有明顯的進步，如皮埃蒙特、托斯卡尼和倫巴底。這些地方工業均具有手工藝的特點，但工業不能僅靠保護措施而生存。措施有時會帶來不幸，如前那不勒斯王國的大財主願意把自己的資本借給北方銀行，並投資強大的工業，結果使北方與南方之間產生差異性，北方與發達的西歐融爲一體，有高效率、集中的農業和結構組織良好的工業，而南方則仍採用陳舊的土地結構，沒有資源，沒有一個經濟發展的方向。

　　南方問題隨著經濟的困難而越發尖銳，與北方相比經濟增長速度極爲遲緩，又產生極爲敏感的民主問題，在這裡，人們缺少土地，失業率上升。

　　事實上，義大利的人口卻猛增，西元1861年時人口爲2,600萬，西元1900年時人口達到3,200萬，死亡率下降是明顯的進步（西元1861年死亡率爲千分之三十，西元1900年爲千分之二十），然而出生率也有所上升（千分之三十五左右）。農產品相對的蕭條、土地的缺少、經濟發展的遲緩及工業分布不均都是由於人口過多引起。解決人口過剩只有一個辦法，就是移民，首先向歐洲移

民（法國、瑞士），其次向美洲移民。

許多與政府和議會領袖有密切關係的人或事物構成義大利統治階級，他們依靠選舉制控制國家的經濟和政治生活，這個選舉制度與平民百姓無關。經濟的起步也不利於生活在貧窮之中的勞動人民。冶金和紡織工業願意保護自己新生的企業，並與外國競爭，特別是與法國競爭。法國在本世紀最後十年引起一場關稅戰爭，在這場關稅戰爭中，義大利受到嚴重的打擊，此後當義大利由英國和奧地利購進其所需的工業產品時，必須付較高的關稅，自己的酒或水果卻很難出口，而以前這些產品都出口到法國。在地方經濟保護主義的連續打擊之下，法國的資本終於離開義大利半島，這正好趕上先前的信貸膨脹，引起金融危機，許多機構因而破產（西元1890-1893年），全義大利的銀行體制受到破壞。

由於復興運動的革命家一心要讓民族思想優先，忽略了社會問題。義大利首批工人協會具有職業的特徵，與過去的手工業行會類似。在這些工人協會中，人們強調博愛和互助的精神。後來，在巴枯寧（Bakounine）的影響下（巴枯寧生活在義大利），這些工人協會呈現無政府狀態，在義大利，無人信任結構過分嚴密的組織，個人主義占優勢，亦即個人企業是一種馬克思集體主義的遙遠理想。接下來，有一部分工人協會採取直接行動，另一部分則加入社會主義政治運動，並成為這場運動的前鋒。西元1880年，知識分子如拉布里奧拉（A. Labriola）和圖拉第（F. Turati）成為德國社會民主的典範。西元1892年成立的義大利勞動黨擺脫無政府工團主義，成為義大利社會黨，確定階級鬥爭並決定投入到政治。

由於缺乏合法的表達管道，工人運動採用暴動的方式。運動從南方開始，西元1887-1890年間，人們採用地方保護主義措施，這個運動又給當地人民帶來一場漫長的災難。在馬克思主義的啓示下，高舉「勞動者的束棒」（羅馬高級執政官的權力標誌，束棒中捆有一柄突出的斧頭。後為義大利法西斯黨標誌），西元1893年於西西里島引發這場暴動，很快便占領義大利半島許多地方。當時是克里斯皮執政，他野蠻地鎮壓這些行動，因此，暴動從農村轉向城市，西元1895年5月被法院判刑的工人領袖也因此在議會中當選。

在這種經濟和社會背景中，尤其應當審視一下西元1876年執政的左派的政治綱領，該黨派連續執政達二十年之久。

左派執政（西元1876-1896年）

　　從左派的幾個人物來看，克里斯皮是義大利復興運動的後代，他的綱領於西元1840年在新的政治勢力範圍內產生，他從西元1876年執政到1880年。另外一位新的統治者就是亨伯特一世（Humbert Ⅰ），他於西元1878年接替伊曼紐二世，採用新的體制，即自治制度。因為專權，所以害怕來自人民的民主力量。他對外交有極大的興趣，個人花了許多心力將義大利向德國和奧匈帝國靠攏。同時，他從義大利半島的軍事及金融方面著想，並雄心勃勃地鼓勵殖民主義對外擴張政策。

　　西元1875年後，德普雷蒂斯（Depretis）發表左派綱領，強調他對君主制和國家政教分離的主張，宣揚漸進的中央集權，放寬選民條件，推行免費和義務的初等教育，最後是實行關稅的改革。但是他認為，為了適應當前形勢，有必要改良黨派。這個改良主義很快就變成義大利各屆政府的學說，直到西元1914年為止。他懷疑左派協約的目的在於反對右派的教權抗爭，反對左派的社會革命。他進行謹慎的政治和社會改革。

德普雷蒂斯的政府（西元1876-1887年）

　　德普雷蒂斯執政後，便開始一連串的動作，他進行一次大規模的省長調動，把選舉機構委託給新省長，這個選舉機構中左派很容易獲勝。議會與省長一樣順從，只有幾個頭號人物較為重要，在他們周圍聚集許多代表，形成一個擁護網，他們以官職回報代表的擁護。此後，政府的大多數官員便組成一個共同利益的聯合團體，很難接受其他政治觀念。

　　西元1882年1月，右派的選舉年齡降到21歲，取得選舉權的納稅金也從40里拉降到20里拉。被減稅的這些人還需具備完成他們的初等學業文憑，這項措施擴大培養一批選舉人，大約200萬人（占人口的70%）。西元1887年，科皮諾（Coppino）教育法被採用，6歲到9歲實行義務和免費教育。但是，學校教育發展仍然很慢，因為通常是由各鎮負擔教育機構的經費，而農村對這種教育制度仍不贊成。因此，義大利半數以上的人在西元1881年仍是文盲。幾乎所有選民都成了職員，城市和農村的小資產階級很快都進入擁護貴族的勢力範圍。

　　左派政治領袖最終表現出教權主義，他們為擴大與羅馬教廷的關係做出貢獻。有些措施的目的是強調國家的非宗教性質，但卻引起教皇庇護九世的強烈反響。庇護九世於西元1877年堅決禁止天主教徒參加任何的政治生活。西元1878年里昂十三世當選為教皇，他沒有遵守其前輩所保留的原則，而是努力地

緩和兩個國家之間的緊張關係。

克里斯皮的時代（西元1887-1896年）

　　克里斯皮生於西元1818年，為西西里的律師，是馬志尼思想擁護者，也是加里波底千里遠征的副手。他反對那不勒斯王國合併在皮埃蒙特的義大利之中，他在西元1861年當選為極左派代表，西元1865年支持薩伏依王朝，創立符合憲法的激進黨，得到《改革日報》的支持，西元1877年他成為議會主席。在赴德國考察期間，他遇見俾斯麥並被俾斯麥所折服，以俾斯麥為榜樣。西元1887年他成為德普雷蒂斯的繼承人，想在義大利推行俾斯麥的思想，但是缺少方法。

　　克里斯皮的行動在外交領域中惹人注目，他想讓義大利在外交事務中坐上第一把交椅，這種態度與統一後歷史左派所表現出的謹慎形成鮮明的對比。對克里斯皮來說，活躍的對外政策就像一種消遣方式，儘管輿論認為經濟困難和人口過剩問題不斷加劇。面向北方及西方的視線被擋住，就連巴爾幹地區也同樣統治在奧匈帝國手中。這時義大利才想起自己其實對地中海和非洲也感興趣，它盯著突尼西亞，可是法國已經在這裡建立自己的保護領地。義大利的輿論界蠢蠢欲動，但發動一場對法國的戰爭是不可能的，因為義大利不能贏得這場戰爭。即重新尋回法國的支持以收復自己領土或接近奧地利與法國帝國主義鬥爭。突尼西亞事使義大利選擇第二種解決方法。俾斯麥遲疑地接受三國同盟的原則。由此導致法義的緊張關係，從西元1887年起這種緊張關係又擴大，引起關稅大戰，法國在義大利的資本全部由德國資本取代。然而，西元1887年由於義大利人沒有得到突尼西亞，他們試著進駐衣索比亞，占領阿薩布（Assab）和馬薩瓦（Massaouah），但是在多加利（Dogali）受到嚴重的失敗。然而，克里斯皮仍然強調義大利的保護國地位，進攻曼涅里克（Menelik）王國，西元1896年在阿杜瓦（Adoua）戰役中慘遭敗北，義大利軍方參戰的23,000人中，死亡5,000人。這次慘敗給克里斯皮的內閣帶來致命的打擊，克里斯皮也因此而下臺。

　　克里斯皮的對內政策和宗教政策可以與俾斯麥的對內政策和宗教政策進行比較。對於梵蒂岡，克里斯皮的政策有許多的靈活性，里昂八世教皇對他的政策也並不陌生，人們逐漸地在對宗教的冷淡問題上進行和解。而克里斯皮卻相反，他強調政府領袖的作用，以命令的方式行事，並減少議會的作用，因此，種種做法使克里斯皮喪失領袖的品格，反對的呼聲四起，他於西元1891年下

臺。

當社會局勢越來越緊張之際（克里斯皮又發動一次暴動），金融亦陷入重重困難。西元1893年12月，克里斯皮又重新執政。財政大臣桑尼諾（Sonnino）以嚴格的管理措施建立一個和平的局勢，也調解輿論的不滿情緒。克里斯皮卻在殖民冒險中尋找解決困難的辦法，最終導致阿杜瓦的災難，西元1896年3月他為此必須下臺，政治生涯也因此中斷。

右派執政的到來

右派和進步左派重新推翻克里斯皮政府，其中一部分人指責雅各賓的傾向和過去的革命，另一部分則持獨斷專橫的態度，對人民來說是一種壓力。西元1896年右派執政，但它的統治範圍非常狹窄，為了進行更廣泛且更有力的統治，極左派支持是不可或缺的。左派政府由那些依靠歷史右派權勢的人、工業家和米蘭的實業家組成，他們可以透過青睞的新聞媒介影響輿論。他們反對超出地區競爭的範圍，反對把經濟問題提高到民族層面，他們甚至還得到某些為社會主義萌芽感到不安的天主教徒支持，這些天主教徒接受與右派組織一起組成保守黨的建議。至於左派的思想經常通過卡瓦洛蒂來表達。由於左派沒有綱領，其拉攏的那些不同的組織只有部分的共同特徵。左派要求進行普選，以建立一個真正的民主，其明確宣布自己的反教權主義，希望看到顯著的社會進步體制恢復和建立。右派與左派達成協議，並停止毫無效用、搖搖欲墜的對外政策，這將使經濟得以發展，使社會問題得以解決。雙方還一致同意與法國和好，因為法國支持傳統的同盟，其他的同盟也支持，其有一個進步的政治制度。

放棄殖民擴張和新的外交方針

魯迪尼（Di Rudini）侯爵接替克里斯皮的職位。在收回衣索比亞的義大利殖民地後，推行他的「容納政策」，西元1896年10月26日，通過阿迪斯阿貝巴條約解決衣索比亞的問題。由於在非洲沒得逞，義大利便企圖在亞德里亞海東岸擴張影響力，但其障礙便是奧地利。這就是何以義大利政府想與法國和好，放鬆與協約國聯繫的原因。這次與法國的和好行動還披上精心設計的經濟外衣，維諾斯塔（Visconti-Venosta）外交部長得到商業界的大力支持，農民也飽經關稅大戰的痛苦，最後，法國資本才有可能對國家資本做一個必要的糾正。這個政策大獲人心，在法國也受到歡迎，亦受到德爾卡塞的鼓勵。

經濟的復甦與社會問題的演變

在經濟領域中，農業仍占首席地位，一半以上的男人仍從事農業活動，農產品有顯著的發展（小麥和糖）。由於技術進步，農業收入也明顯提高，技術進步首先在波河平原展開，當時南方還沒有進行改造。但是，同產品的同期增長相比，整個食品生產仍然是不夠的。

工業的進步則十分明顯，但這些工業都還集中在義大利北方，工業化的條件很優越，如鐵路的鋪設（西元1914年鐵路已達到17,000公里）和水電的能源，阿爾卑斯山瀑布所帶來的水電能源彌補煤的短缺。西元1895年後所記載的價格上揚亦導致各方面的演進，例如，因為借助於一個嚴格的預算政策，而減少義大利的公債，這個嚴格的預算政策建立起一個經濟的平衡，並帶來經濟上的盈餘，此外借助於法國的資本可以使公債的折換順利進行。依靠這筆資金和良好的財政，義大利吸引許多外國的資本，他們在所有義大利的工業企業進行投資。

銀行和各工業的關係明顯相對，但其結果卻是西元1896年鋼產量8萬噸，西元1914年則達到80萬噸。同樣地，機械工業領域中的積聚也在膨脹，如同布雷達（Breda）、昂薩爾托（Ansaldo）、奧蘭多（Orlarndo）和奧得歐（Odero）的造船業，鐵路物資和軍事物資等。最後是化工工業和運輸業也有較明顯的起步，紡織業亦在持續發展。

總之，如果結算差額維持平衡，其功勞應歸於商船和移居國外勞動者的匯款。由於原材料物資和食品的進口，貿易差額仍處於逆差狀態。工業領域中的競爭則十分激烈，德國的工業競爭的確令人生畏，因此，德國的金融業在西元1887-1890年中勝過法國，德國也透過商業銀行控制部分的義大利工業，阻礙義大利經濟的獨立，甚至阻礙義大利民族政治的獨立。

在社會領域中，一些嚴重的問題還是有待解決，人口不斷地增長（西元1914年人口為3,500萬人），人口過剩的結果必然造成失業，其解決辦法也只能移民（西元1882年有15萬移民，西元1913年達到87萬2千人）。義大利周邊的工業國家（德國、法國、瑞士）都接受義大利北部及中部的移民，而義大利南部的移民則進入北非和美洲。的確，義大利的勞動條件和生活水準逐步改善，某些地方性疾病的傳染力也慢慢減弱，但是，經濟的起飛有時卻在勞工界產生悲劇性的結果，特別是義大利的南方，在該世紀末（西元1897年）還發生一起暴動。暴動首先在農村進行，然後轉向城市，城市的工人忽然一起行動，這次暴動亦具有革命的特徵，波及整個義大利，如在羅馬，接著在帕爾

馬、佛羅倫斯、比薩、最後是米蘭（西元1898年5月），但騷亂事件都被武裝鎮壓，社會黨及工會黨的領袖都被逮捕，例如：激進派羅米西（Romussi）、共和黨領袖安德列（De Andreis）、社會黨人圖拉蒂（Turati）和比索拉蒂（Bissolati）。保守派中產階級認為，這場帶來災難和飢餓的暴動是社會黨武裝力量的自我測試。

焦利蒂時期（西元1901-1914年）

西元1900年的選舉中，左派得到加強，特別是社會黨人占有33個席位，極左派有96個席位。西元1900年7月29日，左派重新上臺，剛好這一天亨伯特一世在蒙扎（Monza）被無政府主義政黨成員布雷西（Bresci）暗殺，布雷西是為了替西元1898年米蘭鎮壓中犧牲的同胞報仇而行刺。

新的君主是伊曼紐三世，他平庸、普通，但很隨和，在其父的教誨下他回到溫文爾雅的傳統生活中，其實他十分關心對王朝的維護。西元1901年2月，他在薩拉科（Saracco）號召左派、共濟會，反教權主義、領土收復主義和自由黨的人組成以內務部長焦利蒂（Giolitti）為中心的內閣。其實，直到第一次世界大戰之前，他是最後一位影響義大利的政治人物。他來自於皮埃蒙特，當過部隊法學家、省長和議員（西元1882年），西元1892年他領導政府，並且是一個經驗論者、實踐家和溫和主義者。他是一個中心人物，善於組織內閣，人們幾乎常可以在不同的部門中發現同樣的人，他們都是從這個中心人物周圍來的，對當時的地方政府而言他是一股穩定的力量。同時，焦利蒂還努力地吸引那些反對政體的政治組織，因此，社會黨人自西元1906年以後，有時也支持焦利蒂的行動，因為他的行動有利於推動改革，改革對社會黨人來說十分有益，焦利蒂也希望改革能夠如此。社會黨人支持焦利蒂一直到他進入內閣，這種直接合作引起義大利社會黨內的危機，改革家博諾米（Bonomi）和比索拉蒂（Bissolati）都因同意參加利比亞戰爭而被開除黨籍。後來社會黨受到革命趨勢的影響，拉扎利（Lazzari）、墨索里尼（Mussolini）是焦利蒂試圖爭取的天主教徒，他們寧可參加選舉，也不願看到社會黨當選。因此，西元1913年選出聯合會所支持溫和主義的候選人，他們在立法活動中確認和實施某些天主教的原則（如反對離婚、受教育自由）。接下來，西元1903年以後，新的羅馬教皇庇護十世認為天主教有必要參加義大利的政治生活。焦利蒂不願被右派或左派思想同化，他想拓寬政治體制的基礎。西元1912年選舉法規定選舉的權力，所有21歲以上，會讀會寫的男人，和30歲以上的文盲及正在服兵役的人都有選舉

權，這樣就把選民的數目增加一倍。在西元1913年的大選中，焦利蒂取得絕對多數310席，天主教取得29席，社會民主黨52席。

第一次世界大戰前夕的義大利

受焦利蒂影響的地方政府與左派的主要團體，義大利社會黨（40,000成員）或勞工聯合會（具有4,000萬成員的工會中心）極為相似。他們不能阻止地方性的騷亂，這些騷亂有時具有暴動的特徵（如西元1907-1908年的大罷工，在無政府工團主義運動的鼓舞下，於勞工聯合會左派中創立工會聯盟）。的確，西元1912-1913年短短一年中，擴張主義似乎退縮，並且沒有抬頭，但接下來便開始一場分裂運動。革命暴動之火燃燒到義大利中部時，人們便宣布總罷工。這場暴動得到義大利社會黨支持，但常常受到無政府工團主義者的圍攻，軍隊用不多的兵力又一次鎮壓這場運動。這說明社會仍非常不穩定。

在外面，商人和民族主義者在政治舞臺上進行一種強而有力的「攀登」，他們鼓勵焦利蒂的政府重新採取積極的政策，特別是在地中海地區，因為這關係到重要的私人利益。在和土耳其的艱難戰爭中（這場戰爭引起義大利與法國的緊張關係），義大利從鄂圖曼帝國那裡取得利比亞（西元1911-1912年）。如果三國同盟被合法地廢除，奧地利與義大利之間的緊張關係將因巴爾幹半島而惡化。當奧地利收復波士尼亞、赫塞哥維納時，局勢變得開始惡化。在巴爾幹半島上，兩個有利害關係的大國間的衝突很快地就變得尖銳。其實，當奧地利倚仗德國的支持，參與塞爾維亞事件時，義大利宣布中立，但不到一年，又向鄂圖曼帝國宣戰。

西元1815年至1914年是一個世紀，這期間義大利成為一個完整的民族，但這個民族的基礎仍應當加強。因為在許多方面基礎仍不穩固，這是人們了解的事實。義大利參加這場戰爭，而且義大利能夠長期地左右這場戰爭。

第九編
現代世界

第四十三章

第一次世界大戰

第一節　危機

　　儘管第一次世界大戰人與物的損失，以及政治、經濟、心理的後果等各方面，都不及第二次世界大戰，但西元1914年至1918年的這場戰爭還是被稱為大戰。如果不從它為人們帶來不尋常的方式等各方面考慮分析，又如何解釋它帶給人們的印象及所留下的痕跡？

　　首先，它持續的時間長得驚人，主因是武器裝備的進步。以往戰爭的經驗，使人們以為它將是一場短期戰爭，然而它卻是長期的，而且連續不斷。的確，儘管以往的戰爭也有持久性的紀錄，但在相對的時間內，戰役與戰役之間卻有一定的間隔。

　　其次，戰鬥方式之新也令人驚奇。潛艇和飛機將戰鬥帶至海底及空中，戰場不再限於地面或海面上。人們互相交換以往的戰爭情報，這場戰爭的後兩年，人們的所作所為與第二次世界大戰中的某方面極為類似。

　　另外，戰場的相對固定也使人們感到驚訝。除了包圍戰中的一些短間隔的插曲（儘管其中也有為期較長的），所有的戰鬥都是移動戰。例如，雙方在瓦爾米（Valmy）、熱馬普（Jemmapes）、阿爾科（Arcole）、奧斯特里茨（Auster litz）、耶拿（Iena）、摩斯科瓦（Moskowa）、滑鐵盧、馬真塔（Magenta）、蘇法利諾（Solferino）、色當及蒙斯（Le Mans）等地戰役。軍隊一掠而過，且一刻不停地向前，以致於在四年的時間裡，相同的情形不時地重複出現，如：馬恩省（Marne）、阿圖瓦（Artois）、香檳、索姆（Somme）、凡爾登（Verdwn），然後是沃杜瓦（Vanquoi）、埃巴爾熱（Eparges）、阿齊亞戈（Asiago）、戈里齊亞（Gorizia）、班西加（Bainsizza）等，而東部前線卻相對地穩定。

　　第一次世界大戰是一場不同尋常的戰爭。它不僅僅以火力攻擊的方式使國防工業現代化，從而使西元1914年至1918年間每個師的步兵百分比大為減少，象徵新式的消耗戰誕生，戰爭中及戰後人員、精力、毅力的消耗巨大。戰場上沒有一次成功是事先確定的，情況好時前進幾百公尺；反之，後退幾百公尺；最壞的情況則是敵人成功地阻擋住從戰壕衝出來的突擊隊，並在戰壕中將他們一舉消滅。那些為了爭得或守住幾平方公尺土地的戰鬥，其實就是守住戰壕，因此，戰壕成為一戰的特徵。危險無時不在，這時死亡、受傷都是司空見慣。由於消耗的概念是參謀人員一個概念，它沒有出現在士兵或在戰場上。這不難

理解西元1914年移動戰末期，將領在西部戰場上仍頑強地尋求突破，以及士兵在每次進攻前的期望。

為什麼在如此長的時間裡，連續不斷的戰事都沒有導致疲憊，也沒有成為危機的泉源？特別是在那些組織不力或管理不善的國家？

戰線的擴展延伸和戰事的持續不斷，導致軍事裝備的大量使用及武器彈藥的極大消耗，這些在戰前都始料未及。因此，需要進行一次前所未有的人力和經濟總動員，各陣營從支持它的國家吸收資金以免戰敗。首先無法再支持其陣營的參戰國將是第一個失敗者，無論是因為缺乏人力還是因為意志衰退（此時宣傳也是一種戰爭的武器），抑或經濟體制或運轉機制故障無法運作的原因，總之它是註定失敗的一方。

本次大戰並不限於它給人們帶來的驚奇，也並不限於它所表現出來的不同尋常。它同時也是世界均勢發生變化的開始。一方面，美國透過顯示它在太平洋及大西洋地區的海上威力，首次介入歐洲的事務；另一方面，俄國經歷一場革命，使它在世界上將發揮新的作用。然而，美國的注意力轉向國內的問題，以及俄國由於國內革命所必然帶來的困難及衰敗，使西歐在若干年內對自己的重要性繼續存有幻想。

然而，西歐的衰落隨處可見。西歐原貿易額占世界三分之二以上，西元1914年只占五分之二；煤炭生產量減少30%；公債增加6至10倍；貨幣疲軟。然而，復甦的前景並不樂觀，戰爭的破壞極為嚴重，工業及鐵路運輸原料消耗殆盡、就業人口的損失難以恢復、戰爭的負擔如債務及撫卹金等十分沉重。歐洲明顯需要努力挽救這一切；同時，許多國家面臨政治危機和內部動亂，有可能損害國家利益。最後，西歐必須面對殖民地統治的困擾，當時馬克思的理論及列寧主義的策略，在殖民地人民中得到廣泛的迴響。

許多政府將它們的國家拋入如此嚴重結果的衝突當中，因此他們的風險，會產生什麼深遠的影響？

西元1914年6月28日，奧地利王儲斐迪南被謀殺，揭開西元1914年的危機。7月28日奧地利與塞爾維亞開戰，宣告第一次世界大戰開始。

奧地利與塞爾維亞之間，經濟問題是次要的，相反地，塞爾維亞使得奧地利在巴爾幹半島的政治擴張野心受阻。對於奧地利，這是一個危險的極限，但卻真實存在，更何況，人們對西元1912年和西元1913年的巴爾幹危機至今仍記憶猶新。但國力不允許塞爾維亞在與強大的鄰國發生嚴重危機時，採取強硬的不妥協態度。於是，西元1914年7月，當奧地利指責塞國是塞拉耶佛事件的同謀，並於23日發出最後通牒時，塞爾維亞向維也納發出和解的訊息。但是，奧

地利政府不為所動，並於28日向塞國宣戰，問題亦擴大到全歐洲，因為塞爾維亞背後有俄國支持。

聖彼得堡對塞爾維亞的支持出於俄國的政治野心、宗教的憂慮及對自己威信的關心。此時，經濟方面的利益尚未顯示。然而，西元1908年，當奧地利入侵波士尼亞－赫塞哥維納時，俄國在巴爾幹的影響便遭受沉重的打擊，不太可能允許西元1914年再次出現這種情況。曾經被日本人重創的俄國海軍已經局部重建，能夠在歐洲從事軍事活動。再者，西元1908年曾認為與俄國根本利益無關的法國，因為擔心失去法俄聯盟的價值，這次似乎決心不再拋棄盟國。因而可以確定的是俄國不會像西元1908年時那樣行事。毫無疑問，這是形勢的根本變化。

但是，當俄國已有反應，而且英國在7月26日提出的調解仍然能夠使它從戰爭道路上有利地撤出，為什麼奧匈帝國在衝突擴大之前毫不退卻？德國的支持是主要的解釋理由。如果雙重君主體制在民族運動的推動下崩潰，德國將在歐洲再次處於衰落的位置，它能面對這一退步嗎？當面對英、法、俄三國協約而再度被孤立時，不管是在軍事還是經濟上，它還怎麼能夠繼續發揮第一位的政治作用？

對於柏林而言，保持一個強而有力的奧匈帝國，是一種生死攸關的需要。然而，德國未曾料到一個偉大的勝利，將有力地支持奧地利，更加打開通往東邊的道路，滿足它的政治野心，並使其在巴爾幹及中東地區的經濟企圖得以實現。然而，德國並沒有憑藉戰爭實現它向東擴展的野心。因此，當面對奧地利受到的政治威脅時，它才感到戰爭的危險，但危險的並不是戰爭。

事實上，面對源於巴爾幹地區的爭端，法國和英國將如何採取行動？它們在塞爾維亞既沒有重要的政治利益，也沒有可觀的經濟利益。決定他們的態度亦僅有總體上的政治因素考量。

如果俄國將其自身至關重要的利益看作與塞爾維亞事務密不可分，那麼法國能夠逃避聯盟的責任嗎？聯盟的任何削弱，都將使它的安全受到威脅，使歐洲的權力均衡受到破壞。如果聯盟崩潰，對它來說那就更糟。因為那將使它在軍事上脫離聯盟，而這恰好正是英國軍隊所期待的，後者一直存有是它在衝突中支持著法國的假設。再者說，霞飛－基林斯基（Joffre-Jilinsky）會談並沒有向法國補充保證俄國軍隊快速推進的軍事行動。此外，有一點十分令人懷疑，普安卡雷（Paincare）個人在俄國問題方面的賭注，他剛剛結束的對沙皇的訪問，是一個重要的象徵。法國以自身的利益出發，最終還是支持俄國，法國統治者為何寧可冒著與聯盟戰爭的危險，而不願考慮今後不戰而降或是單獨作戰

的可能性？面對一系列安全策略、民族存亡的考量，隨之而來的財政或是經濟的利益，即使有的話，在法德關係締結之後，上述問題也只能擺在第二位。

　　至於英國，它的情形則完全是另外一回事。德國固然是一個令人生畏的經濟對手，但德國的金融市場仍然很弱。再者，經濟關係並不容忽視，英國不正是德國工業產品最好的買主嗎？經濟和金融領域最禁不起戰爭的侵害。相反地，有兩種威脅似乎更加嚴重，影響英國的安全，第一種威脅是有最新艦隊裝備的德國海軍，使得英國的海上霸主地位動搖；第二種威脅是西元1914年德國軍隊對法、俄國取得勝利。以上是倫敦政府能夠接受的嗎？這似乎是自拿破崙以來威脅大英帝國的最大挑戰。盧森堡和比利時遭入侵而讓這些威脅更為具體時，大英帝國所做的選擇似乎可以得到解釋。

　　因此，西元1914年夏天的危機，乃受到安全的考慮及各種力量平衡等因素的支配，也正是這些因素決定了各國政府的決策。任何時候，經濟力量都不是首先考慮的因素，只有在下定決心之後，才能夠考慮人們希望在戰爭中，而且還必須是取勝的戰爭中獲得好處。心理的、政治的或是宗教的反戰力量最終表現出遠不如預料的國際主義，相反卻更顯得民族主義或現實主義。

第二節　戰爭

　　7月28日至8月4日這幾天，幾個國家相繼宣戰，各國參謀本部清楚地意識到即將落在他們肩上的責任，需要本國政府採取必要的措施，以進行必要的動員，並實現他們的軍事計畫。而這些國家總體的失敗及戰壕到處出現，構成西元1914年戰爭開始時的狀況。

　　由於領土遼闊，運輸方式有限，俄國從7月30日起總動員。根據西元1913年軍事協定的條款規定，俄國軍隊（110個步兵師及40個騎兵師）應從戰爭的第二個星期起介入。為了顯示它的努力，東普魯士是最有利的戰場。8月20日，俄國軍隊在岡比爾（Gumbinnen）使幾支德國軍隊陷於混亂。但德國最高指揮部馬上任命兩位新的將領興登堡（Hindenburg）和魯登道夫（Ludendorff）以防止東普魯士被更加深入地入侵。這兩位德國新將領能力遠遠勝過俄國的參謀本部，在坦能堡（Tannenberg）、馬祖里湖（Mazures）、薩松諾夫（Samsonov）及萊寧坎普（Rennenkampf）使俄國軍隊喪失了戰鬥力。俄國進攻的失敗，對於德國的西線計畫顯然有很大的影響。

　　基於史里芬伯爵的計畫，又經過摩爾特克（Moltke）的修改，德國的目的是想在戰爭開始幾個星期內，對法國軍隊取得決定性的勝利。為了實現這一野心，德國人在右翼特別集中所有部隊七分之五的力量，占領比利時，8月22日至24日又取得對沙勒羅瓦（Charleroi）的勝利，德國最高指揮部認為勝利唾手可得，因而在8月18日至20日才在洛林地區與法國軍隊對峙，而失利的霞飛將軍此時處境艱難。德國不停地戰鬥及不斷地退卻，迫使他必須改變部隊總體部署，並在東線實施第十七作戰計畫，被追擊的士兵則向西逃脫，此也確保德國軍隊與法國軍隊左翼之間的力量均衡。他成功地做到這一點，但在選擇撤退到何處為止及全面反攻的時間上他猶豫不定。巴黎軍區司令加利埃尼的介入使他做了最後的決定，由於從9月4日開始，覺察到德國第一軍在行進中突然轉向東南方的重大變化，加利埃尼投入克魯克（Kluck）的部隊輕易暴露出右側翼。法軍指揮官莫努里（Maunoury）的部隊開始採取行動，展開馬恩省戰役，也意味著大反攻的開始。馬恩省戰役在一週之內取得勝利，然而是有限的勝利，德國軍隊停止向達姆（Dames）撤退。由於此役使德國的計畫破滅，所以是決定性的勝利。

　　戰爭不會持續太久的想法僅是幻想，在雙方部隊相互試探及在10月18日

至30日的耶瑟（Yser）戰役和10月30日至11月15日的伊普雷（Ypres）戰役之後，戰線相對穩定，各自構築戰壕。但還沒有人完全估計到新的形勢及它所維持的時間。

此外，東部戰線的大規模移動戰，使人們希望西部戰線的穩定成爲暫時現象。事實上，俄國軍隊與日耳曼－奧地利軍隊在西元1914年底以前共發生三次大規模戰鬥，包括8月23日至9月21日的盧布林（波蘭）利沃夫（烏克蘭）（Lublin-Lwow）戰役，它迫使奧地利與德意志軍隊後撤並使俄國攻占加利西亞（Galicie），10月4日至28日的伊凡科沃－華沙（Ivangorod-Varsovie）戰役，日耳曼－奧地利軍隊先進後退。11月11日至12月13日的羅茲（Lods）戰役，德國人最後取得勝利，但卻因爲軍隊數量的不足，沒能乘勝追擊，戰線就此穩定。

義大利的中立使同盟國極爲失望，但土耳其加入它們的陣營參戰，對於同盟國來說，也是一個極大的威脅。東線從開始就顯得居於次要位置，對於法國和英國來說肯定是有利的，因爲它影響到德國的分裂。西部陣線已經形成僵持，史里芬（Schlieffen）計畫造成更糟的局面。馬恩省的勝利反而使戰爭延續，其提供一種聯盟的可能性，並使人爲的潛力以及經濟的潛力都伸展開。此外海路和國際市場也向他們打開大門，殖民地在這次戰爭中提供了許多協助，隨著聯軍實力的展現，保持著自由行動的協約國經常使他們的對手處於不利地位。

關於作戰行動的研究（西元1915-1918年）

從西元1914年12月到西元1918年3月，西部陣線的陣容沒有什麼變化，東部陣線則非常活躍。如果在這期間會有一種驚人的勝利，那麼它不需要依據什麼決定，只要作戰者不屈服就可以了。西元1915年戰爭擴大到義大利、保加利亞，西元1916年波及羅馬尼亞，此蔓延並沒有明顯地改變兩個同盟國之間的對比關係。

既然如此，事到如今有兩種選擇，若非停止行動，表示交戰國會平白地耗盡財力、物力且還透過已經顯露出來的血腥計畫重新組織行動；此外便是訴諸戰爭，耗盡自己和對手的財力、物力。西元1917年，法國貝當將軍計劃透過移動他所有漫長戰線的攻占區進行一種新的行動，但問題是貝當缺乏炮兵戰略性的變動及坦克技術。

在這種條件下，他是否應該尋找一種外圍的戰略行動以解決這些問題呢？但德國政府很快地放棄達達尼爾海峽的控制權，此也顯示英國已制定其目標，

它不能讓東部陣線只當副手，僅發揮輔助作用。

西元1917年突然爆發的俄國十月革命也結束在東方的戰爭，改變雙方均衡的關係。聯軍的海上封鎖使德國經濟陷入困境，海上戰爭極力地引誘美國參戰。戰爭的機械化和新的策略無聲無息地來臨。飛機、坦克、機關槍、大口徑大炮為最後的防禦做好準備。西元1917年在俄國里加（Riga）的戰場上，雙方以炮彈猛烈地攻擊。法國也於西元1917年12月20日發出第四號令，再一次準備防禦和軍事的操練。西元1917年11月20日在岡布雷（Cambrar）戰場，英國坦克成功地開闢了一條通路，卡車和汽車的機動作用則保證了戰略的多變性。雖然西元1918年的移動戰時間很短，但它所引起的後果卻是顯而易見。

總而言之，從西元1915年到1918年3月，有四項的戰爭乃是主要的事件：聯合陣線及其問題；西元1915年的攻城和突圍；西元1916年的敗退；西元1917年的革新。由於戰場越來越常發生於海上，海戰的分量也就越來越重。

連續的陣線

西元1915年，德國進攻東部陣線，西元1916年的凡爾登（Verdun）戰役可以被視為是突圍戰，而主要的參戰國也耗盡大量的財力、人力。重點突擊的企圖在一些猛烈的攻擊和奇襲中獲得了成效，後備軍人重新地糾集，也克制了進攻的力量。此外疲勞戰動搖了軍心，但這並沒有造成軍事的不平衡。

對於主要參戰國來說，這種連續的戰線只能透過一種不可抗拒的行動來阻撓，如果這種連續的陣線得以被切斷，將取得移動戰的勝利。這些條件一直到西元1917年才慢慢地整合，在西元1917年底正式實行。尤其是西元1918年中連續陣線都在戰爭中得到支配的作用，敵方首先以突擊和突圍來引誘切斷連續陣線。

西元1915年的突擊和突圍

西元1915年，經過幾次地方的小勝利之後，德國在法國的突擊又失敗，不論是在阿圖瓦（Artois）還是在平原地區，霞飛（Joffre）都沒能成功地達成他重點進攻的願望，這些失敗也帶來了慘重的損失。類似的條件也在南方義大利戰爭中起支配作用，在西元1915年5月26日，義大利軍隊參戰，但很快就被困住不動。這是由於山地戰場的自然條件，和連續陣線所產生的結果。相反地，在俄國戰場上，德國軍隊在最薄弱的陣線上取得勝利，但在西元1915年5月2日，於杜納耶茨河（Dunajec）突破防線，沒有獲得決定性的勝利。

　　在俄國戰線上，5月2日的突破是一次強有力的進展，興登堡和魯登道夫的軍隊使俄國軍隊遭到慘重的損失（83萬人死傷，90萬被俘，俄國軍力損失一半以上），並把推向俄國的陣線壓進100到150公里，且占領了波蘭和加利西亞（在今波蘭）。這次勝利還不是很徹底，因為義大利控制住奧地利軍隊達到四十多個師。

　　德軍為了重新尋找突破口，堅持軍隊的戰鬥力，並減輕俄國陣線的壓力，霞飛將軍在西元1915年加強進攻，西元1914年12月20日到1915年1月15日，由福煦（Foch）親自指揮阿圖瓦的第一次戰役，結果毫無所獲。對於阿高那（Argonne）、渥愛弗（Woevre）、孚日（Vosges）的進攻也是一樣。至於2月16日到3月18日的第一場平原戰，只是去掉一些戰壕。阿圖瓦的第二次戰役是在5月9日，此戰役僅將陣線推進3公里。平原戰的第二次戰役從9月25日開始，法國貝當（Petain）的軍隊攻陷第一個德軍陣地，此也正是法軍指揮官朗格（Langle de Cary）軍隊的進攻陷入困境之時。總之，要想在一次進攻中攻下兩個陣地是不可能的。要想做到這一步，將會付出高昂的代價。用重點進攻突破防線的方法不怎麼符合西方陣線的現實情況。

　　這一點在義大利戰場上也同樣得到證明，奧地利軍隊透過卡多爾那（Cadorna）將軍在伊松佐（Isonzo）和戈里齊亞（Gorizia）控制著整個局勢，為了打開第里雅斯特（Trieste）的通道。那麼改變戰爭的指揮方針難道不是很必要的嗎？難道不應該向迂迴的外圍戰略政策讓步嗎？人們可以針對達達尼爾遠征的結果思索如何布局。

　　聯軍企圖以海峽為工具，重新和俄國建立關係，並鞏固聯軍在巴爾幹半島的力量，然而，保加利亞、羅馬尼亞和希臘還沒有明確地表態是否參加，或是以攻占君士坦丁堡來約束土耳其的力量。這項計畫尤其受到年輕的海軍上將邱吉爾的支持。現實是存在他們的思維中，海峽的英國海軍力量從西元1915年3月18日起一直就是衰敗削弱的，這也帶來了陸上競爭的問題，這種競爭是從4月25日開始的，但很快就在加利波利（Gallipoli）島停止。這種箝制的戰略在連續陣線面前受挫。那麼，還需堅持什麼呢？英法聯軍重新開始裝備，準備要擴大聯軍在薩羅尼加（Salonique）的力量。這項戰略的實施者霞飛將軍認為，這場戰爭的主要陣線就是英法聯合陣線。

　　西元1915年的局勢表明，如人們在年初所設想的那樣，戰爭不會很快結束。人們處於「圍攻戰爭」之中，由於實力相當，使得重點進攻和突圍都遭到失敗。很明顯地，德國、俄國並沒有精衰力竭，相反地，他們已經調動所有他們所控制的力量，戰爭擴展到周邊國家地區。

各國都運用不同的手段，使金融和經濟皆能適應戰爭。經濟越來越傾向於生產戰爭物資，也就產生了特殊工人。工業亦顯示出堅守戰線的重要作用，並與戰勝的可能性緊密相關。在每一個不同的戰場都有革新計畫，並縮減步兵消費來充實炮兵和連發武器的發展，還有空軍和坦克兵的加強。

經濟生活給予政府的壓力也越來越大，政府與工作人員及工會的關係也發生了變化。在法國尤其明顯，一個最大的工會組織最終歸附於國家保護主義政權之下。我們可預見政府的力量迅速集中和增強，政府的內務大權主要掌握在幾個重要的部長手中。像法國這樣的共和制國家，人們還不適應看到大權集中於個人手中，因爲他們怎麼能夠忍受看到戰爭的指揮權集中在共和國總統一人手中呢？

最後，海面上開始承受比陸地還要重的負擔。自從西元1914年8月起，法國向英國提出了執行西元1909年2月26日的倫敦聲明，這份聲明是關於查封海上走私商人貨物的問題。從8月25日起，這項協議開始實行。但是漸漸的，聯軍擴大商品的範圍，包括一些被認爲是戰爭走私品，因此引起了和英國間的激烈爭論。藉由在北海布署的德國地雷，使聯軍的行動更容易進行。英國認爲這樣做很危險，就是再清出北海航線使所有中立國的船隻都停在達尼（Dunes）停泊港，那裡是加萊海峽（Pasde Calais）的入口處。在那兒，當他們的貨物到達時會使海水水位上漲。這將會帶來嚴重的後果，因爲還要加上聯軍對海上的控制。另美國從德國進口的直接貨源被切斷，西元1913年12月到西元1914年12月之間，美國的進口貨物金額從3,200萬下降到200萬美元。

西元1915年2月4日，德國政府警告中立國，他們將使用強制力量報復聯軍，從2月18日起，德國海軍不考慮船員和旅客的安全，破壞了所有英國和愛爾蘭的水上商船。基於此，聯軍通過發布西元1915年3月11日的一項命令予以回報。他們宣布扣押所有可能來自或前往敵方的商人和商船，並開始對同盟國經濟封鎖。雖然中立國還能繼續向德國買賣商品，但這種情形對德國也是個不小的打擊。隨後，聯軍又補充一個限額的想法，也就是說他們將按照戰前的統計，如果中立國的商品超出先前的消費量，他們的船隻也將被扣留。

於是西元1915年的戰爭開始影響所有的國家。從各個國家的財力、物力來看，誰要想迅速地結束戰爭都不太可能。西元1916年，各參戰國的衰退加速。

西元1916年的衰退

西元1916年，戰事主要集中在西部戰線，而西元1915年的進攻也並未能動

搖聯軍陣線。爲什麼沒有耗盡防守者的精力呢？難道這種長時間的消耗不也是一重大損失嗎？西元1916年2月21日，德軍將領法金漢（Falkenhayn）發動凡爾登戰役，並認爲霞飛（Joffre）應可承擔，而且他也應該接受挑戰。

在一段時間的驚訝和猶豫之後，法軍在貝當元帥的指揮下，在法國抵抗德國激烈的進攻。接下來就是如何把退卻限制在最小的範圍之內：即大量使用卡車作爲交通工具以滿足第一線要求，隨後就是各師頻繁的運輸人力或物資，這種形式是由貝當元帥所創造的，他堅持要在每個損失三分之一步兵的師部中執行，爲的是避免全面的潰敗和爭取部隊的重建。

這次戰役的範圍有好幾平方公里，在這裡有50多萬人被送到戰場，有的死、有的傷、有的變俘虜。在軍事上，凡爾登戰役對於德軍總指揮而言是一次失敗的戰役，雙方損失一樣慘重，西元1916年7月11日，戰爭停止。

至於西元1916年7月1日英法聯軍的展開進攻則並沒有完全失敗，他是在尋找增強實力的機會。同時這次進攻也有一些重要的影響，即他分擔了並減輕凡爾登戰線的壓力，而且最後阻止德國的進攻，此外他使聯軍把戰線向前推進十幾公里，也使德軍蒙受重大的損失。法國軍隊在凡爾登（Verdun）的慘敗之後，就是德國軍隊在凡爾登的慘敗，但不論是法國還是德國都還沒有得出一個最後誰勝誰敗的結論。

在東方戰線上，俄國軍隊利用西元1915年到1916年的冬天，整頓重建。俄軍在布魯西洛夫（Broussilov）指揮下發動進攻取得大規模的勝利。從6月4日起，俄國打敗大部分奧匈帝國的陣線，俘虜了40萬人，重新征服布科維納（Bukovine）和加利西亞的一部分。8月中旬，由於軍需不足，俄國勝利的進攻乃停止。它帶來兩個不同的後果，一方面，它迫使奧地利在東方陣線僅接受興登堡指揮；另一方面，8月28日決定促使羅馬尼亞參戰，但是時間稍晚了點。德國新統帥——興登堡已經計劃好在最短時間內削弱羅馬尼亞，法金漢在西元1916年8月27日放棄指揮權，由馬根森（Mackensen）執行。12月初，撤退的羅馬尼亞軍隊被俄國力量所吸收。

西元1916年的結果令人失望，西方表面上並沒有出現明確的衰敗，但東方布魯西洛夫的勝利則因羅馬尼亞的失敗而被抵消。

5月31日和6月1日的海上戰役，展示這兩個艦隊目前實力低弱，德國艦隊訓練精良，它使英國艦隊的損失慘重，但是他把自己限制在唯一的出口處，這等於是被囚禁在港口。

參戰國也感到疲憊不堪，而曾經指揮過戰爭的人亦要求和平，這怎麼能不讓人吃驚呢？這些企圖是少數黨派提出的，目的是爲保持與歐洲國家的社會民

主黨的關係，但是這些主張也有分歧，一部分人想要停止戰爭，另一部分人要實行革命。至於社會民主黨，他們支持政府發動戰爭，並同意參加戰爭。西元1916年12月12日，歐洲各國提供了和平的可能性的建議，18日威爾遜總統要求參戰國明確地表示參戰的目的。12月26日和30日，對於威爾遜總統提出的要求，德國和聯軍分別做出答覆。很明顯地，各國的財力、物力、人力的消耗已經不可能使參戰國達到他們原來參戰的目標。儘管如此，人們希望儘快地結束戰爭，因為這是實行新方案的時候。

西元1917年的實驗

捷克的政治策略在西元1917年藉由新方案的出爐和發展亦表現出其特點。

西元1916年底，確切說是在11月16日，霞飛將軍在協約國間的一次會議上提出要從西元1917年2月起實行一種聯合進攻體系，與反對同盟國的進攻同步。但在這一時期，霞飛不是馬恩（Marne）的唯一勝利者，他也是西元1915年徒勞進攻的指揮者，雖然法國元帥的威嚴已經恢復，但他在一開始就受到約束。人們等待他的繼任者，以另一種方式指揮戰爭。然而尼維爾（Nivelle）突然被提升為最高指揮官，他想運用權力中斷戰爭以結束這一切的衝突。隨著海上戰事的擴大，使德軍陣線出現一個大缺口。但尼維爾並沒實施中斷的措施，此時運用連發大炮、坦克、轟炸機顯得都很費力，因為再也沒有供他支配的軍隊以及快速移動所需要的機械化設備，也沒有必需的炮兵和補給。西元1918年魯登道夫的進攻，成功地開創出聯軍陣線上的幾個袋形陣地。

然而尼維爾將軍的進攻，甚至連這個效果也沒有，因而中斷戰爭沒能實現。法國軍隊被阻截，幾乎和西元1918年7月15日第四軍陣線上德國軍隊所受的阻截同樣猛烈。

此時經過三年戰爭的士兵已經學習判斷打仗策略的價值，他們認為再用這種從來沒成功過的方法打下去，結果終將還是失敗。這就成為西元1917年5月到6月間叛亂的起源，也是軍隊精神危機的一種徵兆。但這只爆發在那些陣線後的部隊中，並沒有影響到那些在陣線上的軍隊。這種影響所持續的時間不長，對官方的衝擊並不很嚴重。這種現象本身並不是對戰爭的拒絕，而是對作戰中某些戰略的抗議。

新的總司令貝當一面批判尼維爾的進攻策略，一邊實行他的新戰術，他停止無紀律的行動，但並不是透過限制和懲罰，而是結束局部的戰爭，他尊重士兵，尤其是改善軍人休假和補給制度。

　　為了避免會再度帶來更嚴重後果的局面，貝當元帥實施一種新戰略，即限制進攻的目標。那就是經仔細的準備，預估壓倒性優勢的大炮、飛機，在一個可能的範圍裡，有把握地進攻易觸及的目標。這樣，有關對作戰行動領導的最高指揮又重拾了信心。

　　7月在法蘭德斯（Flandres），8月在凡爾登，這種新方法的效應更加突顯，尤其是在馬爾梅松（Malmaison）戰場上，幾天之內就征服達姆（Dames）道路。這時貝當進攻的戰術甚至在那些曾經發生過嚴重反叛的地區也取得明顯的效果，但是這種戰術要求的是先進的武裝力量，這是唯一減少傷亡的方法，亦是得以最終加強防禦能力的辦法。貝當認為立刻進行工業化是勢在必行，而且生產計畫也應該修正。

　　法國最高指揮部要求儘快完成西元1916年5月30日的炮兵計畫，要儘快裝備好各種不同類型的連發大炮，還有迅速增加飛機的數量，尤其是要為西元1918年春天準備好3,500輛輕型坦克。這樣，勝利的物質基礎就齊備。

　　但最高指揮部還面臨新的問題，就是俄國背叛的可能性。的確，克倫斯基（Kerensky）政府拒絕所謂分裂的和平，他計劃改變軍隊的作戰布署。但這已經不可能，此時俄軍七月的進攻只不過是最後的奮鬥而已。西元1917年12月15日，日耳曼和俄國之間開始停戰。而俄國的這種背叛，是不是改變了雙方陣營的力量平衡，以致於聯軍能夠在美國干預之前即簽署和平協定呢？

　　法國的高層統治者，為了回應軍隊的新要求，答覆和平解決的可能性而改變了戰略。他認為必須控制英國的延長戰線，阻止美國人在洛林建立特區。因此法國軍隊將由兩大集團集合而成，還包括美國陣線，而且軍隊將具備進攻和防禦的能力。假設德國人受到開發西方利益的吸引，那就不會在西元1918年發起進攻，而貝當準備於消耗戰之後，在西元1918年左右發起進攻，並且同時伺機在阿爾薩斯南部準備戰略性的突擊。從那時起，法國亦獲得了政治擔保，以使它有可能在和平大會上占有幾個席位。這一戰略將成為貝當左右戰爭的領導路線之一，直到西元1918年11月11日。

　　儘管巨大的犧牲明顯地削弱英國軍隊，但他們還是無法收復法蘭德斯海岸，只得到奪取帕斯高塔爾（Passchendaele）分水嶺。相反地，英軍元帥海格（Haig）顯得更幸運，西元1917年在康布雷（Cambrai）戰役中，他發動坦克襲擊並摧毀了有組織的陣線。這個他在里加（Riga）戰爭中所得來的經驗，表明了作戰行動重新一步一步地出現在戰壕的靜止戰爭中。他不會再支配二十世紀的戰爭。

　　這種作戰行動突然在義大利戰線上實現了，10月24日，在卡波海托

（Caporetto）受德軍進攻而粉碎義大利的防務，迫使法國人和英國人向處於困境中的盟軍增援，盟軍最後在皮亞夫（Piave）重新建立基地。

人們感覺到在危機過程中唯一缺少的是指揮系統，而且盟國既沒有制定採取統一的戰略方案，也沒有任命大元帥。可以對此解釋的是，盟國試圖找到和解的方法。在西元1917年11月哈帕羅（Rapallo）協約國大會上，盟國決定建立戰爭高級委員會，由專職軍隊代表組成。

西元1916年12月起，英國把自己的命運交給一個強有力的政府，在政府內部，主要權力由勞合·喬治手下所掌握。而在法國施行改革亦有必要，在這由軍隊進行的改革之後，亦促使了共和國總統相信克里蒙梭會對政府負責。

因此，西元1917年是具有無數經驗的一年，是發生深刻變化的一年，這變化發生在戰爭的過程和指揮中。但對於盟國，未來還是充滿了猶豫不決，戰爭僅給英法聯盟單獨的力量，直到美軍參戰為止。他們會一直堅守嗎？在德國正準備決定的方案時，怎麼給他們最大的機會呢？

重回行動（西元1918年）

瑪爾梅松、里加和康布雷皆表現鞏固而有組織的陣線，此組織可以突破。西元1917年12月15日，德國與俄國停戰協議簽訂之後，協約國不再懷疑德國人將會在西元1918年發動進攻。西元1917年12月12日，法國戰爭委員會決定作戰策略是不會有防守性的進攻，而只是等待德國的進攻。

第三節　反攻行動的準備工作

　　法國的防守理論以相當簡單的方式表現出來，但更應該「不惜任何代價」堅持進攻地位，如果將這一地位丟失，應該「立刻」再將它取回，這是爲了第一地位的戰爭。而它在西元1918年能夠打開的新角度中還是顯得可以理解，許多領袖對此想法與當的新觀點大相逕庭。俄國的背叛加劇了危機，在多天則必須解散5個師，爲了表現更廣更深的可能性，移動戰可能重新出現，這使得貝當堅信唯一能夠阻止強大進攻的戰術就是在第二陣地等候，並安置軍力在第一陣線之後3、4公里遠的地方，之後靠小部分部隊堅守。第二陣線的任務僅是擊潰敵方的進攻，使得貝當喪失了鬥志，他狼狼地撤離並躲避炮兵進攻的陣線，尤其是迫擊炮的進攻，但也因此限制了敵人推進的機會。

　　第四號指令使得這一理論很快在許多客觀事實面前受挫，第二陣線還不存在於統一陣線中，如何根據軍隊的訓練要求調整實施工作完成的第二陣線？如果在沒有爭議的情況下放棄周全的計畫，放棄難以得到的堅固陣線，比如「達姆道路」或者是香檳山脈。貝當應該增加巡迴視察來維護他的觀念，並且讓人敬佩他的確是爲了節省人員開支而讓出土地的想法。當西元1918年3月21日德國發起進攻時，第四號指令還僅是受限制地處於現實和希望之間，高級指揮部也感到在防守中發起反攻的困難。

抗德行動與協約國的勝利

　　西元1918年3月21日至7月17日之間，協約國面對五次德國的進攻，前兩次進攻是在3月21日和4月9日，結果摧毀了英國陣線。另外三次對法進攻結果不同，5月27日，德軍使「達姆道路」的陣線陷於混亂，4天之後到達馬爾納（Marne）；6月9日，他們在馬茲（Matz）地區的進攻很快被抑制；7月15日，德國人的進攻從一開始就被粉碎。

　　7月18日和11月11日之間，協約國在7月和8月縮小德國春天的進攻網後，於9、10月連續奪取堅固的戰線，這些戰線本是德國高級指揮所打算用來阻止協約國軍隊推進。當福煦（Foch）想要在9月26日向梅茲爾（Mezieres）發動戰略性進攻的時候，由於美國軍隊很快陷入困境而遭到了失敗，亦沒有能力組織進攻的行動。至於貝當主張由福煦元帥指揮進攻洛林的決定則爲時已晚，因爲11月14日已經提前發出了停戰書。

　　如何解釋西元1918年戰爭如此迅速地發展？在西元1918年，西部地方就中斷了軍事性的衝突，此時背叛的俄國也解放了大部分的德國軍事力量。

　　而第二戰場和第二造勢活動的存在曾經對協約國有極大的好處。海洋使德國的內陸戰場更為穩定，海洋持續加重由同盟國所連盟的封鎖分量。但它也是雙重行動的場所。過去的行動是原料以及能源和英國軍隊登上歐陸，最近的行動即是美國的軍事力量介入。當俄國背叛向德國打開東部戰場的時候，盟軍的潛水艇取得了勝利，這是由於軍隊組織、美國艦隊的幫助和潛水艇的應用所致，從西元1917年秋天起盟軍即解放了沿海地區，並且讓美軍的行動轉向歐洲。但他們太慢抵達，西元1918年4月中旬，美軍只有4個師能堅守前線。德國從俄國撤出的軍事力量與美國向盟國提供的軍事力量兩者之間極不平衡。但德國在西方前線上那些師的士兵數目極有限，因此德國高級指揮部只能獲取一次機會，效果是立即的，卻也是短暫的，美國的軍隊則反而更有效率且維持長久。

　　此時德國掌握對盟軍進攻的辦法，也就是保證中斷敵方前線的供給，此主要建立在炮兵以及進攻部隊的行動中，但他們缺少汽車、載重卡車，他們不能完全地控制所發動的進攻活動。

　　但是這一行動也獲得好處，因為它遇到兩個不同的防守陣營。在3月21日的猛烈攻擊之後，德國人大步前進，協約國面臨嚴重的戰略和政治問題。在極其危險的情況下，他們思考是否應該冒著失去英法兩軍之間聯繫的危險去關閉英吉利海峽的港口，還是放棄它而保留這種聯繫，並運用較可行的方式使英軍大規模撤退到索姆（Somme）。在3月26日的杜明（Doullene）大會上，他們同意福煦「協調」西方前線的盟軍行動。他選擇了維持兩國軍隊的聯繫來保衛亞眠（Amiens）。但5月2日在阿布維爾（Abbeville）大會上，協約國對德國4月9日的法蘭德斯的第二次進攻讓他們感到協約國後備軍人的重要性，但此也引起福斯和貝當之間的衝突，因為執行這個決定有可能犧牲英吉利海峽的港口，以此保護協約國的戰場減少損傷並且安全撤退。

　　但在5月27日，魯登道夫想要吸引遠在法蘭德斯的法國後備軍人，突然在達姆道路對杜珊納（Duchene）將軍指揮的第四軍發起進攻。這對貝當的防守理論沒什麼好處，且是一場災難，5月31日，德國人抵達馬恩省。最後由於德軍陣線拉得過長，加上貝當將軍的靈活戰術而使德國受到了牽制，但局勢相當嚴酷，協約國也喪失了他們的後備軍人。

　　特別是在德國於5月27日到6月4日間對法國前線發動第三次進攻之時，局勢發生了轉折，在介於5月27日發起戰爭與6月9日間的這幾天，貝當對於瑪茲

地區法軍事力量防守支配權上作了重大的變動，他急急忙忙地重新聚集一批後備軍人。這些措施讓敵軍蒙受一半的損失。從那時起，在6月15日到7月15日的這一個月間，西部前線重新恢復了平靜。這一拖延使協約國得以重建後備軍人，加強了他們的物資優勢，尤其是輕型攻擊坦克最後全面投入生產。同時使美軍十幾個師亦採取了行動，且投入戰場，並控制平靜地區，解放法國的精銳部隊。但是海格和福煦之間新的衝突也引起人們的注意，尤其是貝當和福煦間的衝突。

法國統治者認為他的軍隊被福煦將軍的戰略置於危險之中，福煦將軍想要把大部分法國後備軍人聚集在英國前線後面和法蘭德斯前線上。貝當認為德國的第二個進攻將要攻打法國前線，而不是像福煦所堅持的攻打英國前線。幾天危機之後，最後找到和解辦法，貝當直接受福煦的指揮。

協約國最困難的時期已經過去，而且德軍此時開始了解德國所面臨的緊張局勢與兵員的危機，一些攻擊師和後備軍人的耗損，讓德軍士氣低落。因而魯登道夫想要結束這場戰爭，在一次猛烈的進攻之後他占領了香檳地區，他想在法蘭德斯給予英軍決定性的一擊。但在7月15日，貝當將軍的第四號命令在法國第四軍中實施，他們預防性地撤離香檳山脈，澈底粉碎德國的進攻，使其喪失了第二戰場。這次防守的勝利促使7月18日突襲的成功。

曼金（Mangin）和德古特（Degoutte）所指揮的法國第十軍和第四軍則加強在德國勢力範圍內的西部防線，此也迫使魯登道夫大規模撤退到維斯勒（Vesle）和埃斯納（Aisne）。德國的指揮具有靈活性，而法國對於戰爭的領導卻很薄弱，尤其是第十軍，坦克損耗過快，法軍在第耶里城堡（Chateau Thierry）的包圍圈，一方面縮小，但一方面又行動太緩慢，以致於德軍能夠逃脫並避開圍剿，這些都可解釋德軍的奮戰行動。這是德軍從3月21日起，有史以來的第一次勝利。在7月15日的決戰和18日的進攻，協約國已經付諸行動，事實上，在這場戰爭中也投入協約國最後的資源。

但在8月8日（「德國軍隊的祭日」），法國軍隊不再獨自進攻，相反地，英國軍隊開始發揮主要的作用。協約國第二次進攻致使德軍失去亞眠陣地，從9月初開始撤退，在興登堡陣線上很快被英國海格元帥的大軍所阻截。福煦將軍預見9月26日聯合攻勢，同時當天保加利亞即請求停戰。

法國所要完成的任務是試圖向梅澤爾（Mezieres）進攻。其目的不乏雄心，因為這一進攻能夠切斷或至少威脅德國陣線的相互聯繫。相反地，福煦沒有預期英國軍隊的行動結果。事實違背了他的推論，而美國的進攻亦陷入了困境，海格成功地粉碎興登堡戰線並且將軍隊直逼防線外。

　　此後，戰鬥的指導方針一直到11月11日才發生變化，英國軍隊還是發揮主要作用，法國高級指揮部卻認爲讓法軍擊退德國軍隊是件頭痛的事，且他們也擔心法軍是否能在和談期間得到一些有用的政治擔保。

　　協約國在西元1918年8月就打算在洛林發起進攻，直到10月20日福煦將軍才同意付諸於行動。由於時間太晚，11月14日才準備就緒。福煦否認此次進攻會發揮決定性的作用，他認爲高估了德國的抵抗能力，而且低估德國軍事和政治局勢的嚴重性。因此，11月初他獨自繼續作戰。保加利亞戰線已於9月15日被法軍元帥德斯佩雷（Franchet d'Esperey）擊潰，26日保加利亞人請求停戰，29日簽訂停戰協議書。由於保加利亞的潰敗，於是保加利亞脫離與土耳其的協定，再加上土耳其在巴勒斯坦的戰敗，土耳其乃於10月31日投降，希臘北愛琴海穆茲羅斯（Moudros）停戰簽字的情況已經反應了協約國較勁；最後奧匈帝國完全喪失抵抗力，從10月24日起軍隊就陷入混亂並走向分裂，帝國於11月3日簽訂維拉－吉斯提（Villa-Giusti）停戰協議書並退出了戰爭。

　　在這些情況下，可以說自西元1918年10月底到11月初，有一個重大的進展，此時也重新考慮雙方力量的對比，協約國的30個師，600輛坦克對德國的6個師，而且其中朗德威爾（Landwehr）的3個師在心理上也受到挫敗，這種差距造成的軍事威脅能像敵軍那樣躲過災難嗎？一切都不是想像中的那樣簡單。

　　因此11月11日簽訂停戰協議書顯得爲時過早。協約國好像急於結束戰爭，他們或許出於人道主義原則，且害怕德國會東山再起，且協約國也已相當疲憊。他們判決停戰的條件是德軍不能再發動戰爭，迅速從協約國占領區撤退，包括萊茵河左岸地區以及右岸10公里寬的地帶，放棄西方條約，放棄布萊斯特－里托斯克（Brest-Litowsk）條約中一切利益，交出戰爭物資、運輸財產、軍艦和潛艇。這一計算顯得很準確，但事實是停戰協議書沒有在德國簽訂，而且他們忽略了一個軍事性的錯誤，它將是一場災難，那就是萊茵河彼岸無阻攔地發展，就像背後被插一把利刃一樣。

　　幾個星期中所發生的衝突事件竟然持續了四年多才收場，這實在令人驚訝，人們不禁要問，各國政府準備採取那些措施來維持和平，停戰之前協約國間的談判，巴黎和倫敦的不安逐漸明朗化，這就是德國帶給美國總統威爾遜的作用。這也讓他根據10月5日的通知，掌握了和平機構，美國總統的14點原則，勞合·喬治、克里蒙梭，還有威爾遜在關於民族社會的計畫中很難說明與和平大會有相關的關係。

　　然而同盟國政府也忽視了戰爭的後果。第一是人數方面，德國喪失200萬左右，占就業人口的9.8%，法國喪失將近140萬，占10%；英國喪失77萬，占

5.1%；義大利喪失53萬，占6.2%；塞爾維亞喪失40萬。再加上傷員和殘疾，在法國達到300萬人，歐洲共喪失800萬到900萬人。在法國2%的17到27歲的年輕人皆於戰亂中罹難。

第二是人口災難與資源的災難。歐洲煤的生產減少30%，鐵路由於缺乏整修及過分使用，而載重量過於沉重，已經沒有什麼承受能力。歐洲的海上優勢也衰退，在西元1914年艦艇總數占世界85%相比，現在最多不過占世界70%。

第三是金融後遺症。對於每個國家，在沒什麼辦法可以控制金融競爭之下，結果是普遍受損，在義大利，國債漲6倍、法國是7倍、英國10倍、德國20倍。戰爭時期，歐洲貨幣帶來的危機比精神危機更嚴重，既無法準備好承受，也使各國政府束手無策。

第四是政治後遺症。戰爭產生新的精神上、社會上和心理上的問題。這使得潛入深處的一種跡象有時會表現出來。

第五是外交後遺症。西元1917年的歐洲均勢被摧毀，舊俄國消失。戰爭結束之後從舊帝國誕生的新興國家，如：奧匈帝國、德意志帝國與土耳其帝國。戰爭的影響，這就是新的事實。

第六是在世界上的後遺症。除了美國和日本獲得權威外，令人吃驚的是歐洲的倒退。它的地位被動搖，因此它應該面對移民的困難，再次得到失去的市場、償還戰爭債務。而它的經濟體系內部很虛弱，且受到列寧思想的批評、攻擊，並被擊敗，列寧還沒有完全拋棄資本主義體系而實行「新經濟政策」。

對於區域性爭端的意外結果讓人們感到侷促不安，人們的精疲力竭和驚訝，這都發生在西元1918年11月11日歐洲戰後的騷動中。

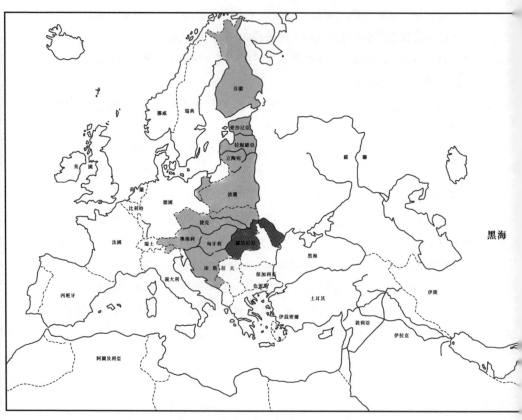

圖9-43-1　第一次世界大戰後歐洲的疆域變化（1923年）

第四十四章

蘇　聯

第一節　西元1917年的革命

　　第一次世界大戰已近尾聲，舊沙皇的俄國也極度地衰弱，在對抗德國的戰爭中，俄國的工業和農業幸運地保留住，但運輸力量明顯不足，由於運輸網絡的癱瘓，給俄國的多天帶來極度匱乏的狀況，尤其反應在大城市裡。更嚴重的問題還是俄國政權與俄國社會的分離，特權階級內部的分裂更明顯。

　　此時，人們隱約可以看見革命和爭奪權力的陰謀。然而革命使所有的人震驚，革命黨的主要領導人仍被流放在西伯利亞，或國外。革命首先於西元1917年2月在彼得格勒發生，由於糧食供應嚴重缺乏導致暴發大規模的遊行。沙皇並沒有任何的行動，內閣大臣亦沒有接到任何的命令。此時政府機構很快地被街上遊行的人所包圍。於是沙皇下令以一切手段平息暴亂，此外他還解散了杜馬議會。沙皇對於革命暴亂沒有詳備的措施，導致革命一發不可收拾，西元1917年3月2日沙皇宣布讓位。

　　革命初始，沙皇只是徒勞無功地制止革命的發展，或只是無效地控制革命活動在某一範圍內。由杜馬議會組成的臨時政府，對莫斯科根本沒有實質上的影響。莫斯科起義人們較願意跟隨彼得格勒的蘇維埃意志；此時孟什維克派領導彼得格勒的蘇維埃，他們信仰修正馬克思主義，並認為西元1917年的俄國還沒有成熟到可以進行一場中產階級革命。他們堅持將政權收回，並緊盯現任政府，必要時使其停頓、癱瘓。另外，在俄國也產生了地方蘇維埃無政府主義現象，他們迅速占據中央的特權階層。在這種情況下，個人聯合的願望終於由克倫斯基在俄國政府與彼得格勒蘇維埃之間實現，但這種聯合不久後就顯得軟弱無力。

　　在這段時間內，社會動亂很快地深入各階層。工人在很長時間裡處於惡劣的環境中，就像在歐洲的其他地方一樣，他們舉行罷工，但要求都被拒絕。雇主被變化不定的政策搞得煩亂不安，且經濟上的困難並不比社會騷亂好多少，因而只好關閉工廠來對付罷工。生產開始大幅度下降。

　　同時，農村也開始騷動。史達林開始改革之前，農民確實有過極度的饑荒。於是他們參加了戰爭，思想上或多或少有些混亂，戰後他們回到土地上但土地仍然落在大地主手中。不管如何，在等待政府決定之後，政府被視為在短期內不可能召集制憲會議。農民開始忙於他們有關自己的事，他們緊緊抓住木材、乾草等生活資源，然後是大地主的土地，這些土地資源是缺乏的。它加重

糧食供應上的危機，因爲一些大地主有時候引用先進方法耕作，他們將收成好的部分供應給城市，在戰前則是出口。

最後，軍隊在整個戰爭中瓦解。在一開始俄國對戰爭即漫不經心，且傾向失敗主義一途，也準備放棄聯盟，或許俄國希望和平，既無吞併也無賠款。但這樣的和平卻似乎顯得過於遙遠。在被動服從的情況下，民主思想即徹底動搖軍隊的紀律。軍隊開小差，以及直接破壞的行動，2月暴動前，軍隊即損失部分的先遣部隊。農村的憂慮是土地分配問題，所有人都在關心土地問題，士兵因土地問題而焦慮，農民占士兵中的大多數。另外，德國也不失時機地抓住這個黨派，首先克制住沒有攻打它，德國利用俄國認爲戰爭已經結束；然後巧妙地運用與俄國親善的活動。

這卻給了克倫斯基（Kerenski）主張重建軍隊的理由，並在愛國主義者的基礎上建立一個新國家。他認爲俄國還是應該全面進攻。克倫斯基主張俄軍全面進攻的演說說服了農民並獲得輝煌的成績，但俄軍最後悲慘地失敗。克倫斯基也因此威信掃地。

不久之後，列寧從瑞士回來，並親手重建布爾什維克黨，以它來攻擊臨時政府。他本能地提醒自己應該奪取政權，布爾什維克黨讓俄國人要求和平、土地，並賦以自主權。它的論點很快贏得人們的認可。在西元1917年11月的制憲會議大選上，布爾什維克黨只取得185個席位，與之相對立的社會主義革命者則獲得400個席位，其他黨派則有150個左右的席位。當時候透過幾場街頭暴亂，布爾什維克黨也開始取得莫斯科和政府的控制權。

第二節　戰時的共產主義（西元1918-
　　　　　1920年）

　　概述這段時期的歷史只能提供一個極為特殊且不完整的結果，因為敵對力量彼此間的反抗並沒有停止過。

　　彼得格勒一役戰勝後，布爾什維克所關心的是如何將權力更加穩固。國會原則上是唯一具有合法權力的機構，但布爾什維克居少數黨，他們急於在西元1918年1月19日解散國會。他們想透過西元1918年7月10日的基本法以蘇維埃替換無政府的狀態，並以金字塔式的組織形式，而這個金字塔的頂端亦很少凝聚一股力量來與國會對峙，國會由布爾什維克黨支持。一切都將針對解決根本問題。

　　首先是布爾什維克主張將土地分配合法化，許多土地已大量的受損。然而人們卻沒有致力於個人開發土地問題，這與常規相反，因為它可能危害產品的交付。他們對集體和合作開發土地的發展給予補貼。在這一點上，他們完全地失敗。貧民委員會所建立的組織在農村也引起了民事抗爭，給農業生產帶來極大損失。西元1919年2月法令，宣布土地歸國家所有和土地從個人使用向集體共同使用中過渡，但完全是一紙廢文。

　　工業狀況還是很嚴重。西元1917年11月7日的法令同意工人管理工廠。此外工人委員會超出了政府的意圖，他們想要管理工廠的一切事務，但不準備某些工作項目。一些工廠在用完庫存的原料後，一個接一個地停工。

　　此時布爾什維克人陶醉在成功的喜悅中，或者對鬥爭過度地興奮，他們甚至毀掉私有產業。認為這樣才能夠達到共產主義的分配目的，也可以使貨幣消失，這是給資產階級致命一擊的辦法。然而俄國的通貨膨脹也變得更加嚴重。此外，工資急劇地下降，以貨易貨成為貿易的主要方式，證明經濟的集中在各方面都行不通。

　　由於理論與實踐上的諸多因素，布爾什維克人冷靜思考其政策的可行性。但以德國所提出的條件對俄國而言是很苛刻的，此時企業既無被吞併也不賠款，像是等待希望的來臨。在列寧的現實主義和理想主義者之間也產生一些矛盾，他們預想如何結束這場戰爭，在腐朽的軍隊前，他號召一場革命戰爭，由一群愛國主義者組成游擊隊進行游擊戰。列寧就像他說的「讓出空間以爭取時間」。

里托夫斯克的和平在西元1918年3月終於實現，但和平卻讓俄國付出巨大的犧牲。它最後歸還一切屬於波蘭的土地，並放棄波羅的海沿岸諸國的所有權，包括芬蘭在內。尤其是德國又將烏克蘭劃分出去，並使其獨立，他們想在西元1918年控制這個國家。烏克蘭除了大部分的小麥、甜菜等必需食品供應給俄國外，還供應托乃茲的煤和克里瓦羅格的鐵。因此德國對於烏克蘭的控制必定會壓制俄國的經濟，在這種情況下，西元1918年11月德國的勝利也只好挽救布爾什維克的革命。

除此之外，國外戰爭的結束使得人們更加關注城市戰爭的爆發。俄國的軍隊動員也產生一批不再適應城市生活的官兵。法國和英國態度開始變得冷淡，他們原打算藉由俄國阻擋德國的侵略，局勢變成他們轉過頭來支持反革命的力量。最後，德國的擴張野心也加速了起義的爆發：西元1918年起義開始於捷克斯洛伐克地區，此乃因為捷克擔心被解除武裝，移交給中央集權控制所致。西元1918年7月，由於德國大使米爾巴什被暗殺而爆發了社會主義者的起義事件，此外制憲會議的解散和農村的局勢惡化，更令人民不滿。

反革命派，很難找到一種永續的辦法糾集一批對革命不滿的人，最後他們僅在不同的民族中組成一個革命隊伍，但人數稀少，這些散兵游勇根本無法發揮戰力。在俄國的東南部，當德國人撤走之後，參加起義的各民族都在爭奪烏克蘭，尤鄧尼奇（Ioudenitch）的部隊一面威脅著彼得格勒（Petrograd），另一方面反對布爾什維克把首都遷移到莫斯科。這場戰爭的本質就是國家被分裂為距離很遠的幾大部分，因而也有利於具有機動作戰能力的部隊，尤其是騎兵部隊。

布爾什維克黨對動員幾百萬人員並沒有施加壓力，但這給他們帶來了很多問題，諸如部隊的編制、設備、武器裝備、軍需供給等問題。要解決的問題比戰場上的士兵還多，可以想像在托洛斯基（Trotski）身上對於解決軍隊具體的問題有他相當出眾的才幹。然而，城市戰爭勉強結束，又轉變為俄、波戰爭，布爾什維克也首先取得了勝利，且一直攻打到華沙，最後被擊退，比起來還是臨時組織起來的紅軍顯得很有紀律。

戰爭帶來經濟和政治上的影響，此外軍需供給方面也應有保障，且讓工業步入正軌，給予工人福利並努力使生產軍事化，但效果有限。西元1917年初有300萬工人，到西元1921年1月則有1,200萬工人，大部分的工人支持布爾什維克黨，相對地工人也被軍隊或政府工作所壟斷；另一部分人則回到田地裡，以躲避肆虐於城市的寒冷與飢餓。為了保證軍需供應，軍隊的分遣隊被派往農村進行徵收糧食的工作，而往往這些徵收糧食的工作計算不周，控制不當，因而

影響糧食的生產。另一方面，高效率的需求勝過一切，軍火工業占有國家機構所有的工作，到處都是高階領導人下達的指示，停辦選舉改為基層人員代替是已可預見的事實。俄國政體此時已具有專制性特點。

追根究柢，布爾什維克革命在艱難中仍維持著，這使許多外界的人都預料到他最後的失敗。此時俄國的負債表非常沉重。俄國的內戰使100萬人喪生。此外因為抵擋不住飢餓、寒冷和瘟疫侵襲，750萬人受害，400萬人則死於對抗德國的戰爭中。而繼續存活的人須忍受飢寒交迫的痛苦。

新經濟政策（西元1921-1927年）

新經濟政策指的不是一種預先計畫，或考慮實施的制度，它是一系列緊急措施，是依形勢而變化，將人們彼此間以一種齒輪傳送帶的形式聚合，而且這種設想也沒有嘗試過，對於蘇維埃政府的活動而言它還是變化不定的。

當俄國共產黨在內戰中獲勝之後，國家已經完全一貧如洗，且處於嚴峻的經濟形勢下。為了使這一點更為明確，關於工業生產的表格如下：

年	1913	1920
鑄鐵（百萬噸）	4.2	0.116
鋼（百萬噸）	4.2	0.194
鐵礦石（百萬噸）	9.2	0.164
煤（百萬噸）	29.1	8.6
石油（百萬噸）	9.2	3.8
泥煤（百萬噸）	1.7	1.4
水泥（百萬噸）	1.5	0.036
磚（以十億噸為單位）	2.1	0.2
紙張（一千噸）	197.0	30.0

這個表格明顯地表示當時並沒有鋪設更多的鐵路，亦沒有再維修的紀錄，同時也沒有生產更多的農業原料。

當時造成的最嚴重後果，是農村從城市裡什麼也得不到，既沒有工具，也沒有衣服。它沒有經濟上的理由要供應城市民生用品。在內戰期間，大城市和軍隊經常唆使突擊隊在鄉村以強取豪奪的方式掠奪日常用品。這也造成了許多地區生產銳減，特別是在蘇聯南部較富庶的地區。既然戰爭之必需品無法成為人們的藉口，另一方面又排除重回舊政體之可能性，難道農民對這種掠奪行為

不會更加反抗？

事實上，西元1921年初蘇維埃政權也面臨著兩種威脅。一方面是西元1921年3月，喀琅期塔得（Gronstadt）兵工廠的暴動。在西元1917年期間，它曾經支持布爾什維克。這次暴動是屬於政治性的，因為口號是「蘇維埃萬歲；打倒布爾什維克！」它要求解放政府，但暴動也迅速地被鎮壓。

但政府還是放棄用武力來鎮壓農民起義的行動，這些運動主要出現在下窩瓦河（Volga）、烏拉山以及西伯利亞西邊境地區。他們全都一齊轉向反對徵糧、拒絕供貨、阻撓徵糧車隊，這勢必要加重城市糧食供應的困難。但怎麼重修和平？反對農民的軍隊大部分則出自農民階級，怎麼才能阻止農業生產的大幅度下降呢？

政府採取另一途徑進行制約，其所提出的口號是「無產階級和農民大眾聯合起來」。這項措施從西元1921年3月開始執行，以實物交稅的方式代替對農業食品的無限制徵收（從西元1922年3月開始，徵收產品的10％）。只要付清稅務之後，農民就可以把剩餘的產品拿到市場上去賣，政府是認可的。這一措施亦改善了農業生產。

但條件是農民必須以物易物，因此應該根據農民的需要，重新讓工業發展起來，於是從西元1921年春天開始，政府不僅決定開放小型商業，同時也開放手工業活動，並為應付緊急的情況做準備。

但蘇聯在重工業的發展中還存在著許多問題。即社會主義政權的基礎——無產階級的工人降低了俄國的效率。無論從哪一點上，重工業都是所有現代經濟的基礎。工業處於國有化，但它卻在資本主義盈利性的標準下接受經營管理。這就是國家資本主義，因為它要維持很長的時間，這便使俄國革命違背了馬克思主義學說：在經濟上蘇聯還處於準資本主義的國家中，進而此時它正在行社會主義革命。因此蘇聯必須要修改戰時共產主義的錯誤。

但是大工業極度缺乏技術：即工具和資本。蘇聯繼而向國外求援，就像過去俄國沙皇所做的一樣。它與資本主義國家之間的關係也逐漸建立，例如德國，在革命運動時曾得到蘇維埃的幫助。西元1921年3月16日簽訂《英蘇經濟條約》。但俄國能賣出去的東西還太少；它還需要大量的貸款和投資。之後形勢對蘇聯顯得有利：西元1921年歐洲經濟危機之後，英國首相勞合・喬治（Lloyd George）致力於召開國際大會，並提議重振歐洲的經濟，與此同時，在大會上他提出恢復蘇聯的權力，並獲得美國的支持。

但在熱那亞會議（西元1922年4-5月），蘇聯卻有一次失敗的經驗。此時各國對蘇聯的投資因外債出現了問題：此即過去沙俄時代所欠下的外債不被蘇

維埃政府承認，因而導致各國投資上的疑慮。對於蘇聯而言，唯一確定的就是
德國與蘇聯在拉巴羅（Rapallo）的協議，這表明了完全站在政治立場之外的
和解。根據經濟計畫，德國援助蘇聯技術工人，但這時期德國還在承受嚴重的
通貨膨脹困擾，難道德國還有能力向蘇聯提供大量資金？

　　由於蘇聯沒有資金，因此工業的重建發展也十分緩慢。只有到西元1926年
時期，工業才又達到戰前的水準，但仍舊很低，而且仍達不到標準，因為國家
的需求，尤其是農民的需求不斷增加。事實上，在內戰之後，人口又重新迅速
地增長，這表現出俄國驚人的生命力。而此時有大批破產的農民湧向城市，隨
即就出現了一個新的階層，由於他們沒有工作的經驗，工業產量又太低，根本
找不到工作；根據統計西元1927年有150萬人失業。

　　然而，通貨膨脹還是不可避免地發生；它的最高峰正處於新經濟政策時
期：

	資金周轉總額 （以百萬計算金盧布周轉中的價值）		金盧布與紙盧布的比價 （以十億計算紙盧布）
1919/1	61	103	592
1921/1	1,169	26,000	45
1922/1	17,539	172,000	102
1922/5	145,635	3,800,000	38
1922/10	815,486	6,964,000	117
1923/1	2,138,711	2,138,711	135
1923/6	2,050,000	2,050,000	82

　　自由貿易的建立使這一局勢令蘇聯難以忍受。貨幣的不穩定使財務計算無
法進行。除此之外還有支付的資金也極度缺乏，因為發行大量貨幣無法趕得上
它貶值的速度，這是通貨膨脹高峰期的心理。蘇維埃政權領導人在實施新經濟
政策的同時很快了解到貨幣穩定的重要性。他們一直到西元1924年才將貨幣穩
定住，這期間經歷發行10盧布紙幣的失敗。經濟危機帶來的後果還將持續一段
時間。以物易物占主導地位，並使交換變得更加隨意，至少在紙幣上越富足越
可恥，例如，接受新經濟政策的人不是大批發商，他是穿行於街道的小商人或
流動商販，雖然這樣稱呼小商人及商販，但他不是新經濟政策的產物，而是通
貨膨脹的產物。我們還看見其他地方出現了特權階層，他們成立一個特殊的貿
易圈（這都是政府官員提供給他們的同行）。

俄國農村一直在努力地建設，然而在那裡又發生什麼呢？土地大都屬於國家，但對土地的實際支配權則發生深刻的變化。西元1906年，隨著斯托雷平（Stolypine）的改革，幾乎一半的土地都歸個人持有。西元1926年，90%的土地都歸「米爾」（帝俄時代農村中的村社組織）支配。對這種突然的轉變最合理的解釋是「米爾（Mirs）」在西元1917年實行土地再分配。但是米爾制度一直阻礙著農業生產，況且米爾由一些閒散的老人和農民組成，而且生產的集體化沒有從他們開始。而寄望於生產合作社則是另一種假象。西元1926年農業生產趕上戰前的水準，但這一改善是由於個人的開發土地而起作用。

在不同的農民階層中並沒有繁瑣的分野，政府一邊鼓勵農業生產，但同時也利用農村中逐漸增大的差距，在農村中有些人致富了。這些成功的人是所謂的富農，他們經常被冠以不好的定義。主要是他們將剩餘產品供應城市；他們不依靠經濟、政治力量而組成一個階級，他們會暗中反對蘇維埃政體嗎？蘇維埃政治的矛盾又出在哪裡？西元1925年以後，蘇聯土地可以正式自由出租，自由招募農場工人，但人們一直對富農存有疑心，並剝奪了他們的選舉權。

農業的另一個問題是工業產品價格呈上漲趨勢，而農產品的價格則相對下降。現實狀況十分複雜，因為還要看價格在盧布穩定前後的變化，並區分自由價格和國家固定的價格。

如果經濟和社會現象是最主要的問題，那麼新經濟政策也產生一些引起較大爭議的政治問題。如果對於內戰只為了賦予蘇維埃政權一個專制的形式，那麼新經濟政策引發的相關經濟自由化也加強了政治專制政體。此外工人反對派要求給予工會完全的自主權，發揮重要的經濟作用，但這種組織最後也被取締。工會雖然繼續存在，但在企業經營活動中已不起任何作用，它成了布爾什維克政權的傳送帶作用。這一時期蘇維埃幾位知名人士，如托洛斯基、季諾維也夫（Zinoviev）、加米涅夫（Kamenev）都被驅逐出黨，且受到刑事制裁。關於這些事件的解釋早已事先就預設好。官僚的增長是一個事實：西元1910年有60萬人在政府部門任職，到西元1928年竟有400萬人。難道由於國家職能的增多就有不可避免的發展嗎？而官僚主義經常顯示出的特有的錯誤，他們為什麼會犯錯誤？列寧在西元1922年因患重病而倒下，從西元1923年初，他就不再管理國家任何日常事務。此時史達林掌握國家的機器，他會是一個不忠實的信徒，還是列寧可靠的繼承人？我們可以無休止地討論下去，但毫無意義——無論如何，沒有一個歷史學家能夠說出列寧對於所遭到的問題會如何思考。我們最多僅能從他留給我們的最後文件遺言中看出他深重的憂慮。

第三節　第三次革命

第一個五年計畫（西元1928-1932年）

　　長久以來的規劃構思一直未見落實。西元1921年制定高斯計畫。另一方面，部分的系列計畫也陸續制定出來。西元1920年，著名的電氣化計畫亦開始在主要工業中實施；繼而西元1923年它又在冶金工業中得到發展和明確指示，同一年，又成爲總工業的計畫。西元1924年交通運輸計畫出爐。西元1924-1925年間，又制定農業計畫，它是由其他設計者和著名經濟學家康德拉季耶夫（Kondratieff）制定的。西元1925年末，第十四屆黨代表大會決定，社會主義建設首先是發展重工業。

　　事實上，問題並不簡單。工業化需要投資，所以資本只能到外國去尋找。國有化的重工業還沒有實現足夠的利潤以保證所需的自給資金。

（百萬盧布計算）

年	1924-25	1925-26	1926-27	1927-28
對國有企業的投資	1,098.3	1,879.5	2,474.4	3,214.1
國有企業的盈利	427.4	568.1	696	765

　　赤字不停地增加，只能依靠稅收和發放國債來支付。但究竟誰將來要肩負這沉重的負擔？有些人建議讓一些工人額外地付出一些努力和犧牲，以減輕官僚的壓力。理論離經濟學家們的估計還很遠。經濟學家布雷沃普雷章斯基（Préobre-jensky）就明確地指出原始社會主義積累的理論：工業化發展的必需資金應該來自於其他經濟部門，或者仍是自由生產的部門（手工業者、農民），還有消費者。這其實是新經濟政策指導思想之一，也就是讓農民在發展他們的生產同時，使自己富足，勤儉節約，節省下的自然就能夠充實國庫。但這一過程也許很漫長，或許會使資產階級重新抬頭。

　　另外一個解決辦法是布爾什維克人所期待已久的，那就是農業開墾的集體化。人們認爲這可以使農民在人力缺乏的條件下進行生產（重要的考察，因爲新型工業需要工人），這是因爲一個很好的勞動組織，利用機械化就可以耕作大片的土地，並且還能保證好的農業收成。至於人們當初設想的生產合作化，因爲低效率而得不到發展。

計畫的實施

西元1928年，當第一個五年計畫即將實施時，應該詢問雇主們的意見。一個專制性的計畫不單只具遠見，同時也具有約束性，它也應該蒐集完整資料來源，以適當方法取得對事情的定義，以及依照標準的計算而做出必要的修正。五年計畫期間應該可以去除對農業本能的猶豫不決，因為人們希望為期數年，無論收成好壞都有補貼。人們也認為對工業投資必要的拖延可以達到他們的目的，也就是讓一個新型、複雜的工業在生產中建立。

第一個計畫的有效實施幾乎無法與理論上的方案相適應。事實上，國家資源財產清單，尤其是庫存方面的查詢十分困難，因為在極端貧困時期這些通常都被視而不見。此外就是要想預測生產力的發展也十分困難。在蘇聯，生產力首先要戒除浪費的習慣，也就是因工人缺乏經驗而造成原料或工具的過分浪費。對這一點上的期望也沒能實現。除此之外，人們還感覺到這一段時期中在經濟的小心謹慎和政治領導人的神色匆忙之中存在著一股不和諧的氣氛。由於這種匆忙，人們不可能在目前提出假設。但人們可以從相反的這一面來預測結果，以客觀超然的態度來審視，並看作是重工業的基礎和主要部分。在特權領域中，激勵超越客觀的現實，這與合理性規劃相違背。有時候人們重新談到經濟戰爭，主要部分具有優先權，但卻有損害其他受控於定量分配的部門。

後來事實逐漸地明朗，就是走向農業的集體化在第一個五年計畫採納之後就開始實行。它將擾亂那些資料數據，因而政府不得不修改農業機械方面的工業客觀事實。

因為第一個五年計畫的實施與嚴重的農業危機是同時發生的，這場危機導致西元1927年糧食供應的大幅度下降。原因很多，例如，農業人口數量的增加，從1,600萬增加到2,500萬；農民個人消費比例提高，估計提高到15%；每人平均小麥生產量下降。西元1917到1927年之間，釋放到市場上的小麥只有戰前的一半，第一次小麥欠收簡直就像一場災難，而富農則被認為應當負起責任。另一些觀點是透過地方政府的創舉，自由市場最後被取消，且重新開始徵收小麥，被稱為「供應工作」，但嚴厲的措施也造成了生產的大幅度下跌。

另外就是干預集體化。它好像是個體農業生產的唯一出路。這種政策從派到農村進行收割的隊伍中可以明顯感到它的好處。人們向農民保證他們不會一無所獲，讓他們對國家的資助來源上抱有希望，例如：種子、勞動工具，以及消費品供應上的資助等。但暗中進行的威脅也是存在的，農民擔心很快蒙受貧困和富農的妒嫉，此外，如果當時他們在土地上開發成功的話，他們沒有比被視為富農更好的願望，所以對於農民也只有實行集體化這麼一條出路。

　　但集體化實行得太快，西元1929年10月，4.1%的土地實行集體化耕作，西元1930年1月達到21%，3月10日達到58%。依照這種速度，將不可能有足夠的東西可以讓集體農場去編制或利用。除此之外，很多農民在進入集體農場之前宰殺掉全部牲畜，或拒絕交出工具等等。農民沒有什麼可以交給集體農場嗎？由於貧困，他們又從國家的補助中得到好處嗎？沒人能預料後果將是如何！

　　不管如何，政府對這一後果深感憂慮。史達林寫了他著名的文章〈成功的眩暈〉。正式聲明農民可以自行決定加入集體農場。這樣，集體化土地的比例又下降到21%，到西元1930年9月，集體化又在有條理的方法下進行，西元1934年集體化土地達到75%。就結果來看，剛開始並不那麼樂觀，牲畜數量也直線下降，西元1932到西元1933年農村大饑荒，城市實行定量分配。按邏輯來講，耕地的集體化可能成為計畫的條件之一；從歷史觀點看，農業危機破壞了過去經濟所取得的成果。

第一次嘗試的總結

　　計畫經濟的目的是實現工業化。很難估計出這個目標會實現，首先是計畫經濟本身的千變萬化（對指標的修改，每年的實施計畫等）。而且由於總結果都要計算成盧布，這就會使盧布價值變化。在西元1928年到1932年之間，每年9%的時間盧布會出現最高值。況且某種價格的固定也是計畫的實施手段之一。

　　下面展示的是一張成果總表，由扎里斯基先生匯編西元1934年指數（1927-28=100），計畫成果的比例：

國家收入　140　70.4% （西元1926-27年當時的價格）	
工業生產　165　77.6% （西元1926-27年當時的價格）	
農業生產〔路斯尼（Jusny）指數〕　77.4　53.1% （官方估計：西元1927-28年145億盧布，西元1932年131億盧布）	
工業當時的工資（根據官方估計國家商業價格和合作價格，西元1940年的價格）　64.5 39.0%	

　　如果工業生產大幅提高，農業生產和生活水準就會出現暫時性跌落。應該更明確地指出，首先是對農業徵收的規模（扎里斯基）：

（數-指數，1928=100）

	生產	徵收	生產	徵收	生產	徵收
	1928		1930		1932	
穀物	100	100	113.4	205.2	90.6	174.0
土豆	100	100	106.5		92.8	334.0
肉類	100	100	81.6	114.2	58.2	105.2
奶	100	100	87.1	68.4	67.4	110.5

　　我們在這裡看到原始累積理論的驚人表格，它的目的就是為了工業化而向農業大量徵收農產品。

　　然而，不能低估其他部門所貢獻的重大努力。首先應該注意到大批人口向城市移動（估計有1,100萬到1,200萬之多）。這些工人付出巨大努力，這就使產額顯得更加不足，因為複雜成套的工具都交到一些毫無經驗和技術的人手裡。素爾蘭強調取得這種努力還得靠宣傳，尤其藉助於工人和突擊隊之間的競爭。政府同樣號召個人利益，通常以獎金、各種補貼、不同工資的增加幅度等形式來吸引他們的加入，此外還有恢復計件工資。當然政府也或多或少採取一些強制性措施；西元1930年9月7日和10月11日文件說明了懲罰自行變動工作崗位。恢復工作手冊之後，西元1932年12月25日即開始實行內部個人通行證。

　　我們不能漠視一度出現的，被扎里斯基（Zaleski）強調的人口反常現象，蘇聯當時的人口到西元1932-1933年根據過去的曲線延長預測的結果要減少了一千多萬人。這種反常應該歸罪於極高的死亡現象還是出生率的突然下降？我們能想到突如其來大量的死亡應歸罪於集體化的失敗，以及極端困苦的生活條件，大批富農及其家庭被流放異地；農村饑荒不斷，醫藥、糧食供應嚴重缺乏；供暖設施不足。此外很多家庭暫時的分離，也使得出生率出現暫時性的大幅度下降。

　　五年經濟計畫的一個特殊點就是為了將來而犧牲現在。公平的總結應該擺在後面的時代裡，從而超越總體時間框架。另外，純歷史性的研究會錯誤地把英雄年代與規劃中的現實問題聯繫起來。所有這些可以說，今天蘇維埃的年輕人應該為他們的後代犧牲很多。

大規模整肅運動

　　蘇維埃俄國在西元1935年到1936年間再次發起的大規模整肅運動。部分莫

斯科的主要領導人受到大規模的審判，此包括過去反史達林的反對派，托洛斯基派或布哈林派（Boukhariniens）以及圖哈切夫斯基（Toukhatchevski）將軍。但是在西元1956年蘇聯第二十屆黨代表大會上赫魯雪夫做出報告，表示對這一現象持另一種態度。在這個報告中指出，第十七屆大會中央委員會（西元1934年）139名代表及候補人中，98名由於整肅而被捕、被殺；大會中的1,966名代表有1,108名被捕。史達林對過去反對者的整肅似乎也說明他的對手沒有那麼強大：因為整肅活動時間之長，涉及的人員之多，也使這些人已不再擔任任何的職位。但大部分人還是肩負起職責將第一個五年經濟計畫帶入正軌。透過斯摩林斯克（Smolensk）檔案局的資料顯示，我們察覺到多數人對某些知名人士的控告，這很難理解只為了想成為繼承人的野心，或是害怕同事受到牽連。難道在新經濟政策上臺的同時，人們不會因為所伴隨的一些苦難而有自發性的反應嗎？無論如何，這個謎將藏在對蘇聯將領的指控中，難道蘇維埃的領導階層甘於單純地受騙於德國祕密策劃的陰謀中？或有一個很好的軍事陰謀不是由於他們與德國人串通，而是他們與農民尋求合作關係？不管怎樣，他們應該毫不猶豫地回答我們所不知道的事情。

第四十五章

西元1919-1941年的美國

第一節　繁榮時期

　　兩次世界大戰之間，美國正處於自身發展的時期，同時，就像戰爭的結果一樣，美國變得更具有統治性的力量，缺少了它，解決任何一件世界問題都是不可能。然而在這段時期裡，美國既享有繁榮樂利的生活，也在尋找辦法解決經濟危機，並遠離國際事務，尤其是歐洲，也拒絕接受國際新責任。

　　第一次世界大戰使歐洲成為廢墟，卻使美國成為富裕國家，主要因素乃是直到西元1917年為止，美國從「中立」的優勢中獲得了大量利益，此時他變成了盟國的供應者。美國貿易盈餘增長急速，從西元1915年前的每年65,000萬美元增長到後來每年30億美元以上，這也使美國的國際金融地位日漸提高。西元1914年美國貸給他國款項約39億美元，還有盟國欠下美國的95億債務。如果美國日常支出額不虧損的話，這種失衡會一直維持。相反地，一直到經濟危機出現，美國都掌握著大量的貿易盈餘。這不僅是因為他們的經濟力量十分強大和技術先進之故，還因為他們實行傳統的保護主義。

　　失衡的現象以另外一種微妙的方式加重了它的後果，經由政治手腕，它反對地區稅率，顛覆美國傳統。在十九世紀，美國引以為榮的是自由國家，每一個想要過最自由、最充實生活的人都可以來美國。有一段時間，美國缺少勞動力，它在歐洲透過特殊訓練的組織僱用一批合適的勞動群眾。歐洲在經濟上也減輕許多壓力，因為歐洲向美國提供了一大批窮苦的人，儘管剛開始情勢很困難，生活條件差，而且沒有能力幫助遠在歐洲的家庭的經濟，但歐洲人還是不斷地湧向美國。從西元1900年到1910年，美國接納了900萬的歐洲移民。隨後美國有一系列削減移民的法令（西元1921年、1924年、1929年）。如何解釋這種變化呢？也許是工人運動所致，當他們不能完全接受國際主義的時候，他們總是企圖與移民爭鬥，尤其在經濟危機時期，他們認為移民是造成大批失業和工資下降的主因。在經濟危機時期，美國不是這樣的；美國的工人運動較為緩和，相反地，通常是雇主比較激進。因為經濟繁榮時期最強大的力量是支持外籍的勞動力，所以對於移民的限制不能都解釋成為經濟上的原因，應該還包括那個時期的美國人心理因素。這種心理因素的主要特徵是對外在世界的反抗、排斥，尤其是對歐洲。由於這種心理對於美國參與第一次世界大戰時簽定的合約並沒有留下好印象。例如，威爾遜拒絕國際主義，特別是國際社會，與其說是因為威爾遜極大的野心和笨拙的政治手腕，不如說是因為這種心理的情緒。

但這種反應也具有一種精神形式，人們以這種保護傳統美國道德的標準要求美國人置身於「傳統世界」的道德標準中，這種道德標準被認爲十分荒謬，像一個新的破壞主義的發源。西元1919年美國考慮施行「禁酒令」（禁止酒精飲料的生產和交易活動）就顯示這種特點。況且「禁酒令」的結果非常糟糕，它使得一個酒精走私團體發展起來，人數多得出奇，而且給違法組織帶來大量的收入，它將影響美國人的生活，並包括政治生活。這種威脅活動持續了很長的時期，尤其是婦女組織的力量也越來越強大，西元1920年4月，婦女參加了聯邦憲法的投票選舉。

以上是爲外國觀察家摘抄美國在這一段時期的歷史。但在這段時期的美國人也有一種截然不同的幻想，他們大部分對自己感到滿意，就像路易士（Lewis）用輕微的譏諷法在他的巨著《巴比特》（Babbitt）中描述的一樣。首先，這是一個繁榮時期，經濟突飛猛進，但不如戰前的某段時期發展快速，然而日常生活得到了最深刻的改革，帶來工業產品的消費，諸如汽車、家用電器等。這種繁榮還受到比以前更多的人口的影響，薪資階級的購買力在西元1913年到1927年前提高了三分之一。福特汽車工業好像同時是新時代的預言者，他聲稱高工資是繁榮時期的代表性因素，在業內中有最好的客戶，這都是因爲他們數量大，而且他本身又是工人出身。從那時起，人們就以爲找到了高度發展經濟的模式，將會有一個不再受經濟危機打擊的繁榮時代，因爲經濟危機在西元1914年前總是週期性地爆發。既然一切順利，改良主義的運動沒有理由再繼續存在下去，因而逐漸衰退。經濟學家也經常看不見制度的弊端。首先是農業，於戰爭時期得到了極大的好處之後，隨之而來售價下滑和負債的增加又再度進入新困境。既然經濟起飛時期也不排除貸款，因此它延伸到消費，而且普遍安逸生活下的投機與刺激也帶來了從來沒有過的富足，甚至沒有考慮到所設想的國際因素。美國這段繁榮時期，以現在的角度來分析這段歷史，它仍然顯得十分地脆弱。

第二節　羅斯福和新政

經濟危機的後果

　　西元1929年10月，經濟危機猶如晴天霹靂般爆發了，它所帶來的後果至少到西元1933年都沒有停止。我們只能用數據來陳述後果的嚴重性。首先是交易所危機，交易所的股票下降到原始價格的十分之一。價格下跌，致使原料價格下降一半、成品價格下跌30%，冶金業和汽車製造業的生產也下降了五分之四，所有這一切使得國家財政收入減少一半。幾乎所有人在不同程度上都受到危機的牽連。而遭受打擊最嚴重的是薪資階層，因為他們的大部分人失去了工作。據估計，到西元1932年底，失業人數達1,500萬人，而且沒有國家救濟制度。還有欠債的農場也很慘，他們付不起債務，被迫離開土地，西元1932年大約有200萬人在田野上徘徊遊蕩。

　　但也不能避免考慮到精神創痛的因素。西元1929年時美國人的先輩從來都是堅持著不向艱難生活讓步的原則，因為他們靠希望來支撐自己。但西元1929年，整整一世代的人確信無疑的東西卻一下子消失殆盡，尤其各大公司獲取利潤的能力突然全部崩潰。最糟糕的是整個國家都投入股票，不知道能做什麼。而胡佛（Hoover）總統雖然做出了最大努力，但還是被他的學說理論搞垮了，最後也毫無辦法。

　　羅斯福在這種條件下，西元1932年選舉在政治上帶來的大轉折就變得不足為奇了。從西元1920年以來，基於對威爾遜和歐洲的反抗，共和黨人掌管了政權。這時期美國前所未有的繁榮、金錢勢力還有新興出現的孤立主義結合起來。西元1932年的危機使民主黨人成為多數派，總統是羅斯福。

　　羅斯福是二十世紀最引人著目的知名人士之一，只有他連任美國四屆總統，以後則不再有這種情形。因為美國憲法已做了限制，只有他實施了一些深得民心的措施，而且他也使得很多人，甚至是他身邊的合作者效忠於他，並狂熱地追隨他。

　　就像所有受愛戴和讚揚的人一樣，羅斯福經常會被一些流言所包圍，歷史學家對他的批評也越來越多。首先指出的是政府機構的混亂，將類似的任務委託給不同的人，這就不可能不引起相互間的敵對爭執。人們注意到這些不是毫無理由的，因為他的政策不是很協調。不僅如此，因為政策要隨當時的情況而變，但由於他很少投入分析，因而無法察覺到它們的不相容性。人們並提出證

明他還沒找到對付經濟危機的辦法，有些人不認為他有政治家的辨別力，而且他們把他當作是馬基維利（Machiavel）的信徒，另一些人指出他的「改革」所展示的觀點，思想上有著膚淺、習慣性和傳統的特點。羅斯福在政治上投注太多，對於在成功的路上或許也是個冒險。人們尤其忽略了他的開放思想和樂觀主義，這樣的性格使他得以嘗試許多解決的辦法，他具有許多優點可以與截然不同的人一起工作，並讓他們愛戴他，最後透過電臺「圍爐閒談」的節目對每一個美國人建立一種直接的關係，給他們希望和行動的興趣。

第一個新政（西元1933-1934年）

　　如果羅斯福的新政在歷史上留名，此新政策定義也較模糊，主因在於無法解釋它的成文政策，這不是一個均勻的整體。事實上，近代史家把它區分為三個階段。

　　第一階段是革新的措施，長期以來，人們誤認為它就是新政的主要部分。從經濟觀點看，在這些新措施裡，我們尤其不能將美元的貶值也算進去。美元的貶值乃因羅斯福進行的一系列改革措施會引起過去從沒有出現過的現象。新政的實行是從西元1933年4月到6月，另外，西元1934年1月，美元與黃金之間也訂定了新的比價，它將持續一段時間。羅斯福過去曾希望能以國家條約來進行貨幣調整，但很快就令人失望了，它於西元1933年7月在英國經濟會議上被否決，從此，美國就像其他國家一樣，只尋找解決自身經濟的辦法，而不再關心國外經濟的後果。

　　除了這種依形勢而定的局勢外，新政還特別引起總統「智囊團」裡具有經濟專長議員們的注意，尤其是塔格威爾（Rexford G. Tugwell）議員。新政的三項措施可以概括這段時期所有的經濟問題，例如，「農業的調整」竭力透過減產提升農業價格，並努力使某些產品符合國際標準。而「全國工業復興總署」這項計畫很值得注意，它中斷了反對托拉斯（企業聯合）的保護個人發展的美國人傳統。事實上，「全國工業復興總署」是行業公會順應時代思想唯一可靠的嘗試。當然行會主義通常被認為是一種政治制度，尤其在法西斯國家裡，並掩飾了對國會民主機構的毀壞。在美國很顯然這是不存在的，民主政治具有不可侵犯的地位。「全國工業復興總署」試圖建立藉由經濟生活來協商的組織，參與者包括企業老闆、被反壟斷法解僱的人、工會工人和消費者，以後都受到法律的保護。行會主義的結果顯然是取消了競爭，並阻止價格下跌。最後是「田納西流域管理區（Tennessee Valley Authority）」，它包括另外一個新

嘗試，就是在公眾權力保護下對各種利益的協商活動的嘗試，但在受限制的客觀現實下，是要利用最好的河流資源系統來灌溉、保護土地，以及發展電力生產。

第二個新政（西元1935-1936年）

　　第二階段的特點很複雜。關於「經濟趨勢研究者」的回報：在前幾年裡，主要是進行機構組織的改革，但是這些改革所碰到的困難和反對也越來越多，經濟危機的發生被認爲是制度失敗的呈現。而且想要停止越來越讓人難以忍受的蕭條境況爲時已晚，人們決定今後約束自己的抱負，以解決最急迫的事情。根據另一些人的看法，從羅斯福政府執政時開始，緊急補救措施被認爲是臨時性的辦法，且爲了實現富足，奠定了「福利國家」的基礎。這種國家福利制度流行於自第二次世界大戰以來的工業發達國家中，兩條措施可以概括政府政策的主體。一是花費五十億美元用於失業救濟工作，數字是空前的，對於國家預算是否平衡的情況，羅斯福則從未透露過，而且這也引起了眾多嚴重的問題，然而，同英國模式相反的是，這些救濟主要是以公共勞動的形式爲主體。二是西元1935年8月15日的「社會安全法案」按照社會保險內容編排，不僅包括失業保險，還有老年保險、健康保險和意外傷害保險。美國雖因起步較晚而落後於早就實行社會福利的國家，然而卻也迎頭趕上，甚至展現出更多的就業機會。

政治困境和「新政」的結束（西元1936-1938年）

　　雖然美國的經濟政策只是前所未有的嘗試，且含義模糊不清，就像存在於政府和商界中許多難以理解的現象一樣。西元1936年的美國大選對羅斯福和民主黨人而言是一個勝利，然而，尖銳的政治問題也很快地出現，甚至有一段時間威脅到羅斯福的威望。要仔細地探索這個問題，首先不能忘記美國政黨與英國政黨的不同。美國政黨沒有組成一個具一致性且守紀律的小團體，尤其在民主黨人中，分歧愈演愈烈。另一方面，羅斯福和他的派系忙於應付「左派勢力的擴張」，還要小心那些蠱惑人心的政客，比如路易斯安那州的策劃者。最重要的是這些勢力的發展干擾了工會內部運動。西元1935年7月的瓦格納爾法（Loi Wagner）明確保證了工會的自由性，但對「美國勞工聯合會」並沒有好處，組織起來的是行業工會而不是產業工會，基本上它只代表貴族工人的利益。站在它一邊是「產業工業聯合會」，其組織較接受未受過培訓的工人團

體，尤其是礦業、鋼鐵冶煉業和汽車製造業的工人。由於這些新組織，工會會員的總數由西元1934年的300萬人、1936年的將近400萬人，一下增長到西元1937年的700萬人，西元1938年更達到800萬人。但是，新的工會會員必須依靠技術，就像「工地罷工」一樣，使很多美國人感到不快，在他們之中還包括曾經支持過羅斯福的人。另一方面，西元1937年一場新的經濟衰退使得經濟改革顯得乏善可陳。

　　一直採取謹慎態度的羅斯福，終於高估了自己的權力。最高法院嚴厲地阻礙了他的計畫，尤其聲明了「全國工業復興總署」和「美國藝術學會」違反憲法。其實，人們現在承認那些大公司在裁決之前是根據他們所做的事情而受到起訴的。然而，羅斯福在西元1937年2月又提出一項法律，它將提高最高法院的效率並使多數派相信其做法。這是一項嚴厲的措施，但它也破壞了獨立政權間的平衡，這種獨立性是美國人長期以來所習慣的，視為其自由的保證。雖然最後總統的計畫因國會委員會而落空，最高法院採取了更寬大的態度。但這一事件最後的結果是國會今後採取了與總統對立且更獨立的姿態。從西元1938年起，改革立法的洪流從此以後即停止了。

走向第二次世界大戰

　　透過日益削弱的政治局勢，羅斯福必須正視國外的問題。從西元1938年起，由於希特勒的擴張主義，這些問題變得越來越緊迫，只有羅斯福的行動的幾個方面被議論紛紛。對於一些盟國——尤其是滿懷感激的盟國而言，羅斯福是一位有遠見的領導人，他引導同胞了解干涉爭端與保衛民主的必要性。另外，對於羅斯福的反對者來說，羅斯福以不擇手段的方法將美國引向戰爭，儘管他們不願意，但也避免不了。

　　這個觀點具有兩面性：好意和不懷好意，人們在內政中可以看到，羅斯福缺乏預想的見解和有系統嚴密的計畫，但是知道如何順應時事，而且天生具有即興發揮的能力。

　　應該以什麼作為美國的根基？西元1935年保持中立的法律，使得美國人得以完全表達他們的意向，即禁止向交戰國供應一切物品。羅斯福並未採取任何行動來反對這一措施，他分裂了多數派的感情了嗎？或者政客最重要，他不想與大趨勢作對，因為內部問題已經足以分散他的注意力。

　　在以後的幾年裡，羅斯福對一些柏拉圖式的消息感到滿足。他好像已經完全同意「慕尼黑協定」。西元1939年4月，英國折衷的觀點給予希特勒的擴張

作一個決斷，美國應該採取措施來抵制希特勒。同樣地，這種擴張希望長期得到美國物質上的幫助，而不是軍事上干涉，以滿足同盟國的需要，他們唯一的苦惱就是越來越背離中立主義，轉向支持自由世界的發展。

　　「新政」雖然有它的約束性和最後的失敗，但直至今日還是美國注意的焦點。經濟危機和「新政」深刻地改變了美國人的精神面貌，改革主義和進步主義直接占領了大城市，並且從沒有明確地表示出來，民主黨今後自然成爲了多數派。

第四十六章

二十世紀的遠東

第一節　滿清王朝之末日

　　義和團的行動失敗之後，中國又面臨列強瓜分的威脅，慈禧太后爲收攬人心而宣示變法。正當中國商業開始採用新式做法時，北京政府也決定要依西方的模式編練新式軍隊，並且在任用公務人員方面，廢除了傳統的科舉制度，改採歐洲的模式。眼前還有其他更大規模的改革待進行，例如：司法改革、要求外國列強放棄他們治外法權的特權、公布憲法和建立各省議會。

　　然而這些改革措施實行的眞實性與程度如何，有持續下去嗎？這是值得探討的問題。可以確定的是它們給舊制度帶來了最後一擊：即放棄傳統政治、皇帝的神格化和儒家哲學，並奮力反抗腐敗的滿族朝廷。而一大批新官員、新政要和新文人很快地在日本聚集，並一起支持民族的、反清、反朝廷和革命的理論。

　　這一革命的推動發起人，或者說這一革命運動的代表，則是廣東人孫逸仙先生。在他的革命生涯裡，他將「太平天國」的傳統與中國最現代化的邊緣地區發展接合，而他本人也長期旅居日本及歐洲。他創造「三民主義」學說：民族（反滿族、反帝制）、民權、民生〔即減少稅賦，借用亨利喬治（Henry George）的主張〕主義。在西方人眼中，三民主義似乎是相當勉強下東拼西湊的產物，甚至是極不自然的拼盤。但對初步入門西方思想的中國人而言，他們是無法看到這個世界是如此地多變，以及如何地四分五裂？

　　祕密革命組織又得到發展，這一次清政府官員和革命者發揮主要作用，他們終於在西元1911年10月10日在武昌爆發了武裝起義，並很快在中國許多地方蔓延。這一起義很快且沒遇到什麼抵抗，因而導致了滿族朝廷的垮臺。此一革命爆發時，正在國外的孫逸仙根本無法掌握局面。西元1912年1月1日在南京舉行的開國儀式上，他被象徵性地選爲中華民國的總統。然而，在舊制度的最後一位將領袁世凱，很快地搖身一變成爲了改革者。在手中握有重兵的袁世凱面前，孫逸仙不得不做出讓步並讓位於他。

軍閥

　　一個混亂不堪的階段由此開始。各省或幾個省分別都落入了各個軍隊頭子「軍閥」手中，他們各自爲了擴充地盤而互相爭鬥，且不願看到國家統一。這種現象有許多方面的解釋：有人認爲這是中國歷史的循環，每個朝代衰落並將

滅亡時，離心傾向就顯現出來。當中央政府崩潰時，各省的官員則還在各自的位置上，而他們都趨向於自治。

因此，不管是由於自信還是出於需要，袁世凱急切地壓制政治改革運動，並試圖按自己的利益，重新建立一種完全基於傳統儒家思想的新君主制度。然而他失敗了，從西元1916年至1928年為止，中國政府只是名義上的存在罷了。

軍閥制度的作用有兩種，一方面，中國缺乏了一個能夠以中國名義發言的政權，此導致中國政府的不安全感，而外國的影響及被外國包圍或占領的領土也越來越多。同時，這在中國也形成越來越廣泛和激烈的仇外心理，這一心理也成為一股重要的政治力量。另一方面，人民的苦難也越發地沉重。由於受到時有時無的戰爭影響，為了養活這些地方的軍隊，人民幾乎被壓榨一空。此時，除了少數外國租界，整個中國的經濟生活幾乎處於癱瘓。

革命的新階段（西元1925-1928年）

當軍閥之間無休止地混戰時，一些新的力量在中國悄然興起。首先是在教育界和知識界，有兩種自相矛盾的觀點被人們所接受，愈發強烈的民族主義與中國傳統的觀念，二者根本的背離。西元1919年5月4日，北京學生發動了大規模的示威遊行，其目的是反對巴黎和會中親日協訂的山東問題。隨後，知識界思潮日益傾向馬克思主義，或者說傾向列寧主義；後者更為明確地提供反帝國主義的民族主義與西方現代化結合在一起。同時列寧主義所具有的獨特頑強執拗性格，使得正被無數西方思想搞得不知所措的中國人定下心來。

但在目前，民族主義並沒有被侷限在知識分子之間。在商界及中產階級中也廣泛地存在民族主義思想，他們力圖藉由一個政黨表現其做法。這個政黨取名為「國民黨」，它為孫逸仙所創立，在「聯俄容共」之下，不僅在理論上，而且在組織上都是借用列寧所竭力倡導的政黨。不久之後為蔣介石所領導。此外，蘇維埃政權將賭注壓在國民黨身上，將其視為在中國共產黨尚在雛形時，反對西方列強鬥爭中的親密盟友。這至少是史達林的一種策略，是他用以對付托洛斯基的理論之一。不管如何，此時國民黨也代表出席了共產國際的一些會議，西元1923年中國共產黨獲准參加國民黨。

西元1925年，一些企業在外國租界內發生一系列重大的工人糾紛，於是國民黨行動的機會終於出現。西元1925年5月30日，上海的英國員警向示威遊行的人群開槍，由此引發一場前所未有的仇外排外運動。對於國民黨來說，這是重新恢復國家統一的契機，並乘此打擊被譴責為與帝國主義相勾結的軍閥。從

廣東省的根據地出發，蔣介石於西元1926年底占據了長江流域。西元1927年，他將統治範圍擴展到上海，從西元1928年開始，民族主義者占據北京。此時滿族統治者也被拋在一邊，這時期中國大體上又重新統一。

但勝利者由於內部的鬥爭開始分裂。在這段內爭外鬥的時期裡，中國共產黨獲得迅速的發展，他們在國民黨內部占據了許多重要的位置。由於害怕控制不住局面，蔣介石調轉槍口，從西元1926年5月開始在廣東，繼而西元1927年4月在上海，開始狠狠地打擊他們，一場曠日持久的內戰隨之而來，悲劇的最後一幕於西元1927年12月在廣東上演。此後，共產黨完全從大工業城市中被驅趕出來。

第二節　南京政府

　　國民黨在南京建立政權。孫逸仙本人原先設想，在民主建立之前，有一個軍事監督權的階段，即軍政時期。但在強大的敵人及棘手的問題面前，國民議會則顯得虛弱而令人失望。蔣介石則以國民黨爲基礎並控制對手，且隨時粉碎他們存有重新成爲地方軍閥的企圖。除此之外，他還致力於掃除共產黨人，實施「清黨」。共產黨從城市中被驅趕出來後已經開始在農村建立他們的蘇維埃政權，在江西省他們建立了根據地。在被數次反覆的軍事圍剿之後，共產黨人於西元1934年逃亡到中國最爲邊遠荒涼的地區，這一逃亡行動被譽爲史詩般的「萬里長征」。正是由於這些迫不得已的壓力，才使中國共產黨做出建立以農村爲活動根據地的創舉。

　　然而，國民黨以極其認眞的態度和熱情，熱衷於現代化及經濟發展，特別是在鐵路部門和銀行方面。政府試圖進行一次有限的農業改革，減少賦稅及改良農藝。但絕大部分財力被繼續消耗在沉重的軍事上，而且國民黨也無法對付政府官員的腐敗行爲。同時，國家的統一還沒來得及眞正實現，就受到日本越來越嚴重的威脅。統一也許是徒勞無益的想法，如果國民黨擁有長時期的國際和國內承平時期，那麼它的一系列試驗將可能會取得相當的成果。

兩條道路中間的日本

　　在第一次世界大戰中沒有得到什麼益處的日本，戰後徹底地將自己納入世界體系圈子內，而且全方位並迅速地接受世界政治潮流及意識形態的影響。戰爭的結束似乎也標誌著日本帝國主義的輝煌時期，不只在「巴黎和會」上，日本在中國山東問題上獲得利益，而且它還利用俄國革命的機會，對俄國遠東西伯利亞地區進行軍事占領。

　　第一次世界大戰使議會制度、民主思想取得進展，隨後國際和平與合作的主張也被廣泛接受。在這一國際形勢影響下，日本政府體制在西元1920年至1931年的期間，也順勢採取議會制度，內閣總理不再出自於某些氏族，或是由某位皇室家族挑選的人來擔任，通常是由獲得多數席位的政黨黨魁擔任。在此之前一直僅限於「貴族」才享有的選舉權，在西元1919年之後則被擴大，並於西元1925年成爲適齡公民普遍享有的權力，社會立法也隨之產生。

　　同時，在西元1921年至1922年間召開的華盛頓會議使日本遭受痛心的打

擊，由於失去與英國的聯盟，它必須撤離西伯利亞，也許諾放棄中國山東，且在限制它的海軍規模上做出讓步。但它所做的這些讓步並非沒有給予補償，例如，其他強國的海軍也受到限制，列強對太平洋島嶼亦不予加強防禦。因此日本在實際上享有在遠東地區任意行動的自由。日本在最初幾年審慎地選擇在太平洋地區的擴張計畫，它的軍費開支在西元1922年相當於全年財政收入的42%，西元1927年則只相當於28%。

然而，新的制度是否真正深入人心？主要政黨實際上與經濟、金融財團緊密相連，而它們也代表了日本經濟生活的特徵，這時期日本經濟獲得極大的發展。但隨著工業的進步、工人運動的發展，它們之間自然而然地發生種種衝突。較之「昌盛、繁榮」時期，日本經濟此時已經受不起動盪的考驗，在一次災難性的大地震之後，西元1924年至1927年的日本進入一個通貨膨脹的時期，而同一時間，那些最為動盪的歐洲國家，則進入一個鞏固、恢復的時代。當時形勢剛剛穩定，世界的危機影響卻已經出現。特別是日本文人政府，始終未能掌握住軍隊，而軍隊直接隸屬於天皇。此外，日本的慣例是陸軍部及海軍部一直是由現役高級軍官把持，由此，軍隊能夠阻礙或削弱它們所不喜歡的部門設立。然而，越來越不受氏族傳統紀律規範的年輕軍官們，面對文人政府的軟弱也越來越不耐，於是他們開始躁動不安，支持黑社會的活動，並策劃種種的陰謀活動，面對這一切，那些軍隊指揮官卻無能為力，一些人還成為他們的幫凶同謀。年輕軍官們還注意徵求中層意見，顯示只有他們才有能力解決越來越急迫的社會及經濟問題。從西元1931年開始，到處流傳著軍事政變的傳言，西元1936年發生一系列具有攻擊性的事件，在一場謀殺政府部長的事件之後，他們被另一集團的部隊鎮壓，表面上這一派別較為溫和，但此後，卻主宰他們的意願。在這些條件下，駐紮在中國領土上的部隊採取一系列攻擊性的行動，這一系列行動連日本政府都不敢否認，而且不管它願意與否，都不得不隨著軍方來行事。

第三節　中日民族主義的衝突

　　從西元1905年開始，日本取得在中國東北地區的主導地位，東北地區的豐富資源成爲日本擴張行動的誘因。但這一優勢似乎越來越受到威脅，因爲東北被大量移入的漢人所淹沒，這是有史以來最大的遷移。此外中國建造一條鐵路與日本所建的鐵路相競爭，甚至在政治上，統治東北的軍閥張作霖也越顯得不那麼順從。西元1928年張作霖遇刺，毫無疑問是日本人策劃的暗殺行動。後來日本認爲在蔣介石領導下的中國統一運動將構成日本更爲嚴重的威脅，這非眼下列強們所要放棄的租界及治外法權所能比。中國的騷亂和抵制日貨的運動愈演愈烈。在一次徹頭徹尾的由日本人製造出來的事件之後，西元1931年9月18日，日本軍隊占領了整個東北，並在那裡建立了一個附屬國「僞滿洲國」。

　　但日本人的欲望並沒有僅限於此。當雙方民族主義者都被激怒惱火時，也許是受到使自由貿易全面癱瘓的世界危機之驅使，日本帝國主義的計畫已經或從未受限地擴展開來。日本人開始侵入北京北邊的省分——熱河、察哈爾。與此同時，他們還對英國人逐漸退出中國的計畫提出要求。面對這些無休止的擴張要求，蔣介石逐步退讓，他認爲他還未準備好與日本人進行軍事對抗，並堅持統一中國是首要目標，特別是對共產黨人要進行澈底消滅。由此，他的威望也就在中國民族主義者心中直落谷底。西元1936年12月，他在西安被屬下一支部隊扣押。這一悲劇似的突然事件所帶來的結果是國民黨與共產黨合作，此時抗日的呼聲占上風，中國人民與日本軍隊之間的衝突與仇恨加深。在一次看似偶然卻是遲早要發生的事件之後（西元1937年7月7日發生於北京附近的盧溝橋），中國大陸上的軍事行動逐漸增加並擴展。隨後，出乎人們的意料，第二次世界大戰開始。

第四十七章

第二次世界大戰

第一節　德國的輝煌勝利

　　第二次大戰一詞是第一個唯一需要用世界一詞做定語修飾的詞彙，因為它所涉及的戰場逐漸擴展，參戰的國家不僅僅是所有最為強大的歐洲國家，連歐洲之外的大國也參加了進來。戰爭的整體態勢錯綜複雜，卻顯得十分簡明，開始階段，德、日等主動發起戰爭的國家十分順利；隨後，從西元1942年開始，是一個不可避免的此消彼長階段，與西元1917年間的形勢變化相比，沒有什麼不同，侵略軍隨後精疲力竭直至滅亡。但是，這一偉大的轉折本身，說明現代經濟最大限度的動用以及跨越更廣泛大陸和海洋的浩瀚力量的集中壯觀現象。有著比他們所取得的明顯戰略結果更為重要的意義。

　　希特勒把所有希望寄予快速進攻上，這能夠使他分別地打擊分散且行動緩慢的對手，此可以說是他的首創。幾次突擊的成功，證明這一閃電戰術的價值與長處。

　　西元1939年9月，完全失去蘇聯依靠的波蘭，被希特勒毫不費力地攻克了。這也就昭示或是反映出英法兩國的無能為力，它們無法為盟國提供援助，最後，英法決定對德宣戰。此事的影響，不論對歐洲中立國家的政治方面，還是對參戰國的心理方面，都可說影響是十分重大的。

　　隨後出現的插曲更為複雜。在西元1939年夏季一系列談判中，不論對盟國還是對德國，蘇聯所提出的條件之一，是對波羅的海沿岸國家的控制，以保障通往列寧格勒的通道安全和通行自由，此也是彼得大帝以來的傳統政策。盟國對此保持沉默，而德國在這一點上沒有什麼意見。愛沙尼亞、拉脫維亞、立陶宛相繼屈服，西元1939年11月底，蘇聯進攻拒不順從的芬蘭，後者進行了令人意想不到的頑強抵抗。法英兩國考慮救援芬蘭，同時，斯堪地那維亞國家的態度又不得不引起他們的注意。對於英法來說，首先要使德國得不到軍事工業賴以生存的瑞典鋼鐵，同時，對於英國而言，最好的辦法是關閉北海的出口，可對在波羅的海的德國艦隊構成威脅。德國則堅決要保護波羅的海，保住艦隊從北海出來的可能性。總之，一場封鎖戰開始了，但卻是相當反常的方式，因為德蘇貿易協定及義大利的「不交戰狀態」想盡辦法去除了英國海上封鎖的效率。德國不止一次地勝過他的對手，並且由於地面部隊行動的快速及空軍的效率，西元1940年4-6月間，德國成功地挫敗了英國的海上霸權，將手伸向了挪威和丹麥。

　　儘管由於冬季的耽擱，希特勒還是決心盡早解決法國問題。由於對手的戰略錯誤，他已經擁有相當的戰略優勢，之後又錦上添花。對法國防禦能力相當自信的法國軍事首腦們，又自相矛盾地被這一自信所驅使，犯了一次更為可笑的失誤，他們將軍隊開往一片廣闊地區，前去救援比利時和荷蘭，而比、荷兩國卻在受到德國攻擊之後，才同意向法國軍隊提供通道，也就是說一切都太晚了。政治因素起了不祥的作用，這裡還不能忘記因為忽視敵人在泰晤士河的入口處建立海軍基地而帶給英國的不安因素。

　　但更主要的是，一支在西元1918年戰爭中表現十分頑強出色的法國軍隊，和一支建立在空軍及坦克共同作戰基礎上的全新戰法的德軍發生了衝突。法國在面對這些現代化裝備的軍隊快速攻擊，一開始就暈頭轉向而失敗。對於這一點，沒有什麼比統計年表更有說服力，西元1940年5月10日，德國開始進攻西部，5月13日穿過色當，5月21日德國裝甲部隊到達芒什省（瀕英吉利海峽之法國省分）。從5月27日到6月4日，由於比利時投降，北翼的大部分英、法軍隊從敦克爾克上船撤退，幾乎丟下全部裝備。6月5日，所有的德國部隊掉過頭來，向剩餘的法國部隊發動進攻。6月10日，在眼下不會再有任何危險的情況下，義大利宣布參戰，同日，法國政府放棄巴黎。6月17日，法國要求停戰，八天之後，德國接受請求。在六個星期之內，由於現代化武器及這些武器裝備的現代化軍隊的威脅，一個最為古老的國家及一個最穩定的社會瀕臨滅絕的邊緣，進入一個動盪不安的時期，至今仍能感受到它的影響。

英國的抵抗及所遇到的問題

　　法國一投降，不少人就預料英國自己將停止一場看起來毫無希望的戰鬥。但是，英國人卻頑強堅持下來了，英國無法在自己的本土上抵禦一支極易集結的德國遠征軍。那麼德國呢？由於海軍力量薄弱，也沒有辦法將這支遠征軍運到英國領土之上，而它的空中優勢能夠足以解決問題嗎？西元1940年8月至9月間，德國對英國領土進行了大規模的轟炸，但這場轟炸並沒有取得決定性的結果，並且顯得代價太大，這一切，都歸功於英國殲擊機隊的出色表現及更卓越有成效的攻擊，和前所未聞的技術手段——雷達的應用。西元1940年9月底，德國侵襲英國的整個計畫被迫放棄。

　　但英國並沒有因此而得救。這不僅僅因為它進行軍事進攻的能力，及隨後幫助其他同盟國的能力有限，而且甚至它自身的生存都取決於能否保障大量的海上運輸。然而，德國今後卻能利用歐洲整個西海岸，從挪威北角（Cap

Nord）到西班牙沿海，作為潛艇的出航基地，甚至其水面船艦的基地，來破壞這一運輸管道。幸虧開始時，德國只擁有60多艘潛艇，只是到了西元1940年7月，希特勒才決定加緊製造新潛艦。但是在西元1942年，德國已使249艘潛艇投入使用，一年之後，又達到393艘。英國艦隻噸位的損失與之同步增加，從西元1940年每月最多損失340,000噸，到西元1941年4月損失達650,000噸，西元1943年3月損失達到最高點。英國的進口從戰前的5,400萬噸降到西元1941年的3,000萬噸，到西元1942年，又降至2,400萬噸。然而同盟國的造船廠一批又一批地建造出被德國潛艇所擊沉的艦隻，而德國所能製造的潛艇數量卻跟不上被同盟國的飛機和艦艇所摧毀的數量。但大海戰也許是最具決定性的，雖然最不引人注目，卻是在西元1943年間取勝。

這場戰鬥本身，英國本無力單獨取勝。其沒費多少力氣就得到它的移民自治領地的合作，但後者儘管具有廣闊的潛在資源，卻絲毫沒有能夠對英國的戰爭提供重要援助的貢獻。事實上，美國人在戰爭的開始階段嚴守中立，其控制與交戰國的貿易關係實際上有利英國和法國。但卻是付出了財源快速消耗的代價，只是在法國崩潰之後及危害逼近之際，羅斯福才下定決心，讓他的國家越來越明確地幫助英國。首先，在西元1940年夏季，美國以50艘魚雷艇交換英國在安地列斯（Antilles）的海軍基地。隨後，西元1941年3月雙方實行「租借法案」，它可以使英國沒有後顧之憂地從美國得到所需要的一切。

義大利及地中海地區

義大利於西元1940年6月10日參戰，此時，已無需冒什麼風險，對攻克完全崩潰的法國起某些作用也為時已晚。但隨著法國6月25日停戰及隨之而來的法國在地中海的艦隊及海軍基地的中立，義大利的參戰有打擊仍繼續堅持戰鬥的英國之可能性。是否由於其所處的地理位置及海軍的能力，所以義大利沒能阻止英國在地中海的海上運輸？而這將使英國被迫拉長其極大弱點的運輸線。同樣地，它也沒能控制住蘇伊士運河，並威脅英國在中東石油主要來源。如果說英國逃脫了這一新的危險，那特別是由於義大利軍隊的總體效力不高，墨索里尼所推行的荒謬策略，對希特勒來說，這一南面戰場缺乏切身的利益。

因此，義大利沒能摧毀英國在馬爾他（Malte）的軍事基地，儘管其在它的轟炸機直接射程之內；然而，英國艦隊依賴航空母艦，希望給義大利海軍嚴重的打擊，特別是在塔倫特（Tarente，義大利一地名）（西元1940年11月11-12日）。西元1940年9月，義大利部署在利比亞的部隊對駐紮在埃及的英國

軍隊發動進攻，但在西元1940年1月，英國軍隊一個反攻，就奪取了昔蘭尼加
（Cyrenaique，利比亞一地名）。在這一期間，墨索里尼為了維護自己的聲譽
與威望，於是在西元1940年10月15日從被占領的阿爾巴尼亞向希臘發動進攻，
但希臘人成功地頑強抵抗住，甚至反而攻入了阿爾巴尼亞。

　　從西元1940年12月開始，希特勒已處於無法顧及全局的境況。德國轟炸機
開始對馬爾他進行猛烈轟炸，後者是部分英國的基地。在利比亞，有「非洲
之狐」之稱的隆美爾（Rommel）部隊，成功地奪回了昔蘭尼加，在這一戰線
上，雙方有進有退，誰也沒有取得決定性的進展的狀態，一直持續到西元1942
年。希特勒決定派部隊進攻希臘，主要是從保加利亞進軍。此時，被強迫加入
德國體系的南斯拉夫於西元1941年3月27日發動暴亂，並起而反抗德國人，但
同年4月，德國人完全占領了南斯拉夫和希臘。此時在英國保護之下的克里特
島，西元1941年5月被一支德國空降部隊所攻克，對於這支特種部隊，這既是
空前，也是絕後的成功。

　　歸根究柢，由於不止一次地表現出無力保護自己的歐洲大陸盟友，英國的
聲譽受到詆毀，但對於它來說，尚佳的是英國得以避免更壞的事，西元1941年
5月，伊拉克爆發反英的武裝暴動，儘管維琪政權同意提供使用敘利亞機場的
便利，但德國人卻沒有時間對這一暴亂給予支持，英國和法國反而利用這一機
會教訓了敘利亞，並成功地切斷軸心國通向中東的道路。

德國的歐洲

　　對南斯拉夫和希臘的吞併，使得德國對歐洲的統治達到了最大的範圍。只
有瑞典、瑞士、西班牙和葡萄牙以法律的或中立立場，保持獨立。匈牙利、保
加利亞、羅馬尼亞都是德國的「監護國」。義大利本身，特別是在遭受一次次
失敗之後，越來越難以對德保持平等的地位了。整個歐洲除了蘇聯地區外皆處
於德國的直接控制之下。

　　有時德國採用直接管理的方式，如法國阿爾薩斯－洛林地區或在舊波蘭領
土，但一般情況下，德國人情願讓被統治國家的政府自己管理自己。如此，他
們能夠節省大量人力，並希望使其更容易地服從他們。這一方式最為成功的例
子，就是在法國一塊尚未被占領的地區，維琪政權的存在，這樣使得德國不用
調動一兵一卒，就避免與對手以兵力對峙。

　　同時，隨著意識形態和宣傳計畫的實施，希特勒對所有在這裡生活的人有
著建立一個統一的新歐洲幻想之中。實際上，就我們所能知道的，希特勒所計

劃的歐洲遠景，是由種族類型的金字塔形構成，日耳曼人是統治民族，吸收或同化那些被占領國家中的「傑出」成員，將其餘人種置於從屬地位，或甚至滅絕某些民族，譬如猶太人或斯拉夫人等。

但當務之急，是將歐洲的所有資源（人力或物力的）都納入德國的戰爭力量中。德國人自己只準備進行一系列的「閃電戰」，並沒有在西元1943年進行一場總體動員戰。它之所以能一直堅持到西元1943年，面對一場具備巨大潛力的不成比例之美蘇戰爭，完全是由於其對歐洲進行一切殘酷掠奪的結果：財力、人力、工業、原材料等各方面的掠奪。對這一剝削掠奪做一個全面的、準確的統計性總結是完全不可能的。僅僅在法國，德國人就掠走了遠遠超過他們在波蘭、挪威和法國三個戰役中所消耗的石油。據估計，在西元1944年間，有700萬外國人被送到德國本土為其賣命，此外，還有另外700萬居住在不同國家裡的人為其工作。

對戰敗國的掠奪性剝削及由此帶來的物質匱乏，當然在這些國家裡加劇了本來就被占領本身而激起的反抗，首先，這些自動或是被動的反抗，都依靠倫敦廣播電臺的消息傳播，後者在這場戰爭中，表現極其出色。各處的抵抗活動更為活躍並有組織，且採取了不同的方式：情報蒐集、宣傳鼓動、進行破壞等，最後成為游擊隊的武裝鬥爭。

如果說抵抗取得了可觀的精神和政治上的結果，那麼估計它所產生的即刻作用，卻是十分困難的。更何況，儘管共同的目的（趕走德國人）明確，也沒能避免出現不和情況。國內抵抗運動組織並非總是與它們逃亡在倫敦的自由法國流亡政府意見一致，後者與那些擔負正面戰爭的大國盟友們之間，往往也有意見分歧：最著名的是戴高樂將軍與英國人，尤其是美國人之間的爭執。甚至在「國內抵抗組織」內部，不和現象也頻頻出現，特別是蘇聯參加戰爭之後，在共產主義分子與非共產黨人之間，這些糾紛一直演變為在南斯拉夫和希臘的公開鬥爭，或至少影響了波蘭及捷克斯洛伐克的命運。

德軍在蘇聯的攻勢

希特勒似乎從來沒有忘記他的基本計畫，最主要的部分是：向東擴大日耳曼的「生存空間」，特別是向烏克蘭的擴張，對他來講如同前去一個新的樂園。西元1939年8月簽訂的《德俄條約》在他的腦海裡，只不過是一種權宜之計。無論如何，當他清楚地看到對英作戰並不能很快取勝，他即著手準備對俄進攻。

　　進行這樣一場進攻的機會何在呢？俄國傳統地握有防禦的王牌。首先它的廣闊領土本身，並不僅僅意味著「有的是地方任憑馳騁」，在那裡，德軍所擅長的包圍戰術，總是會留下空隙，使得地利人和的俄軍得以脫逃，最後，通訊聯絡的困難及遠離大本營的不利，往往使得進攻者陷於癱瘓，難以行動而進退兩難。其他與天氣有關的自然條件：泥漿、大霧，還有極度的寒冷，將特別影響德軍擁有的超現代化裝備的使用。此外，俄國人很早就證明了他們的堅韌不拔及對苦難無窮無盡的承受力，被圍困的列寧格勒又對此提供了一個傑出的範例。理論上，俄國一開始就擁有數字上的優勢，如：人力、飛機、坦克的數量。但在西元1941年，德國人具有質量上的優勢，可是從戰爭的第二個年頭開始，這一優勢就開始減弱。蘇聯從被入侵之始，就得到了英國的幫助，由此，在西元1941年10月，還引起了美國的「租借法案」適用範圍的擴大。

　　然而，希特勒打算用一個夏天，以一種新的「閃電戰」使俄國俯首稱臣。這一次，他太低估對手了，但在當時，這種低估是很普遍的。基於諸如西元1937年俄國的「大清洗」，對其軍事指揮力量的破壞，或西元1939年冬季至1940年間蘇聯紅軍對芬蘭作戰遭受挫折的論據等，都致使他們失誤。

　　但不管如何，西元1941年6月22日德國對蘇俄的進攻，使得所有人都大吃一驚。史達林好像不重視來自各方面的警告，更何況，大批德國軍隊自西向東的移動，也絕不可能毫不被察覺。開始的時候，一切都似乎按照希特勒的計畫進展，在三個月的時間裡，德國軍隊抓住了大批的蘇軍俘虜，占領了大部分烏克蘭領土，幾乎將列寧格勒完全圍住，並到達了僅距莫斯科幾十公里的地方。但就在這時，由於冬天提早來臨，同時還有人員和物資的極大消耗，他們不得不停了下來。希特勒命令他們在原地堅持，怕失去威望或可能也是為了避免一場新的「俄羅斯的撤退」的災難。俄國人同樣遭受了巨大的損失，但他們將努力進行恢復：一方面，在確定日本會保持中立的情況下，他們能夠調用大量遠東的援軍；另一方面，德國所奪到的許多地盤，蘇聯採取堅壁清野策略，並將工業向東、向烏拉爾及向西伯利亞等地大規模的轉移，這可能是這條戰線上最為壯麗的戰略行動。

　　然而，西元1942年春天，德國人又重新轉入了進攻，不過這次只是在一條極為狹窄的戰線上，事實上僅限於南方戰線：希特勒好像急於攫取高加索地區的石油礦藏。進攻開始於5月8日，但當地的抵抗及蘇聯軍隊的拖延戰術，於6月28日粉碎了德軍的有效進攻。很快地，德軍兵分兩路：在最南端，雖然他們到達了高加索周圍，但他們所需的石油設施，早已被根據「焦土政策」的戰略破壞殆盡；在北部，為了掩護這一冒進，德軍會同「盟國」匈牙利、羅馬

尼亞、義大利等國的軍隊，加速進攻史達林格勒，因為它所處的戰略位置顯得極為重要──緊靠頓河灣（Don），居高臨下地控制著伏爾河（Volga）的入口。可是，在德軍達到他們所有目的之前，冬天又一次來臨了。

對蘇戰爭從一開始，就具有無暇補償的猛烈特徵。德國在其他方面又使出慘絕人寰的手段，尤其是在集中營裡，甚至不惜犧牲他們自己的勞動力。

第二節　日本及美國的參戰

　　歷時幾年的對華戰爭中，日本已經精疲力竭，儘管取得了一些勝利，但卻不能澈底地解決問題。由此，它的經濟承受力越來越弱，甚或已近枯竭，然而西元1940年所發生的一系列事件，使得日本能夠任意擺布東南亞地區原歐洲殖民地國家，如法屬中南半島、英屬馬來西亞、荷屬印度尼西亞等，它們恰恰能夠向日本提供它所極度缺乏的東西：石油、橡膠，甚至稻米等，日本不失時機地對其加以利用。從西元1940年9月，日本加入了德義陣營，當時，以爲了使它的中國對手蔣介石喪失補給線爲藉口，它在法屬中南半島獲得許多特權。

　　在這段時間裡，美國越來越明確地對英國的對德作戰給予支持，並在大西洋水域爲英國船隊進行護航，在德國這邊，它的潛艇則毫不猶豫地用魚雷攻擊美國軍艦。然而，不管是羅斯福還是希特勒，都似乎不打算直接宣戰。

　　儘管美國在太平洋地區有著傳統的利益，它對日本的政策一開始是十分審慎的。對法屬中南半島的求助，它避而不答。可是，西元1941年5月，它同意中國享有「租借法案」的優惠政策，美國相信它能提供中國必不可少的供應品，將會使日本的侵略願望落空。美國最後的行動是於西元1941年7月凍結了日本在美國的財產及其債權債務，這相當於停止向日本的所有進口貨物。掌握日本實權的民族軍事集團於是接受了一個異常冒險的計畫：由於美國的態度澈底地扼殺日本經濟，因此，日本必須事不宜遲地向南採取軍事行動，以此方能依靠積聚的戰爭物資生存下去。另外，美國決定參戰，讓日本必須使美國的太平洋艦隊澈底癱瘓，令其不能參戰。

　　西元1941年12月8日，在正式宣戰前的幾個小時，從軍艦起飛的日本飛機，轟炸了美國在夏威夷群島的珍珠港海軍基地，擊沉七艘巡洋艦及大批其他艦隻。精心準備的這一軍事行動，引起了世人震驚。很久之後，人們對此不禁自問，是否羅斯福儘管已經掌握某些跡象，卻沒有斷然採取措施，使日本不能得以實現計畫呢？他是否利用這點，以期能夠轉移美國輿論，並使他們能夠接受戰爭？我們無需對此權謀進行想像，我們僅需注意的是，法國在西元1940年、蘇聯在西元1941年都曾如此地遭受突然襲擊，然而，同盟國也將在北非及諾曼第的登陸中，同樣地知道如何使人震驚。再者，美國的航空母艦沒有逃脫攻擊，那將是更爲嚴重的後果了，至於那些巡洋艦，在這場戰鬥中，它們除了充當靶子以外，沒起到任何作用。

　　日本不失時機地利用它最初所取得的成功。西元1941年12月至1942年1月間，它占據了菲律賓群島；西元1942年3月，輪到印尼，特別是爪哇；同時，侵犯泰國的中立，日本人並完全占領了馬來西亞；西元1942年2月15日，新加坡投降。更遠些，日本人闖入了緬甸叢林。最後，西元1942年3月，日本人在新幾內亞登陸，這裡是向澳大利亞進攻必不可少的出發點。澳大利亞能夠守得住嗎？日本人會不會乘勢動搖印度，繼而威脅波斯灣和非洲呢？對此表示擔心的英國人，急忙加強了馬達加斯加基地的防衛，此時，該島仍屬於維琪政權。

　　實際上，日本不能一次就什麼都辦得到，它的能力及手段終究也相當有限。最初令人驚憂的勝利，是在與數量和武器裝備都非常差的對手作戰時取得的。它本身的生存及它到處作戰的冒險的衝勁，取決於或依賴於已經伸長至幾千公里的海上補給線，對此，它已經不能絕對有把握加以保護。另外，日本雖然有時依靠當地的民族主義者，來反對歐洲殖民主義大國，但同時，又不能完全利用被占領地的經濟資源，因當時仍沒有能夠掌握歐洲技術。最後，時間一長，當地民主主義者的良好願望總也得不到實現，或乾脆被歪曲、利用，日本軍隊在當地的日子也就越來越難過了。

世界大戰所遇到的一連串問題

　　隨著日本及美國的參戰，戰爭成為真正的世界大戰，從這個意義上講，世界上沒有一塊地方是安全的世外桃源，也沒有一個大國能夠避免參加戰爭。然而，仔細地觀察，事實上與其說是一場戰爭，還不如說是兩場同時進行的戰爭，一場在歐洲及歐洲周圍地區；另一場在太平洋地區。儘管是盟國，但日本和德國卻從來沒有考慮過協調它們的行動；再者，它們能夠協調嗎？還有深深陷入西邊戰場的蘇聯，也只是在最後時刻，在德國投降之後，才騰出手來對付日本。只有英國和美國才真正同時面對所有戰線，制訂了名符其實的世界性戰略。

　　對於進行一場他們所沒有準備的意外戰爭的國家來說，這一戰略的先決條件，是整個人力、物力資源的總動員。

　　在所有的參戰國中，英國可能進行動員最為澈底的國家，它實行了最為全面、合理、嚴格的管控經濟。而且在戰後的好幾年，這一經濟形式仍然維持著，並且深深地影響了戰後的時期，通貨膨脹被明顯地遏制住。如果由於戰爭的原因而大大減少的進口導致了生活水準的下降，則生活最貧困的人民將獲得補助金，特別是根據「貝佛里奇計畫」（Plan Bereridge），這是戰後社會保險

制度的原型。而且，英國的戰爭經濟也沒有取得很好的效益，人們甚至看到，英國的煤炭生產不合時宜地減少了，自西元1943年開始出現了生產減緩的跡象。

西元1941年美國具有很好的海上運輸力量，但不是有武裝的。確實，美國的戰爭工業雛形的具備是由於最初是法國，繼而是英國的訂貨，但美國本身的潛力更是巨大的。再者，儘管經濟危機的最低點已經過去相當長的時間了，美國卻還沒有做到充分就業，在遇到通貨膨脹或緊縮等問題時，它具有極大的發展餘地。與其一上來就先制訂一個精細的規劃，羅斯福更希望最大限度地激發他的同胞們開創精神和事業順利，並爲他們確定宏偉的目標。在多次爭論及屢次猶豫不決之後，他決定同時將美國變爲「民主國家的兵工廠」，並同時以此裝備數量增加到近七百萬人的軍隊。他針對必不可少的戰爭建設，提出了一個未經仔細計算的「勝利方案」，這一方案隨後顯得難以實施。當訂貨量多到非要加以控制並分出先後次序時，人們又重新求助於傳統的經驗主義的做法，即先考慮最緊急的，這就無可辯駁地出現了混亂的結果。但是，結果是非常可觀的，美國擁有了最爲強大的軍隊，具備了最爲重要的軍事裝備生產能力和產量，同時，人民的生活水準並沒有降低，他們同時「既有了奶油、又有了大炮」。西元1943年，在累積了足夠的保障戰後繼續繁榮的物質需求之情況下，美國甚至控制住了價格的上漲。

在此就同一話題，敘述蘇聯所做出的戰爭努力，無疑是十分公平的。可惜的是，這並不可能，因爲我們既沒有門路接觸蘇聯的原始資料，也沒有像其他國家那樣的考證與研究。

對本來就有分歧的史達林角色扮演之評價，隨著蘇聯內部政治事件的出現及不斷變化的政策，也不斷地發生變化。我們僅僅看到，蘇聯人民遭受巨大、可怕且痛苦的戰爭，引起了傳統愛國主義的極大覺醒，並至少在一個時期內，它與共產主義的信念彼此結合得很好。後者在工業生產與運輸向東方遷移過程中做出的努力，同樣體現出像前線戰士一樣頑強的英雄主義之高漲情緒。可以確定的是，英美的援助沒有被善加利用，這一援助總共已提高到110億美元。但這些援助的運送確也遇到了極大的困難，經過諾爾德角向摩爾曼斯克（Mourmansk）直接運輸的道路上，遭到德國飛機和軍艦猛烈地攻擊。同樣地，英俄兩國雖取得了一條通過伊朗的通道，但從法律的觀點上看是有爭議的，因爲這強烈侵犯了一個國家的中立，而且技術上也是靠不住的，因爲這條簡陋的運輸道路只能負擔很少的運輸量。經過海參崴和橫貫西伯利亞的大鐵路，也同樣有這樣的缺陷。

　　依所有當事國來看，在三個大國之間協調行動、努力解決這些困難是當務之急。但此時，在沒有改變議會制度的情況下，英國的傑出人物邱吉爾全面掌握了它的國家的大權，就如同羅斯福合乎邏輯地執掌美國總統議會制一樣。而且，邱吉爾成功地與羅斯福建立了彼此之間非常友好、相互信任的私人關係，這使得所有問題在沒有嚴重爭議的情況下，得到了圓滿的解決。這樣，羅斯福承認，德國是主要的敵人，必須首先把主要的精力放在歐洲，儘管日本當時的所作所為是他們參戰的好機會，而且美國海軍特別把注意力放在太平洋地區。相反地，在對英國傳統的「周邊戰略」幾次做出讓步之後，美國人最後使他們在西歐正面集中進攻的戰略得以被接受。

　　當然，與史達林的關係就沒有那麼親近了，並不完全是因意識形態相互對立的緣故，因為戰爭的需要是高於一切的，但可能也是這種意識形態造成彼此之間的不信任，及其心理與思維習慣上的極大不同。另外，俄國人，特別是鄉下的俄國人，對於西方國家所遇到的困難，與海上運輸緊密相連的努力，一點都不理解。同樣，史達林堅持要求在西歐開闢第二戰場，但這第二戰場的開闢，意味著要在一些築有嚴密防禦工事的海岸上進行登陸，因而它需要集中各種手段，否則將有成為一場災難的可能。然而，這三個參加國之間的團結一致是空前緊密的，因為三國之中沒有任何一國與德國單獨媾和。

第三節　第二次世界大戰的轉折

澳大利亞附近的戰爭及中途島戰役

面對澳大利亞，日本人的進軍碰到了它的第一個嚴峻障礙：一塊北面和西面被廣闊的沙漠所包圍的大陸，它的東面邊緣則居住著數量上相對衆多的歐洲移民，並具有潛在發展的經濟實力。不過，免除兵役制的澳大利亞，只有一支相當弱小的軍隊。負責保衛澳大利亞的美國只派遣麥克阿瑟將軍三個師的兵力。就這樣，日本在澳大利亞附近的幾個島嶼有幾個月的時間停滯不前，這可能是一種跡象，不是說日本人更加謹慎，而是他們不能在此集中足夠的力量，因爲他們還要占據其他地方，並且要守護一個極大的地區。

然而自西元1941年12月，日本在臘包爾（Rabaul）建立了一個基地（位於新不列顛島）。在西元1942年5月，日本就試圖奪取同盟國位於新幾內亞莫爾茲比港的基地，在一次珊瑚海附近的海戰之後，日本又不得不放棄了它，這時，我們對於「什麼是太平洋戰爭」有了一個新認識，它純粹是海陸的戰爭，航空母艦是這場戰爭的主要武力，在島嶼上登陸的部隊進行奮勇戰鬥。

日本在阿留申群島和中途島，又進行了一些牽制性的進攻，其目的在於把美國人從澳大利亞吸引過來。但是，西元1942年6月4日至7日在中途島，美國取得了海陸戰鬥第一次重大的勝利。

於是，又回過頭來進行迫近澳大利亞的數次戰鬥，這些戰鬥都集中在瓜達爾加納爾群島（Guadalcanal）周圍，此時日軍（西元1942年7月）、澳軍和美軍（西元1942年8月）相繼在島上登陸。經過一系列海陸戰鬥之後，美國終於在西元1943年2月完全占據了該島。

關於北非的決定

長時間以來，邱吉爾一直懷有在法屬北非地帶進行登陸的想法，這也是英國「周邊戰略」最爲吸引人的計畫之一。可是，羅斯福也慧眼獨具地看到了這一點。這一計畫的實施主要取決於海上有關事宜的準備，必須徹底堅決地阻止德國人在摩洛哥，特別是在達喀爾（Dakar）建新的海軍基地，大西洋在此處最爲狹窄，同時，必須大大縮短同盟國最主要的一條運輸線中，在重新確保地中海航線的情況下，將可以避免繞道開普敦。而史達林的堅決主張，也加速了

計畫的實施，西元1942年處於德國發動攻勢極大威脅下的蘇聯，有充分的理由堅持要求開闢第二戰場，然而，在歐洲開闢這一戰場還是不可能的，就如同西元1942年8月第厄普（Dieppe）遠征的失算一樣。加強北非行動的同時，將迫使德國人抽回一部分兵力，對付來自南邊的威脅，如此一來，即刻減輕俄國的壓力，哪怕以最後推遲在歐洲的登陸為代價。

以美國人為主的登陸行動於西元1942年8日同時在三個地點進行：卡薩布蘭卡（Casablanca）、歐蘭（Oran）和阿爾及爾（Alger）。限於篇幅，在此我們不能描述隨之在北非產生的政局混亂，及美國當局對法國抵抗運動的不理解。不管怎樣，最後的結果是，法國大批軍隊公開投入反抗德國的戰爭，從此以後，恢復了法國的威信。

這時，已經抵達亞歷山大港的隆美爾，在一位新的英國將領蒙哥馬利（Montgomery）的攻勢面前，不得不開始撤退。同盟國在北非的登陸，威脅著隆美爾的背後。這一次，希特勒不得不嚴肅認真地看待地中海戰場了，他急忙趕在聯軍到達之前，在突尼西亞投入大批援軍和大量的武器裝備，這正證實了聯軍的估算。從西元1943年1月開始。此時，隆美爾放棄了利比亞，到了突尼西亞南部，德國人甚至向西面發起了一系列進攻，但由於地形、惡劣的天氣、法國人的抵抗和聯軍逐漸增長的裝備優勢，德軍最後歸於失敗。西元1943年5月，突尼西亞的德軍和義軍被迫投降。這是軸心國一次重大的失敗：它丟下了25萬俘虜和所有運到非洲的武器裝備。

史達林格勒

先前我們已經看到了史達林格勒的重要性，它是西元1942年8月底被德軍占領的，他們在這裡構成了易受攻擊的部分。在9、10兩月及11月的上半個月，雙方在城裡一棟房子接一棟房子，一座工廠接一座工廠地爭奪，俄國人的抵抗卻從來沒有被徹底消滅。戰鬥的猛烈程度自然而然地令人想起凡爾登戰役或列寧格勒戰役。

可是，史達林格勒戰役還意味著許多事情：即俄國戰場上局勢轉變的開始，戰爭的主要性今後將從德國手裡轉到俄國手裡。儘管面臨德國的威脅，實際上，俄國人已經能夠集中足夠的力量，進行一次強大的冬季攻勢，這是他們的對手以為不可能的。從11月19日到23日，一場從北面和南面同時開始的折磨戰，突破了軸心國防線由羅馬尼亞軍隊和義大利軍隊把守的側翼部分，使得攻擊史達林格勒的德軍孤立了起來。希特勒要求圍攻的部隊在原地堅持到底，而

不是尋找突破口撤退。2月2日，堅守在史達林格勒的德國軍隊，由於山窮水盡，不得不投降。這是希特勒所遭受的第一次如此大規模的失敗，他的固執已引起了廣泛和猛烈的批評。根據周密的戰略計畫，我們可以看到，如果史達林格勒當時被及時放棄，那麼就要輪到高加索的德軍被切斷退路。但更爲嚴重的是，德國士兵，尤其是他們的軍官，已經開始對希特勒失去信任，最爲令人震驚的例子，可能是包路斯（Paulus）元帥的倒戈，他是史達林格勒戰場上的德軍指揮官，隨後歸附於俄國組織的「自由德國委員會」。

義大利的失敗

攻占突尼西亞之後，同盟國立刻決定將下一次行動的目標鎖定在西西里島。當然，這事關地中海通道的完全暢通無阻。但同時，也可實施一種直接的威脅，並加速義大利的政治垮臺，儘管這已經被非正式的測試提前預見到了。

實際上，義大利法西斯體制的組織機構，對於承受一場全面戰爭的壓力來說，顯然太弱了。義大利人不再認爲他們能夠取勝，或認爲勝利只有益於德國優勢的增長，與他們何干？不管如何，西元1943年7月10日到8月16日，英美兩國部隊攻占了西西里。但從7月25日開始，墨索里尼遭到政府內高階官員的責難，最後被奪權並被扣押起來。新上臺的巴多格里奧（Bodoglio）政府於9月3日與聯軍簽署了停戰協定，並在開始時試圖保密以欺騙德國。

但是，9月8日，聯軍公布了停戰協定，並進占了義大利南部的好幾處地方。德國的反應令人震驚，他們加強了對那不勒斯和義大利南部地區之外其他地方的控制，墨索里尼也被德國傘兵部隊救出，並在義大利最北端的薩洛（Salo）建立有名無實的義大利共和國。此時，法國所參與的聯軍部隊，以極慢的速度向前推進。但義大利半島的地形多山而且分隔很細，一點也不適宜大規模的運動戰。然而，英國希望利用義大利，從背面襲擊德國（從南面及從巴爾幹半島）。但這一次，美國實施了他們的計畫，願意在法國進行決定性的戰役，因此，在義大利只是做做樣子。於是，直到西元1944年6月4日，聯軍才進入羅馬。

第二戰場開闢前的蘇聯攻勢

史達林格勒收復之後，俄國戰場有了幾個月的停息。希特勒並不是放棄重新採取攻勢，只是這一次，他集中了所有的力量，用於一個看不到半點戰略作用的目標：攻占庫爾斯克（Koursk）凸角。可是，這次開始於西元1943年7月5

日的進攻行動，在經過最大規模的坦克之戰後，最後歸於失敗。而從7月12日開始，蘇聯即採取了攻勢。這些攻勢不再是衝鋒陷陣之後，隨之進行大規模的包圍戰術，經驗證明，面對精銳部隊的敵人，這樣做異常危險。蘇聯收復失地的行動，與西元1918年秋季同盟國採取的攻勢的方法極為類似，在近距離內，開展一系列的攻擊，最後得以動搖整條戰線。這一次，冬季的到來並沒有使攻勢停頓。西元1944年5月，蘇聯解放了大部分被占領區，向南邊推進了數百公里，越過了原來的羅馬尼亞甚至波蘭邊界。

第二戰場

然而，最為艱巨的事情還有待去做。德國最後調動所有的部隊，將軍工生產在西元1944年第一季達到了最大量，聯軍的戰略轟炸對此顯得效力不大，至多使德國的汽油發生匱乏，而這是保障同盟國飛機主控戰場的關鍵。此外，V1及V2型火箭等新式武器的投入使用，又對英國造成更嚴重的威脅。

在歐洲西部登陸存在大量的問題，並在極大程度上是前所未聞的。它不僅涉及到如何調集並運送大批部隊及數量龐大的武器裝備，同時還要將這些布置在一條築有防禦工事的戰線前面。「大西洋城牆」圍繞著整個法國所有的海岸，還包括那些根本不大可能登陸的海岸地段，為了解決這分散力量的安排布置，我們不能排除德軍指揮官已經看到盟軍的意向。然而，障礙確是令人畏懼的，再加上自然界的危險：大風、海浪、大霧等，在開始階段，這些因素隨時都可能將這次遠征行動變為一場災難。同盟國聯軍反覆設想並創造了最為巧妙，又最為大膽的做法，不僅僅建造成千上萬艘特殊的船艦，而且建造人工臨時港口及一條必須貫穿英吉利海峽的海底輸油管道。

位於科登坦半島（Contentin）上的卡昂（Caen）地區的諾曼第海岸，被選為戰場。但是，通過一系列的巧妙的聲東擊西，同盟國使德國在登陸行動已經開始後的好幾天內，還以為主要的進攻點在另一個地區，即加萊海峽。此外，空中轟炸及法國反抗組織的破壞活動，也使德國在整個法國北部的交通、通訊陷於困境。

儘管這樣，開始時的反攻極為緩慢，登陸行動開始於6月6日，利用一段惡劣氣候中的一個短暫晴天。直到7月1日，美國才到達瑟堡港，這裡是他們部隊的補給線不可少的港口，而且還必須用一個月的時間修復整理後，才能投入使用。最後，從7月27日到31日，科登坦半島的德軍基地被澈底摧毀。

從這裡出發，與西元1940年十分相似的行動戰開始了。8月19日在諾曼第

被包圍的德軍，大部分被殲滅。8月25日，勒克萊爾（Leclerc）將軍所率領的法國軍隊進軍巴黎，並使巴黎重新收復。

然而，8月15日的第二次登陸行動在普羅旺斯進行，這一次一支精銳的法國部隊參加行動，它由達西尼將軍指揮，這一新的進攻在幾乎毫無抵抗的情況下向前推進。9月12日，它與來自諾曼第的部隊在勃艮第（Bourgogne）會合。

這次推進速度快的原因，例如布列塔尼正規軍只是快速地穿過，在於聯軍不需要擔心後方，法軍依靠自己的力量，光復了羅亞爾河和隆河之間的所有領土，並完成其他地區的大部分工作。

但隨著盟國軍隊向東深入推進，及隨著它們的補給線必須穿過一個大部分被破壞的運輸網絡地區延伸時，形勢起了變化。然而，9月盟國軍隊抵達比利時和洛林，他們幸運地奪取未曾遭受破壞的港口安特衛普（Anvers），但是必須先疏通入海口，這件事到11月28日就完成了。12月，德國還進行了一次毫無希望的進攻，其目的是穿過亞耳丁山脈，試圖重新奪回這一至關重要的基地，但很快就被粉碎。西元1944年底，西方盟國——英國、美國加上法國，到達德國邊界，在某些地段他們甚至越過邊界。

附庸國的崩潰

甚至在諾曼第登陸之前，羅馬尼亞、保加利亞和匈牙利就向西方同盟國進行過試探，以圖分別求和。後者堅決回應它們必須無條件投降。特別是英國和美國堅持這樣做，但蘇聯除外。

諾曼第登陸15天之後，蘇聯於西元1944年6月23日開始攻擊，它很快占領了波羅的海沿岸國家，但是芬蘭退出了戰鬥。在中部，蘇聯將德軍趕出白俄羅斯之後，於8月1日從維斯瓦河的另一邊，直接攻到波蘭華沙郊區，但在那裡，他們在極有爭議的情況下停止行動達幾個月。不管怎樣，8月1日那天在華沙掀起的一場波蘭人的起義，於10月初被德國人鎮壓，俄國人卻坐視不救。

相反地，他們在羅馬尼亞取得令人震驚的進展。他們的攻擊從8月20日開始，8月24日羅馬尼亞易幟，轉而向德國宣戰並在外西凡尼亞（Transylvanie）地區向匈牙利人發起攻擊。在保加利亞，9月9日的一次武裝起義，使一個對蘇友好的政府掌握政權。10月，狄托的軍隊幾乎是依靠自己的力量收復了南斯拉夫，而德軍則撤出了希臘。

匈牙利經歷一段極動盪不安的歷史。10月，霍爾蒂（Horthy）政府與蘇聯締結一份停戰協議，但他本人卻立即被德國趕走，德國在他的位置上安排一個

效忠德國的人。在這段時間裡，蘇聯入侵匈牙利，而且匈牙利與羅馬尼亞爲了外西凡尼亞而打得不可開交。西元1944年年底，由於德軍的全力防守，蘇聯的攻勢在布達佩斯前被迫停止。

德國的末日

西元1945年開始，聯軍就抵達德國西部邊界，但擺在他們面前的是兩個看起來十分嚴峻的障礙：齊格菲（Siegfried）防線，及又深又寬的萊茵河。作爲防線的萊茵河，同時還是主要工業區的護衛線，加上它的北岸地勢低窪，這也是德國隨時可能利用決堤的不利因素。相對地，在東面的蘇聯卻還離邊界很遠，沒有碰到一處；而德國可以憑藉堅持到底的障礙，同時首都柏林就在東部邊界附近。

聯軍在諾曼第登陸成功後，那些最爲清醒並最爲熟悉情況的德國人，特別是在軍事領導人中，清楚地知道德國失敗了。西元1944年7月20日，他們試圖暗殺希特勒以挽救國家。在他們失敗之後，只剩下極爲狂熱的納粹分子，他們寄望於神祕可怕的新式武器，能夠使他們在最後一刻時來運轉，準備與國家共存亡。

1945年1月，俄國開始進攻，並很快到達奧得河（Oder）。但在南面，由於出乎意料遭到匈牙利的抵抗，拖延他們的攻勢，直到3月底才抵達奧地利邊境。在西面，2月時，德國人在萊茵河左岸投入最後的力量，但由於部隊都就地防守，以致沒有什麼部隊堅守這條大河，3月7日，聯軍越過萊茵河。然而，在魯爾地區，有一塊孤立的陣地繼續抵抗，並一直堅持到4月18日。聯軍總司令艾森豪指揮他的先鋒部隊向薩克森推進，但他輕忽了柏林政治位置的重要性，同時，在南面第一批到達布拉格的蘇聯軍隊的要求下，他命令他的部隊停下。相反地，蘇聯軍隊卻集中所有的力量以便奪取柏林，而希特勒於西元1945年5月5日在柏林自殺，5月8日，他所指定的繼承人簽署「無條件投降書」。

從此之後，德國及其他附庸國全部被同盟國的軍隊占領。實在不能想像在這些征服之後會出現更爲全面的軍事災難。但在中歐，則出現了政治空檔，由此而來的一系列問題，將在很大程度上左右戰後的歷史進程。

日本的失敗

直到西元1943年初，聯軍才開始對日本進行反攻這一事實，加上投入使用的物質規模，使得一些人懷疑羅斯福同意將主要注意力優先放在歐洲戰場上的

主張，會被他的軍事下屬，尤其是海軍所遵守。

因爲美國決定的全球戰略，且在太平洋地區擁有幾乎全部軍力。一般情況下，他們並不著手奪回被日本占領的歐洲殖民地，儘管後者是日本極其寶貴的原料來源地（從西元1941年開始，日本的軍工生產總量增加兩倍）；他們僅以潛水艇和飛機威脅這些歐洲殖民國家與日本之間的海上運輸。這樣的做法，很難不使人想到，這是意識形態所起的作用。唯一的例外是在緬甸，在那裡進行困難重重的戰鬥，但是在那裡，事關重建一條對蔣介石的中國進行補給的運輸線。羅斯福對中國產生許多幻想，並同意向其提供極其可觀的援助，可是結果卻幾乎一無所獲。在此期間，中國共產黨的影響和他們的地盤在未引人注意的情況下，卻得到廣泛的擴展。

實際上，人們認爲直接向日本發起攻擊的先決條件，是重新奪回菲律賓群島，儘管對於作爲轟炸機的起飛基地這一目的來說，它距離日本群島還是太遠。人們不禁要問這種選擇的道理何在？是由於麥克阿瑟將軍的堅決主張嗎？他從日本發動進攻開始，就是那一地區的指揮官，並曾發誓要奪回來，或者認爲菲律賓本來就是美國的屬地。

不管怎麼說，菲律賓群島成爲兩個大規模攻勢的焦點，一個來自南面，在麥克阿瑟將軍的指揮之下；另一個來自東面，由尼米茲海軍上將直接指揮。

在南面，西元1943年6月至10月美國人首先掃蕩所羅門群島及新幾內亞，這將使他們的澳大利亞基地免受威脅。然後，他們使日本人在臘包爾的強大堡壘陷於孤立，以此不進行攻擊的方式，避免無謂的損失。在東面，西元1944年6月，美國海軍攻擊馬里亞納群島並從日本人手裡把它們奪回，該場戰役使日本的海、空軍遭到沉重打擊。

西元1944年10月，對菲律賓群島的進攻從位於呂宋和民答那峨兩大主要島嶼之間的萊特島（Leyte）開始。日本艦隊在這裡再次受到重創並被迫撤出戰鬥。然而，對菲律賓的全部占領卻沒有在結束戰爭狀態之前完成。

事不宜遲，美國人這次開始爭奪非常靠近日本的島嶼，如琉球群島（西元1945年2月），特別是沖繩島（西元1945年4月）。儘管日本步兵猛烈的抵抗，但由於缺乏燃料的飛機不再能夠進行絲毫的支援，美國人最後取得勝利。

從西元1945年3月開始，美國飛機採用「傳統」的方法，開始對日本主要城市進行狂轟濫炸。但能夠依靠這唯一的方式取得最後的勝利嗎？這一方法在對德作戰時，並沒有顯出具有決定性的作用。此外，日本人到處在進行頑強的抵抗，哪怕是毫無希望的抵抗，這就使人們不得不想一想，若在日本本土進行登陸，將使美國進攻部隊付出極大的損失。蘇聯在德國投降三個月之後，西元

1945年8月9日才投入到反日的戰爭中來，他們很快占領中國的東北，但並不是在那裡才能取得最後的勝利。

　　這樣，就不難理解美國新總統杜魯門決定使用全新的新式武器──原子彈的原因與動機。西元1945年8月6日在廣島、9日在長崎共投下了兩顆原子彈，使日本天皇和臣僚們強迫那些似乎具有與希特勒本人同樣的「殺身成仁」精神和心理的軍人們接受投降。西元1945年8月14日日本決定投降，同年9月2日正式簽定同意書。美國取得一場戰爭的最後勝利，是因爲對手的潛力只及它的15%。

第四節　二次大戰的後果

　　當第一次世界大戰的結果被人提出質疑，卻在不到20年的時間裡消失得無影無蹤，我們可以說，第二次世界大戰使得世界發生根本的變化，並帶來仍然繼續的新結構布局，時至今日仍沒有很大的變化。

　　納粹體制被徹底打敗。它在意識形態領域是完全的失敗，以致於在30年後，仍沒有一個與法西斯主義相接近的運動，有任何可能成功的機會。相反地，社會主義這一詞彙中，混同了許多不同的東西，或多或少地滲入到大多數國家，有的作為理論的參考，有的則是付諸實踐。這一如同集中營般極權制的最大結果，在世界上一部分地區，引起了深刻的動盪，以致於現在仍然難於明確陳述它的各個方面。

　　但是，第二次世界大戰同樣導致歐洲的衰落。在此，我們將不談物質方面的毀滅，因為這方面已經修復。可是，所有歐洲的大國（蘇聯作為歐亞大陸國家不計在內）都一個接著一個地遭受失敗：法國在西元1940年、義大利在西元1943年、德國在西元1945年。英國本身表面上是戰勝國，但物質、精神均已耗盡，也由此失掉其在世界上的地位。如果必須指出英國確切的失敗日期，可以從西元1941-1942年冬季算起，那時，日本人幾乎不費什麼力氣就占據大英帝國所擁有的殖民地，而澳大利亞和紐西蘭則還是靠了美國的保護，才得以逃脫這種命運。

　　戰爭結果的另外一個重要現象是殖民地獨立思潮的出現。歐洲國家對他們在海外的租界領地等的統治，一旦它們在遇到麻煩時，不能向其提供保護並有效地保住它們，就失去理論上存在的根據及實際上的理由和意義。此外，當地的民族主義還受到德國在中東，特別是日本在遠東的極力鼓動和支持。而且，作為最大戰勝國的美國，也持同樣的態度。

　　取代戰後衰落帝國地位的是兩個新大國——美國和蘇聯，今後，它們將主導全世界（從西元1945年開始還應承認第三個大國——中國的潛在實力）。在歐洲本身，蘇聯和美國的前方部隊分別所在的戰線，根據戰爭考慮所確定的，成為了兩個世界政治上、經濟上及心理上相互對立的一條邊界線。

　　兩個世界的對立是否有引起第三次世界大戰的危險？直到現在一點也沒有。因為在第二次大戰期間所取得的進步，尤其是毀滅性技術的進步，使得這一危險至今仍未出現。兩個大國所擁有的核武器，帶來我們稱之為「恐怖平

衡」的戰略：一場全面戰爭將使戰勝國的勝利全然不存在任何意義。這一新論據，完全改變和平與戰爭問題的觀點。因此，至少在外交語言上，國際關係已從冷戰轉變為和平共處。

顯而易見，戰爭對於科學技術有極大推動的力量。僅舉一例即可說明這一點，大量的傷殘者，可能還應加上在熱帶及赤道國家進行戰鬥的特殊條件，帶動醫藥、衛生的突飛猛進。這也是戰後人口爆炸現象出現的原因之一，並導致人類未來的威脅。

最後，可能必須考慮另一個技術的發展。戰時由國家主導的經濟也得自於西元1929年危機之教訓，因戰後重建之需要為出發點，已成為持續經濟擴張的因素，這是因為世界各國都自誇已解決通貨膨脹所造成的。所有這一切傾向都將保持下去嗎？就此，我們跳出歷史，甚至逃離現實，以便進入黑暗、令人難以預測的未來。

這本現代史概要到此為止，歷史本身卻沒有就此停滯。但即便歷史隨時演進，它也不能隨著事件的產生而即刻被書寫。即需如此，必須要有一個足夠的時間距離。

首先，我們不能很快蒐集資料。這裡，不僅僅是指官方的檔案，對此類文件的查詢規定，有時可以放寬。但是，對於那些歷史的見證人、當事人，只有在他們去世之後，我們才能充分了解他們，並接近他們的私人資料，譬如日記等等。然而，一大批曾經歷過西元1945年前後事件的見證人至今仍然健在，甚至不少還在掌握各種權力。

其次，流逝的時間可以使種種情緒逐漸平緩，這對於客觀地看待問題則是十分必要的。這個原因似乎不是決定性的。首先是尋找對屬於往後許多年的人或事熱衷的辦法。其次，客觀性可以透過適當的學習與研究而獲得，否則，何需歷史這門科學？但在沒有絕對公正的情況下，一些哲學家和歷史學家曾不止一次地對我們說，人類根本無法達到絕對公正性。歷史學家的誠實，就在於陳述對每一個問題所有的不同觀點、論斷，且這些論斷還必須已經被發表、公開。然而，歷史的研究並不隨著時間的推移而起伏消長，它全神貫注於那些基本上已有定論的事實或短暫的階段。正因為如此，在西元1914年一次世界大戰之後的十年內，關於這場戰爭的根源問題，看法截然不同。同樣，西元1939-1945年的戰爭，很快就留下大量的研究空間。但是西元1945年以來，從哪個事件算起，我們可以說在那之前所發生的屬於歷史，從此之後屬於現實？不必為這專業的劃分之不易而感到遺憾，因為一切歷史階段性的連接日期總是與人類所受異乎尋常的苦難累積相互一致。

第四十八章

聯合國與世界秩序的重建

第一節　聯合國建立的經過

　　現代戰爭隨著科技的進步，武器殺傷與破壞力量越來越厲害，第二次世界大戰的傷亡和破壞遠比第一次世界大戰慘重，這種殘酷的教訓使大多數愛好和平的民族深切地感受到，戰後應有一個比國際聯盟更爲有效的新國際組織，負起制裁侵略的責任，來維護世界和平。這種願望得以實現與美國總統羅斯福在戰時的倡導有很大的關係。

　　西元1941年8月，羅斯福和邱吉爾聯合發表的大西洋憲章中第八點，就有如下的一段話：「擬議建立一個基礎較廣泛，而且此較長久的普遍安全體系」，當時在他的心目中已經有建立一個比國際聯盟更爲廣泛的新國際組織的構想。到了西元1942年的元旦，中、美、英、俄四國領銜發表「聯合國宣言」，其中規定簽字國遵守大西洋憲章中的規定，前述第八點中所說的「建立一個基礎較廣泛，而且比較長久的普遍安全體系」，就成爲簽字國家應負任務之一。

　　中、美、英、俄四國因領銜簽署「聯合國宣言」而須負起建立一個新國際組織的任務，但是在當時來說，這種任務卻以擊敗軸心國家爲前提，因此到了西元1943年對軸心國家作戰已露曙光時，中、美、英、俄四國始將建立新國際組織的意念付諸行動。同年10月間，中、美、英、俄四國在莫斯科發表的四強宣言中，除了保證盡早組成一個普遍性國際組織以外，而且提出下列兩大原則：所有愛好和平的民族一律平等，不分國家大小均可加入，作爲這一國際組織建立的原則。這也是中、美、英、俄四國正式倡導建立國際組織之始。

　　西元1944年8月至10月之間，中、美、英、俄四國的代表在華盛頓一座叫做「頓巴敦橡園」舉行會議，專門研討與新國際組織有關的各種問題。在這次歷時一個多月的會議中，四強代表們對新國際組織的機構、功能等多已獲得協議，共同擬定「世界和平機構建議案」並將預定設立的新國際組織命名爲「聯合國」，不過當時對於聯合國機構內最重要的一個機構安全理事會中的五強常任理事國──中、美、英、法、俄，在會議中採取的特殊投票方法卻頗多爭執，而一時無法獲得協議，直至西元1945年2月美、英、俄三國政府首長在雅爾達舉行會議時，才解決了這一個問題。然後由中、美、英、俄四國聯合發出請柬，邀請3月1日以前對軸心國宣戰或在聯合國宣言上已經簽字的國家，派代表參加聯合國的籌備大會。

西元1945年4月25日，籌組聯合國的大會在舊金山揭幕，當時出席的計有50國的代表團，會中以中、美、英、俄四強聯合提出的「世界和平機構建議案」為骨幹，並參酌雅爾達會議中的決定，以及各國所提的建議案等，經過兩個月的研究、草擬、通過等工作終於擬定了「聯合國憲章」。6月26日出席的50國代表在憲章上簽字以後，當時因政府改組一時無法派代表出席的波蘭也補行簽字，於是這51國就成為聯合國創始會員國。

根據聯合國憲章的規定，憲章必須經過中、美、英、法、俄五強國會的通過，再加上創始員國過半數的批准，始能發生效力。同年10月24日恰巧完成上述兩個條件，使憲章正式生效。西元1946年1月，聯合國第一屆大會在倫敦舉行，醞釀四年多的聯合國從此正式成立，接著國際聯盟也在日內瓦舉行最後一次會議，議決將其資產交由聯合國接管，聯合國從此就國際聯盟之後，而成為維護世界和平的國際機構。同年12月聯合國大會又議決，聯合國的永久會址設在紐約。

聯合國宗旨與組織

根據聯合國憲章的規定，聯合國成立的宗旨有四：（一）採取有效的集體安全辦法，制止侵略行為，以維護國際間的和平與安全。（二）根據權利平等與人民自決原則，發展國際間的友好關係。（三）促進國際間的合作，解決國際間的經濟、社會、文化、人道等問題，並促使各國對於人權、人性尊嚴和人類基本自由的尊敬。（四）使聯合國成為協調各國行動的中心，以達成上述諸目的。

聯合國為了達成上述各項廣泛的任務，設置下列六個重要機構：

1. 聯合國大會：聯合國的最高權力機構，每年召開常會一次，開會的時間通常由9月至12月，有必要時亦可召開特別大會。聯合國大會由全體會員國組成，根據憲章第五條規定，每國派遣出席大會的代表最多不得超過五人，而每一國只有一個投票權。大會可以討論或建議憲章以內的任何問題與事項，對於聯合國其他機構的權力與職務等問題，也能加以討論或提出建議，因此大會職權的範圍頗為廣泛。大會對於普通議案，只要有出席投票的會員國過半數的同意，即可通過成立，但對重要議案卻須有三分之二以上的同意，始能通過。所謂重要議案包括下列幾種：對於和平安全有關的提案、新會員的入會與舊會員國的開除會籍、有關託管事務的提案、各機構負責人的遴選等。

2. 安全理事會：初由十一個會員國，後來改為十五個會員國組成，中、

美、英、法、俄五國為常任理事，其餘的非常任理事國均由大會選舉產生，任期兩年，不得連選連任。安全理事會主要任務是維護世界和平與安全，隨時注意解決各種國際糾紛。安全理事會對和平的威脅、和平的破壞或侵略行為等，有採取防止或制裁的權力。其制裁侵略的方法分為非武力制裁與武力制裁兩種，前者包括斷絕外交關係、經濟絕交與斷絕海陸空郵電之交通等，後者包括封鎖或其他軍事行動。聯合國和過去的國際聯盟相類似，本身並沒有常備軍力，但是聯合國安全理事會卻比過去國際聯盟理事會較為優良的地方，即是安全理事會在必要時可引用憲章，要求會員國提供武力制裁侵略。即由於這個緣故，安全理事會下設軍事參謀團，以便武力制裁侵略時，計劃軍事的部署。

聯合國安全理事會的權責組織等雖比過去國際聯盟理事會健全，但因安理事會中表決的特殊方法，卻使其功能受到限制。原來聯合國憲章依照雅爾達會議的決定，對安全理事會的表決方式有如下的特殊規定：凡是有關程序問題的議案如開會日期、地點、議程等，十一國（後改為十五國）中以七票（後改為九票）多數贊成通過，除此以外的一切有關實質問題的議案，七票（後改為九票）中必須包括五個常任理事國完全贊成始能通過，於是五強在安全理事會中就享有「否決權」。

後來蘇聯時常濫用否決權，而使安全理事會陷於半癱瘓的境地。

3. 經濟社會理事會：由大會選舉十八國（後改為二十七國）代表組成，任期三年，負責研究解決世界性的經濟、社會、教育、文化、衛生、人權等問題，工作範圍頗為廣泛。其下還設立許多促進國際合作的專門機構，如「國際勞工組織」、「聯合教育科學文化組織」、「糧食農業組織」、「國際民航組織」、「世界衛生組織」、「國際復興開發銀行」、「國際貨幣基金」等。

4. 託管理事會：聯合國將過去國際聯盟委任統治的制度改為託管制度，即是將落後而不能自治的地區，暫時交由某一會員管理。聯合國憲章第一章對託管制度曾經有過特別的說明，託管的目的在求增進託管地區經濟、社會、教育與政治進步為目的，以期達成託管地區的獨立自治。組成託管理事會的理事國家分為三類：(1)接受聯合國委託管理落後地區的國家。(2)安全理事會的五常任理事國。(3)由大會選出，三年一任，無託管責任的會員國。託管理事會除了監督託管地區的行政工作以外，還可以受理託管地區人民的各種請願事件，聯合國希望利用這種託管制度，逐漸消除過去困擾人類的殖民主義。

5. 國際法院：假設將聯合國的組織和一個民主國家的政府組織來比較，大會就好像一個國家的國會；安全理事會，就像一個國家的內閣；國際法院，就像一個國家的立法機構。國際法院主要由法官十五人組成，這十五位法官均

由安全理事會從國際上著名的法律專家中遴選推薦，再經過大會票選產生，每一法官的任期均爲九年。國際法院負責審判國際間各種爭端，會員國有遵從判決的義務。

6. 祕書處：前述各機構多是聯合國政策性的決定機構，至於事務性的工作卻由祕書處負責，祕書處也就成爲上述各機構共同使用的服務機構，例如上述各機構開會前的準備工作、開會後檔案的保存、文件的刊布、議決案的執行等，均由祕書處負責執掌。祕書處設祕書長一人，由安全理事會推薦，經大會通過後任命，任期五年。祕書處內部又依其服務對象的不同，又分爲八部，而每一部都有不少工作人員，其任用標準除個人的才幹以外，還注意到不同國籍間的合理分配。

聯合國創始時參加的國家只有51個國家，後來參加的國家日益增多，到了現在會員已經增至193多個國家（西元2018年），而成爲世界上最大的一個國際組織。

聯合國對戰後救濟工作的貢獻

在第二次世界大戰尚在進行期間，美、英的執政者早就知道，經過兵燹的地區，人民生活必然困難，而須予以緊急的救濟，因此早在西元1943年11月間，由美、英政府倡導，便已建立「聯合國救濟復興總署」，準備以國際的力量來辦理各種戰後的救濟工作。後來這一機構隨著反軸心國家軍事的勝利，將約值四十億美元的糧食與衣服運往歐洲與亞洲受到戰爭破壞的地區從事救濟，這對戰後的重建工作貢獻頗大。

聯合國救濟復興總署乃是在聯合國成立以前已經存在的機構，到了聯合國成立以後，原由聯合國救濟復興總署掌管的工作逐漸轉移給聯合國所屬「糧食農業組織」、「國際難民組織」、「國際兒童緊急基金會」等專門機構接辦。茲以國際難民組織的工作爲例來說，戰後歐洲流離失所的難民多達九百人，而這些難民獲得聯合國國際難民組織的資助，始得到安頓。戰後歐、亞兩洲受到戰火摧殘的地區也有許多父母雙亡的孤兒，那些孤兒得到聯合國國際兒童緊急基金會的照顧，始能免於凍餒之苦。

五國和約的簽訂

第二次世界大戰結束以後，如何對戰敗國簽訂和約，這也成爲一個問題。在波茨坦會議時，美、英、俄三國已經同意，對戰敗的和約先由中、美、英、

法、俄五國的外交部長舉行會議，以協商的方式擬定和約草案，經過其他參戰
國家的同意，然後簽訂為正式和約。

西元1945年8、9月間，中、美、英、法、俄五國的外交部長依照波茨坦會
議的協議，首次在倫敦舉行專以討論對戰敗國簽訂和約為目的的會議，在那次
會議中談到和約的具體問題，美、英外長與蘇聯外長間頗多爭議，如蘇聯外長
要求義大利殖民地利比亞交由蘇聯託管，而遭美、英外長堅決反對等。後來彼
此同意將擬定和約的工作交由次一級的代表繼續商談擬定，接著次一級的代表
們商談好幾個月，始草擬了對義大利、匈牙利、羅馬尼亞、保加利亞與芬蘭的
和約。

上述五國和約草案擬妥後，美、英、俄等國的外交部長又相繼在莫斯科
（西元1945年12月）、倫敦（西元1946年4、5月）和巴黎（西元1946年6、7
月）舉行三次會議，將和約草案逐條予以討論審議，直到西元1946年7月12
日，美、英、法、俄四國才宣布對五國和約的基本各點獲得協議。

接著7月至10月間，在第二次世界大戰中曾經參加作戰的二十一個國家，
各派代表在巴黎集會，對五國和約再加以公開地討論與審議，與會各國對和約
規定各點多已表示贊同，但因南斯拉夫對第里雅斯特港（Trieste）問題的處理
持相反的意見，致使那次和會無法簽字，與會各國最後同意將爭議之處交給外
長會議再行協商解決。同年11月至12月之間，美、英、俄等國的外長在紐約舉
行會議，決定將第里雅斯特港暫時交由聯合國安全理事會管治，而獲得各國同
意後，西元1947年2月21國的代表才正式與歐洲五個戰敗的代表分別簽訂了和
約，這就是五國和約簽訂的大略經過。

在五國和約中，這五個曾經協助希特勒作戰的國家，除了都受到嚴格
的軍備限制與負擔少數賠款以外，最重要的還是領土的割讓。茲將五國和
約中較重要的領土割讓的情形略述如下：義大利將地中海多德卡尼斯群島
（Dodecanese Islands）、羅德島（Rhodes）等割讓給希臘，將亞德里亞海中各
島嶼與維尼齊亞吉利亞（Venzia Giulia）東部等地割讓給南斯拉夫，原被義大
利征服的阿爾巴尼亞和衣索比亞恢復獨立，厄利垂亞讓給衣索比亞，利比亞和
索馬利蘭暫時交給聯合國託管理事會管理；羅馬尼亞承認在大戰時被蘇俄侵
占的比薩拉比亞（Bessarabia）與布庫維納（Bukovina）既成事實，並將多布
魯甲（Dobruja）南部割讓給保加利亞，但卻由匈牙利手中收回了外西凡尼亞
（Transylvania）；芬蘭將卡累利阿（Karelia）省與佩琴加（Petsamo）港口割
讓給蘇俄。除此以外，義大利的賠款額為三億三千萬美元，匈牙利的賠款額為
二億五千萬美元，羅馬尼亞的賠款額為十三億美元，保加利亞賠款額為七千萬

美元，芬蘭的賠款額爲三億美元，在這賠款總額十三億三千萬美元中，蘇俄獨
得九億美元，因此在五國和約中蘇俄成爲獲利最多的國家。

五國和約簽訂以後，雖然已使歐洲大部分地區恢復和平，但是從那時候開
始，美、俄兩國也已展開激烈的冷戰，致使對其他戰敗國的和約無法依照正常
程序擬定。至於對德和約至今尚未簽訂，成爲國際上一大懸案。

殖民地的獨立建國

在十九世紀被歐、美帝國主義宰割侵略的亞洲和非洲，到了第一次世界大
戰以後，各地的民族復興運動蓬勃興起，被壓迫民族都希望掙脫帝國主義的羈
絆，獨立建國。尤其到了第二次世界大戰，掌握殖民地較多的國家如英、法、
荷、比、義等國，都曾遭受到軍事上的慘敗，甚或被人征服占領，過去在亞非
兩洲胡作非爲的帝國主義，其聲譽就一落千丈，各殖民地反帝國主義的革命運
動更加如火如荼地起來，而非武力所能遏止了。除此以外，歐、美較進步的國
家對於帝國主義和殖民主義的觀念也已經予以揚棄，譬如西元1940年8月美、
英聯合發表的「大西洋憲章」，其中揭櫫的各點，事實上即是揚棄過去的帝國
主義和殖民主義，澈底否認了帝國主義的侵略行爲。至於西元1945年6月在舊
金山會議中通過的聯合國憲章，也與大西洋憲章精神相類似，除了譴責帝國主
義，準備以集體的力量來制裁侵略以外，而且根本否認殖民主義的存在，這種
對十九世紀中帝國主義深惡痛絕的表示，乃是現代人類思想的一大轉變。

約第二次世界大戰末期開始，由於上述情勢與觀念的轉變，過去在帝國主
義橫行侵略之下而失去自主權的殖民地，都紛紛起來獨立建國。像這樣產生的
新國家很多，其獨立的經過無法一一述說，只能依其獨立方式的不同，分爲下
列三類來說：

（一）經聯合國的協助而獲得獨立者

在第二次世界大戰中戰敗的國家如義大利和日本，其原來掌握的殖民地都
被剝奪，其中較落後的地區，就由某些國家託管，進一步就扶植託管地區的人
民獨立建國。像這樣獨立的國家有好幾個，其中最早且最重要的首推利比亞。
利比亞原是義大利在北非的一個殖民地，西元1945年8、9月之間在倫敦舉行的
五國外交部長會議中，蘇俄外交部長要求託管利比亞而遭美、英兩國外長拒絕
後，彼此卻同意暫時交給聯合國安全理事會管理。西元1949年聯合國大會通過
一項議案，規定利比亞在西元1952年元旦獨立，在規定獨立日尚未到臨以前，
利比亞已經召開制憲會議，制定憲法，並選定國家元首等，到期就正式成爲一

個獨立自主的國家。

（二）經和平談判而獲得獨立者

美國在十九世紀間雖然也是一個帝國主義的國家，但它對殖民地的政策卻比其他帝國主義爲開明。以菲律賓來說，美國在西元1899年取得菲律賓後，由聯邦政府派總督治理。西元1907年，美國就讓菲律賓成立立法會議，而爲總督諮詢的機構。到了西元1934年美國國會通過一項議案，規定菲律賓在西元1946年獨立，這項議決案後經菲律賓立法會議批准，這就成爲美、菲之間共同遵守的協議。菲律賓爲了預期的獨立鋪路，西元1934年7月至1935年2月間召開制憲會議，制定憲法，西元1935年9月就根據憲法舉行大選，奎松（Quzon）當選菲律賓自治政府的第一任總統。奎松領導組織的自治政府，當時必須接受美國派駐的總督監督指導，一時還沒有充分的主權，後來由於珍珠港事變，日軍的進占而一時受到阻礙，但是等到第二次世界大戰結束後，菲律賓還是依照原定計畫，在西元1946年正式脫離美國，成爲獨立的共和國。

英國是一個老牌的帝國主義者，早從十七世紀初開始，即不斷向外侵略殖民，到了十九世紀就成爲世界上擁有殖民地最多的國家，而自傲爲「日不落的國家」。但是當它不斷向外擴展的時候，其殖民地逐漸吵著要脫離它的統治，除了十八世紀北美十三州以武裝叛變的方式，脫離它的羈絆而獨立爲美國以外，到了十九世紀後期至二十世紀初葉之間，英人移殖較多的地區如加拿大、澳大利亞、南非聯邦、紐西蘭等地，又都依照英國的傳統，各自選舉代表、組織議會、建立政府等，而且要求自治權。

英國以北美十三州的叛變爲鑑戒，相繼讓加拿大（西元1867年）、澳大利亞（西元1901年）、紐西蘭（西元1907年）、南非聯邦（西元1910年）等獲得內政自主權，而成爲英國的「自治領」。到了第一次世界大戰結束，巴黎和會的舉行與國際聯盟的組織，上述「自治領」又都派員參加，無形中又獲得外交自主權，所謂「自治領」從此就蛻變爲主權完整的獨立國家。在「自治領」逐漸蛻變成爲獨立國家的過程中，英國首相常與各「自治領」的總理舉行會議，商討彼此有關的共同事宜，這又逐漸形成「不列顛國協」的組織，彼此在外交、經濟、文化、教育等方面還保持著相當密切的聯繫與合作。

英國即在上述演進的過程中，逐漸形成其比較開明的殖民地政策，即是讓有能力自治的殖民地和平轉變爲獨立國家，這種觀念的轉變對世局影響頗大，西元1941年發表的大西洋憲章中第三點，主張恢復殖民地失去的獨立自主權，便是這種新觀念的具體表現。在第二世界大戰尚在進行期間，英國已著手推行

其新的殖民地政策，以印度來說，西元1942年英國便已答應在戰後讓印度獨立，不過英國提出這種保證以後，發生問題的卻是印度本身。原來印度人中有不少回教徒，而回教徒組織聯盟，不願與信仰其他宗教的印度人共同組成一個國家，便產生了印、回分裂的糾紛。

　　由於印、回的分裂，拖延了印度獨立的時日，直至西元1947年間原被英國統治的印度就分立為印度和巴基斯坦兩個獨立國。過去英國擁有的許多殖民地，大都和印度獨立相類似，經由和平談判獨立建國，像這樣獨立的國家很多，在此無法一一予以敘述。

（三）經由武裝革命而獲得獨立者

　　除了美、英兩國對殖民地能採取較開明的政策以外，其他帝國主義卻缺乏新認識，依然希望對殖民地控制剝削，被壓迫的殖民地就只好以武裝革命的方式來尋求其獨立的途徑，茲以印尼獨立的經過為例來加以說明。

　　早在十六世紀就成為荷蘭殖民地的東印度群島，到了二十世紀初，由於受到同時代亞洲各地民族復興運動的影響，那裡的民族復興運動也蓬勃興起，產生各種不同的反帝國主義的政黨組織，荷蘭為了籠絡殖民地人民起見，曾在西元1981年間設立議會，以為殖民地政府諮詢的機構，但是議會議員由總督指派，而非由選舉產生，這種假民主的鬼把戲不僅無法籠絡人心，反而激起殖民地人民更激烈的反抗情緒。西元1926年至1927年間，印尼共產黨發動大罷工，荷蘭在東印度群島建立的殖民地政府，除了大肆搜捕印尼共產黨以外，還乘機搜捕民族主義分子，入獄坐牢的人士數以千計，荷蘭這種高壓手段使雙方積怨越來越深，形成彼此水火不相容的局面。到了西元1942年日軍的進占，將東印度群島上的民族復興運動帶進了一個新階段，原來那時日本高唱大東亞共榮圈，以「亞洲是亞洲人的亞洲」的口號，號召東南亞各地人民一致起來驅逐歐洲人，當時東印度群島上許多反對荷蘭人統治的政黨，如蘇卡諾（Sukarno）領導的印尼國民黨（Nationalist Party）、哈達（Hatta）領導的社會黨等都成為日人合作的夥伴。西元1943年9月，日人為了搏取印尼人更大的支持，還設立中央諮詢會議，並任蘇卡諾為議長。到了西元1945年8月17日，日本正式宣布投降後的兩天，蘇卡諾乘機在巴達維亞〔Batavia，後來恢復荷蘭占領前的原名雅加達（Jakatta）〕宣布獨立，稱為印度尼西亞共和國，簡稱為印尼，除了自任總統、組織政府以外，還利用日人供應的武器，組訓了不少軍隊。但是當時荷蘭卻抱持著舊的觀念，仍圖恢復戰前在東印度群島的統治權，不斷派兵東來進攻爪哇、蘇門答臘等地，導致於與蘇卡諾領導的印尼軍隊發生戰爭。荷蘭

這種帝國主義的行徑引起許多國家的不滿，西元1947年7月印度和澳大利亞要求聯合國安全理事會出面調解印尼與荷蘭間的糾紛，以免危害遠東的和平，後來聯合國安全理事會因應印度與澳洲的要求成立的調解委會，經過數度調解與美國施以壓力，直至西元1949年荷蘭始勉強同意停戰撤兵並承認印尼的獨立。

中東穆斯林和猶太人爭執的起源

第二次世界大戰結束後，殖民地紛紛獨立建國，產生了許多新國家，使過去危害世界和平的一大隱憂──帝國主義與殖民地之間的衝突得以緩和；但是有些新興國家與新興國家間由於邊界或其他利益的衝突，又產生了新的爭端，而為世界和平新的絆腳石。新生的國際爭端頗多，其中以中東的穆斯林和猶太人衝突最為複雜、棘手，茲略述其產生經過的背景。

在上古時代居於巴勒斯坦的猶太人，自從西元一、二世紀間被羅馬帝國政府逼迫遷離巴勒斯坦以後，最初本來散居於中東、北非等地，但是到了七、八世紀穆斯林崛起，占得西班牙以後，許多猶太人就跟隨著穆斯林的鐵騎，進入西班牙經商殖民等，猶太人從此就與歐洲歷史結下了不解之緣。中古後期，猶太人憑著由穆斯林文化中得到的較優越的知識與技能，前往歐洲各城市經商或從事各種專門職業，如醫生等，在歐洲逐漸取得頗為重要的地位。到了十八、十九世紀間，隨著科學工業的發達，猶太人更成為經營工商業的能手，而且產生許多著名的科學家學者等，對近代歐、美文化貢獻甚大。

猶太人僑居於歐、美社會長達約一千年，而且時常受到歐洲各國的無理迫害，但是他們始終堅信猶太教，遵守他們傳統的風俗、習慣等，不為歐、美其他民族所同化。到了十九世紀民族主義興起時，猶太人因感無國家的痛苦，也有其獨特的復國運動的興起，各地猶太人籌募基金，希望將來在巴勒斯坦重建其祖國。猶太人這種復國運動到了第一次世界大戰以後顯現其可能實現的曙光，原由鄂圖曼帝國統治的巴勒斯坦，戰後以委任統治的方式改由英國管理，早在西元1917年間英國就已發表聲明，準備將巴勒斯坦建立成一個猶太民族的家園，因此戰後委任統治期間，英國派駐巴勒斯坦的總督就與猶太復國運動的組織合作，積極鼓勵世界各國的猶太人移殖巴勒斯坦。猶太復國運動組織利用其募集所得巨額資金，替移殖巴勒斯坦的猶太人購買土地、房產等，這種移殖運動尤以希特勒執政排猶期間更為積極，於是猶太人返回巴勒斯坦的人數漸多，而成為後來復國的基礎。

第一次世界大戰以後，猶太人移殖巴勒斯坦的運動，對原來住在巴勒斯坦

的阿拉伯人，構成一種莫大的威脅：許多人被移入的猶太人排擠出去，阿拉伯人屢次向英人提出抗議，但都沒有發生效力，於是阿拉伯人對猶太人和英人懷恨日深。這種情形到了第二次世界大戰結束以後更趨惡化，原來中東與北非新獨立的國家如埃及、敘利亞、伊拉克、約旦、沙烏地阿拉伯、葉門等，西元1945年3月在開羅已組成「阿拉伯聯盟」，這一聯盟之所以組織，除了團結各國以期增進阿拉伯人的利益以外，還有一個目的就是要將猶太人逐出巴勒斯坦。到了西元1948年5月14日，英國正式宣布結束巴勒斯坦委任統治權的同一天，早有準備的猶太人接著宣布以色列獨立；5月15日，即是以色列獨立的第二天，埃及、約旦等國的軍隊越過邊界攻入巴勒斯坦，爆發第一次的以阿戰爭（西元1948至1949年）。在這次歷時一年多的戰爭中，以色列軍隊奮勇作戰，將埃及、約旦等國軍隊驅逐出巴勒斯坦以外，保全了以色列的獨立，但是在這次戰爭中約有一百萬阿拉伯人被迫趕出巴勒斯坦，成為流離失所的難民，這更加深了阿拉伯人與猶太人間敵視的心理。從此以後，阿拉伯人與猶太人間時常發生衝突，成為中東和平可怕的暗礁。

第二節　美俄爭霸下的國際關係

美俄在歐洲的對峙

　　第二次世界大戰結束後，當美、英等國殖民地紛紛獨立建國的同時，蘇聯卻利用戰勝的餘威，竭力向外擴張。蘇聯除在大戰時已經直接吞併立陶宛、愛沙尼亞和拉脫維亞三個國家以外，更利用大戰末期進攻德軍的機會，紅軍所到之處就扶植共產黨、建立傀儡政權等，戰前反共的東歐國家如波蘭、捷克、匈牙利、羅馬尼亞、保加利亞、南斯拉夫和阿爾巴尼亞等，在戰後都改爲實行共產主義的國家，而且大都受到蘇聯的控制，成爲蘇聯的附庸國家。

　　蘇聯將東歐各國改變爲共產主義國家，雖然各有不同的過程，但是歸納起來，大體可以得到如下的一個方式：即是俄軍進入某一個國家內，便以預先訓練好的該國少數共產黨爲核心，聯絡該國反納粹的各民主黨派社團等，組成聯合政府，接管俄軍收復地區的行政，共產黨在聯合政府中經常占有重要的部會，如國防部、內政部、教育部等；即在戰時接管期間，各國共產黨以俄軍爲靠山，且效法俄國革命時代布爾什維克黨人的故智，組織農民瓜分地主的田地，組織工人霸占工廠等，藉此固然可以達到他們推翻清算地主與資本家的目的，也藉此來擴展共產黨的群衆基礎，迅速增強其勢力。等到共產的勢力已經壯大以後，他們接著就利用工人、農民遊行示威等方式，對非共產黨的民主黨派、宗教團體等進行無情的攻擊，共產黨徒乘機推波助瀾，除了將聯合政府中各民主黨派人士排除出去以外，更藉機鎮壓各宗教團體等，逐漸達到其建立共產黨專政的目標。即在東歐各國共產黨以上述方式進行掠奪工作，而各民主黨派人士屢遭逮捕、監禁、處死等迫害的時候，美、英兩國曾經屢次向蘇俄交涉，希望以民主選舉的方式來改組政府，以非暴力的手段來解決各種社會問題，但是蘇聯卻將東歐各國共產黨對付民主黨派人士的方式，稱譽爲「人民的民主政治」，對美、英二國實行的民主政治反而譏之爲一種受到資本家操縱控制的假民主，美、英兩國與蘇聯從此就齟齬時起，二戰時代的「大聯盟」也隨之毀滅。美、英兩國一度認爲假設能早日簽訂和約，使占領東歐各國的俄軍早日撤退，或可挽救東歐各國的民主政體，以免完全落入共產黨人手中，但是等到西元1947年3月五國和約簽訂後，蘇俄尚以運兵至德奧占領區作爲藉口，在東歐各國還享有運兵過境與駐軍等特權，致使東歐各國在和約簽訂後依然無法擺脫蘇聯武力的控制。

　　蘇聯除了以武力爲後盾，將東歐各國轉變爲共產國家以外，還企圖乘戰後疲憊的機會赤化西歐各國，原來西歐各國經過大戰兵燹的破壞，經濟都瀕臨破產的邊緣，幣值跌落、物價上漲、失業人士衆多、民生凋弊、共產黨乘機活動，勢力日益擴大，其中尤以法國和義大利共產黨擴展得最爲迅速。

　　西元1947年9月間，蘇聯邀集法、義、南、保、捷、匈、羅、波等國共產黨的首領在波蘭首都集會，議決組織「共產黨情報局」，以爲各國共產黨政策協調的中心機構。蘇聯之所以要設立共產黨情報局，除了企圖利用這個機構來加強控制東歐各國的共產黨以外，還利用這個機構鼓動支持西歐各國共產黨的活動，以期推翻西歐各國的民主政治，此外蘇聯還支持希臘共產黨的叛變，而使希臘發生激烈的內戰；蘇聯又取消原與土耳其簽定的互不侵犯條約，向土耳其提出割讓卡爾斯（Kars）、阿爾達漢（Ardahan）兩省和在達達尼爾（Dardonelles）海峽建立海軍基地等要求，致使希、土兩國的處境一時也很危急。

　　在戰後的兩年間，美國從許多事例中業已深切地感到無法再與蘇聯合作。西元1946年2月間史達林公開發表演說：「在當前資本主義發展形成的世界經濟中，國際和平已經無法維持」，他呼籲蘇聯人民要隨時應付各種事變的發生。同年3月訪問美國的邱吉爾也發表演說，警告自由世界關於蘇聯向外侵略所帶來的危機，蘇聯在其占領區的邊緣降下了「鐵幕」。美國在殘酷的現實轉變中，對戰時與蘇聯合作的政策須加以重新檢討，後來經過朝野人士熱烈檢討，逐漸獲得如下的結論：倘然美國不利用力量來遏阻蘇聯向外擴展，自由生活的方式將遭受毀減。即基於上述的認識，西元1947年3月間杜魯門向美國國會致送一項諮文，要求國會撥發四億美元軍援希臘和土耳其，同時還聲明美國願意援助任何自由國家，抵抗外來的侵略與內部的顚覆活動，這種政策後來就被人稱爲「杜魯門主義」。杜魯門主義宣布以後，美國國會很快通過援助希、土的法案，希臘政府獲得美國的援助，不到兩年就恢復境內的秩序，土耳其領土的完整也獲得保障，蘇聯向地中海東部擴展的野心受到了遏阻。

　　西歐各國由於受到戰時的破壞，戰後經濟大都瀕臨於崩潰的邊緣，失業的饑民衆多，共產黨乘機活動，致使社會動盪不安。戰後雖有聯合國救濟復興總署從事的救濟工作，將約值十一億美元的糧食、衣服等用在西歐地區，但是慈善的救濟只是暫時的治標辦法，而非根本要圖，倘然要根本解決問題，厥在復興各國經濟，恢復社會繁榮。美國國務院經過縝密的研究後，認爲歐洲各國如欲達到經濟復興，最初必須有美國的大力支助，因此西元1947年6月初，當時美國國務卿馬歇爾在一次公開的演說中提出如下的保證：歐洲任何國家倘然從

事重建工作而須資助時，美國樂意與其充分合作，予以經濟上的援助，這對當時歐洲各國來說，等於是雪中送炭。

馬歇爾的演說在歐洲迅速就獲得反應，同年7月底歐洲各國外長聚集於巴黎，專門討論美國援助與各國重建計畫有關的各項問題，但是這次會議開會不久，蘇聯外長漠洛托夫卻率領東歐各共產國家的外長退出會議，而詆毀美國援助為帝國主義的一種惡毒詭計，西歐各國並未受蘇聯的攻擊言詞所動搖，會議繼續進行。後來十六個國家各自提出其重建計畫，估計需要外來的援助款項總計約二百餘億美元，美國答應願負擔這筆款項，分四年資助歐洲各國推進經濟重建工作，這種計畫本來稱為「歐洲復興計畫」，後來卻被人稱為「馬歇爾計畫」（Marshall Plan）。這種計畫推行以後，美國機器、物資等源源不斷運往歐洲，各國經濟建設蓬勃興起，農、工生產日益增加，社會日趨繁榮，人民生活日益改善，共產黨顛覆活動各種的伎倆因此無法施展，西歐各國的政局也從此才逐漸穩定下來。

西元1947年間，由於援助土、希兩國與馬歇爾計畫的推動，美國和蘇聯已經從戰時盟友轉變為彼此敵對的國家，彼此攻訐，被人稱為「冷戰」。美國為防冷戰轉變為「熱戰」起見，在同年8月還邀約美洲其他二十個國家的代表在巴西的里約熱內盧舉行會議，討論加強美洲防禦的問題，9月間與會各國就簽訂了一項《美洲境內互助條約》，條約中將南北美洲規定為一個特殊的安全區域，在這區域內任何一國遭受外來的侵略攻擊，皆視同對美洲全體國家的攻擊。這個條約簽訂以後，美洲各國就組成「美洲國家組織」，而為後來各種集體安全組織的先導。

西歐各國因感蘇聯向外侵略的可怕，也急謀自保，西元1948年3月17日，英、法、荷、比和盧森堡五國的代表齊集於比利時的首都布魯塞爾簽訂了一項為期五十年的共同防禦公約，約中規定將五國的海、陸、空軍聯合起來，由設在倫敦的一個永久性的軍事委員會統一指揮，抵抗外來的侵略，建立當時所謂的「西歐聯盟」。蘇聯看到西方各國處處和它對立，也採取報復的政策，西元1948年3月20日，即是西歐聯盟建立後的第三天，蘇聯派駐德國占領軍總司令，以西方各國存心破壞波茨坦協定為理由，宣布退出當時管制德國最重要的機構——聯軍管制理事會，十天後蘇聯還封閉由美、英、法三國占領的西德通往俄軍占領東德的一切陸上交通路線，致使孤懸於東德境內的西柏林陷於被封鎖的慘境，這也是著名的「柏林封鎖」產生的由來。柏林封鎖歷時將近一年，在這一年中美國為了表示不向強權低頭，每天派機運載約四千噸的日用必需品飛往西柏林，支持西柏林人民能過正常的生活，也在柏林封鎖期間，美國特派兩

組可攜帶原子彈的B-29重轟炸機，駐在英國的空軍基地，這對蘇聯是一種明顯的警告，假設蘇聯有過分的行動，將遭受到原子彈的攻擊。

在柏林封鎖期間，東西方的關係十分緊張，隨時都有爆發為大戰的可能，西方民主國家即在這種背景影響之下，認為須作更進一步的團結。最初由加拿大建議將「西歐聯盟」組織予以擴大，接著獲得美國的贊同，西元1949年4月4日美國就邀集英、法、比、荷、盧、加、丹、義、挪、葡和冰島等十一個國家的外交部長，在華盛頓簽訂了著名的《北大西洋公約》，約中規定：「締約國之一，在歐洲或北美遭受武力攻擊時，即視為對全體締約國的攻擊」。這項條約簽訂後，同年7月間美國參議院批准該約時，還通過一項與公約發生連鎖關係的法案——防務互助計畫，撥發十多億美元協助締約的盟國重整軍備。翌年，各締約國又同意，將各國海陸空軍聯合起來，組成北大西洋公約組織，設立最高統帥，可隨時動員作戰，因此公約組織乃成為嚴密的軍事防禦體系。西元1952年，土耳其和希臘參加公約組織，西元1954年西德也加入公約組織，這就使公約組織的軍力較前更為增強。當西方民主國家日益加強其團結的時候，蘇聯也仿照西方類似的方法，加強它與各附庸國家間的關係，西元1949年1月成立共產國家間的「經濟互助理事會」，加強各共產國家間經濟上互相合作的關係。西元1955年5月14日，蘇聯還邀集東歐七個附庸國家——波蘭、捷克、匈牙利、羅馬尼亞、保加利亞、東德、阿爾巴尼亞等國的代表，在華沙簽訂一項防衛上互保的軍事同盟條約，稱為《華沙公約》。又仿照北大西洋公約組織的既有成例，將參加《華沙公約》的各國軍隊都統一起來，成立「華沙公約組織」，設總部於莫斯科，根據《華沙公約》的規定，蘇聯有派軍隊駐於各締約國之權，蘇聯藉此更可達到控制東歐各共產國家的目的。從此以美國為首的北大西洋公約組織，與蘇聯為首的華沙公約組織，便在歐洲形成武裝對峙的局面。

美俄在歐洲的對立，除了影響產生上述兩大公約組織以外，還影響德國的分裂。原來戰後實行分區占領的初期，美、英、法、俄四國占領軍在其占領區內，一開頭彼此都沒有完全遵照波茨坦協定中的規定去做，而形成很大的差異，例如，蘇聯在其占領區內極力扶植共產黨，對非共人士採取壓迫的政策；又沒收地主土地，分給貧民；解散大企業組織，拆除工廠機器，運回俄國，作為賠款等。由於蘇聯雷厲風行地推行上述各種政策，約有一百萬人被迫西逃，而成為美、英、法三國占領區的難民。美、英、法三國占領的初期，本來也拆遷部分工廠機器，作為賠款，運交蘇聯，但是由於難民日多，不僅不敢再度拆卸工廠，反而利用馬歇爾計畫下運來的機器，積極振興工業，替難民創造就業

的機會。

美、英、法三國在其占領區推行這種政策，蘇聯卻認為違反了波茨坦協定，這也是西元1948年3月蘇聯占領軍總司令退出聯軍管制理事會的主要藉口。蘇聯退出聯軍管制理事會以後，東、西方更是分道揚鑣，各行其是，即在同年5月間，蘇聯不顧美、英、法等國的反對，在其占領區召開所謂人民代表大會，組織政府，成立「德意志民主共和國」簡稱為「東德」；美、英、法三國為了對抗蘇聯起見，除將分立的三區合併起來以外，還依照西方傳統的民主方式，先在西元1949年5月間制定憲法，然後依照憲法的規定，在同年9月舉行大選，選出國會議員和總統，組成正式政府，接管美、英、法三國占領軍移交出來的政權，稱為「德意志聯邦共和國」，簡稱為「西德」。德國即在美俄對立影響之下，從此就分裂成兩國，不僅使將來德國有再統一的問題，而且使對德和約的簽訂遙遙無期，成為國際上一大懸案。

美俄在亞洲的對立

第二世界大戰後，蘇聯除了在歐洲展開各種侵略活動以外，同時也在亞洲地區伸張它的侵略魔掌。早在西元1920年間蘇聯共產黨就已經以其訓練出來的少數蒙古青年為核心，組成「蒙古人民革命黨」，到了西元1924年就利用這一組織在中國外蒙古境內發動政變，奪得政權，改稱為外蒙古人民共和國，這是共產黨在蘇聯以外最早建立統治權的一個地區。外蒙古人民共和國建立以後，與蘇聯訂立同盟條約，成為第一個聽命於蘇聯的附庸國家。蘇聯除了以上述詭計竊據中國外蒙古以外，到了第二次世界大戰進行期間，更利用中國對日艱苦作戰無力他顧的機會，又悄然吞併了中國的唐努烏梁海，尤其到了大戰的末期，蘇聯利用對日作戰的優勢機會，輕易地占得了中國東北九省和朝鮮半島北緯三十八度以北的廣大地區。蘇聯在那廣大地區中，除了拆卸機器、掠奪各種物質，取得巨大財富以外，還將由日軍接收過來的大批武器轉交給中共、韓共，而使中共和韓共的勢力也迅速擴大。到了西元1949年中共占據中國大陸以後，蘇聯勢力就可橫掃亞洲大陸，直達越南北部，接著還唆使韓共發動韓戰，支持越共擴大越戰，又將世界推至大戰的邊緣。

1. 韓戰與對日和約的簽訂。開羅會議中決定，戰後讓韓國獨立建國，但是日本投降時，盟軍為了接受日軍投降的方便，暫時以朝鮮半島北緯三十八度作為界線，界北日軍由俄軍接受投降，界南日軍由美軍接受投降，這種原是暫時性的安排，後來卻因美、俄的對立，成為韓國統一的莫大障礙。

美、俄兩國軍分別接收占領南韓和北韓以後,雙方各派代表組成一個聯合委員會,商討有關韓國獨立建國的各項問題,但是雙方由於政治見解的不同,每次商談都不歡而散。俄軍在北韓也和在東歐一樣,以類似的手法來扶植韓共,到了西元1946年11月蘇聯不顧美國的反對,將北韓的行政權移交給韓共首領金日成領導組成的政府接收。蘇聯這種專橫的態度使聯合委員會破裂以後,美國只好將韓國獨立建國的問題移交給聯合國解決。西元1947年11月,聯合國大會不顧蘇聯的反對,通過韓國獨立方案,規定採取民主方式,實行全韓的普選,由人民選出的總統與國會議員組織獨立政府,但是西元1948年2月間由聯合國派遣監督韓國大選的各國代表抵達韓國時,金日成卻拒絕他們進入北韓,致使同年5月舉行的大選只能在北緯三十八度以南地區進行。在這次大選中,李承晚當選為總統,在他領導之下8月便組成大韓民國政府,然而9月間金日成在北韓卻宣布成立朝鮮人民共和國,韓國從此就分裂為南北兩半,一時無法統一。

大韓民國成立以後,美國為了尊重韓國的主權,便將原來在南韓的占領軍撤退,但是蘇聯卻認為這是一個向南擴展勢力的好機會,先在西元1950年2月間與中國訂立《友好同盟互助條約》,接著就唆使北韓向南韓進攻。同年6月25日凌晨四時,北韓軍隊突然越過三十八度線,大舉入侵南韓,韓戰因此爆發。韓戰爆發的消息傳抵聯合國,安全理事召開緊急會議,要求雙方停戰,並下令入侵的北韓軍隊退回三十八度線以北,但是北韓不肯遵守聯合國安全理事會的決定,安全理事會乃援引憲章,在6月27日舉行的一次會議中決定軍事制裁北韓的侵略,後來獲得53國的同意,安全理事會任命麥克阿瑟為聯合國軍隊的統帥,以美軍為主,其他十四個會員國的軍隊為輔,而於7月間出兵援助南韓,抵抗北韓的侵略,這是聯合國第一次以武力來制裁侵略。

韓戰初起的一個月裡,由於聯合國軍隊尚未組成,而南韓軍又少,因此北韓共軍長驅直入,相繼攻陷漢城等重要城市,節節敗退的南韓軍隊被迫退守半島最南端的釜山及其外圍地區。但是7月麥克阿瑟將軍率領的聯合國軍隊赴援後,情勢隨著改變,9月中旬聯軍由仁川登陸,開始反攻,迫使深入南韓的共軍全面撤退,聯軍乘勝攻擊,不僅收復漢城,且在10月9日攻拔平壤,10月底攻至鴨綠江邊,北韓軍趨於瓦解。但在這重要的時刻中,中國集結在東北八十多萬軍隊,卻以志願軍的名義湧入韓境參戰,以人海戰術向聯軍猛撲,而聯軍被迫後撤,同年年底已經退回至北緯三十八度附近,雙方從此就在這條線上進行拉鋸戰。中國軍隊參加韓戰以後,曾經一度使國際局勢陷於極度緊張之中,西元1950年12月中旬美國總杜魯門宣布,中國干涉韓戰已經構成侵略行為,全

國進入緊急狀態之中，擬定廣泛的動員計畫，設立國防動員，準備應付進一步惡化的戰局，麥克阿瑟也向美國政府建議，封鎖中國大陸，對中國大陸發動海空軍轟炸，支持國民黨軍隊反攻，以期達到摧毀中共政權的目的。麥克阿瑟的建議，在美國又引起一次大辯論，當時美國贊成麥帥建議的人固然很多，反對這種建議的人也不在少數；反對者認為假設美國與中國在亞洲引起大戰，勢將無法兼顧歐洲的防務，蘇聯利用大戰的機會就將很容易占奪西歐各國。西歐各國如英、法等也以同樣理由，反對麥克阿瑟擴大韓戰範圍的建議。美國主要在盤根錯節的國際關係影響之下，終於摒棄麥克阿瑟的建議，決定對韓戰採取有限度的政策，以能維持南韓原有疆界便感滿意。西元1951年4月間，杜魯門下令解除麥克阿瑟在遠東擔任的各項職務，改派李奇威將軍接替，便是採取這項政策的具體決定，這也是韓戰沒有擴大而為第三次世界大戰的基本原因。

美國既然決定不擴大韓戰，而中國參戰後兵員與物資又損失慘重，急思謀和。西元1951年6月下旬，蘇聯駐聯合國的代表提出，參加韓戰的雙方均由三十八度線作戰的現場向後撤退的基礎上，彼此協商停戰，這種建議經雙方同意後，停戰的談判便在7月10日開始舉行。在這次停戰談判中，主要受到遣俘問題的阻礙，歷時一年多，直至西元1953年6月間始簽定了停戰協定，而使韓戰結束。

當韓戰尚在激烈進行之際，美國還加緊對遠東的外交活動，除了與有關各國商討對日和約的各項問題以外，還與遠東各國商訂安全條約等問題。西元1951年8月趁著對日和會在舊金山召開的機會，美國在8月30日與菲律賓簽訂了《美菲安全條約》，兩天後又與澳大利亞、紐西蘭簽訂了《美、澳、紐公約》。

9月8日，美國更不顧蘇聯、波蘭和捷克的反對，毅然與四十八個國家共同簽訂對日和約，約中規定異常寬大，既無賠款，日本甚至還享有重整軍備的權力。即在對日和約簽訂的同一天，美國還和日本簽訂了《美日安全條約》，約中規定美國得在日本建立海、陸、空軍的基地。到了西元1953年韓戰結束以後，美國又與大韓民國簽訂《美韓安全條約》，尚留部分美軍駐韓，協同南韓加強防務。美國即以上述方法，逐漸將遠東的集體防衛體系建立起來。

2. 越戰與東南亞公約的簽訂、在第二次世界大戰期間，越南共產黨的首領胡志明起來邀約各民族黨派人士，而於西元1941年間組成反日的越南獨立同盟（簡稱為越盟），在中、越邊境建立游擊部隊，與當時占領越南的日軍纏戰。到了西元1945年大戰結束，胡志明除了從投降的日軍手中獲得不少武器，接管了許多北越地方政權以外，還逼迫曾與日本合作的安南國王保大退位。同

年9月間，胡志明還以河內爲首都，組成「越南民主共和國」的臨時政府，自任主席，這就是胡志明取得北越統治權之始。

日本投降時，越南南部日軍由英軍接受投降，後由英國將越南南部各地轉交給法國。西元1945年10月法軍抵達西貢後，獲得英軍的協助，雖然陸續接收了越南南部各地，但是北越已被越盟占領，法軍與胡志明率領的越盟軍也就形成南北對峙的局面。法國政府曾經一度希望以和平談判的方式來解決越南問題，但舉行數次談判均無法達成協議，西元1946年11月間法軍突然轟炸海防，越戰從此爆發。

越戰爆發以後，法軍大舉進攻越盟控制下的北越，經過一年多的圍攻，法軍終於在西元1947年2月攻下了河內，胡志明等人被迫逃往中、越邊境，重新採取游擊戰的方式與法軍纏戰，致使法軍僅能控制城市，廣大的鄉村地區尚被越盟的游擊隊控制。法軍進攻北越自然得手，法國利用曾遭胡志明逼迫退位的前安南王保大，而於西元1949年6月出來重組政府，法國表面上雖然承認越南爲獨立國家，實際上越南尚由法國控制，保大只是法國利用的傀儡而已。

西元1947年河內棄守後，胡志明在中、越邊境輾轉逃亡，頗有勢窮力蹙之感，但是西元1949年中國大陸變色，卻替他帶來了好運，原本中共政權建立後，中國和俄聯積極援助胡志明，致使越盟軍隊由劣勢轉變爲優勢，逐漸奪占紅河、黑河沿岸各地，法軍被迫退守河內、海防等沿海地區。原本帶有民族主義色彩的越南獨立同盟，由於受到俄共、中共支持援助的影響，也逐漸向左靠攏，而於西元1951年3月間改組爲「越南勞動黨」。到了西元1953年韓戰結束以後，中共、俄共援助胡志明更爲積極，西元1954年5月法軍在北越與寮國交界地堅守的軍略要地奠邊府被共軍攻下，法國聲望遭到嚴重的打擊。

法軍由西元1946年發動越戰，至西元1954年奠邊府陷落，前後歷時將近9年，除了兵員傷亡九萬餘人以外，巨額的物資消耗使戰後疲憊的法國無法負擔。奠邊府淪陷後，法國急欲結束越戰，乃邀英、美、蘇聯、中國、北越、南越、寮國、高棉等國的代表，在日內瓦舉行會議，7月21日簽訂的《越南停戰協定》中規定，以北緯十七度附近的老虎峰爲界，北歸越共，南歸越南，至於在北越境內的法軍須在305天之內撤退，將其占領地區交由越共接管。從此以後，法國就由越南抽身而去，北越一千二百多萬人口卻因此淪入越共手中。

《越南停戰協定》簽訂以後，美國爲謀遏阻共產黨的勢力不再向東南亞各地伸張起見，同年9月間就邀約英、法、紐、菲、泰和巴基斯坦七國的代表，在馬尼拉舉行一次會議，簽訂了《東南亞防禦公約》，接著還仿照北大西洋公約組織的成規，成立東南亞公約組織，總部設在曼谷西元1954年12月，美國還

和臺灣簽訂《中華民國美國共同防禦條約》，因此在東南亞又加強組織了一個遏阻共產黨國家向外擴張的防禦體系。

　　3. 中東安全體系的建立。蘇聯除在歐洲和遠東侵略以外，在中東各地也進行滲透顛覆的活動，而使鄰近蘇聯的國家也提高了戒心。西元1955年2月間，土耳其和伊拉克在巴格達簽訂了一項防禦聯盟條約，聲明歡迎友好國家參加，不久英國、巴基斯坦和伊朗都相繼加入，而這項共同防禦的條約就被稱為《巴格達公約》。公約組織的總部最初設在伊拉克的首都巴格達，但是到了西元1958年伊拉克發生政變，左傾的新政府宣布退出公約組織，其他參加國家只好重組公約，除將公約總部遷往土耳其首都安哥拉以外，還將公約組織改稱為「中部公約組織」。美國雖然沒有參加中部公約組織，但是它與英國、土耳其、巴基斯坦等在其他集體安全組織中都有同盟的關係，因此美國除了與中部公約組織自然形成的防禦關係以外，美國更可藉中部公約組織的居中聯絡，而將北大西洋公約組織和東南亞公約組織連結起來，對共產集團建立了一個全球性的包圍圈。

　　由冷戰轉為冷和。自從西元1947年以後，美國花費了七、八年的時間，利用各種機會，先後建立了美洲國家組織、北大西洋公約組織、東南亞公約組織等，以長蛇封豕的辦法對蘇聯、中共等共黨國家形成大包圍，美國這種政策普通稱為「圍堵政策」。再與下列兩種措施相配合，使圍堵政策更具威力：(1)美國每年以數百億美元的國防費用，維持舉世無匹的武裝部隊，在包圍共產集團的盟國境內建立了三百多個陸、海、空軍的基地，派駐軍隊，隨時準備出擊共黨國家，嚇阻蘇聯等國的向外擴展；(2)美國國會每年都通過援外法案，撥付數十億美元，援助各同盟國家從事經濟與軍事的建設，使各同盟國家的防禦力量日益增強。

　　非共的世界既因美國上述政策的推行而日益強大，蘇聯為免引火自焚，也就不敢再向外作進一步的侵略。加上西元1953年3月史達林逝世以後，蘇聯內部因爭權而陷於不安，俄共新領袖馬林可夫（G. Malenkov）及赫魯雪夫（N. Khrushchev）等改採較為溫和的外交政策。西元1955年5月中旬，蘇聯和美、英、法三國簽訂對奧和約以後，接著還撤退其占領軍，奧國得以恢復獨立。蘇聯對國際事務改採較為合理的態度，使東西之間出現了解凍的曙光，接著還有四國最高階層會議的舉行，這就是由「冷戰」轉變為「冷和」的主要關鍵。

　　西元1955年7月，美國總統艾森豪、英國首相艾登（Eden）、法國總理傅爾（Faure）和蘇聯總理布加寧（Bulgamin）各自帶著重要的軍政首長，在日內瓦行一次為期六天的四國最高階層會議，討論德國統一、歐洲安全、世界裁

軍等問題，這些問題在這次會議中雖然沒有達成具體的協議，但是接著在10月底至11月中旬舉行的四國外交部長會議，除了對前述各項問題作進一步研究以外，彼此同意增加相互間的貿易與文化交流等。四國最高階層會行以後，赫魯雪夫在蘇聯爭權的鬥爭中獲得勝利，他除在內政上推行比史達林時代較為自由的政策以外，對外也改採較具和解的外交政策，如將波卡拉（Porkkala）海軍基地交還芬蘭，與西德、日本建立邦交，西元1956年4月間解散共產黨情報局等。除此以外，赫魯雪夫還高唱「和平共存」的主張，他認為在核子武器足以毀滅整個人類的時代中，倘然因共產主義與資本主義的衝突而引起世界大戰，任何國家都無法得到好處，這兩種不同類型的國家唯一的出路，即是和平共存，在和平中公平地競賽，讓時間來判斷這兩種不同的社會制度何優何劣。

　　赫魯雪夫倡導的和平共存，並不意味著俄共已經放棄世界革命的意圖與推翻資本主義的初衷，而他希望在和平共存的口號下創造出來的和解氣氛中，更易達到削弱西方國家的目的。因此在史達林去世後的兩年間，國際上發生了兩件由蘇聯在幕後操縱，而與削弱西方勢力有關的事件，一是西元1955年亞洲和非洲新興國家舉行的萬隆會議，另一就是西元1956年生的蘇伊士運河的危機。茲將這兩種事件發生的經過，略述於後：

　　1.萬隆會議。第二世界大戰以後，亞洲和非洲都有許多掙脫西方帝國主義而獨立的新興國家，在這些國家裡的人民與政治領袖，對西方帝國主義國家的侵略與壓迫記憶猶新，大都具有很濃厚的反西方思想，再加上蘇聯乘機向這些國家宣傳、拉攏或給予經濟援助等，其中就有不少國家的政治領袖如印度總理尼赫魯（Nehru）、印尼總統蘇卡諾（Sukarno）、埃及總統納瑟（Nasser）等，都採取反美親俄的政策，在非共世界中成為蘇聯的代理人。

　　西元1954年印度總理尼赫魯和印尼總統卡諾，邀請錫蘭、巴基斯坦和緬甸三國的代表，在吉隆坡（Colombo）舉行一次會議，在這次會議中除了譴責西方國家的殖民主義以外，並且決定邀請亞非兩洲國家的代表舉行一次大規模的國際會議，商討彼此共同有關的各項問題。後來就由參加吉隆坡會議的五個國家出面，邀請了亞、非兩洲二十四個國家的代表，西元1955年4月間在印尼萬隆（Bamdung）舉行一次為期六天的亞、非會議。當時參加會議的二十九國中，雖然也有與美國結盟的國家如土耳其、巴基斯坦、泰國、菲律賓等，但大多數都是親共的國家，會議完全由尼赫魯、蘇卡諾、納瑟等人所操縱。會中除再度譴責西方國家的殖民主義以外，而且呼籲停止製造與試驗核子武器，聲明各國應享有自由選擇自己政治、經濟的體系與生活方式的權利。在這次會議中雖然並沒有達成重要的國際協議，但是從此以後就逐漸形成所謂「非亞集

團」，無論在聯合國大會席上或在國際輿論上都具有相當影響的力量。

2. 蘇伊士運河的危機。大戰後，埃及成爲阿拉伯聯盟的領袖國家。西元1954年納瑟取得埃及政權後，積極從事經濟和軍事的建設，向美、英洽借鉅款，準備興建對埃及經濟建設關係甚巨的亞斯文（Aswan）水壩，美、英兩國本來已經答應借款，但是由於西元1955年9月間納瑟又接受蘇聯的軍事援助，俄製噴射戰鬥機、坦克車、大炮等源源輸入埃及，美國對納瑟左右逢源的態度甚爲不滿，到了西元1956年7月中旬美、英兩國就通知埃及，過去答應支助埃及興建水壩的借款已經取消。納瑟對於美、英兩國的失信也很憤慨，7月下旬即以籌措興建水壩經費爲理由，突然宣布將英、法兩國共同經營的蘇伊士運河公司收歸國有，而與西方國家反目。

英、法兩國經營的蘇伊士運河公司被埃及收歸國有後，英、法兩國損失頗大，心有未甘，就與埃及原有宿怨的以色列聯絡，西元1956年10月間三國代表在巴黎郊區祕密會晤，共同擬定對付埃及的辦法。10月29日凌晨，以色列的軍隊突然經過西奈（Sinai）半島，進攻埃及，英、法兩國卻在10月30日向埃、以兩國致送最後通牒，要求兩國軍隊各向蘇伊士運河撤離十英里。埃及不接受這種要求，預先由軍艦運至地中海東部的英、法軍就藉口進占運河區，並派機轟炸開羅等。此事發生後，除了埃及軍隊不斷與英、法軍隊纏戰，並鑿沉廢船阻塞蘇伊士運河通行等以外，蘇聯更利用此事大肆攻擊英、法等國的侵略，鼓動阿拉伯國家切斷輸往英、法等國的油管。英、法採取此種行動，美國在事前一無所知，對之亦深表不滿，聯合國大會在11月2日也以64票對5票通過雙方迅速停火案。11月5日蘇聯向英、法、以三國致送最後通牒，要求迅速停火，否則不惜利用長射程的飛彈制裁侵略，英、法、以三國在各方交相指謫之下，只得在11月6日下令停火，幾乎引起大戰的蘇伊士運河危機因此得以度過。後來英、法軍隊由運河撤退，以軍由西奈半島撤退，納瑟獲得一次意外的成功。

西元1967年6月，又由於以、埃兩國間發生衝突，以色列軍隊僅以六天的時間擊敗埃軍，而將整個西奈半島奪取過來，這又加重了猶太人與阿拉伯人間的仇恨與對立。

共產集團內部的分裂

赫魯雪夫對內採取較自由的政策，使蘇俄人民生活較前改善，對外推行和平共存的政策，收到了如上述的許多好處，但是這兩種政策對其控制下的附庸國家來說，卻成爲動亂的導火線。原來在史達林時代，蘇聯對其附庸國家控制

得甚爲嚴厲，史達林死後控制較爲鬆懈，久對蘇聯武力壓迫深感不滿的附庸國家人民或政府領袖，就乘機起來反對俄國，終於使共產集團陷於分裂。

西元1953年6月中旬，即是史達林去世後的三個月，也正是俄共推行所謂「新路線」的時候，東德政府卻要減少工人的工資，提高工人的生產限額，東柏林的工人對政府這種不合理的要求甚爲憤慨，除了起來遊行示威以外，還實行總罷工、縱火焚燒政府建築、攻擊蘇聯駐兵等。東柏林工人的暴動發生後，東德其他較重要城市工人相繼起來響應，形勢頗爲危急。蘇聯迅速派遣三師裝甲車部隊進入東柏林，始將那裡暴動的工人鎮壓下去，東德政府爲了安撫工人，不得不答應如下的要求：增加工資、降低生產限額、提供較多消費物資、增加生活津貼等。蘇聯爲了減輕東德人民反俄的情緒，也答應將原由俄人主持管理的各類工廠交予東德，而且不再向東德政府催迫繳納賠款等，東德工人暴動的風潮因此才逐漸平息下去。

赫魯雪夫在蘇聯內部爭權鬥爭中獲得勝利後，嚴厲批評史達林，認爲史達林推行的政策許多犯了嚴重的錯誤，而須予以改變修正。赫魯雪夫這種態度影響及於東歐各共產黨國家，對於史達高壓的政策也掀起嚴厲的批評，紛紛清除史達林分子，過去遭史達林排斥的人乘機起來。以波蘭共產黨來說，原先擔任總書記的戈慕爾卡（Gomulka），由於不願意一切都遵照史達林的意思去做，西元1949年1月間就以犯了民族主義偏差的罪名，遭解除了本兼各職，西元1951年7月且將之清算監禁。到了史達林去世後，對史達林既然掀起嚴厲的批評，波蘭共產黨對戈慕爾卡的罪名也予以平反，西元1954年12月就將之釋放出來，不少人視之爲反俄的民族英雄。西元1956年6月間，波茲南（Poznan）地區的學生與工人舉行一次大規模的遊行示威，要求生活改善與較少的控制，示威民眾與軍警發生衝突，學生、工人被軍警槍殺約百人，被捕者多達數百人，影響所及波蘭各地反共反俄的情緒日益高漲，而波蘭共產黨內部也不能不自我檢討。即在反俄情緒日益高漲的時日中，戈慕爾卡的聲望卻日益增高，8月恢復黨籍，10月20日當選爲中央委員，參加波蘭共產黨的政治局，21日且出任波蘭共產黨第一書記與波蘭政府總理，重新掌握波蘭的政權。即在戈慕爾卡當選波共中央委員與出任波共第一書記的時日中，駐波蘭的俄軍包圍華沙，俄、波邊境上也發生邊界衝突，波蘭與蘇聯間的關係一時很緊張。在這種緊張的時刻中，由赫魯雪夫率領的俄共代表團飛至華沙，而與波共代表團舉行一次緊急會議，戈慕爾卡親自向赫魯雪夫警告，倘然蘇聯想利用武力來干涉波蘭的內政，將使局勢趨於惡化，後來赫魯雪夫獲得波共保證，繼續留在華沙公約內，俄共代表團便感滿意。10月24日俄軍解除華沙的包圍，俄、波關係才算鬆弛下來，

從此以後波蘭較能推行獨立自主的政策，而不受俄共的控制。

西元1953年7月間，即是史達林去世後的四個月，匈牙利共產黨為了配合俄共的新路線，由較具自由思想的納寄（Nagy）出任總理，推行自由的政策，增加消費品生產，取消強迫性的集體農場，釋放數以千計的政治犯等，一時獲得好評，但是到了西元1955年4月間納寄卻被匈共中另一派人，以「右傾偏差」的罪名將之推翻，11月間且將之開除黨籍，重新推行集體農場等。西元1956年10月23日，即是當前述戈慕爾卡領導波共產黨抗拒俄共壓迫，而使俄、波關係一時陷於極度緊張之際，匈牙利首都布達佩斯（Budapest）地區的學生、工人、知識分子等，一則由於同情波蘭共產黨對蘇聯的抗拒，二則希望匈牙利共產黨效法戈慕爾卡，也實行反俄政策，乃自動起來遊行示威，憤怒的群眾除了將公園裡的史達林巨大銅像推倒以外，還向匈牙利最高的黨政當局提出各種改革要求，包括蘇聯駐兵的撤退等。這一事件發生後，匈牙利共產黨為了安撫人心，重召原被罷斥的納寄出任總理，但是群眾遊行示威時，蘇聯駐兵出動坦克車，在布達佩斯街道上巡邏，企圖驅散示威的群眾，群眾不肯分散，蘇軍坦克車竟向示威群眾開火，造成嚴重的傷亡。蘇軍暴行的消息傳至匈牙利各地，各地學生、工人等紛紛起來組織革命委員會，從事反俄的工作。即在反俄暴動嚴重聲浪中，納寄向蘇聯駐軍交涉，蘇聯駐軍被情勢所迫，在10月28日只得答應停火，並撤退在布達佩斯巡邏的坦克車等。納寄為了順應當時瀰漫全國的反俄情緒，毅然在10月31日通知蘇俄，匈牙利退出華沙公約，在外交上改採中立政策，接著還向聯合國祕書長提出要求，將匈牙利問題列入大會討論的議程，請求聯合國各會員國予以密切注意。納寄採取這種果敢的行動以後，蘇聯因恐東歐各附庸國家起而效尤，對納寄也採取迅速果敢的高壓政策，除令原來駐在匈牙利的俄軍出動占領各重要飛機場、鐵路以外，並增派軍隊進入匈牙利。11月4日早晨增援的俄軍已經抵達布達佩斯，接著就向駐守布達佩斯的匈牙利軍隊展開進攻，匈牙利軍民雖然奮勇抵抗，但是由於軍力的懸殊，布達佩斯很快就被俄軍攻占，納寄被捕，後來被蘇聯祕密處死。11月4日，即是當俄軍開始進攻布達佩斯的同一天，聯合國大會通過一項議決案，譴責蘇聯對匈牙利的進攻，並決定調查此一案件，但是當時適值蘇伊士運河危機爆發，美、英、法等國捲入這一危機糾紛之中，無法分心注意匈牙利問題，致使匈牙利反俄行動因缺乏外援而趨於失敗。匈牙利在這次反俄運動失敗後，約有二十萬人逃往奧國，躲避俄軍的殘殺。

史達林去世以後，東歐各共產國家前仆後繼起來反對蘇聯，除了與前述蘇聯推行的新路線有關以外，更與下列觀念的衝突有關：自從西元1919年俄共組

織第三國際開始，俄共就不斷向各國共產黨宣傳，工人無祖國，共產黨無祖國，工人與共產黨應以蘇聯爲祖國，服從俄共的指導，形成俄共領導世界共產主義運動的觀念，但是第二世界大戰後，蘇聯在占領地區所作所爲卻推翻了它自己提倡的理論，俄軍在占領區中除了不顧人民死活，大肆掠奪占領區的財富，如拆東德和中國東北工廠設備等，甚至對各國共產黨也頤指氣使，儼然以征服者的姿態出現。蘇聯這種態度不僅引起各附庸國家人民的深惡痛絕，連良心未泯的共產黨也無法忍受，這就是東歐各共產黨國家前仆後繼起來反對蘇聯的原因，赫魯雪夫所倡導的俄共新路線，只是引發這種原因爆發而爲反俄暴動的導火線而已。

與東歐各共產國家反俄的同樣原因的影響之下，在亞洲也產生了中共對俄共的鬥爭。中共與俄共所以反目，除了上述原因以外，更與共產主義理論上的爭辯有關，原來西元1958年間中共不顧俄共的警告，超出了蘇聯已有模式，除在工業建設上大力提倡所謂大躍進以外，又將集體農場改行半軍事組織人民公社。赫魯雪夫將中共大躍進與人民公社譏評爲左傾幼稚的危險行動，而中共卻認爲工業的大躍進，將農村居民組織成軍事化的人民公社，乃是落後國家躍進爲社會主義國家過程中最佳的途徑，這一辦法值得戰後各新興國家效法的模式。

俄共和中共除了對於大躍進和人民公社的看法完全不同以外，對和平共存的外交政策也持相反的意見，俄共認爲人類倘要避免毀滅的命運，共產主義國家與資本主義國家間必須維持和平的關係，始能達到共存的目的，但是中共卻認爲共產主義和資本主義間絕對無法和平共存，倘然要推翻資本主義，任何一個國家都要經過一次激烈的內戰。爲了增強共產黨推翻資本主義的決心，不僅不能提倡這兩種主義間的和平共存，反須宣傳槍管裡出政權的道理。中共即以上述理由譏罵赫魯雪夫等人爲馬列主義思想的叛徒，稱之爲修正主義分子。

俄共和中共相互譏評，後來愈演愈烈，到西元1960年11月間八十一個國家的共產黨代表在莫斯科集會，商討彼此遵守的共同政策，發表一項宣言，聲明保證共產黨決定以和平式來取得勝利，而且承認俄共爲世界共產運動的先鋒，值得其他國家共產黨的效法。但是中共對這項宣言裡所提出的要點都堅決反對，它認爲俄共不能居於優越的地位，各國共產黨應彼此平等，推翻資本主義更不能用和平方式，阿爾巴尼亞共產黨贊同中共的主張。中共和阿爾巴尼亞共產黨的反對態度，使俄共認其已經叛離世界共產黨的陣營，而應該予以制裁，西元1961年間將阿爾巴尼亞逐出經濟互助理事會，並且將協助阿爾巴尼亞經濟建設的技術人員全部召回，但中共卻乘機派遣技術人員前往阿爾巴尼亞，代替

蘇聯技術人員留下的空缺，協助阿爾巴尼亞繼續推進經濟建設。西元1962年蘇聯將協助中共建設的一萬多名技術人員召回，且將不少工程的藍圖帶走，迫使中共多項工程建設陷於中途停頓的苦境；同年適值中共進占西藏，而與印度發生邊界戰爭，蘇聯不僅不支持中共，反運飛機等武器支持印度，因此中共對俄共的攻擊較前更為激烈。後來蘇聯不斷派遣軍隊至中俄邊界上，不時發生邊界衝突，大軍壓境對中共形成一種嚴重的威脅。

核子武器競賽與古巴危機

第二次世界大戰以後，由於美、俄兩國的爭霸，除了產生如上述那樣波譎雲詭的外交鬥爭以外，還產生對人類歷史影響深遠的核子武器競賽。在大戰結束的初期，世界上本來只有美國才有原子彈，但是由於受到冷戰的影響，蘇聯對製造原子彈的科學研究也急起直追，到了西元1949年就已成功地製造出原子彈。美國為了保持其在原子武器上的領先地位，還進一步研究比原子彈更為厲害的氫彈，西元1952年美國就已成功地試爆其製造的第一顆氫彈，西元1953年英國製造原子彈也已成功。蘇聯在軍備上不甘落後，亦積極從事氫彈製造的研究工作，西元1953年也已製造出氫彈。法國不甘示弱，西元1960年製造原子彈成功，成為第四個擁有原子武器的國家。中共在西元1964年試爆其第一顆原子彈，西元1966年試爆其核子裝置，成為第五個保有核子武器的國家。除此以外，各國科學家對攜帶原子彈或氫彈的投射工具──火箭也積極加以研究，即是將原子彈、氫彈裝在火箭上，就可利用火箭的衝力將彈頭投射到很遠的地方去，而將遠在數千里外的敵人殺死，這樣就可製造出威力強大的長射程飛彈。

西元1957年10月間，蘇聯首次將一顆重180磅的人造衛星「史普尼克一號」（Sputnik I）射入太空，同年11月間蘇聯又利用巨大的火箭衝力將重四噸的「史普尼克二號」衝射入太空中，這兩件事情連續發生後，使得美國朝野震驚，原來人造衛星的升空，在軍事上代表著很重要的意義，蘇聯能將人造衛星投送入太空，自然也就能將原子彈或氫彈投射到美國去，換句話說，蘇聯人造衛星的升空，即表示蘇聯已經發明當時被視為終極武器的洲際飛彈，而且可利用洲際飛彈直接攻擊美國本土。當時美國突遭這種巨大的變局，除了遠程轟炸機攜帶氫彈日夜升空警戒，以防蘇聯利用洲際飛彈突襲美國本土以外，還急速動員高級科學家，集中力量研究製造長程火箭的技術。西元1958年1月美國將其第一顆重約40磅的人造衛星射入太空，這也表示美國有能力製造洲際飛彈，從此以後美、俄兩國利用火箭投射人造衛星的技術作激烈的競賽，先後射入太空的人造衛星很多，有些作為通訊之用，有些作為測氣候之用，有些作為偵察

對方軍事設備之用等，太空成爲美、俄兩國展示其科技成就的場所。美國艱苦研究，後來始逐漸打破蘇聯在太空科學上超前的現象，到了西元1969年7月美國成功地發射「太陽神十一號」太空船，將太空人阿姆斯壯（Armstrong）送上月球，而且能使其安返地球，這種成就除了替人類歷史揭開了一個新紀元以外，在軍事的意義上來說，這就表示美國在製造洲際飛彈的技術上已經趕上蘇聯。

美、俄兩國將人造衛星不斷送入太空，將人類帶入「太空時代」，但是太空時代卻替人類帶來可怕的危機，這又與氫彈的殺傷力量有關。美、俄等國的氫彈直至現在還沒有用於作戰，不知其確實的效果，但是根據各國試爆的紀錄，氫彈殺傷的力量確實驚人。西元1952年美國在太平洋一個小島上試爆其第一顆氫彈的時候，那一小島隨著氫彈的爆炸，頓刻之間化爲灰塵，飛向天空，消失不見，據估計其威力約爲投在廣島原子彈的二、三百倍。後來製造氫彈的技術還日有進步，西元1961年蘇聯試爆其五十「米格噸」（Megaton）的氫彈，五十米格噸即是等於五千萬噸黃色炸藥的爆炸力量，西元1945年美國投在廣島的原子彈只有五萬噸黃色炸藥爆炸的力量，換句話說，氫彈殺傷力量比最初的原子彈的殺傷力量要高達一千倍，這是一件非常可怕的事情。根據專家估計，西元1960年間僅以美、俄、英三國的庫存原子武器和核子武器來說，就具有殺死二千四百億人的力量，換句話說，假設當時美、英、俄之間因衝突而爆發戰爭，只要彼此動用其庫存原子武器與核子武器的八十分之一，就可將當時整個世界三十多億人口全部消滅。又根據科學家的預測，假設將來第三次世界大戰一旦爆發，各強國都以原子彈或氫彈作爲攻擊對方的武器，第一天造成的傷亡就將超過三千萬人，比第二次世界大戰中死亡的總人數還要多。因此進入太空時代的美、俄兩國，其軍力已經達到了不相上下的境界，可以稱爲「勢力的均衡」；但是兩國同時也陷於「恐怖的均衡」，彼此都不敢觸發核子戰爭，這就是前述赫魯雪夫高唱和平共存的基本原因，也是後來美國在外交上所以改採和解政策的基本原因。

美、俄兩國進入太空時代後，彼此都有被核子戰爭毀滅的可能，因此碰到這兩個超級強國直接發生衝突時，反能較過去更加倍忍耐，而能採取自我節制的態度，西元1962年發生的「古巴飛彈危機」所以能度過，就是得力於這種新的態度。茲將這次危機發生的背景及其解決的經過略述如下：

西元1959年卡斯楚（Castro）推翻古巴一位獨裁者而取得政權後，推行土地改革政策，並將各重要企業收歸國營，致使過去操縱古巴經濟的美國公民遭受損失，美國政府因此起來反對卡斯楚，除對古巴實行經濟封鎖以外，更將古

巴驅逐出美洲國家組織、斷絕邦交等，但是蘇聯卻乘虛而入，除在經濟上支持古巴以外，還派許多技術人員幫助古巴建設，卡斯楚因此日益左傾，古巴成為美洲各國共產黨活動的中心。西元1961年4月間，由美國情報局訓練的一千兩百名反卡斯楚古巴人從豬玀灣（Bay Pigs）登陸，進攻古巴，企圖推翻卡斯楚的政權，但是這次的入侵經過數天的激戰，卻被卡斯楚的軍隊擊敗。蘇聯為了鞏固卡斯楚的政權，還幫助卡斯楚建造祕密的飛彈基地，供應飛彈等，但這種祕密的飛彈基地被美國偵查出來，西元1962年10月22日美國總統甘迺迪（Kennedy）在一次全國性的廣播中將這事公開說出來，要求蘇聯撤退在古巴的飛彈，否則美國為自身安全考量，將直接予以炸毀。當時甘迺迪表示他的決心，宣布美國進入緊急狀態，下令各地美軍保持警戒狀態。此事發生後，美、俄兩國的關係一時突趨緊張，後來經過外交談判，10月28日赫魯雪夫以美國不侵犯古巴為條件，答應拆撤在古巴的飛彈。後來聯合國祕書長宇譚（U. Thant）親自至古巴監督拆撤飛彈的工作，這一危機因此才安然度過，沒有釀成重要變故。美、俄兩國因受到古巴飛彈危機的教訓，西元1963年間彼此同意美國白宮與蘇聯克里姆林間裝設可以直接通話的無線電話機，假設遇到緊急事件，兩國最高的執政者就可直接商談解決，以免因一時的錯誤而引起意外的核子大戰。美、俄兩國最高執政者直接商談的設備，稱之為「熱線」。

古巴飛彈危機發生後，提高了各國人士對核子戰爭的警覺，限制核子武器的呼聲隨之高漲。西元1963年8月，九十九國代表群集莫斯科簽訂了美、俄、英三國草擬的核子禁試條約，禁止在大氣層中從事核彈的試爆。西元1967年1月，美、俄兩國還簽訂了核子飛彈條約，禁止在外太空放置核彈等。西元1968年7月，美、俄、英三國還與五十九國簽訂禁止核子武器擴散條約。這些條約的簽訂，除了導引美、俄兩國走向核武限制的談判以外，對兩國關係的緩和也有很大影響。

第二次越戰與談判時代

西元1954年在日內瓦簽訂的越南停戰協定，只是使北越地區恢復和平，其他地區的戰爭反而因之擴大，原來停戰協定簽訂以後，法軍由北越各地撤退回國，胡志明統率的共軍就可和平接收原被法軍占領的地區，鞏固其在北越統治的力量。不過胡志明對此還不滿足，除了不斷派遣其黨徒南下滲透，在十七度分界線以南各地發動游擊戰爭以外，尚與中共合作，鼓動支持寮國、高棉、泰國等鄰近國家的共產黨，分別在其本國內部從事滲透、顛覆、游擊戰等，致使中南半島上的戰火日益擴大。

西元1954年越南停戰協定簽訂以後，法國毅然退出越南，原來由法國支持的保大政府就改由美國支持援助，派遣軍事顧問，協助保大政府擴建軍隊等。保大政府不甚穩定，西元1955年10月間，原任保大政府總理的吳廷琰卻起來發動政變，迫使保大退位，改王政為共和，吳廷琰也就自任為總統，南越從此便稱為「越南共和國」。

南越改行共和政體以後，原有政治上的不穩定並未改善，吳廷琰是一位天主教徒，佛教徒對之頗為不滿，再加上吳家人頗有貪汙劣績，共產黨乘機宣傳攻擊，除了影響南越的政治以外，共產黨的勢力也日益擴大，南越政府的軍隊對共產黨的活動無法有效壓制，這就迫使美國政府不斷增派軍隊前往南越，以美軍直接和越共作戰。西元1954年間美國在南越的軍事顧問本來只有一千多人，到了西元1967年官兵數目已經多達四十多萬人，美國參加越南戰爭竟然愈陷愈深，中共和蘇聯對越共的支援也日益加強，致使越戰日趨激烈。西元1954年以後的越戰以美軍為主，與過去法軍發動的越戰不同，一般稱之為第二次越戰。

在第二次越戰中，美軍人數雖然日有增加，但在戰場上美軍卻無法發揮其作戰的能力，原來越共採取游擊戰術，晝伏夜出，你去我來，在森林草原中埋伏，偷襲突擊，而不與美軍作陣地戰，機械化部隊就無法發揮其長處。美軍為正本清源計，也曾轟炸北越，封鎖北越港口等，但是因恐觸發世界大戰，卻不敢揮兵北上，直接進攻北越。越戰也和韓戰相類似，歐洲盟邦對美國嘖有煩言，國內則因越戰花費過多，造成通貨膨脹，反越戰與逃避兵役的事件層出不窮。美國在內外交困之中，不僅師老無功，而且陷於進退維谷之境。西元1968年間美國代表與北越代表在巴黎已經謀面，商談停戰問題，但是北越掌握美國弱點，和談歷久而無結果。

西元1968年新當選的美國總統尼克森（Richard Nixon），為了擺脫越戰的困擾，除了以「越戰越南化」為名，減少參戰部隊以外，而且改變對共產集團的策略，倡導談判代替對抗，和解代替敵視。後來經過主管國家安全事務的特別助理（後任國務卿）季辛吉（Henry kissinger）設計與安排，相繼推進如下的各項和解行動：西元1972年讓中共進入聯合國，翌年2月尼克森親自前往訪問中國大陸一星期，離華前與中共聯合發表「上海公報」，彼此達成若干共識；西元1972年5月，尼克森又親自往訪莫斯科，除了簽署戰略武器談判第一階段所獲致的若干協議以外，兩國還發表聯合聲明，彼此保證在太空、科技、文教等從事廣泛合作，而且強調和平共存的重要性。即在上述各種活動培養出來的和平氣氛中，季辛吉與北越代表在巴黎進行的談判，到了西元1973年1月

也簽署了停戰協定，彼此相約從南越撤軍。美國和二十年前的法國相類似，不惜任何代價從越南戰場抽身而出，這次美國簽訂的停戰協定也和過去法國簽定的停戰協定相類似，徒然造成北越共黨勢力擴展的機會，這須與下述演變情形連起來看。

美國簽訂上述協定而從越南撤退時，本來保證將來南越受到北越侵略時，美國再來援助。但是後來北越不遵守協定，大舉南侵時，美國一則因尼克森水門案發去職，二則因國會的阻撓，無法履行承諾。到了西元1975年4月間，北越共黨不僅已經占領南越，高棉和寮國也相繼陷入共黨手中。美國在越戰中曾經花費約一千一百億美元，兵員傷亡將近三十多萬人，這是美國有史以來遭受到的最大挫辱，也是這一代中最大的悲劇。

即在南越淪陷的同一年中，蘇聯在歐洲外交上也獲得重大利益，這仍須從頭說起。原來早在西元1954年間蘇聯就提出，歐洲各國簽訂集體安全條約的建議，但是西方國家認為，這只是蘇聯引誘民主國家承認其所得權利的一種詭計，故蘇聯屢次提出而屢遭西方國家的拒絕。西元1970年以後，蘇聯趁著尼克森倡導和解政策的良好機會，一方面鼓勵東歐附庸國家與西方民主國家增強接觸，解決彼此間的懸案；另一方面又接受西歐國家所提的歐洲境內東西方平衡裁軍的建議，西方國家終於同意與蘇聯舉行歐洲安全與合作會議。這一會議由籌備至最後簽字歷時將近三年，西元1975年8月在芬蘭首都赫爾辛基（Helsinki）舉行最後一次會議中，歐洲33個國家和美國、加拿大的政府首長親自出席簽訂的「最後條款」，除相互保證尊重領土主權，不使用武力侵犯邊界，不干涉內政等以外，還有保障人權的條款。到了西元1980年波蘭工人起來爭取自由時，卻遭到波共的強力鎮壓，視人權保障的條款如廢紙。蘇聯在西元1979年底藉故派兵進占阿富汗，世界各國雖群起指謫，而蘇聯仍然遲遲不肯撤兵。這些事例足以證明，共產國家仍然脫離不了對內奴役人民與對外侵略的本質。

第三節　區域統合與第三世界

區域統合的涵義

　　自從十九世紀以來，由於國與國之間的來往日趨繁密，不管由政府或民間發起的各種不同性質的國際組織，就隨著時日而日益增多。尤其到了第二次世界大戰以後，某一地區裡的國家由於有共同文化的傳統，或因政治、經濟等有共同利害關係，就時常加強彼此間的合作與聯繫，組織地區性的國際組織。這種現象被歐美學者綜合起來，稱之為「區域統合」，而這種現象在第二次世界大戰後才逐漸茁長出來，因之也可視為第二次世界大戰後的時代潮流之一。

　　第二次世界大戰後產生出來的區域性國際組織為數頗多，在此只能挑選出幾個比較重要的簡單介紹如下，藉此可窺這一時代潮流的一斑。

美洲國家組織

　　早在十九世紀初期，中南美洲各國脫離西班牙，那時領導獨立運動而有極大貢獻的祕魯籍著名政治家波利瓦（Simon Boliver），就曾在西元1826年邀集各新獨立的國家代表舉行一次國際會議，希望能聯合為一體，這可視為美洲區域統合思想萌芽之始。到了十九世紀末年，各國商業來往等既然越來越頻繁，西元1890年美洲各國就舉行第一屆泛美會議，在這屆會議中議決成立美洲共和國國際聯盟，並建立商業局，以為這一聯盟的中心機構，其目的在謀促進各國經濟上的合作。到了西元1910年，當第四屆泛美會議召開時，決定將美洲共和國國際聯盟的名字改為美洲共和國聯盟，同時也將商業局改名為泛美聯盟（Pan-American Union），合作範圍更擴及文化政治等方面。美洲各國即在前述各種活動影響之下，整個西半球人民在心理上就逐漸產生出泛美主義思想，這就是後來美洲各國能形成區域統合的重要基礎。

　　西元1947年美洲各國如前節所述，簽訂了《美洲境內互助條約》，彼此關係的層次更為提高。各國為求達成約中的規定，反對外來侵略與內部預防共黨的顛覆活動，認為原有組織有加以強化的必要，西元1948年在哥倫比亞首都波哥大（Bogota）舉行的第九屆泛美會議中，便通過了一項新憲章，建立美洲國家組織，這就是美洲現存最重要的區域性國際組織產生的由來。

　　美洲國家組織的憲章倘然和聯合國憲章比較起來，有很多類似的地方，而

這一組織也自認為聯合國屬下的一個地區性組織。根據憲章規定，這一組織的
最高權力機構是每年舉行一次的大會，審查預算監督各專門機構活動等；由
各會員國選派相當於大使級的人員組成常設理事會，負責推動各會員國間的合
作，且下設六個諮詢機構。常設理事會管屬的六個機構，分別為：(1)美洲境
內教育科學暨文化理事會；(2)美洲境內人權委員會；(3)美洲境內經濟與社會
理事會；(4)美洲境內司法委員會；(5)美洲境內原子能委員會；(6)泛美公路會
議。此外，還設立總祕書處，負責處理日常事務。美洲國家組織成立之初，總
祕書處即由前述泛美聯盟改組而成，始創會員國計有21個國家，後來由於新獨
立國家不斷增加，到了西元1981年已經增至25國，總部設於美國首都華盛頓。

　　美洲國家組織成立以後，各國除在經濟文化等加強合作以外，在政治外交
上也彼此合作。西元1954年舉行的大會席上，除了通過美國所提共同合力排除
共產主義以外，同時也通過歐洲國家在美洲的殖民地儘快結束的議案。到了西
元1959年卡斯楚取得古巴政權以後，對內實行共產主義，對外採取親俄仇美的
政策，這種情形顯然違反了西元1954年大會的決議案，引起美洲各國對他的不
滿。西元1962年1月舉行的大會議決取消古巴的會籍；同年10月發生的古巴飛
彈危機中，美洲各國也多支持美國的立場。不過西元1982年英國因爭奪福克蘭
群島（Folkland Islands）而與阿根廷發生軍事衝突時，美國採取偏袒英國與抑
制阿根廷的立場，卻引起美洲多數國家對美國的不滿。

　　西半球除了美洲國家組織以外，尚有如下兩個較小的經濟統合的組織：
(1)中美洲四國──薩爾瓦多、瓜地馬拉、宏都拉斯和尼加拉瓜在西元1960年
簽訂了一項條約，取消彼此間的關稅，共同制定對外的關稅，建立所謂中美
洲共同市場，西元1963年哥斯大黎加也加入。這一組織成立後，對參與各國的
經濟成長助益頗大；(2)拉丁美洲自由貿易協會──西元1961年，阿根廷、巴
西、智利、墨西哥、巴拉圭、祕魯、烏拉圭也簽訂了一項條約，消除彼此間的
貿易障礙，建立所謂拉丁美洲自由貿易協會，以期逐步擴展而為拉丁美洲的共
同市場，後來哥倫比亞、厄瓜多、委內瑞拉也相繼加入，對經濟成長也頗有成
效。

歐洲經濟組織

　　歐洲各國由中古「基督教世界」演進而來，彼此在文化上有共同的淵源，
但是近代由於彼此爭強競勝，落入激烈鬥爭的漩渦之中，導致兩次世界大戰，
而使不少國家推至毀滅的邊緣。早在第二次世界大戰進行期間，不少流亡在倫

敦的反軸心國家的政治領袖，就曾討論到戰後歐洲統一的問題。到了第二次世界大戰後，這個問題在歐洲更引起一般人注意，不少政治家、學者等以過去歷史作為懲前毖後的教訓，改倡以和諧合作來代替過去的敵視鬥爭，甚至有不少人呼籲歐洲各國應仿照美國的聯邦辦法，將歐洲各國統一起來，其中鼓吹最力的又首推邱吉爾。西元1946年9月19日，邱吉爾在瑞士發表的一篇演說中，就呼籲建立歐洲合眾國，從此以後他就發動所謂歐洲統一運動。自從邱吉爾登高一呼以後，西歐各國政治家、學者等先後起來組成的響應團體很多，而這些團體在西元1947年12月間已匯合成立歐洲統一運動國際委員會，這就是後來歐洲各種區域統合活動的社會基礎與思想淵源。

　　歐洲統一運動實踐的過程中，歐洲人自發自動的行動固然很重要，但是外來的刺激也有助成的作用。原來西元1947年馬歇爾復興歐洲經濟計畫提出後，接受這種計畫的14個歐洲國家，在西元1948年4月與美國簽訂了一項協定，建立歐洲經濟合作組織，後來美國在四年內投入的135億美元，即經由這一組織散發給參與這一組織的國家。歐洲經濟合作組織與上述歐洲統一運動相結合，這一組織無形中就成為後來西歐國家經濟統合的另一推動力量。

　　約與歐洲經濟合作組織建立的同時，法國負責經濟復興計畫的莫奈（Jean Monnet），鑒於過去兩次世界大戰，都與德、法兩國爭奪工業重要資源如煤、鐵等有關，為了正本清源計，乃詳細草擬出將德、法等國煤鋼生產置於國際組織控制下的經營計畫，這一計畫經法國政府同意後，由當時擔任法國外交部長徐滿（Rober Schuman）在西元1950年5月初向外公布，這就是著名的徐滿計畫產生的由來。這一計畫公布以後，經過討論、研討、交涉等過程，贊成這一計畫的西歐六國：法國、西德、義大利、荷蘭、比利時和盧森堡的代表，西元1951年4月齊集在巴黎，簽訂了一項條約，成立歐洲煤鋼組織。這一組織建立後，參加聯營的六國鋼鐵公司約有四百多家，煤礦公司約八百多家，無論生產或營業額都日益增加，對當時歐洲經濟復興提供了很大的貢獻。

　　西歐六國受到煤鋼聯營成功的鼓舞，決定擴大彼此間的經濟合作，由各國政府選派的專家組成的一個委員會，詳細擬定合作計畫，而且草擬了保證實行這項計畫的條約草案。西元1957年3月，六國代表齊集在羅馬，而將上述條約草案簽署後，依照條約的規定，成立如下的兩個組織：一是歐洲原子能組織，另一是歐洲經濟組織，其中以歐洲經濟組織較為重要。

　　歐洲經濟組織通常又稱為歐洲共同市場，這一組織推進的經濟合作計畫，廣及貿易、農業、金融、資源、勞工、原子能等，以12年至15年為期逐步取消會員國與會員國之間的關稅，對外採取統一關稅，而使參與國家的經濟結成為

一個整體。在這一組織推動之下，西歐經濟較前更為發達，人民所得也日益提高，後來英國、愛爾蘭、丹麥和希臘相繼加入，而使這一組織範圍更加擴大。

上述三機構：歐洲煤鋼組織、歐洲原子能組織與歐洲經濟組織，由於建立時間不同，其管理、監督等機構本來有差異，但是後來經過參與國家的商討改進，決定從西元1967年7月1日起，將上述三機構統合起來，由下述四個機構管理監督：(1)大會——又稱之為歐洲議會，由會員國按照人口比例推選出142位（後改為198位）議員組成，作為這一機構的立法機關，會址設於法國東部的史特拉斯堡（Strassbourg）；(2)理事會——由會員國政府遴選9人（後改為14人）組成，負責執行此一機構的行政事宜，會址設於比利時首都布魯塞爾；(3)部長會議——由會員國政府指派一部長級人員組成，負責協調各國的經濟政策，會址也設於布魯塞爾；(4)法院——由會員國政府推薦，且經議會通過任命的法官7人（後改為9人）組成，成為這一機構的司法機關，院址設於盧森堡。這種組織已具聯邦政府的雛型，將來是否由此發展而為歐洲合眾國，當前尚難預料。

歐洲除了上述組織以外，蘇聯亦邀集共產附庸國家，在西元1949年成立經濟互助理事會，最初參加的國家計有蘇聯、保加利亞、羅馬尼亞、匈牙利、捷克、波蘭、東德和阿爾巴尼亞等八國，後來還有亞洲共黨國家如外蒙古等以非正式會員身分參加活動，而使這一組織不能視為東歐區域性的統合活動，只是蘇聯利用之來控制共黨附庸國家經濟的工具而已。

阿拉伯國家聯盟

西亞和北非正是中古時代阿拉伯帝國建立的主要根據地，那裡的人民除了有共同的信仰——穆斯林以外，而且有共同的文化、歷史等傳統。早在第一次世界大戰以前，西亞和北非尚在鄂圖曼帝國統治期間，阿拉伯人中不少知識分子就以組織文學研究會等為名，宣傳民族主義思想，反對土耳其人的統治。到了第一次世界大戰以後，阿拉伯人的民族主義思想轉而對付英、法等帝國主義國家，西元1923年英國允許埃及獨立，這就是阿拉伯民族主義分子爭取所得成果的一種具體表現。

阿拉伯人的民族主義思想隨著時代而日益增強，到了第二次世界大戰將近結束時，在這一地區裡較早獲得獨立的7個國家——埃及、伊拉克、敘利亞、黎巴嫩、約旦、沙烏地阿拉伯和葉門。西元1945年3月在開羅簽訂了一項公約，建立阿拉伯國家聯盟，後來在這一地區裡獨立的國家逐漸增多，加入這一組織的國家也隨著增加，到了西元1980年參加的國家已經超過了20個。

　　阿拉伯國家聯盟成立之初，組織比較簡單，主要機構有二：一是理事會，由參加國家代表（通常爲外交部長）組成，每年在3月和9月舉行兩次會議，作爲這一組織最高的決策機構；二是祕書處，處理日常事務，祕書長一職須經三分之二多數會員國的同意，始能出任。後來由於受到對以色列作戰失敗的影響，西元1950年這一組織的會員國簽訂了一項聯合防禦與經濟合作條約，除了建立阿拉伯統一軍事指揮、聯合防禦理事會等軍事組織以外，還成立阿拉伯經濟理事會，以爲各國經濟政策與經濟合作的指導機構。後來經由阿拉伯經濟理事會推動下的經濟合作活動很多，如西元1954年成立的阿拉伯郵政聯盟、西元1959年成立的阿拉伯開發銀行、西元1965年成立的阿拉伯共同市場、西元1976年成立的阿拉伯金融基金會等。

　　阿拉伯國家聯盟除了增進阿拉伯國家間團結合作以外，反對以色列也是它最初成立的目的之一。這一組織成立後，經過數次作戰均被以色列擊敗，阿拉伯人對猶太人仇恨隨之更爲升高。阿拉伯國家聯盟除以各種手段（包括禁運石油在內）來制裁以色列以外，而且禁止會員國與以色列交往或談和，但是到了西元1970年代埃及總統沙達特（Anwar Sadat）執政時，由於他認爲穆斯林與猶太人長期敵對沒有絲毫好處，只會造成彼此間日益增加的痛苦，因此他就改弦更張，與以色列進行和談。中間經過美國居間調停，埃及與以色列在西元1978年達成和解協定，卻遭到不少阿拉伯國家的反對，將原來設在開羅的祕書處遷到突尼西亞，而使阿拉伯聯盟顯露了嚴重裂痕。

非洲團結組織

　　過去非洲有「黑暗大陸」之稱，自從十六世紀以後，歐洲白人就到非洲去逮捕黑人，運往美洲爲奴隸，十九世紀歐洲帝國主義又瓜分非洲而爲殖民地，黑人經過長期奴役，積憤而成強烈的民族意識。早在西元1900年間，由一位在千里達（Trinidad）的黑人律師威廉斯（H. Sylvester Williams）倡導之下，於倫敦舉行第一屆泛非會議（The First Pan-Africn Congress），面對著白人的壓迫作勇敢的挑戰，那時出席會議的一位美國黑人知識分子杜波瓦（Du Bois）就曾經作如下的預言：二十世紀的問題就是以膚色爲界線的問題，自此以後泛非會議不斷在歐美各大城市召開，成爲鼓吹黑人爭取民權與獨立建國的領導中心，這也是後來非洲團結組織所以產生的思想淵源。

　　到了第二次世界大戰以後，非洲殖民地既然脫離帝國主義的桎梏，紛紛獨立建國；新獨立國家的政治領袖們，深感獨立得來不易，爲謀保障民族國家的

安全，就有與鄰國結爲同盟的想法。西元1958年4月，迦納（Ghana）總統恩克魯瑪（Nkrumah）邀集非洲國家，如賴比瑞亞、衣索比亞、蘇丹、埃及、突尼西亞、利比亞和摩洛哥的代表，在其首都阿克拉（Accra）舉行第一次非洲獨立國家會議，呼籲非洲人民團結起來，建立非洲合衆國，接著還有幾個區域性的國際組織產生出來。

在非洲各種區域性的國際組織出現的時候，當時衣索比亞的國王賽拉西（Haile Selassile）認爲，區域性的組織增多反將妨礙了非洲的統一，後來經由他的呼籲與活動，乃在西元1963年5月，邀集當時非洲30個獨立國家的代表，齊集在衣國首都阿迪斯阿貝巴（Addis Ababa），通過憲章，建立非洲團結組織，總部就設於阿迪斯阿貝巴。

按照憲章的規定，這一組織有如下的幾種主要機構：(1)國家首領會議──會員國元首或政府首長每年集會一次，協調各國推動的各種政策；(2)部長會議──每年由會員國政府派遣外交部長或其他部長集會兩次，爲國家首領會議預作準備；(3)總祕書（General Scretariat）──由四年一任的祕書長領導一批工作人員，執行憲章規定及國家首領會議交付之各項任務，爲此一組織的常設機構；(4)仲裁委員會──由國家首領會議遴選21位法律專家組成，仲裁會員國家間各種糾紛，五年一任，不得連選連任；(5)解放委員會（Liberation Committee）──對尚未獨立成功地區的民族主義運動，稟承國家首領會議的決定，提供金錢與軍事的援助。

非洲團結組織成立後，促進非洲地區的獨立運動頗有貢獻，這一組織成立之初，非洲獨立國家只有三十多個，到了西元1980年已經超過50個，這些新增的獨立國家所以能獨立成功，雖然各有不同的成功因素，但是都與這一組織在旁聲援幫助有關，因此這一組織也隨獨立國家的增多日益壯大。

除此以外，對於促進經濟、文化等合作也頗有成效，相繼成立非洲民航委員會、非洲工會統一組織、泛非郵政聯盟、泛非電信聯盟、非洲鐵路聯盟等。西元1954年更成立科技研究委員會，下轄許多研究所，全面推動科技的研究。西元1980年5月舉行的非洲各國經濟最高階層會議中，已經決定採取所謂「拉格斯計畫」（Lagos Plan），逐步建立非洲共同市場。

倘然將非洲團結組織和前面已經說過的阿拉伯聯盟綜合起來，就不難發現這兩大組織的部分會員國彼此重疊，例如，許多北非國家如埃及、利比亞、摩洛哥等，既是阿拉伯聯盟的成員，又是非洲團結組織的成員。這種現象正好將這兩大組織串聯起來，另一方面來說，阿拉伯不少國家可將過剩資本投資於非洲境內的經濟建設，紓解非洲國家資本短缺的困難，西元1977年3月這兩大

組織會員國代表在開羅集會時，阿拉伯國家代表就曾答應增加在非洲的投資。但是這種串聯也有壞處，西元1979年7月，第十七屆非洲國家領袖會議在賴比瑞亞舉行時，當埃及總統沙達特談到以埃兩國達成和解時，有些反對和解的北非國家政府首領就憤而離開會場，這就是阿拉伯國家間的糾紛攪入非洲團結組織，所引起不快的一個顯例。

第三世界的出現

第二次世界大戰以後，國際上形成美國領導的民主集團和蘇聯領導的共產集團以外，約至西元1970年代國際上還興起一股新勢力，對當前世局頗具影響力量。這股新興勢力初無定名，後經約定習成的歷程，一般人始稱之為第三世界。第三世界的勢力乃積漸而來，在它由涓滴細流而成長江大河的過程中，與下列幾個國際組織及其活動有密切關聯：

1. 非亞集團。自從亞、非兩洲29國在西元1955年舉行萬隆會議以後，接著在西元1957年12月至1958年1月又在埃及的開羅舉行非、亞人民團結大會，除了產生現有75國參加的非、亞人民團結組織以外，從此在國際上形成非亞集團。這一集團後來與拉丁美洲各國合作，西元1966年1月在古巴首都哈瓦那（Havana）舉行非、亞、拉丁美洲人民團結大會，而使這一集團聲勢更為浩大。

2. 不結盟國家。西元1960年代中頗具影響力的政治家如南斯拉夫總統狄托（Tito）、印度總理尼赫魯（Nehru）埃及總統納瑟（Nasser）等均主張，在當時美、俄兩國領導的兩大集團對立中應採取嚴正中立態度，不與美俄結盟，因此自號為「不結盟國家」。自從西元1961年25個不結盟國家在南斯拉夫首都貝爾格勒（Belgrade）集會以後，到了西元1970年在尚比亞（Zambia）的首都盧薩卡（Lusaka）再度集會時，不結盟國家已經增加到54國，由此可見這一集團的勢力也在日益增長。

3. 石油輸出國組織。西元1961年印尼、伊朗、伊拉克、科威特、利比亞、卡達（Qatar）、沙烏地阿拉伯、委內瑞拉等國組成石油輸出國組織以後，阿爾及利亞、阿拉伯聯合大公國、厄瓜多、加彭、奈及利亞等相繼加入，到了西元1973年至1974年間以石油作為政治工具，不斷提高油價，致使世界經濟形成嚴重的不景氣，工業國家受害頗大，由此可見這一組織具有強大的影響力量。

上述三大國際組織，其成員多彼此重疊，而且又多是新興的開發中國家，

這些國家對帝國主義、殖民主義、種族主義等均極反感，又熱切追求自己國家的經濟開發，提高人民生活等。基於上述共同的願望，這三大組織的成員在聯合國中就成為一個集團，在會議席上形成一股強大力量。西元1964年在日內瓦舉行聯合國貿易與發展會議時，開發中國家就結成77國集團，在會議中極力爭取本身的利益，會後還發表聲明，呼籲開發中國家加強團結，不少人就以這次聲明作為第三世界產生之始。

第三世界國家在聯合國的數量，到了西元1970年代已經超過一百個，且已達到可以控制聯合國各種活動的優勢，這些國家除了利用聯合國各種經社專門機構為他們經濟開發提供有利服務以外，更在西元1960年聯合國大會中通過對他們有利的長期開發計畫，由聯合國提供科技援助，其規模頗為龐大。以西元1976年一年為例來說，經聯合國技術援助的計有119國，共8,000項建設計畫，投資金額超過40億美元。

第三世界的國家不僅數目多，而且政治變化多，有不少原來親俄轉變為親美，如埃及、印尼等，也有親美轉為親俄，如古巴等，這就表示第三世界國家在政治上還有很多可塑性。再加上這些國家尚處於經濟開發之中，經濟上也有很多可塑性，他們對於當前美俄兩國勢力均衡中固然居於舉足輕重的地位，將來動向如何對整個人類前途也有很大的影響，這就是世人逐漸重視第三世界的主要原因。

第四節　冷戰及其結束（西元1949-1975年）

　　西元1949年以後的歐洲政治史與美國、蘇聯歷史是那樣緊密地交織在一起；這裡姑且不論非洲、中國、印度和中東，一般說來，國際政治深受祕密軍備競賽的影響，集中體現在原子彈頭以及運載方法的設計和改進，最初只有美國、蘇聯參加這一競賽，英國僅嘗試了一下就退出。西元1958年法國開始集中重要資源致力於發展自己的原子武器，西元1964年中國也引爆了第一顆「原子彈裝置」，其他國家也可能祕密地獲得原子武器。

　　西元1956年或以後，美國和蘇聯兩國政府都很清楚，帶有氫彈頭（西元1950-1960年之間臻於完善）的原子武器造成的潛在破壞力是那樣巨大。因此，耗盡全力的戰爭不再是可被接受的國家政策。當其他國家也明白時，兩個大國所控制的同盟就變弱了，法國開始對美國不滿，羅馬尼亞、波蘭和南斯拉夫也對蘇聯不滿。從西元1960年開始，中國和蘇聯之間公開的、劇烈的爭吵，將共產主義世界分為對立的兩部分。複雜多變的政局就像舊歐洲的均勢一樣，在世界範圍內出現，開始改變了戰後初期出現的兩極世界。

　　大約西元1949年到1957年之間，美國及其盟國與蘇聯及其盟國之間的冷戰凌駕於其他一切事情之上，西元1949年中國變為共產主義國家；幾年之後，北韓的共產黨政權企圖（經史達林的批准）將全國置於它的統治之下。美國政府與西歐國家（北大西洋公約組織）結成軍事同盟對此作出反應，派遣美國軍隊和裝備支援南朝鮮政府。聯合國譴責北韓為侵略者。在事件結束之前，總共有16個國家給予南韓或多或少的援助。但是，當勝利的聯合國軍隊開始推進到中韓邊界時，中國出面援助北韓，中國軍使美國人吃驚，中共軍隊將聯合國軍隊驅逐到三十八度線的地方，那裡就是衝突開始的地方，西元1953年，在對峙和休戰中結束了戰爭。

　　在戰爭剛剛結束的幾年裡，也看到了歐洲殖民帝國在亞非兩洲的迅速垮臺。英國在西元1947年從印度、緬甸和錫蘭撤退。從西元1956年開始，英國原來在非洲的所有殖民地，發生了迅速向當地政府移交主權的事，同樣的政策也在東南亞和加勒比海實行，只要當地政府出現獨立政治運動。另一個歐洲殖民大國——法國，起初很不願意解開帝國的繩索，但是經歷兩場骯髒的戰爭，一場在越南（西元1947-1954年），另一場在阿爾及利亞（西元1954-1962年），證

明法國人以武力保持它的帝國是不可能了。戴高樂（Charles De Gaulle）將軍（西元1958年重新掌權）也對法國在非洲和其他地方的殖民地給予獨立。比利時同樣於西元1960年讓面積廣大的比屬剛果獨立。

由於共同市場的成功，歐洲經濟繁榮起來，歐洲人對亞洲、非洲地區的關心也減弱。這與史達林去世（西元1953年）和韓戰結束後，美國與蘇聯兩國比以前更關心國內問題相類似。在俄國，改善生活水準的願望，比追求世界革命更加迫切；在美國，黑人人權和其他國內問題，比其他更具重要性。

中國、埃及〔軍事政變使納瑟（Abdel Nasser）在西元1954年上臺〕和古巴〔卡斯楚（Fidel Castro）領導共產黨游擊戰於西元1959年取得勝利〕都是革命激情和理想主義的活動中心，但是並沒有多大成就，因為每一個國家在國內都存在嚴重問題。只有在越南，共產黨領導的游擊戰運動，在推翻南方政府的努力中繼而取得勝利。在法國和越南游擊隊的停火協定簽訂後（西元1954年），於美國幫助下建立了一個南越政府，當那個政府處於危險之中，美國將美軍和供應物資送到那裡，試圖阻止共產黨接管。美國的介入主要是在西元1964年以後，然而，由於北越共產黨易於重振旗鼓以反對美國侵略者，又能從蘇聯和中國獲得大量的武器，戰爭的規模和耐力超出了美國官方的預料。一時間，越南戰爭在美國變得不得人心，但是美國又怕丟面子，因此，戰爭持續到西元1975年，美國撤軍之後，共產黨迅速地取得勝利。

美國的威信受到挫折，不過很快地，俄國受到的難堪可以與之相比。西元1979年蘇軍侵略阿富汗，支持一個搖搖欲墜的共產黨政權。而美國和石油富國阿拉伯政府支援當地人武裝的游擊隊，以各種有效方法抵抗蘇軍，類似越南人在越南抵抗美國一樣。

另一個主要麻煩中心是中東。西元1947年新成立的猶太國家以色列和鄰國阿拉伯發生了一系列歷時很短的戰爭，結果在西元1947年、西元1956年和西元1973年（不是決定性的）皆由以色列取得勝利。埃及在西元1979年與以色列締結和約，但是其他阿拉伯國家拒絕照辦。西元1982年以色列侵略黎巴嫩，但是沒能在那裡建立穩定的政府，於西元1985年撤回軍隊。這一失敗反映了在什葉派穆斯林的軍事力量增強。他們有敘利亞的援助和伊朗革命成功（西元1979年）的鼓舞（一個狂熱的敬神政府掌權）。伊朗在革命後不久捲入一場與伊拉克的戰爭，使兩個政府的鞏固都到威脅。

其他地方也不乏政治動亂。由於新的交通與土地的缺少聯繫，刺激大多數的農民參加政治運動，在亞洲、非洲和拉丁美洲都目睹過這樣動亂。只要人口繼續過快地增長，年輕一代在農業社會中漸漸地長大，卻沒有足夠的土地使

他們按傳統的方式生活，這必將繼續提供革命意識的導火線。事實上，再過十年，這必將成爲世界事務中的主要核心問題。

這裡沒有對近代歐洲內部或世界大國的政治歷史作簡單的勾畫，是因爲除了法國在第二次世界大戰之後有兩次不大合法的政治變化外，西元1949-1969年的歐洲政治史是非常有秩序的，無論在共產主義或非共產主義地方都是這樣，也許歐洲國家顯著的經濟成就能解釋這一事實。

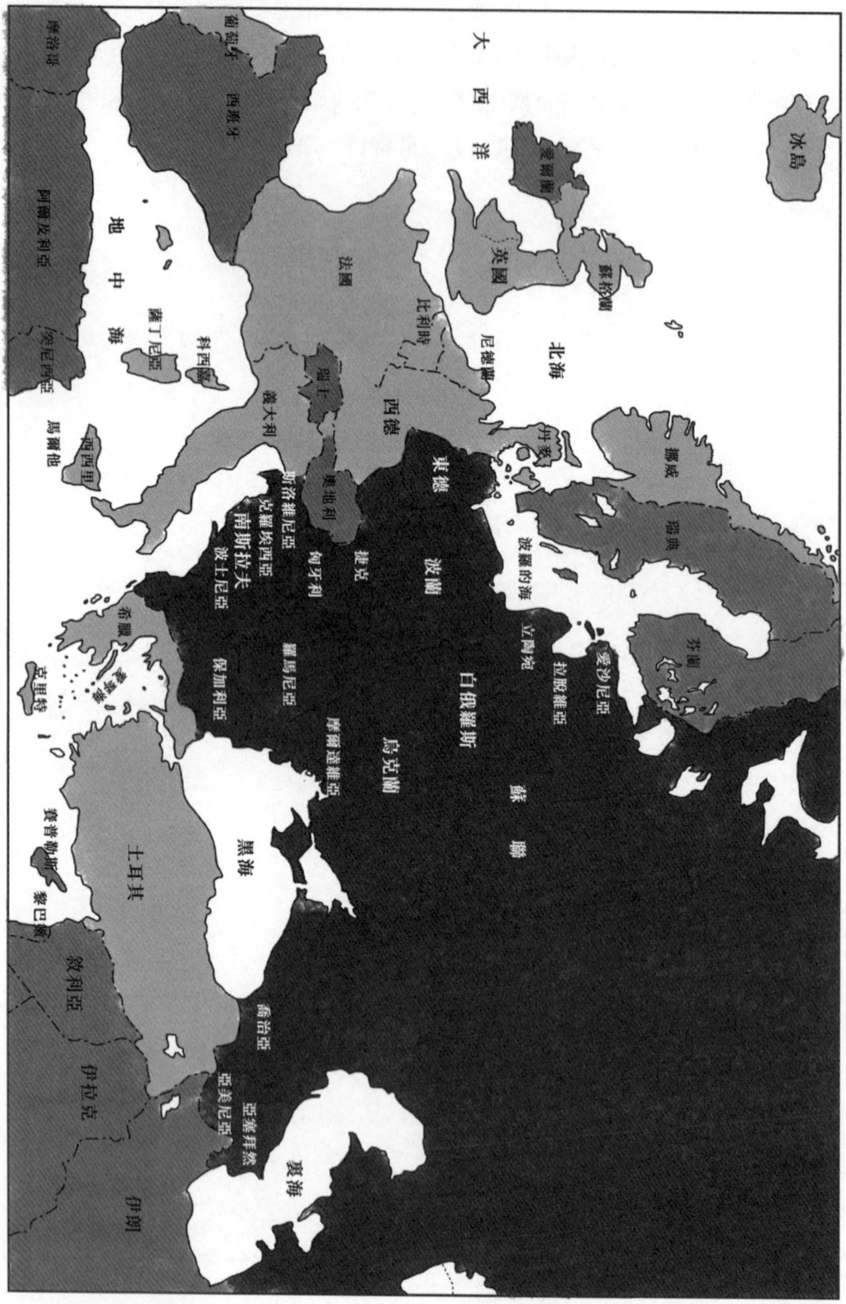

圖9-48-4　冷戰時期的歐洲

第四十九章

西元1989年的革命

第一節　戈巴契夫的實驗

　　西元1989年，發生了震驚全世界的事件──蘇聯共產主義制度的衰退，以及蘇聯的東歐附庸國擺脫蘇聯的控制恢復自由。接著竟然發生更不可思議的奇蹟，共產黨於西元1990年失去在蘇聯執行一黨專政的權力。西元1991年時，蘇聯已不復存在，而是分裂成十五個獨立的共和國。發生在中歐與東歐的「西元1989年革命」以及革命事件的餘波蕩漾，使歐洲的政權和國界發生自第一次與第二次世界大戰以來最澈底的變化。不過，與其他早期因戰爭所造成的轉型不同，西元1989年的革命及事件餘波大部分是和平的。人們歡欣鼓舞地滿懷民族獨立、政治民主與物質生活富裕的希望，他們憶起西元1848年的「人民之春」，忘懷二十世紀已經習以為常的衝突。

　　西歐的共產主義之所以能夠和平地垮臺，主要起因於蘇聯當局不願意或者無能干預。蘇聯已經失去對自身統治體系的掌控力。這時，經濟不景氣、環境汙染、公共衛生衰退與公民失去對政權的信賴，已經在蘇聯國內造成布里茲涅夫無法應付的嚴重問題。在戈巴契夫上臺執政之後一年，也就是西元1986年的4月26日，一家位於烏克蘭車諾比（Chernobyl）的核能電廠突然爆炸，造成31人死亡的慘劇，約有三十萬人被迫放棄他們已被輻射汙染的家園，同時這也使數百萬人的生活受到影響。蘇聯的經濟、生態與管理，都無法達到處理國家緊急狀況的水準。

　　儘管耗費了十年的努力（西元1979-1989年），但是蘇聯軍隊的無能與龐大的傷亡人數，依然使阿富汗的附庸政府也激起一些類似於蘇聯國內的反對聲浪。雖然只有少數英勇的蘇聯異議人士，曾經抗議蘇聯在西元1968年8月對「布拉格之春」的鎮壓行動，但是對蘇聯的不滿情緒卻已經流竄在曾經參與阿富汗戰爭的蘇聯退役軍人，以及那些痛失親人的妻子與母親之間。

　　新就任的黨書記著手進行大膽的改革，以應付重重困難。年僅54歲的戈巴契夫上臺，代表了新生代已經取得政權。戈巴契夫是一位成功的集體農場管理員之子，在大學時代，他不但是一位法律系的學生，也是業餘演員。西元1956年赫魯雪夫所發表的反史達林演說，對當時只是個年輕黨幹事的戈巴契夫影響頗大。在成為俄國南部的區幹事之後，戈巴契夫以蘇維埃情報局首長安德波洛夫之徒的身分，進入領導階層。安德波洛夫在西元1982年到1984年間曾經擔任總書記，他試圖由上層階級來帶動下層階級的效率。但是，讓戈巴契夫勝

過其他改革者取得政權的原因，是他那直率的個性。在歷經多年呆板的宣傳之後，他那坦率的個性對蘇聯人民來說，無異是一陣清新的微風。他既不像布里茲涅夫般的死氣沉沉，也不像史達林般的暴力狂熱，務實自信的戈巴契夫宣布以「開放」〔公開（Glasnost）〕及「改組」〔新思維（Perestroika）〕的新進程，來因應蘇維埃的衰退局面。

作為政策（Glasnost）〔「開放」（Openness）〕的化身，面帶笑容的戈巴契夫與他的夫人瑞莎（Raisa）在西元1988年12月於紐約聯合國以蘇聯領袖的殊榮參加歡迎會。

「開放」意指不以慣用的祕密手法來處理車諾比災難；讓政治異議分子如薩哈洛夫（Andrei Sakharov）與包納（Elena Bonner）重獲自由；並且容許更開放的政治辯論。如同戈巴契夫在西元1917年11月布爾什維克七十週年紀念大會上所發表的一場讓人民大開眼界的演說中所承諾的，「開放」也意味著填滿蘇維埃公民在認識自己歷史時的「空白」。自此之後，蘇聯公開承認政府應為西元1940年卡廷森林數千名波蘭軍官的大屠殺負責，他「發現」了一份長期以來都被否認與納粹—蘇維埃協定有關的祕密議定書，議定書中載明同意史達林在東歐的領土利益。戈巴契夫也讓數千名史達林時代的受害者官復原職，及提倡漸進性的農業集體化。而於西元1937年的審判秀之後即被史達林處死的布哈林，成為戈巴契夫彈性的「社會主義選擇」的模範；躋身名流之列的布哈林，其年輕寡婦拉瑞娜（Anna Larina）終於從她那「受人排斥的」長年夢魘中醒來，這無疑是一幅人們在西元1980年代晚期的希望的縮影。

「改組」意味著容許多位候選人有權參與選舉，將某些經濟決策的權力下放到地區層次，並且允許少數農場和小企業以合作社的方式經營。西元1989年5月召開的新人民代表大會，是自列寧於西元1918年1月解散制憲大會（Constituent Assembly）以來，俄國第一個由多位候選人中選出代表的會議。西元1990年3月的憲法修正案，讓人民代表握有實權，並且廢除共產黨壟斷政治代表的做法。昔日黨書記的職位曾經是取得權力之鑰，現在戈巴契夫則創造了一個新的行政職銜——蘇聯總統，他於西元1990年3月被代表大會推選為蘇聯總統。

不過，戈巴契夫既不是一位民主主義者，也不是一位經濟自由主義者。他的希望是使蘇聯體系再度恢復生氣，而不是破壞蘇聯體系。他想要把蘇聯消極的臣民改造成認真負責的公民，而他認為讓人民擁有比較完整的資訊以及一些選舉的選擇，便足以滿足人民的需求。他期待由共產黨來引導這些改革。然而，他的第一項改革就動搖了原有的政治與經濟掌控力，並且引發遠超過這位

總統所希望的如大雪崩般的實驗與改造。目前，因為他的勇敢以及缺乏替代者，所以他暫時還能有一些喘息的空間。

至於外交政策，正如他的前輩們曾於西元1956年及西元1968年時做過的事一樣，戈巴契夫大膽地放棄軍備競賽，並且減少派遣前往扶助東歐附庸國的軍隊，以裁減龐大的物資及國家費用。但是，新蘇聯的不干涉政策（Hands-Off Policy）反而漸漸地明朗化。西元1980年代晚期，因為雙方都不想激起俄國的軍事干預，所以波蘭的地下組織團結工聯與雅魯澤爾斯基將軍的軍事獨裁政府，小心翼翼地彼此牽制。西元1987年4月訪問布拉格時，戈巴契夫曾經力促波蘭進行自由主義化，但是在西元1989年10月7日為了德意志民主共和國（東德）建國十四週年紀念而到東德進行國事訪問時，戈巴契夫卻明確地取消了布里茲涅夫的政策，他警告黨書記何內克不要指望蘇維埃軍隊的援助。因此附庸國政權只有兩個選擇：滿足國內那些喧鬧倔強的群眾，或者與軍隊站在同一陣線。

西元1989年時因為逐漸察覺到附庸國的脆弱，使得東歐的人民決定冒險測試他們主人的決心。他們一個接一個，加快腳步跟著已經傳播開來的榜樣舉行示威活動，東歐的共產黨統治者不但對於鎮壓大規模的示威運動深感猶豫，並且也發現自己根本無能為力。因為戈巴契夫讓事情以比較和平的方式發生，也因為他加速了裁軍的步調，並且放下了冷戰的仇恨，所以戈巴契夫曾於西元1990年10月獲得諾貝爾和平獎。

倒塌的骨牌：西元1989年的東歐

西元1989年年初，雖然共產黨在蘇聯與東歐附庸國裡的權威已經受到動搖，但是他們卻認為人民的慣性與武力可以讓他們始終保持現狀。大部分的附庸國公民，最多只能盼望取得戈巴契夫允諾提供給蘇聯人民的公開與新思維。西元1989年，蘇聯的附庸國在沒有發射一枚子彈（羅馬尼亞例外）的情況下澈底垮臺，讓世人震驚不已。

現在我們知道在這次山崩中掉落的第一塊大石，是波蘭的軍事獨裁政府在西元1989年1月決定接受與非法的勞工運動——團結工聯對話。雅魯澤爾斯基在西元1981年到1983年所頒發的戒嚴令並沒有發揮效果，團結工聯始終祕密存在，而為了抗議節節升高的糧食價格而舉行的罷工和遊行活動也極為普遍。西元1989年春天的「圓桌」會談，讓團結工聯有權派出候選人參加7月4日舉行的參議院會議，與第三屆下議院的席次——這是波蘭自西元1939年以來第一次的自由選舉，也是自西元1948年以來東歐各地的第一次自由選舉。除了一個席次

之外，團結工聯贏得所有開放民眾選舉的席次。無法或者不願意恢復戒嚴令，雅魯澤爾斯基做出讓步，所以任命馬佐維茲基（Tadeusz Mazowiecki）（他是激進分子）擔任團結工聯的總理之職。因為擔心激起蘇聯的干預行動，所以團結工聯接下來支持雅魯澤爾斯基再度參選總統，暫時維持華沙公約的政治與軍事架構。

　　波蘭的共產黨獨裁政府會第一個垮臺不足為奇，因為東歐其他各國中並沒有足以媲美團結工聯的異議分子運動，團結工聯深深扎根於勞工運動與天主教教會之中。匈牙利境內共產黨政府長久以來一直嘗試實驗混合經濟制度，而且國內改革派的共產主義者甚至在西元1988年5月時，和多個政黨與工會一起趕走已經擔任了三十二年黨書記的科達爾，因此匈牙利乃成為下一塊傾倒的骨牌。西元1989年6月，匈牙利的新領袖替納寄的餘黨及西元1956年起義的其他領袖舉行國葬，並且朝「社會主義多元論」邁進。

　　一黨專政的匈牙利共產黨政權的瓦解，緊接著將壓力帶給在德意志民主共和國內主張採取強硬路線的何內克獨裁政權。5月，當匈牙利人剪斷隔離他們與奧地利的鐵刺網路障，並且在9月10日開放國境——鐵幕的第一個破口時，受到西德電視上的繁榮景象誘惑的東德人民，如山洪爆發般地湧入匈牙利，他們先在匈牙利「休假」，然後轉向西歐各地。10月16日，備受誘惑的人群占據了東德工業城萊比錫的街道，並且勇敢地面對何內克的選擇——選擇使用武力鎮壓還是採取放寬政策。但是何內克的部屬對戈巴契夫的認可有信心，他們表決選擇使用武力，並且在10月18日時開除年邁的何內克。情急之下企圖以移民合法化來終止非法移民的東德執政當局，在11月9日開啓了柏林圍牆之門。結果是有400萬東德人民快樂地湧入西柏林，但是大部分的人都只有幾小時的時間可以慶祝以及逛街。有一位英國觀察家說道，這是「世界史上最偉大的街頭派對」。東德顯然不知不覺地陷入失控之中。

　　脫離一黨專政的運動現在氣勢如虹。西元1989年11月11日，保加利亞有一位示威民眾猛擊柏林圍牆，而東德邊界的衛兵則在一邊冷眼旁觀。

　　試圖以換掉在位三十五年的保加利亞專制統治者吉夫寇夫，而讓外交部長，也就是比較年輕且願意改革的姆拉德諾夫（Petur Mladenov）上臺防堵這股潮流。在捷克斯洛伐克，有上千名的學生和民眾，於11月17日在布拉格的街道遊行示威。當捷克的電視播放員警毆打民眾的鏡頭時，有越來越多的聚集民眾已經失去控制。公民論壇（Civic Forum）——由抱持異議的劇作家哈維爾（Václav Havel）及其他七七憲章公民自由權運動的領袖所領導的新政治運動，在布拉格一家前衛派劇院「幻燈」（Magic Lantern）裡，組成一個實際上

的政府。因為了解只有武力才能維持他們的政權，但是單只依靠武力所帶來的力量很微弱，所以政府在11月底邀請公民論壇加入政治聯盟。到了12月底，哈維爾當選總統，而西元1968年布拉格之春的退役軍人杜布切克則成為議會主席。因為布拉格的政權轉移非常平順，所以捷克斯洛伐克的解放運動被稱為「天鵝絨革命」（the velvet revolution）。

　　暴力只玷汙了羅馬尼亞的解放歷程。恐怖的獨裁者西奧賽古在他那頑固妻子的慫恿下，命令祕密員警向示威遊行的民眾開槍。12月17日，他們在提密索拉（Timisoara）與其他城市屠殺了4,000名抗議者，激起人民的強烈反感，軍隊撤回他們對西奧賽古的支持。12月21日，當群眾接續學生的工作，在布加勒斯特舉行公開集會，並且滿懷敵意地在獨裁者面前叫囂喧鬧時，西奧賽古開始企圖逃亡。後來，這些人在接受軍事審判之後，於西元1989年的聖誕節被槍斃，其屍首還被播放在電視上。除了遵奉毛澤東主義的阿爾巴尼亞以外，在短短的六個月裡，蘇聯的各個東歐附庸國都廢除了一黨專制的共產黨統治，阿爾巴尼亞一直到西元1990年的秋天為止，始終與世隔絕地過著近乎中世紀時代的落後生活。

德國重新統一，冷戰結束

　　蘇聯在發展迅猛的改變以及附庸國的解散中，放鬆了冷戰時人們緊咬不放的歐洲國界，甚至已經拭去第二次世界大戰的最後一抹痕跡。

　　當務之急是迅速飛漲的、贊成德國重新統一的浪潮。剛開始時，西元1989年10月在德國掌權的共產主義改革者，希望能為他們的國家籌劃一個獨特的社會主義，以及具有中立色彩的未來，那是介於共產主義獨裁政權與放縱的資本主義之間的「第三路線」。但是在11月取得主動權的西德總理柯爾心中，盤算的卻是一個實際合併東德與西德的十點計畫，他希望能利用讓東德人可以用1：1的交換率把自己的養老金和存款換成西德馬克的誘惑，來平服東西德合併所帶來的衝擊。東德人壓倒性地選擇與西德合併，在西元1990年3月18日的議會選舉中，他們把將近50%的選票都投給了基督教民主黨的候選人。

　　蘇聯反對德國利用西德成功經營的前景，以西德完全併吞東德（以及北大西洋公約組織的擴張）的方式重新統一。除了提供經濟援助並且協議依然拒絕新德國擁有「ABC」武器──原子武器、生化武器與化學武器之外，允許38萬名駐紮在東德境內的蘇聯軍隊可以分階段漸進撤退的方式撤軍。然後，西元1945年的四大戰勝國準備坐下來與兩個德國召開「二加四」的協商會，以便正式聲明放棄他們在德國的軍事占領權。西元1990年7月1日，西德的德國馬克

變成整個德國通用的貨幣，而根據西德的憲法，兩個德國於10月3日合併成一個單一國家。當最後一支蘇聯軍隊於西元1994年8月31日離開東德領土時，幾天之後，柏林市內最後一批象徵性占領的美國、英國與法國軍隊也離開德國領土，於是戰後德國曾被占領的一抹痕跡也消失無蹤。

由於開放優先順位高於放鬆軍備競賽，因此戈巴契夫可以在幾乎完全接受西方條件的情況下，接受德國重新統一。因為無法繼續維持布里茲涅夫的飛彈計畫，戈巴契夫只得接受雷根的「零選擇」（Zero Option）提案，並且在西元1987年12月的華盛頓高峰會中，同意完全拆除地面發射式中程導彈。西元1990年11月在巴黎舉行的歡慶盛會（gala meeting）裡，蘇聯、美國與20個歐洲國家的代表簽署一項協議，同意大幅削減歐洲的正規武器，並且承認歐洲的國境應該維持原貌。雖然不曾簽訂可以標示第二次世界大戰結束的正式和平協定，但是西元1990年11月的巴黎協議（Paris Accord），卻為人們闔上了第二次世界大戰這本書。

然後就可以開始拆除雙方那些會造成世界末日的機器——他們的洲際彈道飛彈軍械庫。布希（Bush）總統與戈巴契夫於西元1991年7月31日（第一階段戰略武器限制公約）同意裁減洲際彈道飛彈的數量，蘇聯維持800枚共計約5,000多顆彈頭的洲際彈道飛彈，而美國則維持約250枚共計3,500顆彈頭的洲際彈道飛彈，以求雙方得以勢均力敵。華沙公約已經在西元1991年7月1日正式失效。西元1991年9月27日，布希總統取消自西元1957年開始實施的美國B-52型轟炸機與B-1型轟炸機的24小時地面警戒狀態，並且宣布單方面裁減約2,400枚核子武器。戈巴契夫總統則以類似的撤退行動回報美國。第二階段戰略武器限制公約於西元1993年展開談判，企圖更進一步裁減雙方的導彈數量。這是40年來蘇聯與美國軍隊首次不再擺出向對方展開核子攻擊的架勢，冷戰終於結束了。

第二節　蘇聯的垮臺

　　在附庸國出人意料地解放之後，隨之而來的是令人難以想像的蘇聯本身的瓦解。幾年前的蘇聯還是個會讓世人感到心驚膽顫的超級強國，樂觀主義者還曾經預言，接受高水準訓練的新生代技師將會要求較多的個人自由與消費商品，因此蘇聯的專制政權有機會走向溫和主義。只有空想家才會預期這個冷戰世界裡的兩大霸權之一，會如此平靜地消弭於無形。不論如何，蘇聯確實在西元1991年12月時消失在世界上。蘇聯以前曾經統治過的14個區域，現在好不容易才獨立為國家組織而成的俄羅斯聯邦（Russian Federation）取代了蘇聯，俄羅斯聯邦的涵蓋範圍從波羅的海諸國到中亞的突厥人（Turkic Peoples）。

　　由於在新的經濟制度尚未接手運作之前，舊的經濟制度就已經瓦解，因此戈巴契夫心中那種能夠首次自由主義化的興奮已經消失，代之而起的是焦慮與憤怒。麻煩的是，總統無法下定決心展開十二項經濟改革，並且取消一些不適當的措施。此時製造商已經擁有些許自由，他們將注意力集中在報酬率最高的商品，因而導致某些必需品漸漸匱乏。西元1991年時，他們的淨收入下降17%，比美國在經濟大蕭條時期中任何一年的下降率還高。

　　經濟的混亂與政局的不穩定，促使地區民族主義興起。其中以波羅的海諸國的民族主義者勢力最強大，在西元1939年8月23日的納粹——蘇維埃協定50週年紀念時，據估計約有200萬的拉脫維亞人、立陶宛人與愛沙尼亞人沿著他們的國境組成一條人鏈。立陶宛於西元1990年3月宣布獨立，緊接著其他各國也在5月紛紛宣布獨立。波羅的海諸國都開始制訂具明確的措施，反對蘇聯任命的俄國管理與軍事精英分子。

　　但是波羅的海諸國並不是唯一主張脫離共產主義的國家。有幾個在西元1918年到1920年時曾經短暫獨立過的邊境地區，也爆發了分離主義運動與內戰，如：喬治亞、亞塞拜然、亞美尼亞。戈巴契夫總統利用胡蘿蔔與棍棒希望能維持蘇聯的統一。一方面，他收回對波羅的海的重要供應品如石油與原料，或者甚至如同西元1989年4月對付喬治亞，以及西元1990年1月對付亞塞拜然時一樣，採用武力手段，在蘇聯軍隊從示威者手中重新奪回亞塞拜然的首都巴庫（Baku）時，有數百名群眾喪生。另一方面，戈巴契夫總統也試圖勸服蘇聯所有的會員共和國簽署《聯邦條約》（Union Treaties），建立一個組織較鬆散的聯邦。西元1991年4月時，已經有9個共和國同意簽署《聯邦條約》，但是波

羅的海諸國、摩爾多瓦（Moldova）、亞美尼亞與喬治亞依然猶豫不決。這份條約必須在西元1991年8月完成認可。

戈巴契夫只有一個辦法可以讓蘇維埃的共產主義運作得更好。當不斷加劇的改革幅度超過他所能接受的程度時，在更加惡劣的生活條件與脫離輿論的夾攻之下，這位總統失去了他的主動權。戈巴契夫回轉心意，轉而支持保守派人士。他默許蘇聯軍隊與蘇聯國家安全委員會領袖，於西元1991年1月時採取血腥行動，重新奪回立陶宛與拉脫維亞的控制權，在這次的血腥行動中有十三人死亡，付出了失去進步分子支持的代價，但是卻沒能為戈巴契夫贏回保守派人士的支持。

現在主動權已經落入兩股更加團結的勢力手中。其中一方的人馬希望能邁向民主政治、私有財產與市場制度，他們是由粗野的莫斯科政黨領袖葉爾欽（Boris Yeltsin）所領導。葉爾欽渴望與戈巴契夫清算西元1987年因他大膽坦白的言論，而從政治局被降級的宿怨。其他人則對舊政權擁有一絲懷舊之情，他們把蘇維埃帝國的垮臺、日益嚴重的國內混亂，以及生活水準下降等問題，歸咎於戈巴契夫。那些懷舊的人開始計劃在西元1991年8月發動政變，以便及時攔阻《聯邦條約》最後的簽署行動。

葉爾欽手上握著幾張王牌，他選擇以俄羅斯聯邦作為他的退路。西元1990年5月，他就任俄羅斯總統——剛開始時是俄羅斯議會的主席，然後在西元1991年6月的普通選舉中脫穎而出，當選俄羅斯聯邦的總統。葉爾欽因此能夠以俄國史上第一位民選領袖的身分，統治蘇聯三分之二最富裕的地區。此外，他甚得民心（他因為坐公車而不是搭乘豪華的公務車，因此受到莫斯科居民的愛戴）、精力充沛且大膽勇敢。西元1991年8月，當政黨與軍隊領袖發動他們的政變時，屬於葉爾欽的時代已經來臨。當時戈巴契夫正在南部渡假，葉爾欽動員足夠的改革派軍隊以及莫斯科的文職政府，擊敗那些優柔寡斷而且能力不足的陰謀策劃者。大約有7萬名市民站在前進的坦克車上，保護莫斯科的俄羅斯國會大廈——白宮（White House）。葉爾欽登上一部熄火的坦克車，宣布「俄羅斯的重生」，在人民心中烙下令人難以忘懷的英勇形象。

陰謀策劃者安排了發動政變的時間，以便搶在戈巴契夫簽訂《聯邦條約》之前行動，並且企圖恢復中央集權的蘇聯，他們的失敗讓蘇聯處於瓦解的狀態。葉爾欽解散俄羅斯共和國（Russian Republic）中由共產黨創始的蘇聯權力中心來加以還擊，這次的政變也激起了脫離運動。波羅的海諸國在9月6日宣布獨立，而心臟地區如烏克蘭與白俄羅斯境內發生的運動，亦以相同的方式進行。俄國人開始感受到帝國對他們來說是個負擔，在12月1日時刮起致命的暴

風，有90%的烏克蘭人民，包括說俄語的東部地區在內，投票支持烏克蘭完全獨立。

　　此時葉爾欽認為蘇聯已經垮臺，葉爾欽和他的經濟顧問似乎相信，他們所規劃的市場改革如果只在俄國境內實行，會運作得更迅速穩固。他們保留了接收自蘇聯的稅金，並且在12月21日繼續進行與烏克蘭和白俄羅斯領袖的協商談判，洽商以新的獨立國協（Commonwealth of Independent States, CIS）來取代蘇聯的相關事宜。由葉爾欽領導的俄羅斯共和國負責承擔國際責任，並且維持蘇聯的勢力。戈巴契夫在西元1991年的聖誕節辭職，將核子武器密碼（Nuclear Weapons Codes）移交給葉爾欽負責。克里姆林宮上紅色鐵鏈與鐮刀的旗幟被扯下來，升起一幅新的俄羅斯國旗──三色旗。至此，蘇聯在世界舞臺上完全消失。

　　那天早晨以後，處於困境中的葉爾欽和俄國面對曾經擊垮戈巴契夫與蘇聯的多重挑戰，葉爾欽的第一個挑戰是逆轉經濟下滑的趨勢。與戈巴契夫不同，葉爾欽相信私有財產與市場經濟。西元1992年1月，他那年輕的財政部長蓋達（Yegor Gaidar）對俄國的經濟實施了令人震驚的整治，他利用自由定價與廢除補助金的方式突然開放市場。稍後在西元1992年時成為總理的蓋達展開了龐大的私有化計畫，這項私有化計畫最後將12萬2千家企業轉換為私人企業；將51%的企業股份撥給負責人與雇員。所有俄羅斯共和國的公民都收到價值一萬盧布（約合25美元）的兌換券，他們可以利用這些兌換券來投資公司、賣給其他投資人或者交換共同基金的股份。西元1994年6月底，當這些兌換券滿期時，私營企業的生產量已經占俄羅斯共和國國民生產毛額的62%，他們僱用86%的俄羅斯工業勞動力。私營企業裡有4,000萬的俄羅斯股東。

　　但是俄羅斯的經濟對自由市場的反應，不如波蘭、捷克或匈牙利的經濟正面。生產力並未提升，很多俄羅斯人厭惡競爭和盈利是個問題；另一個問題是，缺乏清楚的經營所有權，或者避免買賣詐欺的保護措施，導致極少有機會取得外國或國內資金來開創新公司或升級舊公司。雖然零售商與餐廳業非常繁榮，但是通常謀取暴利的大企業比較樂意將取得的資產及資金移往國外，而不是投入國內的生產力。那些大企業包括機敏地利用儲備股份與犯罪手法的「紅頂商人」。據估計，在西元1990年時，利用有組織的犯罪行為，大約控制了40%的經濟。壟斷者以勢力排擠競爭者，結果造成古德曼（Marshall Goldman）所稱的「供應端不景氣」（Supply-Side Depression）的現象。在西元1992年底，雖然沒有新商品的流動，但是物價卻暴升20倍。在麵包價格30年不變的國家裡，這樣的現象是令人印象深刻的震撼。

西元1993年時俄羅斯各地有30%到80%的人民生活在貧窮線（Poverty Line）以下。新窮人與新富人之間日益加寬的貧富差距，引起人民的強烈痛苦，新窮人包括薪水永遠趕不上通貨膨脹的腳步。工廠倒閉的受害者與領養老年金生活的人，他們的處境和在莫斯科街角販賣丈夫勳章的寡婦一樣。新富人包括那些曾經使自己成為私有化工廠〔憤世嫉俗的人稱私有化是「霸占化」（Grabitization）〕主人的人，以及有私人警衛保護，坐在豪華轎車裡誇耀新財富的新百萬富翁們。理論上在共產主義之下不存在的白領階級犯罪，與小規模的街頭犯罪行動，現在卻變得很普遍。因為健康照護與社會服務制度已經崩潰，致使男性的平均壽命滑落到58歲，從西元1992年到西元2000年間，俄羅斯的人口實際上衰減將近300萬人。在欠缺穩定的貨幣及商事法的架構下，很多企業求助於易貨貿易。如細細涓流般的西方投資與國際貨幣基金會（IMF）的些許貸款略有幫助，但是為了符合國際貨幣基金會平衡預算的標準，因此政府不但無法救濟窮人，而且還激起人民爭相指責是西方的干預使得事態更加惡化。

在西元1998年時，俄國的經濟似乎已將跌到谷底，當俄國的經濟在十年內衰退了將近53%之後，人們預期這將是俄國年生產量首度止跌回升的一年。但是在8月時，卻因為亞洲投資突然失敗所帶來的副作用，再加上世界石油價格的下跌，迫使俄國不得不拖欠4,000萬美元的外債，而盧布則貶值75%。由於抽回資金引發銀行倒閉，使大部分俄國新中產階級的存款和投資蕩然無存。有越來越多的俄國人認為，所有的私有財產都是邪惡的，他們將市場經濟與貧困、腐敗墮落、「親資本主義」、人身不安全、國家蒙羞畫上等號。雖然俄國的經濟終是躲過一劫——並沒有發生西元1921年或1931年時的經濟大恐慌，但是沒有任何已開發國家曾經體驗過財富蒸發如此激烈的經歷。

葉爾欽所面對的第二個挑戰是，讓有效率而且合法的民主選舉制度在俄羅斯人的生活中落實生根。這個挑戰所面臨的困境也與上個挑戰相同，雖然俄羅斯幸運地逃過了處於獨裁政治或無政府狀態的災難，但是葉爾欽的評價毀譽參半，在新俄羅斯共和國，陳列窗裡滿是商品，但是只有少數人有幸致富，很多曾經過著舒適生活的公民現在反而淪為窮人。

在葉爾欽擔任俄羅斯總統的八年半裡（西元1991-1999年），幾乎掌握著無限的行政權力，粗野地對待國會。西元1991年8月，他曾站在坦克車上為挽救國會而努力，但是在西元1993年10月，他也一樣站在坦克車上攻擊國會。在西元1990年的國會選舉中占優勢的是前共產主義的共產黨官員，以及前國家壟斷者。這些勢力利用投票贊成印製新貨幣，以承擔社會救濟措施與發放葉爾欽

試圖中止效能不彰的國家企業補助金等承諾，來打擊葉爾欽的節約政策。葉爾欽——隨著西元1990年代西方柴契爾夫人的腳步，並且面對來自可控制他取得西方援助的國際貨幣基金會的壓力——對通貨膨脹的恐懼，更甚於失業率與社會混亂。西元1993年4月的公民投票結果顯示，雖然要經歷縮衣節食的痛苦，但是民眾還是選擇支持葉爾欽和他的市場經濟。葉爾欽於西元1993年9月21日解散國會。被軟禁在白宮（莫斯科的國會大廈）裡的國會領袖們，指揮示威運動者攻擊莫斯科市政府，以及政府的電視廣播中心。葉爾欽則派遣坦克車與白宮對抗。忠於俄羅斯總統葉爾欽的裝甲部隊，射擊莫斯科的國會大廈，因當時國會領袖們占領了國會大廈並曾經組織群眾示威運動，以對抗葉爾欽迅速朝市場經濟邁去的步調。大約有120人因為國會大廈頂樓遭到射擊並起火燃燒而喪生。自西元1905年以來，莫斯科的街頭就不曾看見如此的暴力事件。

　　葉爾欽利用武力堅持解散國會，並在西元1993年11月頒布了一部新憲法，確認總統的職權，根據該部憲法，俄羅斯總統所具有的權力遠超過美國與法國總統。在公民投票（投票率為53%）裡，有超過60%的選民投票通過這部新憲法，所以葉爾欽認為人民已經授權他可以依照自己的想法來管理國家。不過他並沒有廢除議會，緊迫在後的是兩個懷有敵意的政黨。在西元1993年12月的國會選舉中，新法西斯主義自由民主黨（Liberal Democratic Party）的季里諾夫斯基（Vladimir Zhirinovsky）以將近23%的得票率勇奪第一。已經分裂成數個政黨的葉爾欽支持者，總共只囊括30%的選票。在西元1995年12月的國會選舉中，共產黨那擅長於隱藏真正意圖的領導人久加諾夫（Gennady Zyuganov）領先群倫（21%），季里諾夫斯基則退居第二。葉爾欽總統交替以脅迫及忽略的手法來應付這兩個政黨。直到第二屆立法機關任期屆滿，在西元1999年12月的選舉中，葉爾欽才擁有屬於自己的國會基礎。就在這一段時間裡，葉爾欽在由受到優惠的企業家所資助的媒體競選活動的協助下，於西元1996年7月連任第二屆的俄羅斯總統，他的勢力已經鞏固。雖然他只得到少數人民的認同，但是其他候選人的狀況更糟。

　　雖然葉爾欽總統必須要求國會認可他所提名的總理人選，但是因為他的行事作風越來越專制，所以國會其實只是他的應聲蟲，而且決定解散國會的也是葉爾欽。任期最長的總理是丘諾米丁（Viktor Chernomyrdin，西元1992至1998年），丘諾米丁以前是國家天然瓦斯壟斷事業的首長，現在則是龐大的私營瓦斯壟斷企業——天然氣產業公司（Gazprom）最大的股東。當葉爾欽因為健康因素而行動不便〔他在西元1996年時曾經接受過五重心血管繞道手術（quintuple bypass operation），一般相信是因為飲酒過量導致他的健康受損〕

時，丘諾米丁在新企業的精英分子之間，建立了獨立的權力基礎。他所採取的行動顯然是要阻礙新敵手的進階之路，故葉爾欽在西元1998年3月將丘諾米丁免職。在接下來的八個月裡，俄羅斯共歷經四任總理，有時甚至是由沒沒無名但是具有員警或保安工作背景的年輕人擔任總理，其中有一個人只就任82天就下臺了。

在葉爾欽總統的專制統治時期，俄國民主制度依賴評論性的出版品、公開辯論與角逐選戰等活動蹣跚而行。西元1990年代初期的西方觀察家憂心，俄國總統權威的鞏固會使得兩個極端的政黨少有生存空間。共產黨大部分是為那些已經過時而且正在消逝的人代言；極右派則帶著他們的民族主義、宗教基要主義（fundamentalism）、君主主義懷舊之情、反西方主義（anti-Westernism）與反猶太主義的惡意圖謀，集結於季里諾夫斯基旁邊，不過，當人們知悉季里諾夫斯基那荒唐可笑的計畫（例如奪回阿拉斯加），以及他的猶太人血統時，他的信譽盡失。俄國最嚴重的政治問題，除了幾乎無可管束的總統權力，他們無法防止繼任者濫用總統職權如貝瑞左夫斯基（Boris Berezovsky）──越來越大的政治影響力。貝瑞左夫斯基曾經在西元1996年時，利用他在媒體的勢力幫助葉爾欽再度競選總統。

在經濟復甦而且政治合法化之後，葉爾欽所面對的第三項挑戰是俄國與外界的關係。一個先入為主的重要觀念是「近鄰」政策，所謂近鄰是指那些曾經屬於蘇聯的一部分，但現在則環繞在俄國周圍的新獨立國家。葉爾欽試圖利用俄國那高人一等的能源資源以及軍事力量，使獨立國協擁有實質上的權利，但是俄國經濟的困境以及民族情感的力量，卻使獨立國協變成一個影子般的組織。有些已經脫離的共和國擁有豐富的石油及其他戰略資源，其中有三個國家──白俄羅斯、烏克蘭及哈薩克甚至擁有核子武器，他們與俄國爭執那些核子武器的所有權。有些新的共和國淪為國內民族分裂（在亞美尼亞、喬治亞與亞塞拜然曾經爆發流血內戰）的受害者。有些中亞的共和國在與他們為鄰的伊斯蘭教國家之間擺動，態度曖昧地夾在世俗的土耳其與基要主義的伊朗之間。

既然現在有2,500萬的俄國人居住在「近鄰」身旁，所以人們預期俄國可能會對它的鄰國施壓──或者以更惡劣的方法對待他們。西元1918年到1920年間，似乎一再地重複獨立與收復的循環。白俄羅斯於西元1999年簽署一份條約，含糊地承諾與俄國一起加入鬆散的邦聯。喬治亞認為自己應該接受俄國大軍壓境，協助他們政府對抗民族脫離論者。西元1994年到1996年間，當葉爾欽試圖征服車臣（Chechnya）的高加索山脈邊境省分時，事件演變成血腥衝突。信奉伊斯蘭教的車臣游擊隊員奮戰不懈，這場戰爭在俄國相當不得人心。我們

似乎可以預見，未來俄國的邊境局勢將長期充斥著緊張與衝突。

在戰場之外，為了經濟與財政的原因，儘管北大西洋公約組織向東擴展，還是有很多俄國人疑心西方正在使俄國的問題更加惡化，但是葉爾欽卻不得不維持與西方的合作關係。違背很多視塞爾維亞人為斯拉夫人兄弟的人民的願望，葉爾欽很不情願地支持西方阻攔米洛塞維奇建立大塞爾維亞的計畫，相關內容我們將在下文討論。

隨著千禧年的結束，時時感到身體不適的葉爾欽，設法展現他最後一次的意志與膽量。在西元1999年12月31日午夜，葉爾欽突然辭去總統職務，並且提名既是前任總理也是他的追隨者──普丁（Vladimir Putin）擔任代理總統，此時離他任期屆滿還有一年多的時間。葉爾欽藉此將他的權力轉移給自己選定的繼承人，普丁所下的第一條與「寡頭政治執政者」關係密切的法案政令（Act Decreed），合法豁免葉爾欽和他家人的責任。

年僅46歲的普丁是前蘇聯國家安全委員會的官員，雖是突如其來地成為俄羅斯聯邦的領袖，但他在車臣的中興之戰（Renewed War）上的表現卻深得民心，而且在西元2000年3月26日時，憑藉自己本身的實力當選總統。他繃緊中央管理，改進財產的合法地位，並且對某些「寡頭政治執政者」採取獨斷的行動，那些「寡頭政治執政者」大都是擁有強烈獨立意識的電視廣播電臺。拜高石油價格與低盧布價格所賜，俄國的年經濟成長率為5%。即使俄國的基礎建設已被破壞，大部分的俄國人依然比布里茲涅夫掌權的時代還貧窮，而且雖然普丁拜訪布希總統並未達到阻止北大西洋公約組織擴張到他們家門口的目的，但是普丁依然於西元2004年3月在幾乎無人反對的情況下當選連任。民主制度與市場經濟雖然已經磨損，卻依然活躍在俄國境內。

創造民主，創造中東歐的市場

在前附庸國內，西元1989年的喜悅很快就為痛苦的現實所取代，那已經腐敗的老化結構很容易就會崩塌。但是在整個西元1990年代，要想在一張白紙上建立新的憲政政權、公民社會、經濟與價值體系，實在有著令人望而卻步的困難。

最不痛苦的轉變是過渡到選舉民主制度。有些具有國際水準的領袖出線，例如：辯才無礙的捷克總統哈維爾。但是在西元1989年時奪得政權的異議分子政治聯盟，在遇到與治理國家有關的困難抉擇時，仍然走上分裂之途。東歐最著名的異議分子領袖是團結工聯的領袖華勒沙，他在西元1990年12月時成為波

蘭總理，但是自此之後團結工聯很快就分裂爲二。事實上，波蘭有67個政黨參與角逐西元1991年10月的國會選舉，西元1990年3月的匈牙利選舉中有45個政黨加入選戰，西元1992年羅馬尼亞的選舉中，共有74個政黨參選。

　　這些國家的共同型態之一是，西元1989年的新領袖們，很快就因爲他們的理想主義與經驗不足而失去人民的愛戴。在失業率及物價猛然上漲、非決定性的選舉結果、四分五裂的政黨與軟弱的聯盟政府等種種因素的衝擊下，在自由的國會選舉裡，立陶宛（西元1992年）、波蘭（西元1993年9月）與匈牙利（西元1994年春天）的選民回頭支持共產黨員，使他們成爲國會多數派。華勒沙在西元1995年11月的波蘭總統大選中，敗給了前共產黨官員、後來轉而支持民主主義的華辛涅斯基（Alexander Wasniewski）。但是波蘭與匈牙利的前共產黨黨員聲明，自己已經轉爲支持民主制度與市場經濟。他們充其量只能減緩私有化的速度，並且對損失財物的人提供比較多的幫助。

　　另一種政治型態在巴爾幹半島比較常見，以務實的民族主義者身分，不斷回鍋參加選戰，前共產黨官員可以不中斷他們的執政權。保加利亞、羅馬尼亞、阿爾巴尼亞與南斯拉夫共和國的組成國，例如克羅埃西亞的杜吉曼（Franjo Tudjman）與塞爾維亞的米洛塞維奇都是如此。在這些國家裡，經由選舉認可但是以侍從主義（Clientelism）與任命權爲基礎的總統統治是一種規範。

　　難度更高的任務是從國家經營的共產主義經濟，轉換爲市場經濟。沒有前例可以參考並引導人們走過這段過渡時期，而且法律、制度與文化基礎正在改變。短期內所產生的立即性影響是，經濟活動從世界第三位的排名往後退。東歐主要的買主——蘇聯與經濟互助委員會（COMECON），不再向他們購買商品，而在自由的市場條件下，東歐無法與很多國家競爭。

　　中歐與東歐國家遵循不同的經濟策略。波蘭決定冒險一試縱身投入市場導向價格（Market-Driven Prices）制度。西元1990年1月1日廢除價格控制與補助金的制度，所以消費者突然必須支付很多錢來購買以前由政府補助的生活必需品。高失業率與高物價讓波蘭人度過兩年困苦的生活，但是企業家們（波蘭已經有私營產業）卻已經摩拳擦掌準備要回應市場需求。商店裡很快就擠滿了人潮，波蘭成爲歐洲經濟成長最快速的國家，從西元1995年到2000年間，波蘭每年的國民生產毛額都增加6%以上。

　　捷克斯洛伐克在總理克羅斯（Klaus，西元1992-1997年）的領導下，在前共產主義世界裡，執行第一項大規模的私有化計畫，克羅斯是一位以柴契爾夫人爲榜樣的經濟學家。雖然波蘭政府對於到底要廉價出售或者要結束國家大企

業（不論如何，它的市場占有率正在下降）感到猶豫不決，但是捷克斯洛伐克
卻在西元1992年時，利用核發兌換券給每個人的方式，將2,000家公司轉讓給
人民。大部分的捷克人把兌換券拿來交換大多是由銀行（事實上，銀行已經成
為大部分捷克工業的物主）組織而成的共同基金。匈牙利的經濟已經是東歐最
自由的經濟制度，所以變化比較緩慢。匈牙利國內信譽卓著的私人產業，對外
國的貸方頗具吸引力，匈牙利所吸引的外商投資額，大約占總投資額的一半；
西元1998年年底時，匈牙利的外商投資額已經超過1,500萬美元。而且在西元
1990年代晚期，匈牙利每年的外商投資額成長率也都超過5%。

　　其他的前共產主義國家不願意讓他們的人民暴露於嚴重的物價與失業率飆
升的狀態下。麥錫亞爾（Vladimir Meciar）說服捷克斯洛伐克裡積怒已久的斯
洛伐克人，於西元1993年1月1日脫離捷克斯洛伐克，麥錫亞爾以更加緩慢的
步調領導斯洛伐克人朝民主制度與市場經濟前進。一直到西元1990年代晚期，
羅馬尼亞和保加利亞才艱難地開始建立土地與商業財產的合法基礎。西元1997
年，因為不能確定農場的所有權，所以保加利亞那產量豐富的水果與蔬菜農場
依然休耕。

　　即使是在東歐這種最強固的後社會主義經濟體（Post Communist
Economies）裡，輸家也與贏家相互競爭。這個地區大部分國家的失業率是在
15%左右盤旋──在舊民主制度裡，這樣的生活條件已經夠艱難了，而且這幾
乎是前所未有（至少理論上如此）、十分令人難以忍受的失業率。在某些東
歐國家裡，也出現危險性頗高的通貨膨脹（西元1994年時波蘭的通貨膨脹是
34%）。部分是因為稅收偏低，部分是因為政治家覺得必須協助國內最貧窮的
人民，所以政府出現龐大的赤字。

　　在價值觀方面，如同哈維爾所悲嘆的一般，國家統治的意識形態信譽掃
地，為「迸發種種龐大而耀眼的聲浪」留下空間。那些曾經領導人民對抗共產
主義專制政治的異議分子，他們的民主理想主義（Democratic Idealism），在
未受教育的人民之間，通常會被西方豐富的物質生活與個人快樂主義的純粹渴
望所取代。西元1914年以前歐洲舊有的民族對立再度浮上檯面，種族問題不但
因為二十世紀的衝突而更加嚴重，並且容易被為了刺激群眾的動機而情急拚
命的領導人所操縱。遺憾的是，沒有一個東歐國家境內沒有少數民族，也沒有
一個東歐國家的各民族之間沒有情勢緊張的局勢。匈牙利的總理歐本（Viktor
Orban，西元1998至2002年）利用統一所有匈牙利人（其中有200多萬人住在羅
馬尼亞的外西凡尼亞，而有60萬人則住在斯洛伐克）的暗示來警告鄰國。而麥
錫亞爾的斯洛伐克則歧視匈牙利人和吉普賽人。

到底應該要忘記舊統治者的罪行〔如西元1975年以後的後法國西班牙時代（Post-Franco-Spain）的做法〕，或者要如第二次世界大戰以後，大部分獲得自由的國家的做法一樣，清算及審判前共產主義領導階層，是個很難的決定。德國人所採取的行動最極端，他們因為何內克與其他前東德的領導人，曾經下令員警射殺攀登柏林圍牆的年輕人，而裁定何內克與其他前東德的領導人，曾經有罪並且讓他們下獄服刑。開放播映《史黛西的微笑》（Stasi's Smile）這部電影，這部電影讓很多人了解在發現自己的配偶或朋友竟然是個告密者時，人們心中所感受到的痛苦。捷克斯洛伐克在西元1991年時通過一項「潔淨」（Lustration）法案，就字面上的意義來看，這項法案是將舊官員的行為暴露在陽光之下，而且不需經過司法程序的審判，在五年內，所有的舊官員都不准擔任官職。或許是惡意中傷，但是當有人指控華勒沙在西元1989年以前曾經是波蘭祕密員警的眼線時，「潔淨」法案可能產生和預期情況完全相反的結果。

西元2004年時，所有的舊共產主義政權都已經轉變成極端主義政黨，他們也沒有侵犯市場經濟的原則。各國的政黨數目已經穩定下來，人們似乎可以懷抱民主制度來挽救從共產主義過渡到市場經濟時的緊張狀態的希望。加入歐洲聯盟（European Union）的渴望，依然是有利於人們堅持往這個方向前進的最大力量。

新德國

兩個德國以迅雷不及掩耳的速度重新統一，改變了歐洲的面貌。現在是由一個特大號的經濟發電所支配歐洲的中心。但是在德國的鄰居們決定要如何作出反應之前，德國本身就必須先克服兩國統一之後所需的龐大經濟社會與心理成本。起先，「東佬」（Ossies）與「西佬」（Weissies）──前東德與前西德的居民，都有接受柯爾總理保證可以迅速合併與復興東德的傾向。東德的居民期待很快就能享有與西德居民一樣的生活水準，西元1990年12月2日以來，德國民眾讓天主教民主黨與他們的政治聯盟夥伴自由民主黨（Free Democrats）取得多數的勝利，來酬謝柯爾。

短時間內的重新統一，讓東德的經濟問題比其他的前附庸國更容易解決，但是也比較棘手。就加分的層面來看，西德正在為他們付帳單。就減分的層面來看，東德經濟崩潰的情況遠比其他國家還要徹底。「東佬」一點也不想要再開著衛星（Trabants）汽車，而且他們對於西方商品的渴望是如此強烈，以致於東德生產的牛奶必須先用卡車載到西德，並且在西德重新貼上標籤之後再回銷到東德。柯爾慷慨地讓東德的幣值與西德的德國馬克等同，於是東德的產品

價格比之前飆升了四倍，因而使得事態更加惡化。在這些情況下，大部分的東德企業已經賣不出任何產品。西元1990年到1995年間，負責清盤的機關——信託局（Treuhandanstalt），試圖銷賣、關閉或重組六萬多家隸屬於前德意志民主共和國的公營企業。當然，有很多公司賣不出去，因而不得不停止營業。他們的勞工無所事事。因此，即使東德是前附庸國中經濟最繁榮的國家，而且是唯一一個與富裕的兄弟西德重逢的國家，但在恢復到西元1989年以前的生活水準之前，東德依然必須走過一段大多數人民失業的時期——一種在共產主義統治下的人們前所未聞的苦難。

所以東德與西德必須在雙重負擔之下彼此了解，不只是因為經濟衰退，而且也因為投機取巧的「西佬」接管了管理職務、教學工作與媒體，使退場的「東佬」覺得自己好像是國家裡的二等公民。他們的保障、他們的身分地位，甚至是他們引以為傲的東德人自信突然憑空消失。在西元1989年以後的三年裡，前德意志民主共和國裡的生育率下降了60%，而結婚率則下降65%。屬於強勢的西德人對於為了要重建忘恩負義的東德，而必須繳納重稅的歲月，開始心懷憤慨。在再度統一的過程裡，東西德雙方的人民都有些上當的感覺。

首先受到阻撓的是前德意志民主共和國的特色——它的社會服務以及與其藝術家和知識分子成就一致的聲望。其次受阻的是西德光彩奪目的誘惑，哄騙了很多期待能夠立即過著豐裕生活的人，現在這些人卻反而要面對高失業率、失去社會保障，以及賺取的薪資比西德人低的景況。其次，德國的鄰居們想要知道應該如何抑制這個新興的中歐新超級強國。即便如此，德國的選民依然讓柯爾總理的天主教民主黨在西元1994年10月的選舉裡，再度成為國會多數派。社會民主黨終於在西元1998年9月的選舉裡，設法利用施羅德（Gerhard Schroder）的「新中產階級」，終於把柯爾擊敗時，柯爾已經統治德國16年，在位的期間比希特勒還久。西元2000年時，將首都遷回莊嚴的柏林市的德國，是世界上第三個經濟強國。儘管如此，德國的失業率依然超過10%，而且也還沒克服重新統一以後所帶來的經濟、社會與心理壓力。

第三節 南斯拉夫的內戰和九一一事件

　　中歐與東歐地區的燙手山芋是南斯拉夫。有些歐洲人和美國人認為南斯拉夫無可救藥地沉浸於自古以來的敵意。雖然國內充斥著古老的敵意，但是輸入擁有現代西方觀念的巴爾幹半島人民腦中的是：「各個民族必須擁有屬於自己的民族國家」，這種觀念會激起他們扼殺大塞爾維亞、大羅馬尼亞、大阿爾巴尼亞等強行加諸於巴爾幹半島人身上的種族主義的企圖。

　　當塞爾維亞總統米洛塞維奇發現在後共產主義世界裡，具煽動性的民族主義很有效之後不久，他就開始削減塞爾維亞國內的非塞爾維亞人的權利。西元1989年，他廢除科索沃的阿爾巴尼亞多數民族，以及伏伊伏丁納（Vojvodina）的匈牙利少數民族先前所享有的半自治權，並且開始以塞爾維亞人取代這些民族的人，來擔任員警與教師的職務。克羅埃西亞共和國與斯洛維尼亞共和國以更加頑強的分離主義來回應。

　　前南斯拉夫的戰場：波西尼亞首都塞拉耶佛的一個足球場，如今已經變成墓地。

　　塞爾維亞的中央集權主義與斯洛維尼亞人、克羅埃西亞人的分離主義之間並沒有妥協的餘地，所以重新協商建立比較鬆散的南斯拉夫聯邦體制是不可能的。克羅埃西亞和斯洛維尼亞在西元1991年6月25日宣布獨立，歐洲領袖們企圖保留對他們的外交承認，直到這些分離的共和國在憲法中納入對少數民族的保障為止，但是德國不但偷跑，而且在西元1991年的聖誕節時給予這兩個新國家外交承認——這是新德國在外交事務上首度耀武揚威。

　　新獨立的斯洛維尼亞與克羅埃西亞國內的塞爾維亞少數民族，在以塞爾維亞人占優勢的南斯拉夫聯邦軍團（歐洲第四大軍團）的支持下，拿起武器反抗。雖然南斯拉夫地區最具同質性的斯洛維尼亞有能力阻擋聯邦軍團，但是塞爾維亞少數民族占總人口12%的克羅埃西亞，卻在西元1991年7月時為內戰所吞沒。克羅埃西亞國內的塞爾維亞人將他們沿著東南部與波士尼亞接壤的邊境地，轉變成「卡拉吉納塞爾維亞共和國」（Serbian Republic of Krajina）。塞爾維亞總統米洛塞維奇承認卡拉吉納（沒有其他國家跟進），並且允許南斯拉夫軍團援助卡拉吉納的國民兵。克羅埃西亞的民族主義者以同樣的方法回敬他們，克羅埃西亞的內戰殘忍地瞄準平民百姓，而塞爾維亞軍隊則炮轟歷史古城多布洛尼克（Dubrovnik）與弗科瓦（Vukovar），畢竟這是二十世紀克羅埃西

亞與塞爾維亞之間的第四場戰爭。塞爾維亞人忘不了西元1941年到1944年間，獨立的克羅埃西亞人——親納粹的烏斯塔沙（Ustasha），對他們進行大屠殺的創痛回憶；克羅埃西亞人則是想到塞爾維亞人如何總是統治南斯拉夫聯邦。獨立的克羅埃西亞總統突基曼（Franjo Tudjman，西元1991至1999年），在西元1970年代時曾因身為歷史學教授卻從事民族主義活動而入獄，因為他採用了一些烏斯塔沙的符號標誌而使事態更加嚴重。

接下來，當波士尼亞於西元1992年3月1日投票決定獨立之時，戰火就蔓延到波士尼亞國內。波士尼亞境內約占總人口30%的塞爾維亞人拒絕接受以回教徒為主的國家（在鄂圖曼帝國統治時期，斯拉夫人改變信仰皈依回教）。在塞爾維亞政府與南斯拉夫聯邦軍團的協助下，波士尼亞境內的塞爾維亞人組成國民兵。因為波士尼亞是民族最複雜的共和國，也是南斯拉夫異族通婚與異族混雜的鄰國所承認的非宗教性、多民族國家的典範，所以波士尼亞的內戰戰況特別激烈。各民族都利用「種族淨化」（Ethnic Cleansing）的策略試圖維持他所控制的地區的團結統一，他們有條不紊地將「外國」民族趕出他們的國家，集體強暴他們的婦女，或者甚至為了將複雜的鄰近地區轉變成具同質性的地區而殺害當地居民。波士尼亞的首都塞拉耶佛——波士尼亞的塞爾維亞人觸發第一次世界大戰之處，被塞爾維亞的軍隊所包圍，塞爾維亞的炮隊從西元1992年4月到1995年9月，以高角度將炮彈射向擠滿人群的街道。根據估計，西元1995年年底，大約有20萬人死於前南斯拉夫地區，有300萬名難民被迫離開家園。西元1945年或者甚至西元1918年時，人們以為將永遠不會再有的總體戰，再度重現歐洲土地。

經常在電視上看見這些冷酷殘忍的行為，使歐洲和美國的公民希望自己也能夠盡一份心力提供協助、改善狀況。但是人們並不清楚外國軍隊要如何成功介入一場沒有國境界線、鄰國彼此相攻的戰爭。起初美國和歐洲聯盟都試圖止息戰爭，並且禁止派遣軍隊進入波士尼亞。但是，這項解決方案卻對西元1993年和1994年贏得最多戰爭利益的塞爾維亞有利。西元1994年中，他們占領了波士尼亞一半以上的領土，以及克羅埃西亞四分之一的國土。分割國界的談判並未讓任何一方感到滿意，他們都希望能夠拿到更多土地。

聯合國在西元1992年初派出一支維護和平的軍隊，並且劃定六個「安全區」，受到威脅的人民可以在安全區裡受到保護，不致被伺機殺人越貨的戰士欺侮。但是因為大部分的西方國家都不願意讓自己的軍隊投入這場危險且含糊不清的作戰任務，所以令人遺憾地出現人手不足的情況。西元1994年，當波士尼亞的塞爾維亞人越過聯合國的戈拉日代（Gorazde）「安全區」時，美國不

顧英國與法國的反對（他們參與歐洲聯盟的軍隊易受責難），批准北大西洋公約組織對波士尼亞的塞爾維亞陣地，展開第一次的空中攻擊行動。波士尼亞國內憤怒的塞爾維亞人則於西元1995年5月，以350位歐洲聯盟的士兵為人質，而且在7月時越過聯合國的斯雷布雷尼察（Srebrenica）安全區，屠殺在當地擄獲的7,000多名男人與男孩來回敬美國的攻擊。這是自第二次世界大戰以來，歐洲規模最大的屠殺行動。

反塞爾維亞的軍隊現在得到西方國家的援助。克羅埃西亞人與回教徒和解，一起對抗他們在波士尼亞的塞爾維亞敵人，並且重新收復波士尼亞的失土。西元1995年夏天，一支克羅埃西亞的軍隊與美國和德國共謀重新武裝，並且接受再訓練，以澈底摧毀塞爾維亞的卡拉吉納飛地以及斯洛維尼亞西部地區，將克羅埃西亞東南部與南部約十八萬名塞爾維亞人趕離他們的家園。突基曼總統已經贏得屬於自己的戰爭，而克羅埃西亞則變成一個頗具同質性的國家。

現在由北大西洋公約組織從聯合國與歐洲聯盟的軍隊手中，接管在前南斯拉夫的作戰行動。西元1995年9月初，北大西洋公約組織對波士尼亞的塞爾維亞公共建設以及軍事陣地展開大規模的空襲。此時，米洛塞維奇投機地停止支持境外的塞爾維亞人，並且與西方簽訂協議。他利用西元1995年11月在俄亥俄州戴頓市（Dayton）的萊特—派德森（Wright-Patterson）空軍基地，要從頑抗的交涉者手中擰出不穩定的和平時，犧牲塞爾維亞來保留自己在塞爾維亞的勢力。戴頓協議（Dayton Agreement）強迫波士尼亞的塞爾維亞人歸還49%的波士尼亞領土，並且答應讓他們居住在鬆散的波士尼亞聯邦國家裡的請求。由於在重要關頭時，美國和北大西洋公約組織派遣軍隊強迫執行戴頓協議，所以他們聯合組成大塞爾維亞的抱負受挫。特別聯合國國際戰犯審判法庭（special UN tribunal）以戰爭罪起訴7名克羅埃西亞人與57名波士尼亞的塞爾維亞人，但是最引人注目的幾個人，包括波士尼亞的塞爾維亞人領袖卡拉季奇（Radovan Karadzic）與軍事指揮官穆拉第奇（Ratko Mladic）將軍，他們本來應該要為斯雷布雷尼察大屠殺負起直接的責任，卻受到族人的庇護。

在簽訂戴頓協議之後，前南斯拉夫這個大鍋爐為了修復戰爭的創傷，交戰各方都贊同不完美的和平（Imperfect Peace）。不過，民族主義者的要求已經解開了科索沃的束縛，這個塞爾維亞的南部省分——塞爾維亞宗教重鎮，及西元1389年發生對抗回教徒的壯麗科索沃盆地〔Kosova Polje，畫眉之域（Field of the Blackbirds）〕戰役之處——因為人口的遷移與自然增加，已有90%的居民屬於回教的阿爾巴尼亞人。米洛塞維奇於西元1989年時剝奪了他們的地區自

治權，西元1997年以後，科索沃的阿爾巴尼亞人拋棄了比較愛好和平的領袖，並且越來越支持好戰的科索沃解放軍（Kosovo Liberation Army, KLA）。西元1998年夏天，米洛塞維奇派遣塞爾維亞軍隊進入科索沃，肅清阿爾巴尼亞人居住的邊境地區，並且阻止軍隊和自願軍流入科索沃解放軍。塞爾維亞的士兵與自願軍任意讓整個村莊變成空無一人的無人村，讓數千名科索沃的阿爾巴尼亞人變成難民。

西元1999年2月，米洛塞維奇拒絕接受西方外交官的妥協方案（科索沃解放軍已經以接受解除武裝並且放棄獨立為條件，來交換地區的自治權與塞爾維亞軍隊撤軍）。他反而加速淨空科索沃阿爾巴尼亞人村莊的步調。因為擔憂大規模的難民潮會顛覆鄰近的馬其頓、阿爾巴尼亞，甚至是希臘，所以西方國家同意調整軍事行動的速度，比他們決定在波士尼亞進行軍事干預的速度還快。西元1999年3月24日開始，北大西洋公約組織就對幾個有限的塞爾維亞軍事目標發射導彈，希望如波士米亞戰爭般逼迫米洛塞維奇投降。但是米洛塞維奇反而開始將所有的阿爾巴尼亞人趕出科索沃，並且將因此產生的難民潮歸咎於西方的武力介入。因為不願意讓地面部隊冒險進入變幻莫測的地勢之中，所以北大西洋公約組織企圖利用空中攻擊來擊潰塞爾維亞軍隊。雖然北大西洋公約組織試圖瞄準幾個戰略位置，但是塞爾維亞優秀的空中防禦卻迫使他們的飛機不得不維持在1萬5千呎的高空中飛行。這場戰爭必然會有塞爾維亞公民犧牲，而且塞爾維亞公民的死傷正如米洛塞維奇所願，讓俄國與西方國家的輿論心生不忍。因為技巧純熟的偽裝與疏散，使塞爾維亞的裝甲部隊免於北大西洋公約組織的飛彈攻擊（為了避免被偵測到，塞爾維亞只會臨時啟動他們的雷達），所以北大西洋公約組織不得不鏟除塞爾維亞公民的公共建設。當發電廠與橋梁遭到破壞時，貝爾格勒的居民在街道上跳舞，並且唱出他們對北大西洋公約組織的藐視。不過就在78天以後，於3萬6千枚導彈的攻擊以及俄國拒絕提供軍事援助的情況下，米洛塞維奇同意從科索沃撤軍，並且在西元1999年6月9日接受北大西洋公約組織負責維護和平的軍隊進駐科索沃。雖然大部分的塞爾維亞人依然相信他們國家的戰爭動機是正義合理的，但是他們漸漸地承認米洛塞維奇已經毀滅了他們的故鄉，並且讓國家變得腐敗墮落。已經四分五裂的反對團體，終於以溫和穩健的民族主義法學教授科斯圖尼察（Vojislav Kostunica）為核心團結起來，參加西元2000年9月24日的南斯拉夫總統大選。當官方的選舉委員會拒絕認可科斯圖尼察的勝選，並且試圖舉行決勝選舉（Run-Off Election）時，憤怒的群眾齊集貝爾格勒。10月5日，他們猛衝並且焚燒議會以及國家電視臺建物。變節支持科斯圖尼察的員警與軍隊的重要領袖，於10月6日強迫米

洛塞維奇步下南斯拉夫總統之位。12月，在塞爾維亞舉行的地區選舉之後，米洛塞維奇的政黨徹底垮臺。南斯拉夫聯盟（rump of Yugoslavia，此時塞爾維亞的實力已經減弱，而倔強的蒙特內哥羅人的勢力卻越來越強），終於可以開始從西元1945年以來歐洲首次真槍實彈的戰爭中恢復。西元2001年4月，新政府以貪汙賄賂及濫用職權的罪名逮捕米洛塞維奇。6月28日，在西方國家的壓力下，南斯拉夫聯盟將米洛塞維奇送交聯合國國際戰犯審判法庭，他在海牙為前南斯拉夫違反人性的罪行接受審判。

歐洲聯盟：深耕與擴展之間

　　西元1989年以後，是自第二次世界大戰以來，人們首次可見一個真正統一的歐洲，而不再是一個用圍牆隔成兩半的歐洲。歐洲共同體以兩種涵義或許相互矛盾的策略來面對這些新的機會，如：加深共同體會員國之間的團結、擴展共同體會員國的數量。歐洲共同體執行委員會（EC Commission）的主席戴洛爾（Jacques Delors，西元1985至1995年）——自西元1960年代的哈爾斯坦（Walter Hallstein）以來，最積極主動的執行委員會主席，他的第一個動作是加強共同體會員國之間的團結力。

　　西元1986年的歐洲單一法案已經規劃了大膽的新議程：1.暢通無阻的勞工；2.資本與服務轉移；3.單一歐洲貨幣；4.共同的外交與軍事政策。當暢通無阻的勞工、資本與服務轉移於西元1993年1月1日開始生效時，銀行、保險公司、專業人員與巧手工匠，就可以在整個歐洲共同體內出售他們的技藝（舉例來說，雖然語言和文化障礙的問題依然存在，但是理論上歐洲的律師比美國的律師行動更加自由）。就在當天，歐洲共同體更名為歐洲聯盟（European Union, EU；歐盟）。

　　法國總理密特朗與德國總理柯爾想要維持西元1986年的單一法案，在他們的鼓勵之下，執行委員會主席戴洛爾著手準備將歐盟往前推向單一法案訂定的下個階段：單一貨幣以及共同的國防與外交政策。但是十二個會員國對這項行動所懷抱的熱誠參差不齊，尤其是英國。一直到西元1990年11月，英國首相柴契爾夫人因為所屬政黨黨內的意見分歧而不得不下臺之時，在十一年的執政生涯裡，柴契爾夫人對此始終抱持反對的意見。不過繼任的保守派首相梅傑（John Major）同意接受有限制的聯邦制度。歷經一年的費力妥協之後，協定在荷蘭馬斯垂克城（Maastricht）召開大會，擬定了一份協定，同意自歐洲共同體成立以來最激進的修訂本：西元1998年朝單一貨幣目標邁進的時間表、開

始形成外交與國防政策、增加多數決的使用，以及賦予議會更大的權力。

事實證明，要十二個會員國都能同意《馬斯垂克協定》是一件非常困難的事。取得認可的過程顯示，民眾非常反對布魯塞爾的歐洲共同體官僚體制，而且在面對新的歐洲健康與環境標準威脅的問題時，例如：狩獵、釀造業與乳酪製作等，他們更是以民族傳統處理為依歸。丹麥必須舉行兩次投票才能決定是否同意《馬斯垂克協定》，而法國則只有51%的人同意《馬斯垂克協定》。最後當《馬斯垂克協定》終於在西元1993年11月生效時，努力加強彼此間團結力所遭遇的限制就更明顯了。

即便如此，歐盟依然設法往前邁進一大步。西元1999年1月1日，幾乎是按照預定的時間表，十一個歐盟會員國同意將他們的貨幣混合成一種單一的歐洲貨幣──歐元（Euro）。起初，歐元只是一種「虛擬」貨幣，僅供會計用途。命名為歐元的實際鈔票與硬幣則於西元2002年1月1日開始流通，而十一種曾經有過輝煌歷史的貨幣──法郎、里拉與馬克等等，則在數個月之後走入歷史。剛開始時，這項大膽的統一步驟似乎顯得不切實際。在西元1992年9月一度發生的經濟衰退中，英國和義大利已經退出歐盟先前的貨幣結構──歐洲貨幣體系。經過一段時間的成長，以及藉助可節省大筆匯兌成本的企業家的支援下，為了讓貨幣可以彼此融合，眾會員國設法將他們的通貨膨脹、預算赤字以及國家債務的數據降到比較低的德國水準（依照這種方式可以容忍高失業率）。此後，在大部分的西歐國家中──大小與財富約略等同於美國的地區，只要是在歐元的使用區域裡，人們就不再需要為了跨國貿易而兌換貨幣。但是，這十一個使用歐元的國家，依然無法利用單一貨幣貶值來刺激他們的地方經濟。歐元的創辦人希望，歐元可以成為在存款與交易的流通量上都可以與美元一爭高下的貨幣。但是在二十世紀末網際網路景氣看好的時代裡，投資人依然支持美元，在西元2000年8月，歐元的價值已經從1.17美元滑落到0.87美元。然而，因為激增的美國預算赤字削弱了美元的勢力，所以在西元2004年時歐元升值為1.20美元。

加強歐盟國家的團結問題重重。除了貨幣與貿易層面之外，歐盟依然維持著鬆散的主權國家邦聯制度。雖然在比較沒有遠見的桑德爾（Jacques Santer，西元1995至1999年）主席與普羅迪（Romano Prodi，西元1999年至今）的領導下，超越國家的執行委員會只是負責政策的執行，但是由國家領袖們所組成的歐洲理事會（European Council）卻越來越像是歐盟的馬達。此外，四個歐盟會員國──英國、瑞典、丹麥與芬蘭，依然置身歐元區外的事實，意味著歐盟現在完全處於前所未有的多層次運作狀態。

　　所採取彈性政策使擴展會員國數目的工作變得比較容易。依然是歐洲自由貿易協會（European Free Trade Association, EFTA）的會員國——瑞典、芬蘭（但是挪威不包括在內，因爲挪威擁有石油與天然瓦斯資源，所以得以經濟獨立，而且漁民與農民也比較支持地區保護貿易制度）與奧地利——在西元1995年1月1日成爲歐盟的會員國，使歐盟的會員國增加爲十五個國家。

　　我們可以理解，西元1990年代很多前蘇維埃附庸國在經濟與政治上的成就，使他們擁有成爲歐盟會員國的身分。不過卻帶來令人卻步的問題，他們將面對龐大的經濟援助成本威脅。當國內的失業率高達10%時，會員國就會擔憂出現找工作的人潮。眾多無效率的東歐農民，可能會使成本已經很高的共同農業計畫（Common Agricultural Program, CAP）陷入困境。有五分之一的波蘭人口依然靠著平均每人不及12英畝的土地維生。

　　在準會員國這一方面，農民與企業家們恐懼有效率的西方製造商，但是大部分的人預期利益比成本更重要。西元2003年時有十個準會員國的公民投票通過加入歐盟：拉脫維亞、愛沙尼亞與立陶宛等波羅的海諸國、波蘭、匈牙利、捷克共和國、斯洛伐克、斯洛維尼亞，以及馬爾他和賽普勒斯兩個島國。雖然公民投票的結果並沒有失敗，但是在馬爾他卻只有54%的人認同加入歐盟，而拉脫維亞和愛沙尼亞則爲67%。西元2003年4月16日，這十個準會員國與歐盟簽署入會規定。

　　分配這二十五個會員國的行政職務與加權選票的分量，是一件非常棘手的事。因爲會員國明顯的不情願，所以必要的程序性調整進展相當緩慢。《阿姆斯特丹條約》（Treaty of Amsterdam，西元1999年5月1日）只是略微擴展了議會與執行委員會主席的權力，在理事會裡與投票有關的重大糾紛，幾乎使西元2000年12月召開的尼斯高峰會（Nice Summit）受挫。最令人感到難堪的是，西元2003年7月18日發布的新「歐洲憲法」（Constitution for Europe），在11月時卻因爲波蘭與西班牙的反對而被擱置一旁。

　　然而有十個準會員國在機器還沒準備好，而且也還有嚴重限制的情況下，於西元2004年5月1日加入歐盟。舊有的會員國可以限制從新會員國來的勞工移民長達七年的時間。歐盟會幫助起始點位於舊會員國水準的四分之一的農業國，在西元2013年時得以與舊會員國的水準並駕齊驅。這些國家具有二等會員國身分，是歐盟以加強彼此的團結力爲代價，來換得增加會員國數目的結果。

　　另一個歐洲人可能爲其爲核心聚集資源的是北大西洋公約組織。蘇聯的消失，似乎奪走了北大西洋公約組織存在的理由。但是，北大西洋公約組織不但沒有從世界上絕跡，而且還向外擴展吸收了東歐的新會員國。此外，北大西洋

公約組織也在西元1999年於科索沃，首度在北大西洋公約組織的領土之外展開全規模的軍事行動。即使沒有共產主義的威脅，歐洲人也必須爲俄國和巴爾幹半島那不穩定的邊界，預做共同防禦措施的準備。歐洲人對於美國在歐洲防禦上所扮演的角色有著矛盾的反應。一方面他們希望美國可以繼續負擔一部分的歐洲防禦；另一方面，美國在北大西洋公約組織的優勢，卻讓他們更加渴望在國防議題上擁有更多的獨立性。歐洲人先是撢去於西元1948年成立、西元1954年啓動運作並控制西德重整軍備行動的西歐聯盟（Western European Union, WEU）上的灰塵，使西歐聯盟能以北大西洋公約組織的「歐洲樑柱」身分再度復興，他們認爲西歐聯盟應該是可以與美國並駕齊驅的夥伴。在西元1991年初的海灣戰爭（Gulf War）與西元1992年以後的前南斯拉夫封鎖行動時，正式將參與的歐洲軍隊稱爲西歐聯盟。

　　歐洲共同體與聯合國無法遏止在波士尼亞發生的大屠殺，這意味著他們還有需要加強的部分。西元1999年的歐洲依然持續發展潛藏的主從關係，70%的科索沃空中轟炸任務都是由美國負責。雖然整個歐洲所消耗的防禦經費大約是美國的三分之二，但是他們幾乎沒有能力製造「智慧型」飛彈。他們的國防用品供應商依然幾乎完全是國營企業，所以多半是複製別人的創作而且技術落後。對於在巴爾幹半島上一再展現的無能作爲，歐盟所作出的反應是以阿姆斯特丹條約因應，設立由前北大西洋公約組織祕書長──西班牙的索拉諾（Javier Solano）領軍的歐盟外交與國防政策高級專員（High Commissioner）的職位。歐洲人也開始嚴肅思考，將到目前爲止依然完全國營的國防工業，改造爲具有歐洲大陸規模的國防工業。在西元2000年時，法國、德國與西班牙的航空航太業製造商合併組成歐洲航空、國防與太空公司（European Aeronautic, Defense and Space Company, EADS），是僅次於波音麥道（Boeing-McDonnell-Douglas）公司與洛克希德馬丁（Lockheed-Martin）公司的世界第三大航空航太業承包商。歐盟預定在西元2003年建立由60,000名士兵組成，屬於自己的歐洲快速反應部隊（European Rapid Reaction Force）的計畫，使美國開始關切勢力已被削弱的北大西洋公約組織。

　　北大西洋公約組織小心翼翼地向東擴展──是波蘭與毗鄰俄國邊境國家的熱切渴望，避免不必要地刺激俄國。爲了努力降低西元2002年5月北大西洋公約組織與俄國之間在北俄羅斯協調會（NATO-Russian Council）中達到頂點的緊張局勢，所以專門成立一個機構以確保彼此溝通管道的暢通。結果，波蘭、匈牙利和捷克共和國在西元1999年3月時加入北大西洋公約組織，而在葉爾欽領導下全神貫注在處理其他問題的俄國則表示默許。同樣的，當西元2004年3

月波羅的海諸國、保加利亞、羅馬尼亞、斯洛伐克與斯洛維尼亞加入北大西洋公約組織時，普丁也同樣必須接受北大西洋公約組織的勢力已經擴張到俄國邊境的局面。

西歐：極右派與「新中產階級」

西元2000年以後，西歐面對自西元1973年以來就同樣棘手的麻煩問題。其中之一是棘手的失業問題，這個問題與歐洲複雜的社會福利體系的高成本有關，另一個問題則是移民。

除了因為受到西歐的繁榮所吸引，而湧入的一波波未曾衰減的地中海沿岸與非洲地區的非技術性勞工潮之外，還增添了一股新的潮流：來自混亂的中歐與東歐的難民潮。新的極右派因為蜂擁而入的外國人潮所激起的恐懼而得益，最使人焦躁不安的反應是英國、義大利，以及尤其是德國的新納粹光頭黨。西元1993年，德國新納粹的光頭黨惹出兩千五百多起的暴力事件，並且造成十九個人死亡，而在西元2000年時則再度爆發反移民暴力事件，尤其是深感不滿的東部。但是這類行動激起群眾的義憤，所以極右派的政黨只侷限在現有體系毫無作用的地區成長。在柯爾領導的德國裡，德國共和黨（Republikaner）的規模依然很小，而西元1999年分裂的法國民族陣線（Front National），70歲的繼任者勒朋（Jean-Marie Le Pen）雖然在西元2002年的總統大選中贏得19%的選票，但是黨內始終紛爭不斷。

最成功的極右派政黨是奧地利自由黨（Austrian Freedom Party），在很上鏡頭的領袖海德（Jörg Haider）的帶領下，於西元1999年10月3日的國會選舉中贏得27%的選票，僅次於社會民主黨的33%的得票率。當自由黨與中間偏右派的人民黨（People's Party）於西元2000年2月組成聯合政府時，美國和歐盟為了表達抗議，而撤回他們派駐維也納的大使。雖然海德曾經讚揚希特勒可以達成充分就業的經濟制度，而且有時還會出席黨衛軍（SS）退役軍人的集會，但自由黨是歸於反移民抗議運動，而不是公然的法西斯主義。海德放棄自己的黨魁身分，希望能讓國際批評聲浪冷卻下來，但是依然保留哥林斯州長（Governor of Corinthia）的職務。在讓人民黨與社會黨政治聯盟互相分配職務的情況下統治13年之後，很多奧地利的選民只是想要有另一個選擇的機會。

新法西斯主義者參政著名例證是義大利。自西元1945年以來天主教民主黨在義大利未曾中斷的執政生涯，卻因為西元1992年澈底的司法調查所暴露出來的大規模貪汙事件所中斷。這次大規模的司法調查，肇因於發現政黨收取在

米蘭的公共工程合約的傭金。因爲主要的反對黨——克拉西的社會黨也牽涉在內，所以無從依據一般慣例選擇在野黨。貝魯斯科尼（Silvio Berlusconi）填滿了這兩個黨所留下來的空位，貝魯斯科尼一度是遊艇的流行歌手，後來成爲義大利最富有的媒體大亨，是義大利大部分民營頻道與米蘭足球隊的經營者。貝魯斯科尼爲足球隊助威爲名而成立一個新政黨——前進黨（Forza Italia），並參與國家聯盟（National Alliance，新法西斯主義義大利社會運動的嫡傳組織，但卻堅稱該組織是「後法西斯主義者」（Postfascist），及稱爲北方聯盟（Northern League）的抗議運動。北方聯盟的抗議運動主要是表達北義大利人不願意繼續支持南義大利人的意見。在西元1994年3月的選舉裡，貝魯斯科尼的政治聯盟贏得議會的微小多數，而且在他的內閣裡也有新法西斯主義國家聯盟的席位，焦慮不安地轉向個人化的媒體政策，反映出在傳統的天主教民主黨統治下的義大利已經耗盡枯竭。只要有強大的共產黨占據左派的重要位置，這種優勢就依然無可動搖，義大利的共產黨於西元1989年以後分裂。一些無法和解的反對者與大部分貝魯斯科尼的繼承者組成改革派的民主左派政黨〔Party of the Democratic Left，民主社會黨（PDS）〕，這個新政黨聯合其他義大利的中間偏左派政黨，組成另一個似是而非左派聯盟——橄欖樹聯盟（Olive Tree Coalition）。風水輪流轉，當貝魯斯科尼因爲逃稅而接受調查時，他的勢力就此減弱。西元1996年4月的新選舉，由橄欖樹聯盟取得小多數派（Small Majority）。由經濟學家普羅迪（Romano Prodi，西元1996-1998年）與社會民主黨（PDS）領袖達萊瑪（Massimo d' Alema，西元1998-2000年）負責領導義大利自西元1920年以來首次執政的左派政府。義大利人開始希望擁有「第二共和」（Second Republic），可以定期輪替連貫的多數派。但是，事實證明由小政黨的領袖們所控制的國會，不可能通過加強總統與總理角色的憲法修正案。就在這一段時間裡，義大利的人民於西元1999年接受加入歐元體系所必須進行的預算修整，他們懷抱歐盟可能是他們國內政權不可能做到的優秀政府的期待。但是，他們已經深受左派與右派舊政黨的影響，在西元2001年5月13日，儘管貝魯斯科尼擁有極右派的盟友，儘管他的企業王國有重重的法律問題纏身，他仍然得以控制所有義大利公營與民營電視臺的盈利，而義大利的人民還是再次讓貝魯斯科尼有贏得國會多數派的機會。

　　與義大利一樣，在後共產主義的歐洲中，有很多西歐的左派分子都想盡辦法讓自己能夠重新站穩核心地位。事實證明，他們的這些作風頗能吸引選民。西元1998年以後，所有西歐的主要國家（西班牙除外）裡都已經出現穩定的中央集權式左派政黨。西元1998年9月曾經擊敗已經執政十六年的天主教民主黨

的柯爾的德國社會民主黨領袖施洛德（Gerhard Schroeder），稱他自己的政策爲「新中間路線」〔The New Center（Die Neue Mitte）〕。在西元1997年5月1日終結工黨連續四次選舉挫敗命運的英國首相布萊爾（Tony Blair），則談及「新工黨」（New Labour）的構想。因爲已經放棄採用凱因斯學派的赤字開支來處理通貨膨脹，而且也因爲歐盟的共同貨幣，使他們無法利用貨幣貶值來取得出口優勢，所以西歐的「新中產階級」加強了社會福利計畫的的效率，裁減稅金、將國營企業民營化，以及平衡預算等政府的管理，這些做法很類似柴契爾夫人所採行的策略，但是少了她的滔滔雄辯。

　　瑞典再一次經歷政黨輪替，由自西元1931年以來執政的社會民主黨重掌政權。西元1991年到1994年間，保守派人士畢爾德（Carl Bildt）曾經試圖刪減瑞典龐大的預算赤字，並且恢復國內的工業競爭力，但是卻在西元1994年時再度敗給社會民主黨，接手掌理瑞典的社會民主黨所採行的政策與畢德爾十分類似。只有法國的社會主義總理喬斯潘（Lionel Jospin，西元1997-2002年）避免使用中間派的語言，但是他和其他人一樣，也悄悄地降低了政府的限制，並且將國營企業民營化。西元2000年時，新左派分子對歐洲的高失業率與全球競爭力等問題的解決方案，可說與保守派人士所主張的解決方案不分軒輊。

　　西元2004年的歐洲是生產力與創造力的發電所，全球30%以上的商品產自歐洲。歐洲人的生活水準，至少在北歐及西歐，與美國人不相上下，而且如果再加上健康、教育、低犯罪率與文化設施等因素，那麼歐洲人的生活水準或許已經超越美國人的生活水準。雖然每163名美國人中只會有1人因犯罪而入獄，但是歐洲人的入獄率卻是美國人的六分之一。此外，歐洲科學家更已分離出愛滋病毒〔西元1983年法國的生物學家蒙坦耶（Luc Montagnier）在巴斯德研究院（Institut Pasteur）的研究成果〕，並且創造了全球資訊網〔World Wide Web；西元1990年英國物理學家柏納斯李（Tim Berners-Lee）在靠近日內瓦的歐洲核子研究中心（European Nuclear Research Center）中所得到的成就〕。

　　不過，種族暴力與國界的紛爭依然是巴爾幹半島人民的心腹之患。由於腐敗貪汙與總統獨裁，致使民主制度與市場經濟在俄國受到曲解。即便是西歐國家，也因爲高社會成本、極右派的勢力與依然偏高的失業率，而使國家的成長受到抑制。歐洲的未來依然充滿了變數，值得美國人多加密切觀察注意。

九一一事件

　　美國東部時間西元2001年9月11日上午8點48分（北京時間9月11日22時48分），紐約曼哈頓鬧區，雖然還沒有到9點上班的時間，但有些人已經到了公

司。這時，一架波音767型客機以低得驚人的高度，從紐約上空掠過，幾乎讓所有的人都爲之駐足。

旋即，這架飛機像一顆出膛的子彈一樣，撞上了世貿中心雙子樓座的南樓。18分鐘之後，也就是當地時間11日上午9時6分，又一架小型飛機以極快的速度撞上了世貿中心雙子星大樓的另一幢。只見飛機從北樓的玻璃窗衝了進去，很快就從大樓的另一側穿了出來，帶著一團火球，撞上了南樓，兩座大樓的爆炸聲此起彼伏。

爆炸發生於上班時間，估計當時有將近5,000人正在這兩座大樓內，大火和濃煙已經包圍了被撞樓層裡的人。被撞樓層以下的人紛紛往下撤離，而上面的人卻往上逃。照以往的經驗，這時應上到頂樓，由直升飛機來疏散被圍困的人群，但這次通往天臺的大鐵門被鎖死了，需要大樓控制中心的系統先開啓後，才能用鑰匙把它打開；然而控制中心卻和樓上失去了聯繫，所有向上逃的人都被困在了頂樓。

當地時間上午10時30分左右，這兩座姊妹樓突然發生了大規模坍塌。人類歷史上絕無僅有的事情出現了，只見成百上千的人紛紛從窗口跳下。許多人在跳樓之前還祈禱了一遍，甚至口中還叫著愛人的名字。人員的傷亡情況一時間難以計數。瞬間，這兩座有「世界之窗」之稱的最高地標建築已經不復存在了。

這一天，美國人的災難並不僅僅發生在這兩座大樓上。在紐約的世貿中心遭到恐怖襲擊大約30分鐘後，位於美國首都華盛頓的國防部五角大廈也發生大火。據悉，五角大廈的大火也是由遭恐怖分子劫持的飛機撞擊爆炸所致。五角大廈上所發出的隆隆的爆炸聲，從很遠處就可以聽到。很快地，五角大廈就發生部分坍塌了。

當這一切災難發生的時候，美國總統喬治·布希正在一所小學校裡演講，得知這一消息後，他馬上命令白宮內的所有人員撤離，並宣布全國處於備戰狀態。美國所有的機場關閉，所有的飛機停飛。兩億多名美國人民和全世界人民都處在空前的緊張之中。據事後報導，當時還有另一架民航班機被劫持，卻墜毀在郊區的小樹林裡，是勇敢的乘客與恐怖分子的爭鬥避免了又一次襲擊。

隨後的調查表示，這次恐怖活動是由沙烏地阿拉伯的流亡富豪賓拉登一手策劃的，是對美國政府在全世界推行霸權主義和強權政治的反擊。歷史走到今天，世界上仍舊存在著許多不安定的因素。

第五十章

結　論

　　按照一般的說法，世界歷史是人類的歷史，由考古學、人類學、遺傳學、語言學和記錄的歷史，從二手資料及其他學科中確定。

　　人類的信史是由其史前史開始的，從舊石器時代，隨後是新石器時代。新石器時代農業革命開始於西元前8000到5000年之間的近東肥沃月彎。在此期間，人類開始系統地飼養植物和動物。隨著農業的發展，大多數人從游牧民族轉變爲定居的農民。農業提供的相對安全性和生產力的提高，使得社區能夠越來越大，這得益於交通的進步。

　　無論是在史前還是歷史時期，人們總是需要靠近可靠的飲用水源。早在西元前3000年在美索不達米亞河岸，在埃及尼羅河沿岸，在印度河流域和中國的黃河流域沿岸就有了定居點。隨著農業的發展，糧食農業變得更加複雜，並促使勞動分工在生長季節間儲存糧食。勞動分工導致了上層階級的興起和都市的發展，這爲文明奠定了基礎，會計和書寫系統成爲必要。

　　隨著文明的蓬勃發展，古代歷史見證了帝國的興衰。中世紀（西元500-1500年）見證了基督教的興起，伊斯蘭黃金時代（西元750-1258年）和早期的義大利文藝復興（西元1300年）。十五世紀中葉的現代印刷發明，採用活字印刷，使通信傳播發生了革命性的變化，幫助結束了中世紀並迎來了科學革命。現代早期，有時被稱爲「歐洲時代」，其中從西元1500年到1800年，包括啓蒙和新航路發現時代。到了十八世紀，知識和技術的積累達到了產生工業革命的臨界質量，並開始於近古晚期，它始於西元1800年左右並一直持續至今。

　　這種歷史分期的方案（將歷史分爲古代、中世紀、近古、近代，和現代）是爲舊世界的歷史，特別是歐洲和地中海的歷史而制定的，並最適用於舊世界的歷史。在這個地區之外，包括古代中國和印度，歷史時間表展開的方式不同。然而，到了十八世紀，由於廣泛的世界貿易和殖民化，大多數文明的歷史已經基本交織在一起。在過去的四分之一個世紀裡，人口，知識，技術，通信，商業，武器破壞和環境退化的增長速度大大加快，創造了當今人類社會面臨的機遇和危險。

早期人類

　　基因測量結果表明，智人的類人猿譜系與現代人類最接近的近親黑猩猩和倭黑猩猩的譜系不同，黑猩猩和倭黑猩猩是現代人類中最親近的親戚。解剖學上現代人類大約在30萬年前在非洲出現，並大約在5萬年前達到行爲現代性。

　　現代人類在大約6萬年前從非洲迅速蔓延到歐洲和亞洲的無霜區。人類迅

速擴展到北美洲和大洋洲是在最近的冰河時代的高潮時期，當今的溫帶地區非常不適宜居住。然而，在大約西元12000年前的冰河時代結束時，人類幾乎占據了全球所有無冰區域。其他原始人類如直立人已經使用簡單的木材和石材工具數千年，但隨著時間的推移，工具變得更加精緻和複雜。

也許早在180萬年前，然而在50萬年前，人類開始使用火來加熱和烹飪。他們還在舊石器時代發展了語言，並創作了一個概念劇目，其中包括對死者的埋葬和生活的裝飾。早期的藝術表現可以用象牙、石頭和骨頭製成的洞穴繪畫和雕塑來表現，表現出一種靈性，通常被認爲是萬物有靈論，甚至是薩滿教。在此期間，所有人都是狩獵採集者，一般都是游牧民族。考古和遺傳數據表明，舊石器時代狩獵採集者在樹木茂密的地區生存，並分散在初級生產力較高的地區，同時避免了茂密的森林覆蓋。

文明的的興起

從西元前10000年左右開始的新石器時代革命看到了農業的發展，從根本上改變了人類的生活方式。農業在中東大約發展到西元前10000年，在現在的中國大約發展到西元前7000年，在印度河流域和歐洲大約發展到西元前6000年，在美洲大約發展到西元前4000年。在印度河流域，西元前6000年種植了農作物，並馴養了牛。穀物作物的種植和動物的馴化發生在西元前8500年左右的中東地區，小麥和大麥是第一批作物，綿羊和山羊被馴化。在印度河流域，西元前6000年種植了農作物，並馴養了牛。中國的黃河流域在西元前7000年左右種植了小米和其他穀類作物，但在西元前8000年，長江流域更早地種植了水稻。在美洲，西元前4000年種植向日葵，西元前3500年在中美洲種植玉米和豆類。馬鈴薯最初是在南美洲的安地斯山脈種植的，那裡的駱駝也被馴化。金屬加工，從西元前6000年左右的銅開始，最初用於工具和裝飾品。黃金也隨之出現，其主要用途是裝飾品。對金屬礦石的需求刺激了貿易，因爲早期人類定居的許多領域缺乏礦石。青銅是一種銅和錫的合金，從西元前2500年左右開始就已知，但直到很久之後才被廣泛使用。

雖然早期的「城市」出現在西元前6000年左右的傑里科（Jericho）和卡塔胡烏克（Catal Huyuk），但是直到西元前3000年左右埃及和美索不達米亞才出現了第一個文明。這些文化催生了輪子的發明，數學，青銅製品，帆船，陶輪，編織布，紀念性建築的建造和書寫。書寫在世界五個地區獨立發展，並在不同時期發展起來，埃及（西元前3200年）、印度（西元前3200年）、美索

不達米亞（西元前3000年）、中國（西元前1600年），和中美洲（西元前600年）。

農業使得人口密度越來越多，並組織成了各城邦；農業還創造了糧食過剩，可以支持那些不直接從事糧食生產的人。農業的發展允許建立第一個城市，這些是貿易，製造業和政治權力中心。城市與周圍的鄉村建立了共生關係，吸收農產品，並提供製成品和不同程度的軍事控制和保護。

城市的發展是文明興起的代名詞。早期文明首先出現在下美索不達米亞（西元前3000年），其次是尼羅河沿岸的埃及文明（西元前3000年），印度河流域的哈拉潘文明（今天的印度和巴基斯坦；西元前2500年），以及黃河和長江沿岸的中華文明（西元前2200年）。這些社會發展形成了許多統一的特徵，包括中央政府，複雜的經濟和社會結構，複雜的語言和文字系統，以及獨特的文化和宗教。文字書寫促進了城市的管理、思想的表達和資訊的保存。

太陽、月亮、地球、天空和海洋等實體經常被神化。神龕發展起來，演變成寺廟建築，包括祭司和其他官員的複雜等級。新石器時代的典型特徵是崇拜擬人神，最早存在的書面宗教經文是埃及金字塔文本，其中最古老的文字可追溯到西元前2400年至2300年之間。

文明的搖籃

青銅時代是三個時代體系（石器時代、青銅時代、鐵器時代）的一部分，對世界某些地區來說，這三個時代體系有效地描述了早期文明史。在這個時代，世界上最肥沃的地區見證了城邦和第一批文明的發展。它們集中在肥沃的河谷：美索不達米亞的底格里斯河和幼發拉底河，埃及的尼羅河，印度次大陸的印度河，以及中國的長江和黃河。

蘇美位於美索不達米亞，是第一個已知的複雜文明，在西元前4000年發展了第一個城邦。在這些城市中，最早的已知形式的文字：楔形文字，出現在西元前3000年左右。楔形文字開始作為象形文字系統。這些圖形化的表現最終變得簡化，更加抽象。楔形文字寫在黏土片上，在上面用一根鈍簀片作為觸筆繪製符號。書寫使得城邦的管理變得更加容易。

河流和海洋的水路交通便利。地中海位於三大洲的交界處，促進了軍事力量的投射以及貨物商品、思想和發明的交流。這個時代也出現了新的科技，如騎兵和戰車，使軍隊能夠更快地移動。

這些發展導致了城邦國家和帝國的崛起。在美索不達米亞，普遍存在一種獨立交戰的城邦國家和一個從一個城市到另一個城市的鬆散霸權的模式。相比

之下，在埃及，首先是上下埃及的雙重分裂，不久之後，在西元前3100年左右統一所有山谷，隨後是永久的和平化。在克里特島，邁諾安文明在西元前2700年進入青銅時代，被認為是歐洲的第一個文明。在接下來的幾千年裡，其他河谷見證了君主制帝國的崛起。在西元前二十五至二十一世紀，阿卡德和蘇美的帝國在美索不達米亞出現。

在以後的時間裡，文明在世界各地發展。隨著擁有重要資源或控制重要貿易路線的國家逐漸占據主導地位，貿易日益成為一種力量來源。到西元前1400年，邁錫尼希臘開始發展。在印度，這個時代是吠陀時期，它為印度早期社會的印度教和其他文化方面奠定了基礎，並於西元前六世紀結束。從西元前550年左右，在整個次大陸建立了許多獨立的王國和共和國，稱為馬哈雅那巴（Mahajanapadas）。

隨著東半球複雜文明的興起，美洲的土著社會仍然相對簡單，並分裂成不同的區域文化。在中美洲（西元前1500年至西元500年）的形成階段，更為複雜和集中的文明開始發展，主要是在現在的墨西哥，中美洲和祕魯。它們包括奧爾梅克（Olmec）、瑪雅、薩波特克（Zapotec）、莫切（Moche）和納斯卡（Nazca）等文明。他們開發了農業，種植玉米，辣椒，可可，蕃茄和馬鈴薯，美洲獨有的作物，並創造了獨特的文化和宗教。在現代早期，這些古老的土著社會將在近代早期受到歐洲接觸的影響，無論好壞。

軸心時代

從西元前八世紀開始，軸心時代（Axial Age）在許多不同的地方發展了一套變革性的哲學和宗教思想，這些思想大多是獨立的。中國儒學，印度佛教和耆那教（Jainism），以及猶太人的一神論，都被一些學者稱為在西元前六世紀發展起來的。〔卡爾雅斯貝斯（Karl Jaspers）的軸心時代理論也包括波斯的拜火教，但其他學者對他的瑣羅亞斯德教時間表存在爭議〕。西元前五世紀，蘇格拉底和柏拉圖在古希臘哲學的發展方面取得了實質性進展。

在東方，三個思想流派將主導中國思想進入二十世紀，分別為道教、法家和儒家。儒家傳統將變得特別具有統治性，它尋求的是政治道德，而不是法律的力量，而是傳統的力量和榜樣。儒家思想後來傳播到朝鮮半島和日本。

在西方，以蘇格拉底，柏拉圖，亞里斯多德和其他哲學家為代表的希臘哲學傳統以及積累的科學，技術和文化，在歐洲，埃及，中東和印度西北部蔓延開來，從西元前四世紀馬其頓亞歷山大三世（亞歷山大大帝）征服後開始，在歐洲、埃及、中東和印度西北部廣泛傳播。

地區帝國

從西元前500年到西元500年的千年見證了一系列規模空前的帝國，訓練有素的專業軍隊，統一意識形態和先進的官僚機構爲皇帝創造了統治廣大的疆域。這些領域可以達到數千萬人口，大帝國依靠軍事吞併領土和建立防禦定居點成爲農業中心。帝國帶來的相對和平鼓勵了國際貿易，特別是地中海的大規模貿易路線，印度洋的海上貿易網和絲綢之路。在歐洲南部，希臘人（後來的羅馬人）在一個被稱爲「古典」的時代，建立了文化，其實踐、法律和習俗被認爲是當代西方文化的基礎。

在此期間，有許多地區帝國。米底亞（Medes）王國與游牧的斯基泰人和巴比倫人共同摧毀了亞述帝國。西元前612年，亞述的首都尼尼微被米底亞人洗劫一空，中世紀時期，美索不達米亞地區讓位給了後來的伊朗帝國，包括阿契美尼德（Achaemenid）帝國（西元前550-330年）、帕提亞（Parthian）帝國（西元前247－西元224年），和薩珊（Sasanian）帝國（西元224-651年）。

幾個帝國開始於現代希臘。首先是提洛同盟（西元前477年）和後來的雅典帝國（西元前454-404年），以現今的希臘爲中心。後來，馬其頓的亞歷山大大帝（西元前356-323年）建立了一個征服帝國，從希臘延伸到今天的印度。帝國在他去世後不久就分裂了，但他的希臘化繼承者的影響在整個地區延長了希臘化時期（西元前323-31年）。

在亞洲，孔雀王朝（Maurya，西元前322-185年）存在於現今的印度；在西元前三世紀，南亞大部分地區由月護王（Chandragupta Maurya，印度孔雀王朝開國君主）首次將印度次大陸大部分地區統一於一個政權之下，並在阿育王的統治下繁榮起來。從西元三世紀開始，笈多王朝就被稱爲古印度的黃金時代。從四世紀到六世紀，印度北部由笈多王朝統治。在印度南部，出現了三個著名的達羅毗荼（德拉維）王朝（Dravidian kingdoms）：哲羅王朝（Cheras）、朱羅王朝（Cholas），和潘地亞王朝（Pandyas）。隨之而來的穩定促成了四世紀和五世紀印度教文化的黃金時代。

在歐洲，以現代義大利爲中心的羅馬帝國始於西元前七世紀。在西元前三世紀，羅馬共和國開始通過征服和聯盟擴大其疆域。到第一位羅馬皇帝奧古斯都時（西元前63－西元14年），羅馬已經建立了對地中海大部分地區的統治權。帝國將繼續向外擴張，控制從英格蘭到美索不達米亞的大部分土地，在圖拉真皇帝的統治下帝國疆域達到最大程度（西元117年去世）。在西元四世紀，帝國分裂爲西部和東部地區，（通常）是獨立的皇帝。在西元476年，西

羅馬帝國落入日耳曼蠻族奧多亞塞（Odoacer）的統治下。東羅馬帝國，現在被稱爲拜占庭帝國，其首都在君士坦丁堡，持續了一千年，直到西元1453年君士坦丁堡被鄂圖曼帝國征服。

在中國，秦朝（西元前221年-206年）是中國的第一個帝國王朝，其次是漢帝國（西元前206－西元220年）。漢朝在力量上和影響力與絲綢之路另一端的羅馬帝國相當。中國人發展了先進的製圖、造船和航海技術。中國人發明了高爐，並製造了精細調諧的銅製儀器。與古典時期的其他帝國一樣，中國在政府，教育，數學，天文學，技術等領域取得了顯著進步。

在非洲，以現今衣索比亞爲中心的阿克蘇姆（Aksum）王國，在西元一世紀成爲主要的貿易帝國，統治著其在南阿拉伯和庫什的鄰國，控制著紅海貿易。它鑄造了自己的貨幣，並雕刻了巨大的石碑，如阿克蘇姆方尖碑，以紀念他們的皇帝的墳墓。

早在西元前2500年，美洲就已建立了成功的區域帝國。在中美洲，最著名的是薩波特克文明（Zapotec，西元前700－西元1521年）和瑪雅文明，它們在中美洲達到了最高的發展狀態。直到西班牙人在十六世紀到來。隨著奧爾梅克文明逐漸衰落，瑪雅文明興起。偉大的瑪雅城邦在數量和地位上逐漸上升，瑪雅文化遍布猶加敦半島（Yucatán）及周邊地區。後來的阿茲特克帝國建立在鄰近的文化基礎上，受到被征服民族的影響，如托爾特克人（Toltecs）。

一些地區的技術進步緩慢但穩定，馬鐙和板犁等重要發展每隔幾個世紀就會到來。但是在某些地區，技術進步迅速，也許最重要的是希臘化時期的地中海地區，當時發明了數百種技術。這些時期之後是技術衰退時期，如羅馬帝國的衰落和隨後的中世紀早期。

衰弱和復興

古代帝國面臨著維持龐大軍隊和支持中央官僚體制的共同問題，而這些成本最大程度地落在農民身上，擁有土地的領主則逃避集中控制及其成本；野蠻人對邊境的壓力加劇了內部的瓦解。中國的漢朝在西元前220年陷入內戰，開始了三國時期，而羅馬對手則在所謂的「三世紀危機」中變得越來越分散和分裂。歐亞大陸的大帝國都位於溫帶和亞熱帶沿海平原，中亞大草原以蒙古和土耳其人的游牧民族占據了大半個大陸。馬鐙的發展和馬的繁殖足以攜帶全副武裝的弓箭手，使游牧民族不斷地威脅到歐亞地區。

羅馬帝國在西元二世紀後的幾個世紀逐漸解體，恰逢基督教從中東向外傳

播的時候。五世紀西羅馬帝國落入日耳曼人的手裡，這些政體逐漸發展成爲一些交戰國家，所有這些國家都以某種方式與天主教會聯繫在一起。羅馬帝國的其餘部分位於地中海東部，被稱爲拜占庭帝國。幾個世紀之後，西元962年在歐洲建立一個復興的「羅馬帝國」，稱爲神聖羅馬帝國，西歐出現了一個有限的統一。帝國包括現在德國、奧地利、瑞士、捷克共和國、比利時、義大利和法國部分地區的一些國家。

在中國，朝代會有興衰，但與地中海歐洲世界形成鮮明對比的是，王朝的統一將會得到恢復。東漢和三國滅亡後，北方的游牧部落在四世紀開始入侵，最終征服了中國北方地區並建立了許多國家。西元581年隋朝統一了整個中國，它爲唐朝（西元618-907年）奠定了黃金時代。

中世紀時期

中世紀時期雖然源自歐洲中心主義的「古典時代」，但它指的是更廣泛的地理範圍。這個時代通常可以追溯到西羅馬帝國的五世紀淪陷，它分裂成許多獨立的王國，其中一些後來將在神聖羅馬帝國統治下聯盟。東羅馬帝國或拜占庭帝國倖存至中世紀時期。中世紀時期還包括早期穆斯林征服，隨後的伊斯蘭黃金時代，以及阿拉伯奴隸貿易的開始和擴張，其次是蒙古人在中東和中亞的入侵，和大約西元1280年鄂圖曼帝國的建立。南亞看到了印度的一系列中部王國（或古典印度，Middle kingdoms of India），隨後在印度建立了伊斯蘭帝國。

在西部非洲，馬里帝國和松海帝國發展起來。在非洲東南沿海，建立了阿拉伯港口，交易黃金，香料和其他商品。這使非洲加入東南亞貿易體系，使其與亞洲接觸；這與穆斯林文化一起產生了斯瓦希里（Swahili）文化。中國經歷了連續的隋唐宋元明初。沿印度洋的中東貿易路線和穿越戈壁沙漠的絲綢之路，爲亞洲和歐洲文明提供了有限的經濟和文化聯繫。在同一時期，美洲的文明，如印加、瑪雅和阿茲特克人，達到了頂峰；在現代初期，所有的文明都會受到歐洲殖民者的破壞，然後被征服。

中東，北非和中亞

在七世紀伊斯蘭教出現之前，中東由拜占庭帝國和波斯薩珊帝國統治，這些帝國經常互相爭奪控制幾個有爭議的地區。這也是一場文化大戰，拜占庭希臘化和基督教文化與波斯伊朗傳統和瑣羅亞斯德教（Zoroastrian）的競爭。伊

斯蘭教的形成創造了一個新的競爭者，迅速超越了這兩個帝國。伊斯蘭教極大地影響了舊世界的政治，特別是中東的政治、經濟和軍事歷史。

穆斯林從阿拉伯半島的中心，在中世紀早期開始擴張。到西元750年，他們征服了大部分近東、北非和歐洲部分地區，開創了一個學習、科學和發明的時代，被稱為伊斯蘭黃金時代。穆斯林在中世紀時代保存了古代近東，希臘和波斯的知識和技能，他們還從外部添加了新的重要創新，例如中國紙張製造和印度的十進位。

這種學習和發展大部分都與地理有關。甚至在伊斯蘭教出現之前，麥加城一直是阿拉伯的貿易中心，伊斯蘭先知穆罕默德本人就是商人。隨著朝覲的新伊斯蘭傳統——麥加朝聖，這座城市變得更加成為交換商品和思想的中心。穆斯林商人對非洲——和阿拉伯——亞洲貿易路線的影響是巨大的。因此，伊斯蘭文明在其商業經濟的基礎上發展壯大，與歐洲、印度和中國不同，他們的社會建立在農業地主貴族的基礎上。商人將貨物和他們的伊斯蘭信仰帶到了中國，印度，東南亞和西非王國，並帶來了新的發現和發明。

在宗教和征服夢想的推動下，歐洲領導人發起了一系列十字軍東征，以試圖摧毀穆斯林權力並奪回聖地。十字軍東征最終都沒有成功，特別是西元1204的君士坦丁堡被十字軍掠奪，他們進一步削弱了拜占庭帝國。此時，拜占庭帝國開始失去越來越多的領土給鄂圖曼土耳其人。隨著塞爾柱突厥人的到來，阿拉伯對該地區的統治在十一世紀中葉結束，他們從中亞的突厥家園向南遷移。在十三世紀初期，新一波入侵者蒙古帝國席捲整個地區，但最終在西元1280年左右被土耳其人和現代鄂圖曼帝國的建立所掩蓋。

北非出現了柏柏爾人形成的政治，如摩洛哥的馬林（Marinid）王朝，阿爾及利亞的扎亞尼德（Zayyanid）王朝以及突尼斯的哈夫斯（Hafsid）王朝。該地區後來將被稱為巴巴里海岸（Barbary Coast），並將接待海盜和私掠者，他們將利用幾個北非港口襲擊幾個歐洲國家的沿海城鎮，尋找奴隸，作為巴巴里奴隸貿易的一部分在北非市場出售。

從隋朝（西元581-618年）開始，中國人開始向中亞東部擴張，並與突厥游牧民族對抗，突厥游牧民族正逐漸成為中亞地區最主要的民族群體。最初這種關係基本上是合作的，但在西元630年，唐朝開始對突厥人發動攻勢，占領了蒙古—鄂爾多斯沙漠地區。在八世紀，儘管佛教在東方仍然很強大，但伊斯蘭教開始滲透到該地區，並很快成為大多數人口的唯一信仰。阿拉伯沙漠游牧民族可以在軍事上與草原游牧民族相匹配，早期的阿拉伯帝國控制了中亞的部分地區。

　　嚈噠（Hephthalites，嚈噠人是漢代大月氏人的後裔）是六世紀和七世紀最強大的游牧民族，並控制了該地區的大部分地區。在九至十三世紀，該地區被分為幾個強大的國家，包括薩滿帝國，塞爾柱帝國，和花剌子模帝國（Khwarezmid）。當成吉思汗聯合蒙古各部落時，從中亞崛起的最大帝國得以發展起來。在成吉思汗西元1227年去世後，蒙古帝國擴展到中亞和中國，以及俄羅斯和中東的大部分地區，大部分中亞地區仍然由繼承國察合台汗國統治，西元1369年，帖木兒，蒙古軍事傳統中的突厥領導人，征服了大部分地區，建立了帖木兒帝國。然而，帖木兒死後不久，他的大帝國就土崩瓦解了。然後該地區被分成一系列較小的汗國，這些汗國是由烏茲別克人建立的。這些國家包括希瓦汗國、布哈拉（Bukhara）汗國和科坎德（Kokand）汗國，這些國家的首都均位於今天的烏茲別克。

歐洲

　　歐洲中世紀早期以人口減少，城市荒廢和蠻族入侵為特徵，蠻族在西羅馬帝國瓦解後形成了新的王國。在七世紀，北非和中東，曾經是東羅馬帝國的一部分，在穆罕默德的繼承者征服後成為哈里發的一部分。雖然社會和政治結構發生了實質性的變化，但大多數蠻族王國盡可能地融入了現有的羅馬制度。基督教在西歐擴張，並建立了修道院。在七世紀和八世紀，法蘭克人在加洛林王朝統治下建立了一個覆蓋西歐大部分地區的帝國；它一直持續到九世紀，當時它屈服於來自新入侵者的壓力諾曼人，馬扎爾人和撒拉遜人。

　　在西元1000年後，隨著技術和農業創新使貿易蓬勃發展和作物產量增加，歐洲人口大大增加。莊園主義──將農民納入為貴族提供租金和勞動服務的村莊──封建主義──一種政治結構，騎士和地位低下的貴族依附於領主，藉此換取土地和莊園租金的權利；這兩個組織是在中世紀時期發展起來的中世紀社會的方式。在加洛林王朝解體後，王國變得更加集中。十字軍東征始於西元1095年，他們來自英格蘭、法蘭西和神聖羅馬帝國等，西方基督徒企圖從穆斯林手中奪回對聖地的控制權，並成功地建立了一些近東的基督教王國。義大利商人引進亞美尼亞人、波羅的海人、切爾克斯人（Circassians）、喬治亞人、希臘人和斯拉夫人，作為家庭奴隸和食糖加工者。知識分子的生活以經院哲學和大學的建立為標誌，而哥德式教堂建築是這個時代傑出的藝術成就之一。

　　中世紀晚期的特點是困難和災難，饑荒、瘟疫和戰爭摧毀了西歐人口；黑死病造成眾多人口的死亡，這是人類歷史上最致命的流行病之一。從亞洲開

始，這種疾病在西元1340年代後期到達地中海和西歐，並在六年內殺死了數千萬歐洲人，造成三分之一到一半的人口死亡。

中世紀見證了北歐和西歐的第一次持續的城市化，許多現代歐洲國家的起源都源於中世紀發生的事件；現時的歐洲政治疆域在許多方面是這一動盪時期軍事和王朝事件的結果。中世紀一直持續到十六世紀早期，以民族國家為標誌崛起，西方基督教在宗教改革中的分裂，義大利文藝復興中人文主義的興起，以及哥倫布海外擴張的開始。

在中歐和東歐，西元1386年，波蘭王國和立陶宛大公國（後者包括現代白俄羅斯和烏克蘭的領土），面對條頓騎士團的掠奪，後來也受到了莫斯科、克里米亞韃靼人和鄂圖曼帝國的威脅，透過波蘭女王的婚姻，形成了個人聯盟。後者成為波蘭國王瓦迪斯瓦夫二世·雅蓋沃（Władysław II·Jagiełło）。在接下來的四個世紀裡，直到十八世紀波蘭—立陶宛聯邦被普魯士、俄羅斯和奧地利分割，兩個政體進行了一個聯合共同統治，這是歐洲最大的國家，歡迎不同種族和宗教，包括大多數的猶太人，深化了科學思想（例如哥白尼的日心說），以及為了維護他們的主權而採取的最後努力，通過了西元1791年5月3日的憲法，這是繼西元1789年生效的美國憲法之後世界上第二部現代成文憲法。

撒哈拉以南非洲

中世紀撒哈拉以南非洲是許多不同文明的的發源地。阿克蘇姆（Aksum）王國在七世紀衰落，因為伊斯蘭教切斷了它與基督教同盟國的聯繫，其人民進一步進入衣索比亞（Ethiopian）高地尋求保護。他們最終讓位於以拉利貝拉（Lalibela）岩刻建築而聞名的札格維（Zagwe）王朝。然後，札格維王朝將落在所羅門（Solomonic）王朝，他們聲稱自己是阿克蘇姆國王的後裔，並將統治這個國家直到二十世紀。在西非薩赫勒（Sahel）地區，許多伊斯蘭王國崛起，如加納王國，馬里王國，松海（Songhai）王國和加奈姆—博爾努（Kanem-Bornu）王國。他們控制著跨越撒哈拉的黃金，象牙，鹽和奴隸貿易。

在薩赫勒以南的沿海森林中，各種文明層出不窮，馬匹和駱駝無法生存。這些文明包括以藝術聞名的約魯巴（Yoruba）城和奧約（Oyo）王國，埃多（Edo）人所建立的貝寧（Benin）王國，在伊博烏克烏（Igbo-Ukwu）生產先進的青銅藝術，以及以其錯綜複雜的建築而聞名的阿坎（Akan）。

中非誕生了幾個國家，包括剛果（Kongo）王國。在現代的南部非洲，非

洲本土人創造了各種王國，如穆塔巴（Mutapa）王國。他們透過與東非沿海的斯瓦希里人（Swahili）進行貿易而繁榮昌盛。他們在沒有灰泥的情況下建造大型防禦石結構，如津巴布韋（Zimbabwe）王國的首都大津巴布韋，布圖亞（Butua）王國的首都卡米（Khami），以及羅茲維（Rozwi）帝國的首都丹南戈姆（Danangombe）。斯瓦希里人本身就是從肯亞到莫桑比克的東非海岸居民，他們與亞洲人和阿拉伯人進行了廣泛的貿易，伊斯蘭教也隨之傳入。他們建造了許多港口城市，如蒙巴薩（Mombasa）、桑給巴爾（Zanzibar）和基爾瓦（Kilwa），鄭和與伊斯蘭地理學家對他們有相當瞭解，這些城市亦為中國水手所熟知。

南亞

在印度北部，在笈多王朝衰落（西元550年）之後，笈多王朝的地方長官自我稱王，印度又再次分成小國。早期穆斯林入侵始於西元712年，當時阿拉伯伍麥亞王朝哈里發吞併了今天的巴基斯坦大部分地區。此時阿拉伯軍事征服上停止了，但伊斯蘭教仍在印度蔓延，這主要是由於阿拉伯商人在西海岸的影響。為控制北印度而進行的三方鬥爭發生在九世紀。這場鬥爭發生在普臘蒂哈臘（Pratihara）王朝、帕拉（Pala）王朝和羅濟陀羅拘陀（Rashtrakuta）王朝之間。當時在印度出現的一些重要國家包括巴赫曼尼蘇丹國（Bahmani Sultanate）和維查耶納伽爾（Vijayanagara）王國。南印度的後古典王朝包括遮婁其王朝（Chalukyas）、曷薩拉王朝（Hoysalas）、朱羅王朝（Cholas）、伊斯蘭蒙兀兒（Mughals）王朝、馬拉塔（Marathas）王朝和邁索爾（Mysores）王朝。科學、工程、藝術、文學、天文學和哲學在這些國王的庇護下蓬勃發展。

中國與東亞

經過一段分裂時期後，西元581年隋朝統一中國，在隨後的的唐朝（西元618-907年），中國進入黃金時代，唐朝與西藏帝國爭奪對中亞地區的控制權。然而，唐朝最終分裂了，經過半個世紀的動盪之後，宋朝統一了中國，當時中國是世界上最富有、科技發達、人口最多的國家。游牧民族國家向北方施加的壓力越來越緊迫，到了西元1142年，北方在金宋戰爭中輸給了女眞人，西元1279年，蒙古征服了整個中國，幾乎占了歐亞大陸的一半。經過大約一個世紀的蒙古人元朝統治，中華民族重新建立了明朝（西元1368年）。

在日本，帝國世系是在這個時候建立起來，在飛鳥時代（西元538-710

年），大和國發展成爲一個明確的中央集權國家，佛教被引進，並採用中國文化和儒學的元素。八世紀的奈良時期標誌著一個強大的日本國家的出現，並經常被描繪成一個黃金時代。在這一時期，帝國政府進行了偉大的公共工程，包括政府辦公室、寺廟、道路和灌溉系統。平安時代（西元794-1185年）看到了皇權的巔峰，隨後是帝國主義，軍事化宗族的興起，日本封建主義的開始。日本歷史上的封建時期，由強大的地區領主（Daimyōs）和軍閥（Shōguns）統治，如室町幕府和江戶幕府，從西元1185年延續到西元1868年。天皇仍然存在，但主要是作爲傀儡，商人的力量很弱。

中世紀時期的韓國見證了三國時代的終結，三國是高句麗、百濟和新羅。新羅在西元660年征服了百濟，在西元668年又征服了高句麗，標誌著南北諸國時期（朝鮮和韓國時期），南部是統一新羅，北部是高句麗的繼承者渤海國。在西元892年，這種安排回歸到後三國，高句麗〔後來稱爲泰封（Taebong），最終命名爲高麗〕成爲統治者，在西元936年統一了整個半島。王朝的建立一直統治到西元1392年，由朝鮮王朝統治，統治了大約西元500年。

東南亞

東南亞中世紀初，扶南（Funan）王國（西元550年）的衰落，被眞臘王國征服，後來被高棉帝國（西元802年）所取代。高棉的首府吳哥是工業時代之前世界上最大的城市，擁有超過一千座寺廟，其中最著名的是吳哥窟。素可泰（Sukhothai，西元1238年）和大城（Ayutthaya，西元1351年）王國是泰國人民的主要力量，他們受到高棉人的影響。從九世紀開始，異教王國在現代緬甸崛起。其他著名的王國包括三佛齊（Srivijayan）王國和羅渦（Lavo）王國（七世紀左右），占婆（Champa）和駭黎朋猜（Hariphunchai，西元750年），大越（ĐạiViệt，西元968年），蘭納（Lan Na，十三世紀），滿者伯夷（Majapahit，西元1293年），瀾滄（Lan Xang，西元1354年）和阿瓦（Ava）王國（西元1364年）。臺灣原住民形成了部落聯盟，如大肚王國（Kingdom of Middag）。正是在這個時期，伊斯蘭教傳播到今天的印度尼西亞（從十三世紀開始），並看到了馬來西亞國家的新生，包括馬六甲蘇丹國和文萊王國。在此期間，菲律賓的幾個政體也有所增加，如馮嘉施蘭（Caboloan），馬尼拉（Maynila）的宿霧拉賈國（Rajahnate），和蘇祿蘇丹國（Sultanate of Sulu）。

大洋洲

在大洋洲地區，圖依東加王國（Tui Tonga Empire）成立於西元十世紀，並在西元1200至1500年間擴展。在此期間，東加文化的語言和霸權在東美拉尼西亞，密克羅尼西亞和中波利尼西亞廣泛傳播，影響東烏韋亞（Uvea）、羅圖馬（Rotuma）、富圖納（Futuna）、薩摩亞（Samoa）和紐埃（Niue），以及密克羅尼西亞的特定島嶼部分（吉里巴斯Kiribati、波恩佩Pohnpei），瓦努阿圖（Vanuatu）和新喀里多尼亞（特別是洛亞蒂群島（Loyalty），主島主要由美拉尼西亞的卡納克人和他們的文化組成）。大約在同一時間，東部波利尼西亞出現了一個強大的海洋社會，以社會群島（Society Islands）為中心，特別是在神聖的塔普塔普阿泰（Taputapuatea Marae），它把東玻利尼西亞的殖民者從很遠的地方吸引過來。由於政治、精神和經濟原因，夏威夷、紐西蘭（Aotearoa）和土阿莫土（Tuamotu）群島，直到歐洲人開始探索該地區幾個世紀之前，在東太平洋定期長途航行的無法解釋的崩潰。這一時期的土著文字記錄幾乎不存在，因為似乎所有的太平洋島民，除了神祕的拉帕努伊（Rapa Nui）及其目前無法解讀的朗戈朗戈（Rongorongo）文字之外，在歐洲殖民者介紹之前都沒有任何形式的書寫系統；然而，透過對當地口頭傳統，殖民民族志，考古學，體質人類學和語言學研究的仔細的分析，可以重建一些土著歷史前。

美洲

在北美，這一時期看到了密西西比文化在現代美國的興起（西元800年），以卡霍基亞（Cahokia）十二世紀的城市綜合體為標誌。祖先的普韋布洛人（Puebloans）及其祖先（九至十三世紀）建造了廣泛的永久定居點，其中包括直到十九世紀仍然是北美最大建築的石頭結構。在中美洲，特奧蒂瓦坎文明（Teotihuacan civilization）衰落，古瑪雅崩潰。阿茲特克（Aztec）王國在十四世紀和十五世紀統治了中美洲的大部分地區。在南美洲，十四世紀和十五世紀看到了印加人的崛起。塔萬廷蘇尤（Tawantinsuyu）的印加帝國，其首都位於庫斯科（Cusco），橫跨整個安地斯山脈，使其成為最廣泛的前哥倫比亞文明。印加是繁榮和先進的，以出色的道路系統和無與倫比的磚石而聞名。

近古時期

近古時期的特點是科學的興起，科技的進步越來越快，世俗化的公民政治

和民族國家。資本主義經濟開始興起，最初是在義大利北部的熱那亞共和國。近古時期重商主義經濟理論的興起和主導地位也隨之確立。因此，近古時期代表著封建主義，農奴制和天主教會權力的衰落和最終消失。這一時期包括新教改革，災難性三十年戰爭，新航路的發現，歐洲殖民擴張，歐洲女巫狩獵高峰，科學革命和啟蒙時代。

文藝復興

歐洲的文藝復興，意思是「重生」，指的是古典文化的重生，它從十四世紀開始到十六世紀，包括對古典世界科學貢獻的重新發現，以及歐洲的經濟和社會崛起。文藝復興也產生了一種好奇心的文化，最終導致人文主義和科學革命。雖然它在許多知識分子的追求中看到了社會和政治的動盪和革命，但它的藝術發展和這種多才多藝的貢獻也許最為人所知。這是達文西和米開朗基羅的作品，他激發了「文藝復興時期的人」這一術語。

歐洲擴張

在此期間，歐洲列強占據了世界大部分地區。儘管歐洲古典文明最發達的地區比世界上任何其他地區都要城市化，但歐洲文明經歷了漫長的衰落和崩潰時期。在近代早期，歐洲重新獲得了統治地位；歷史學家們仍在爭論其原因。

歐洲在這一時期的成功與其他地區形成鮮明對比。例如，中國是中世紀最先進的文明之一。西元1000年，中國發展了先進的貨幣經濟。中國有一個不再是自給自足的農民的自由農民，可以出售他們的農產品並積極參與市場。據亞當·史密斯（Adam Smith）十八世紀的著作記載，中國長期以來一直是世界上最富有、最肥沃、最好養、最勤勞、最城市化，最繁榮的國家之一。它享有技術優勢，壟斷了鑄鐵生產，活塞波紋管，吊橋施工，印刷和指南針。然而，它似乎早已停止了發展。馬可波羅在十三世紀訪問了中國，他描述了中國的種植、工業和人口數量，幾乎與十八世紀的旅行者描述的一樣。

歐洲崛起的一個理論認為，歐洲的地理位置在其成功中發揮了重要作用。中東、印度和中國都被山脈和海洋環繞，但是，一旦超過這些外部障礙，它們幾乎是平坦的。相比之下，庇里牛斯山脈，阿爾卑斯山脈，亞平寧山脈，喀爾巴阡山脈和其他山脈貫穿歐洲，歐洲大陸也被若干海洋所分割。這給了歐洲一定程度的保護，免受中亞入侵者的危險。在火器時代之前，這些游牧民族在軍事上比歐亞大陸周邊的農業國家優越，當他們衝入到印度北部平原或中國的

山谷時，幾乎不可阻擋，這些入侵往往是毀滅性的。西元1258年伊斯蘭教的黃金時代被蒙古人從巴格達洗劫一空。印度和中國受到週期性入侵，俄羅斯在蒙古─韃靼人的枷鎖下度過了幾個世紀。事實上，距離中亞中心地帶較遠的中歐和西歐不太容易受到這些威脅的影響。

地理位置促成了重要的地緣政治差異。在他們的大部分歷史中，中國、印度和中東各自統一在一個單一的主導力量之下，這個主導力量一直延伸到周圍的山脈和沙漠。西元1600年鄂圖曼帝國控制了整個中東地區，明朝統治中國，蒙兀兒帝國統治了印度。相比之下，歐洲幾乎總是分成若干交戰國家。泛歐帝國（羅馬帝國除外）在崛起後很快就趨於瓦解。歐洲崛起的另一個無疑重要的地理因素是地中海，幾千年來，地中海一直是促進貨物、人、思想和發明交流的海上高速公路。

幾乎所有的農業文明都受到環境的嚴重制約。生產力仍然很低，氣候變化很容易引發導致文明興衰的繁榮和蕭條週期。然而，到了西元1500年，世界歷史發生了質的變化。技術進步和貿易帶來的財富逐漸擴大了可能性。

許多人還認為，由於歐洲特有的自由理想，歐洲的制度允許其擴張，產權和自由市場經濟比其他地方更強大。然而，近年來像彭慕蘭（Pomeranz）等學者對這一觀點提出了質疑。鑑於歐洲大陸的地理位置，歐洲的海上擴張絲毫不奇怪──歐洲的海上擴張在很大程度上是大西洋國家：葡萄牙，西班牙，英國，法國和荷蘭。最初，葡萄牙和西班牙是主要的征服者和影響力來源，他們的聯合形成伊比利亞聯盟，這是第一個「日不落」的帝國。不久，更北方的英國人、法國人和荷蘭人開始主宰大西洋。在十七和十八世紀的一系列戰爭中，以拿破崙戰爭而告終，英國成為新的世界強國。

區域發展

波斯在西元1501年受到薩法維（Safavid）帝國的統治，西元1736年被阿夫沙爾王朝（Afsharid）取代，西元1751年被桑德王朝（Zand）取代，西元1794年被卡扎爾王朝取代。北部和東部地區由烏茲別克人和普什圖人（Pashtuns）控制。鄂圖曼帝國在西元1453年占領君士坦丁堡後，迅速控制了中東、巴爾幹半島和北非的大部分地區。

在非洲，這一時期見證了許多文明的衰落和其他文明的進步。斯瓦希里（Swahili）海岸在受到葡萄牙（以及後來的阿曼）控制之後衰弱了。在西非，當摩洛哥人持槍入侵時，松海帝國（Songhai Empire）落入了摩洛哥。南

非的辛巴威（Zimbabwe）王國讓位給穆塔帕（Mutapa）、布圖亞（Butua）和羅茲維（Rozwi）等較小的王國。西元1531年衣索比亞遭受了鄰國穆斯林蘇丹國的入侵，並於西元1769年進入了王子時代（Zemene Mesafint），在此期間皇帝成為傀儡，國家由軍閥統治，儘管王權後來在特沃德羅斯二世（Tewodros II）下恢復。十七世紀，位於非洲之角的格勒迪蘇丹國（Geledi Sultanate）開始衰落；在此期間，非洲的其他文明也有所進步，奧約王國（Oyo Empire）和貝寧帝國（Benin Empire）一樣經歷了黃金時代。西元1670年阿散蒂王國（Ashanti Empire）在今天的加納崛起，剛果王國也蓬勃發展。歐洲對非洲的探索此時達到了頂峰。

在遠東，中國明朝（西元1644年）被清朝取代，這是中國最後一個王朝，統治到西元1912年。日本經歷了安土桃山時代（Azuchi Momoyama，西元1568-1603年），其次是江戶時代（西元1603-1868年）。朝鮮的朝鮮王朝（西元1392-1910年）統治時期。在此期間，日本和中國受到歐洲，特別是日本受到葡萄牙人的海上貿易擴大的影響。在江戶時代，日本將奉行孤立主義政策，消除外國影響。

十六世紀的印度次大陸，德里蘇丹國（Delhi Sultanate）和德干蘇丹國（Deccan sultanate）被蒙兀兒王朝取代。十七世紀晚期，從西北開始，蒙兀兒王朝統治整個次大陸，最南端的印度省分則仍然保持獨立。與穆斯林的蒙兀兒王朝相反，印度教馬拉塔帝國（Maratha Empire）於西元1674年在西海岸成立，幾十年來逐漸從蒙兀兒王朝手中獲得今天印度的大部分領土，特別是在蒙兀兒王朝—馬拉塔戰爭（西元1681-1701年）中。西元1818年馬拉塔王朝被英國東印度公司控制，西元1858年，馬拉塔和蒙兀兒王朝都轉移到英國國王手中。

西元1511年，葡萄牙人在今天的馬來西亞和印尼蘇門答臘推翻了麻六甲蘇丹國。在西元1641年被荷蘭人推翻之前，葡萄牙人一直控制著這個重要的貿易區（以及與之相關的海峽），位於馬來半島南端的柔佛蘇丹國成為該地區的主要貿易國。荷蘭東印度群島的荷蘭人和菲律賓的西班牙人擴大了歐洲殖民地。進入十九世紀，歐洲的擴張將影響整個東南亞，英國在緬甸和馬來西亞，以及法國印度支那的建立；只有泰國才能成功地抵抗殖民。

大洋洲的太平洋島嶼也受到歐洲接觸的影響，首先是麥哲倫的航行，他們於西元1521年登入馬里亞納群島和其他島嶼上。同樣值得注意的是塔斯曼（Tasman）到今天的澳大利亞、紐西蘭和附近島嶼的航行（西元1642-1644年），以及庫克（Cook）船長的航行（西元1768-1779年），他首次記錄了歐

洲與夏威夷的接觸。英國於1788年在澳大利亞建立第一個殖民地。

在美洲，西歐列強大力殖民新大陸，在很大程度上取代了土著居民，並摧毀了阿茲特克人和印加人的文明。西班牙，葡萄牙，英國和法國都大肆地提出的領土要求，並解決領土爭端，包括引進大量非洲奴隸。葡萄牙殖民巴西。西班牙占領了其餘的南美洲、中美洲和北美洲南部。英國殖民北美東海岸，法國殖民北美中部地區。西元1784年，俄羅斯入侵北美西北海岸，在阿拉斯加建立了第一個殖民地，西元1812年在今天的加利福尼亞建立了羅斯堡（Fort Ross）前哨站。西元1762年，在七年戰爭期間，法國在《楓丹白露條約》中祕密地將其北美的大部分主權割讓給西班牙。西元1776年，十三個英國殖民地宣布獨立為美利堅合衆國，西元1783年《巴黎條約》准予獨立，結束了美國的革命戰爭。拿破崙於西元1800年從西班牙重新獲得了北美的路易斯安那，但在西元1803年將它們賣給了美國。

在俄羅斯，伊凡四世被加冕（西元1547年）爲俄羅斯第一位沙皇，並透過吞併東部的突厥汗國，把俄羅斯變成一個地區性的強國。西歐國家在通過技術進步和殖民征服擴張的同時，在經濟和軍事上相互競爭，處於幾乎不斷的戰爭狀態。戰爭通常具有宗教層面，無論是天主教徒還是新教徒，或者（主要是在東歐）基督教與穆斯林。特別值得注意的戰爭包括三十年戰爭，西班牙王位繼承戰爭，七年戰爭和法國革命戰爭。拿破崙於西元1799年在法國掌權，這一事件預示著十九世紀早期的拿破崙戰爭。

近代時期（西元1750-1914年）

科學革命改變人類對世界的認識，並導致了工業革命，世界經濟發生了重大轉變。十七世紀的科學革命對工業技術幾乎沒有立即影響，只有在十八世紀下半葉，科學進步才開始大量應用於實際發明。工業革命始於英國，並採用新的生產方式——工廠；大規模生產和機械化，以更快的速度生產各種產品，並使用比以前更少的勞動力。啓蒙時代也導致十八世紀末美國和法國革命中現代民主的開始。民主與共和主義對世界事件和生活質量產生深遠影響。

在歐洲人對美洲產生影響和控制之後，帝國的活動轉向了亞洲和大洋洲的土地。十九世紀，歐洲國家比東方國家擁有社會和科技優勢。英國控制了印度次大陸、埃及和馬來半島；法國人占領印度支那；而荷蘭人鞏固了他們對荷屬東印度群島的控制權。英國還殖民了澳大利亞、紐西蘭和南非，大批英國殖民者移居到這些殖民地。數百萬俄羅斯農民在西伯利亞那殖民定居。在十九世紀

後期，歐洲列強分割了非洲的其餘地區。在歐洲，經濟和軍事挑戰創造了一個民族國家體系，民族語言群體開始將自己視爲具有文化和政治自治願望的獨特國家。二十世紀這種民族主義對世界各國人民都很重要。

在第二次工業革命期間，世界經濟開始依賴煤炭作爲燃料，因爲新的運輸方式，如鐵路和輪船，有效地縮小了世界。與此同時，從火的發現到文明的開始以來，工業汙染和環境破壞驟然加劇。

歐洲在十八世紀中期發展起來的優勢有兩個：企業文化，和大西洋貿易（包括非洲奴隸貿易）產生的財富。到了十六世紀末，來自美洲的白銀成爲西班牙帝國的財富大宗。在工業革命時期，奴隸貿易和西印度種植園的利潤占英國經濟的5%。雖然一些歷史學家認爲，在西元1750年，中國大部分發達地區的勞動生產率仍然與歐洲大西洋經濟的勞動生產率相當，其他歷史學家如麥迪森（Angus Maddison）認爲，到中世紀晚期，西歐的人均生產力已經超過了其他所有地區。

二十世紀（西元1914–1945年）

二十世紀開始，歐洲處於財富和權力的頂峰，世界大部分地區都處於其直接殖民統治或間接統治之下；世界其他大部分地區都受到歐洲化程度很高的國家的影響：諸如美國和日本。然而，隨著本世紀的發展，由競爭大國主導的全球體系受到了嚴重的壓力，最終似乎屈服於以西方模式組織起來的獨立國家結構。

這一轉變是由空前規模和毀滅性的戰爭所推動的。第一次世界大戰摧毀了歐洲的許多帝國和君主制國家，削弱了英國和法國。後來，強大的意識形態出現了。西元1917年的俄國革命創造了第一個共產主義國家，而1920年代和1930年代，軍國主義的法西斯獨裁政權在義大利，德國，西班牙和其他地方獲得了控制。

由於經濟大蕭條的動盪，持續的國家競爭加劇了第二次世界大戰，歐洲和日本的軍國主義獨裁統治最終注定了帝國主義擴張主義。在此過程中，納粹德國策劃了屠殺六百萬猶太人以及數百萬波蘭人、俄羅斯人和斯拉夫人；而日本帝國則謀殺了數百萬中國人；土耳其大規模殺害亞美尼亞人，提供了第一次世界大戰早期的種族滅絕模式。第二次世界大戰中，軸心國的失敗爲共產主義向中歐、南斯拉夫、保加利亞、羅馬尼亞、阿爾巴尼亞、中國、北越和朝鮮的發展開闢了道路。

現代歷史（西元1945-2000年）

　　第二次世界大戰於西元1945年結束，聯合國的成立是爲了防止未來的戰爭。當第一次世界大戰後成立了國際聯盟時，這場戰爭使美國和蘇聯這兩個國家擁有影響國際事務的主要權力，雙方都對彼此抱持懷疑態度，並擔心對方的資本主義和共產主義，政治經濟模式的全球傳播。這導致了冷戰──美國及其盟國與蘇聯及其盟國之間的四十五年對峙和軍備競賽。隨著第二次世界大戰期間核武的發展及其隨後的擴散，所有人類都面臨著兩個超級大國之間的核戰爭風險，正如許多事件所證明的那樣，最突出的是西元1962年10月的古巴飛彈危機。這種戰爭被認爲是不切實際的，超級大國反而在非核武的第三世界國家發動代理戰爭。

　　在中國，作爲大躍進（西元1958-1962年）的一部分，毛澤東實施了工業化和集體化改革，導致數千萬人餓死（西元1959-1961年）。冷戰結束於西元1991年蘇聯解體，部分原因是由於蘇聯無法與美國和西歐進行經濟競爭；然而，美國的地緣政治影響力也開始出現下滑的跡象，即便是現在被公共部門的主張所抑制的私營部門，也越來越多地尋求私人利益來彌補公眾的偏見。

　　在戰後初期，比利時，英國，荷蘭，法國和其他西歐各國的亞洲和非洲殖民地獲得了正式的獨立。但新獨立國家面臨著新殖民主義，社會政治混亂，貧困，文盲和地方性熱帶病等形式的挑戰。

　　大多數西歐和中歐國家逐漸形成了一個政治和經濟共同體，即歐洲聯盟，它向東擴展到包括前蘇聯衛星國家。歐洲聯盟的有效性因其共同的經濟和政治制度的不成熟而受到阻礙，這與美國在西元1789年生效的美國憲法通過之前根據「聯邦條例」的不足之處，在一定程度上可以與之相比。亞洲、非洲和南美洲國家也紛紛效仿，並開始採取措施，逐步形成各自的組織。

　　冷戰期間爲封鎖或打擊第三次世界大戰而進行的準備工作，加速了科技的進步；這些技術雖然在第二次世界大戰之前被概念化，但在戰爭的緊急情況下得到了實施，如噴射機、火箭和電子計算機。在第二次世界大戰後的幾十年中，這些進步導致了噴氣式旅行，包含全球定位系統（GPS）在內的無數應用的人造衛星，以及已經徹底改變了人員，思想和信息運動的網路發明。

　　然而，並非所有二十世紀下半葉的科學和技術進步都需要最初的軍事動力，這一時期也取得了突破性的進展，如DNA結構的發現、人類基因組的後續測序、全球根除天花、板塊構造的發現、有人和無人對空間和地球以前難以接近的部分之探索，以及物理學的基礎性發現與物理現象的基礎發現，從最小

的實體（粒子物理學）到最大的實體（物理宇宙學）。

本世紀出現了許多全球性威脅，或變得更嚴重或更廣泛地得到承認，包括核擴散，全球氣候變化，空氣汙染，森林砍伐，海洋酸化和汙染，人口過剩，致命的微生物疾病流行病，近地小行星和彗星，超級火山爆發，致命的伽馬射線爆發，地磁風暴以及全球自然資源（特別是化石燃料）的減少。

二十一世紀

二十一世紀的經濟全球化和一體化日益加劇，從而增加了相互關聯經濟體的風險，例如二十一世紀後期和西元2010年初的大衰退，以及與移動電話和網路通信的擴大；這導致了商業、政治和個人生活的基本社會變化，包括臉書（Facebook）等社交媒體平台的出現。

二十一世紀初，由於巨大的經濟差距、對西方利益主導的政府的不滿、種族間和宗派間的紛爭，以及對美國的戰爭不滿激發，近東和阿富汗的內部和國際衝突不斷攀升；美國的歷史，其中最直接的原因是賓拉登（Bin Laden）對紐約市世界貿易中心的挑釁性破壞（西元2001年）。「阿拉伯之春」，西元2010年初北非和近東地區的一場革命性起義浪潮，產生了權力真空，導致獨裁主義的復甦和伊斯蘭國家等反動組織的出現。

美國對近東和阿富汗的軍事干預，加上金融危機和由此引發的經濟衰退，在美國和其他西方國家正經歷著越來越嚴重的社會經濟混亂之際，美國的經濟資源已被消耗殆盡。工業出口到勞動力較低的國家，這是由於工作的自動化和工業出口到廉價勞動力的加劇。同時，古老而人口眾多的亞洲文明，即印度，特別是中國，已經從幾個世紀的相對科學，科技和經濟休眠中逐漸復興，成為西方列強潛在的經濟和政治競爭對手。

由於人口的增長和工業化，世界範圍內的資源競爭加劇，尤其是在印度、中國和巴西，需求的新增導致環境退化和全球暖化的加劇。這一點，以及對獨立於政治動盪地區的安全可靠能源供應的需要，推動了可再生能源的發展，主要是太陽能和風能，取代了核能的「裂變化石複合體」和碳基能源（石油，煤炭，天然氣）。鑑於氣候變化帶來的生存威脅，於西元2015年12月簽署了195個國家的巴黎氣候協議，儘管西元2017年美國總統川普宣布將從該協議中撤出。

一些擁有核武器的國家努力誘使朝鮮放棄核武器，並阻止伊朗發展核武器，國際緊張局勢加劇。

參考書目

第三十章

〔1〕 P. Renouvin, Histoire des Relations Internationales: De1871 a 1914, 1967.

〔2〕 Otto Von Bismarck, Pensees et Souvenirs, 1966.

第三十一章

〔1〕 E. Halevy, Histoire du Peuple Anglais au dix Neuvième Siècle, 1970.

〔2〕 E. L. Woodward, The Age of Reform, 1815-1870, 1972.

〔3〕 R. Marx, La Revolution Industrielle en Grande-Bretagne, 1967.

第三十二章

〔1〕 J. Godechot, Napoléon, 1969.

〔2〕 A. Soboul, Précis d'Histoire de la Révolution Francais, 1962.

〔3〕 A. Fugier, La Révolution et l'Empire, 1956.

第三十三章

〔1〕 S. Charlety, La Monarchie de Juillet, 1922-1923, 1965.

〔2〕 Ph Vigier, La Monarchie de Juillet, 1965.

〔3〕 D. Bagge, Les Idees Politiques en France Sous la Restauration, 1952.

〔4〕 P. Bastid, Les Institutions Politiques de la Monarchie Parlementaire, 1954.

第三十四章

〔1〕 Jean Vidalenc, L'Epoque Contemporaine, 1953.

〔2〕 Georges Lefebvre, La Seconde Republique et la Dictature de Louis-Napoleon Bonaparie, 1965.

〔3〕 Philippe Vigier, La Seconde Republique dans la Region Alpine, 1963.

〔4〕 P. Louis Girard, La Politique des Travaux Publics Sous Le Second Empire, 1952.

第三十五章

〔1〕 J. Chastenet, Histoire de la Troisième République, 1950.

〔2〕 G. Bourgin, la Troisième République, 1965.

第三十六章

〔1〕 H. Burgelin, La Société Allemande 1871-1968, 1969.

〔2〕 P. Guillen, L'Empire Allemand, 1871-1918, 1970.

〔3〕 E. Vermeil, L'Allemagne Contemporaine, 1952.

第三十七章

〔1〕 A. Kaspi, Histoire des Etats-Unis, 1964.

〔2〕E. Morpurgo, Histoire des Etats-unis, 1961.

第三十八章

〔1〕J. Droz, L'Europe Centrale. Evolution Historique de l'Idée de Mitteleuropa, 1960.

〔2〕V. L. Tapie, Monarchie et Peuples du Danube, 1969.

〔3〕E. Zollner, Histoire de l'Autriche, 1966.

第三十九章

〔1〕H. Burgelin, La Societe Allemande 1871-1968, 1969.

〔2〕P. Guillen, L'Empire Allemand 1871-1918, 1970.

〔3〕E. Vermeil, L'Allemagne Contemporaine, 1952.

第四十章

〔1〕A. Kaspi, Histoire des Etats-Unis, 1964.

〔2〕E. Morpurgo, Histoire des Etats-unis, 1961.

第四十一章

〔1〕Michael T. Florinsky, Russia, A History and an Interpretation, 1947.

〔2〕Hugh Seton-Watson, The Russia Empire, 1801-1971, 1967.

〔3〕B. Gille, Histoire Economique et Sociale de la Russie, 1947.

第四十二章

〔1〕Paul Guichonnet, L'Unite Italienne, 1970.

〔2〕Pierre Milza, Italie, La Papaute, 1870-1970, 1970.

〔3〕Denis Mack Smith, Italie, a Modern History, 1959.

第四十三章

〔1〕P. Renouvin, La Crise Europeenne et la Premiere Guerre Mondiale, 1969.

〔2〕P. Renouvin, L'Armistice de Rethondes, 1968.

第四十四章

〔1〕P. Sorlin, La Societe Souvietique, 1962.

〔2〕E. Zaleski, Planification de la Croissance et Fluctuations Economiques en U.R.S.S, 1918-1932, 1962.

第四十五章

〔1〕Hacker et Zahler, The United States in the XXth Century, 1968.

〔2〕D. Artaude. Le New Deal, 1969.

〔3〕K. Conkin. Le New Deal, 1969.

第四十六章

【1】 L. Bianco, Les Origines de la Revolution Chinoise, 1915-1949, 1967.

【2】 P. de Beer, La Guerre Civile en Chine, 1919-1949, 1967.

【3】 G. Soulie de Morant, Sun Yat Sen, 1932.

第四十七章

【1】 A. Latreille, La Seconde Guerre Mondiale, 1966.

【2】 J. Vidalenc, La Seconde Conflit Mondial, 1970.

【3】 Gordon Wright, L'Europe en Guerre, 1939-1945, 1971.

第四十八章

【1】 高亞偉，世界通史，1978。

【2】 尤義賓，世界通史，2004。

【3】 陳廷璠，世界文化史，1969。

【4】 Robert I. Moore, World History, 1997.

【5】 Laurent Testot, Histoire Globale, 2008.

第四十九章

【1】 Robert O. Paxton, Europe in the Twentieth Century, 陳美君譯，2006年。

【2】 Immanuel Wallerstein, Comprendre le Monde, 2006.

【3】 Maurel, C., Manuel d'Histoire Globale, 2014.

第五十章

【1】 Abernethy, David B, The Dynamics of Global Dominance: European Overseas Empires, 1415-1980, 2000.

【2】 Allchin, Bridget; Allchin, Raymond, Origins of a Civilization: The Prehistory and Early Archaeology of South Asia, 1997.

【3】 Baines, John; Malek, Jaromir, The Cultural Atlas of Ancient Egypt, 2000.

【4】 Landes, David The Wealth and Poverty of Nations, 1999.

【5】 Fournet, Louis-Henri, Diagrammatic Chart of World History, 1986.

【6】 Stearns, Peter N.; Langer, William L., The Encyclopedia of World History: Ancient, Medieval, and Modern, 2001.

1WI5

世界文明史（下）：文明的衝突

作　　者　劉增泉
發 行 人　楊榮川
總 經 理　楊士清
總 編 輯　楊秀麗
主　　編　陳姿穎
責任編輯　沈郁馨
封面設計　姚孝慈
出 版 者　五南圖書出版股份有限公司
地　　址　106台北市大安區和平東路二段339號4樓
電　　話　(02)2705-5066
傳　　真　(02)2706-6100
劃撥帳號　01068953
戶　　名　五南圖書出版股份有限公司
網　　址　http://www.wunan.com.tw
電子郵件　wunan@wunan.com.tw
法律顧問　林勝安律師事務所　林勝安律師
出版日期　2019年9月初版一刷
定　　價　新臺幣480元

國家圖書館出版品預行編目資料

世界文明史（下）：文明的衝突／劉增泉著.
-- 初版. -- 臺北市：五南，2019.09
　冊；　公分.
　ISBN 978-957-763-656-0（下冊：平裝）

1.世界史　2.文明史

713　　　　　　　　　　　　108015148